Hans Suter

Paul Klee
und seine Krankheit

Hans Suter

Paul Klee und seine Krankheit

Vom Schicksal geschlagen,
vom Leiden gezeichnet –
und dennoch!

Stämpfli Verlag AG

Inhalt

7	**Zum Geleit** Aljoscha Klee
8	**Vorwort** Hans Christoph von Tavel
11	**Einführung**
16	**Bemerkungen zur Interpretation von Kunstwerken**

19	**1**	**Lebensstationen von Paul Klee**
19		Kindheit und Jugendzeit in Bern
19		Künstlerische Ausbildung, Aufenthalte in Bern / München
20		Reisen, Militärdienst im Ersten Weltkrieg, Lehrtätigkeit
21		Amtsenthebung, Rückkehr nach Bern – in die Isolation
28		Klee-Ausstellungen in der Schweiz: wenig Beachtung
30		«Und es bleibt nur noch ein Wunsch offen, Bürger dieser Stadt zu sein»

39	**2**	**Zur Krankheit von Paul Klee**
39		Krankheitsbeginn: Bronchitis, Lungen-/Brustfellentzündung
39		Masern?
45		Lange Rekonvaleszenz, Lungen-/Herzkomplikationen
48		Krankheitshypothese: Sklerodermie
51		Übersicht über die Sklerodermien
53		Hautveränderungen
59		Schleimhautveränderungen
60		Raynaud-Syndrom
62		Veränderungen an inneren Organen
73		Tod im Tessin
78		Diskussion der Krankheit von Paul Klee
80		Wie wurde die Krankheit behandelt?
86		Stellungnahmen anderer Ärzte und Ärztinnen
86		F. J. Beer
87		Lisbet Milling Pedersen und Henrik Permin
88		Philip Sandblom
88		Brigitta Danuser
91		Michael Reiner
93		Christoph Morscher
96		E. Carwile LeRoy und Richard M. Silver
98		Gabriele Castenholz
105		Zusammenfassende Beurteilung von Klees Krankheit
108		Die Ärzte von Paul Klee

3 Persönlichkeitsstruktur von Paul Klee   115

4 Auswirkungen von Schicksal und Krankheit auf die Psyche und das künstlerische Schaffen von Paul Klee   127
Robuste Psyche   127
Wie konnte es zur schweren Erkrankung kommen?   153
Ausserordentliche Tapferkeit   155
Grosse Intuition, Ökonomie, Konzentration auf Wesentliches   156
Späte Ehrung   176
Das Schaffen im Todesjahr   177

5 Das künstlerische Spätwerk im Spiegel der Persönlichkeit, des sozialen Umfeldes, der Krankheit und der Todesnähe   185
Einsame Verinnerlichung in der Isolation   185
«Der Tod ist nichts Schlimmes»   186
Von Spiritualität geprägtes Schaffen   193
«Kunst verhält sich zur Schöpfung gleichnisartig»   201
Die Krankheit als ständige Begleiterin   203
Neuer Stil von aussergewöhnlicher Intensität/Spontaneität   210
Begegnung mit Pablo Picasso   214
«Seine Schöpfung atmet Leichtigkeit und Anmut»   216
«Die Production nimmt ein gesteigertes Ausmass in sehr gesteigertem Tempo an»   220
Die Krankheit als Chance   223

6 Zusammenfassung und Schlusswort   237

Ausstellung «Paul Klee und seine Krankheit» 2005   240
Einige medizinische Sachbegriffe   242
Sachwörterregister   244
Personenregister   244
Einige biografische Angaben zu erwähnten Personen   246
Literaturverzeichnis   253
Abbildungsverzeichnis   259
Alphabetisches Verzeichnis der Kunstwerke   260
Abkürzungen der Standorte von Dokumenten   262
Fotonachweis   263
Anhang   264
Dank   270
Impressum   272

Abb. 1: Symbiose, 1934, 131

Meiner Frau Marlis Suter-Trächsel
und unseren Töchtern Maja Wassmer-Suter
und Christa Zaugg-Suter
im Gedenken an unseren Sohn und Bruder
Gerhard Suter (1963–1986)
und meinem Lehrer und Freund
Professor Dr. med. Alfred Krebs

Zum Geleit

Als Enkel von Paul Klee ein Geleitwort zu diesem mit wissenschaftlicher Akribie recherchierten und verfassten Buch zu schreiben, mich zur Tragik, die uns auf den folgenden Seiten begegnen wird, zu äussern, bedeutete ein Eintauchen in eine für mich eigentlich nur historisch relevante Geschichte. Ich durfte ja meinen Grossvater leider nicht persönlich kennen lernen. Doch da tat sich ein weites Feld auf mit Vernetzungen von persönlichen Erinnerungen, die nicht direkt mit der Krankheit Paul Klees im Zusammenhang stehen, sich aber aus Rückkoppelungen und Reflexionen meiner Eltern über das Erlebte ergaben. Sie hatten nämlich hilflos das schwere Schicksal mit dem absehbaren Tod des Künstlers mittragen müssen. Die Gespräche und Erzählungen der Eltern über «Buzzi», meinen Grossvater, waren damals für mich als Kind in meiner werdenden Welt noch nicht nachvollziehbar. Das Mysterium des Todes und speziell das Wissen um die eigene Sterblichkeit des Künstlers wurden aber durch diese Situation geprägt. Dies beeindruckte und beschäftigte mich schon in jungen Jahren. So zum Beispiel sein Vorsatz, noch zu schaffen, was die verrinnende Zeit erlaubt. Noch so vieles hätte Paul Klee zu sagen gehabt. Und er wusste dies.

Abb. 2: Aljoscha Klee

Das späte, von der Krankheit gezeichnete, aber auch der Krankheit trotzende Werk gehört wohl zu einer der grossartigsten Äusserungen, wie Leiden und Trauer über die Kunst, über eine Bildsprache bewältigt werden können, in der, trotz allem, auch die Ironie nicht zu kurz kommt. Ich begrüsse dieses Buch als einen wichtigen und sensiblen Bestandteil zur Rezeption von Klees Spätwerk.

Aljoscha Klee

Vorwort

Abb. 3: Dr. phil. Hans Christoph von Tavel

Die vorliegende Publikation nimmt unter den zahllosen wissenschaftlichen Arbeiten über Paul Klee eine Sonderstellung ein. Sie schliesst eine empfindliche Lücke in der bisherigen Beschäftigung mit diesem für die Kunst- und Geistesgeschichte des 20. Jahrhunderts so bedeutenden Künstler. Das Thema seiner Krankheit wurde zwar bisher in den Erörterungen zum Spätwerk regelmässig aufgegriffen, aber in den meisten Fällen ohne spezielles medizinisches Wissen. Dagegen leiden die Untersuchungen von medizinischer Seite zu den letzten Lebensjahren des 1940 mit 60 Jahren verstorbenen Künstlers unter dem Mangel an präzisen Quellenforschungen zum verhängnisvollen Verlauf der Krankheit und an fehlenden Kenntnissen zu Klees künstlerischem Schaffen. Dieses ist erst kürzlich durch den Catalogue raisonné sozusagen lückenlos publiziert worden.

Hans Suter, als Spezialarzt für Dermatologie und Venerologie in Thun und Umgebung wirkend, hat sich seit Jahrzehnten als Sammler und Förderer mit der bildenden Kunst beschäftigt. Vor über einem Vierteljahrhundert begann er mit seinen Nachforschungen über das Wesen und die Entwicklung von Klees Krankheit. Das Fehlen einer Krankengeschichte und der schon damals mehrere Jahrzehnte zurückliegende Tod des Künstlers machten umfangreiche Quellenforschungen nötig. Diese erwiesen sich als besonders aufwändig, da die Ärzte, Freunde und Sammler von Klee und Augenzeugen seiner Krankheit zum grossen Teil inzwischen ebenfalls verstorben waren. Zusätzlich sind die Nachforschungen erschwert durch die weitgehende künstlerische und menschliche Isolation, zu der Klee, der 1933 Deutschland verlassen musste, in Bern schon vor dem Ausbruch der Krankheit verurteilt war. Diesen schwierigen Umständen begegnet der Autor mit seinem profunden medizinischen Wissen, lückenlosem Literatur- und Quellenstudium und sorgfältigen historischen Nachforschungen und Befragungen des Sohnes Felix Klee, der noch lebenden Zeitgenossen sowie der Nachfahren des Umkreises von Klee.

Den Medizin- und Lokalhistoriker werden die Kenntnisse über den neu beleuchteten und präzisierten medizinischen Alltag der 1930er-Jahre in der Universitätsstadt Bern ebenso interessieren wie den Kunsthistoriker und Kunstfreund die neu entdeckten und zu entdeckenden Zusammenhänge zwischen dem Schaffen des Künstlers und seiner Krankheit.

Hans Christoph von Tavel

Abb. 4: dieser Stern lehrt beugen, 1940, 344

Einführung

«Dieser Stern lehrt beugen», so lautet der vielsagende Titel einer Arbeit auf Papier von Paul Klee aus seinem Todesjahr. Die letzten, in Bern verbrachten Lebensjahre des genialen Malers waren von einem dunklen Stern überschattet. Klee erlitt Schicksalsschläge und erkrankte im Jahre 1935 schwer. Obwohl er sich nicht mehr völlig erholen sollte, blieb sein Lebensmut lange erhalten. Er war vom Leiden gezeichnet, dem er ein energisches «Und dennoch!» entgegensetzte. 1940 spürte er, dass es keine Hoffnung auf eine Heilung oder Besserung mehr gab. Der Schicksalsstern hatte ihn gelehrt, sich ihm zu beugen.

Paul Klee starb 1940 im Alter von 60 Jahren an einer bisher diagnostisch nicht gesicherten rätselhaften Krankheit. Es traten Hautveränderungen und Erkrankungen innerer Organe auf. Erst zehn Jahre nach dem Tode des Künstlers erscheint eine Krankheitsbezeichnung in der Klee-Literatur. Der Kunsthändler Daniel-Henry Kahnweiler hält in einer Publikation fest: «Eine schreckliche Krankheit – eine Art Hautsklerose, die ihn [Paul Klee] dahinraffen sollte, untergrub bereits seine Gesundheit seit Jahren.»[1] Vier Jahre später schreibt der Klee-Biograf Will Grohmann in seiner 1954 edierten Monografie: «[...] es stellte sich heraus, daß es sich um eine heimtückische Erkrankung (Sclerodermie) handelte, um eine medizinisch nur wenig bekannte Vertrocknung der Schleimhäute, die nach fünf Jahren, als sie das Herz ergriff, zum Tode führte.»[2] Von wem Kahnweiler und Grohmann diese Information erhielten, ist nicht bekannt. Eigenartig ist, dass die Diagnose weder in der Korrespondenz, die Paul und Lily Klee mit Will Grohmann und dessen Frau Gertrud geführt hatten[3], noch in den von Lily Klee, der Ehefrau von Paul Klee, ab 1942 niedergeschrie-

[1] Kahnweiler 1950, S. 23. Ich verdanke den Hinweis lic. phil. I Walther Fuchs.
[2] Grohmann 1965 (4. Aufl.), S. 84.
[3] Erhalten sind im Archiv Will Grohmann, Staatsgalerie Stuttgart, aus dem Zeitraum vom 4.7.1929 bis 13.9.1946 insgesamt 103 Briefe, 35 Postkarten und ein Telegramm von Lily und Paul Klee an Will und Gertrud Grohmann.

Abb. 5: Lily Klee-Stumpf, 1906

Abb. 6: Paul und Lily Klee mit Katze Bimbo, Bern, 1935

---

[4] Klee [ab 1942] (S. 258).
[5] Siehe vor allem Klee 1948 und Klee 1960/1.
[6] Felix Klee teilte dem Verf. am 20.9.1983 mit, er wisse nicht, wer diese Vermutungsdiagnose nach dem Tode seines Vaters geäussert habe. Auch seine Mutter habe es nicht gewusst. Ebenso wenig geht dies aus den seither erfolgten Recherchen des Verf. hervor.
[7] Vgl. Castenholz/ML 2000, S. 144–148.
[8–20] Siehe Anhang: Nachforschungen über die Krankheit von Paul Klee (S. 264 f).

---

benen «Lebenserinnerungen»[4] vorkommt. Die Krankheitsbezeichnung fehlt auch in den veröffentlichten Aufzeichnungen von Felix Klee, dem einzigen Sohn von Paul und Lily Klee, über seine Eltern.[5] Es lässt sich heute nicht mehr feststellen, woher die Bezeichnung «Sklerodermie» für die Krankheit von Paul Klee stammt.[6] Diese Diagnose ist neuerdings ärztlicherseits in Frage gestellt worden.[7]

Im Jahre 1979 regte Professor Alfred Krebs, der damalige Ordinarius für Dermatologie und Venerologie an der Universitätshautklinik Bern an, Nachforschungen über die Krankheit von Paul Klee vorzunehmen. Wir befragten den oben erwähnten Sohn des Künstlers[8] und die Nachkommen der verstorbenen behandelnden und befreundeten Ärzte von Paul Klee in Bern: Dr. Gerhard Schorer als Hausarzt[9], Dr. Max Schatzmann als seinen Stellvertreter[10], Privatdozenten Dr. Fritz Lotmar als Jugendfreund[11] und Professor Oscar Naegeli als Konsiliararzt.[12] Wir erkundigten uns auch bei Schwester Virginia Bachmann, Oberin der Clinica Sant' Agnese in Locarno-Muralto[13], wo der Maler am 29. Juni 1940 gestorben ist. Da Aufzeichnungen über Krankheiten und Behandlungen von Patienten nur zehn Jahre lang aufbewahrt werden müssen, bestand – fast 40 Jahre nach dem Tode des Künstlers – kaum noch Hoffnung auf eine erhalten gebliebene «Krankengeschichte». Dies traf dann leider auch zu. Ich führte in der Folge ein weiteres ausführliches Gespräch mit Felix Klee[14], ebenso mit Max Huggler[15] und mit anderen Personen, die den Künstler persönlich gekannt haben[16] oder die möglicherweise noch etwas über seine Krankheit aussagen konnten.[17] Professor Krebs nahm zudem Kontakt mit der Leitung des Kurhauses Tarasp im Unterengadin auf[18], wo Klee im Jahre 1936 zur Kur weilte, forschte im Archiv der Dermatologischen Klinik Bern nach, wo der Maler im gleichen Jahr konsiliarisch von Professor Oscar Naegeli[19] untersucht worden ist. Wir erkundigten uns im Institut für Diagnostische Radiologie der Universität Bern nach einer eventuellen Untersuchung von Paul Klee oder Röntgenbefunden. Es waren aber, wie zu erwarten, weder Krankheitsaufzeichnungen noch Röntgenbilder oder Beurteilungen von Röntgenuntersuchungen vorhanden.[20] Weiter befragte ich das Sekretariat und einen ehemaligen Chefarzt des «Centre Valaisan de Pneumologie» in Montana sowie die Gemeindeverwaltung von Montana und die Kantonale Verwaltung in Sion betreffend eines eventuellen Patientendossiers von Paul Klee aus dem Jahre 1936 – der Künstler war damals zur Erholung in der «Pension Cécil» in Montana. Ich erhielt die Mitteilung, dass diese Pension vom Lungensanatorium unabhängig war und dass keine Krankheitsdaten über Paul Klee auffindbar seien.[21] Auch Frau Diana Bodmer, die Tochter von Dr. Hermann Bodmer, des letztbehandelnden Arztes des Künstlers in Locarno, konnte keine weiterführenden Angaben übermitteln.[22]

Als einziger Laborbefund blieb das Ergebnis einer Urinuntersuchung aus den letzten Lebenstagen Klees in der Clinica Sant' Agnese in Locarno-Muralto erhalten, das von Schwester Virginia Bachmann 1979 an Professor Alfred Krebs geschickt worden ist.[23]

Die Persönlichkeit und die Kunst von Paul Klee faszinierten mich schon von Jugend an. Deshalb reizte es mich, weiterzurecherchieren. Würde es noch gelingen, über die Krankheit des Künstlers Klarheit zu gewinnen? Es interessierte mich, danach zu suchen, ob sich aus Aufzeichnungen und Briefen des Malers, von Familienangehörigen, Freunden und Bekannten sowie in Dokumenten aus dem Nachlass der Familie Klee Angaben finden liessen, welche die Krankheitshypothese stützen oder widerlegen. Felix Klee übergab mir Kopien der umfangreichen, grösstenteils unveröffentlichten Korrespondenz seiner Eltern (vor allem von Lily Klee) mit dem Ehepaar Will und Gertrud Grohmann.[24] Diesen Schriftstücken konnte ich den Krankheitsverlauf und eine gewisse Symptomatik entnehmen. Zusätzliche wesentliche Angaben teilte mir Felix Klee gesprächsweise mit.[25] Unterstützt wurde ich in meinen Nachforschungen ferner durch die Berner Klee-Spezialisten und Kunsthistoriker Michael Baumgartner, Stefan Frey, Jürgen Glaesemer, Josef Helfenstein, Christine Hopfengart, Max Huggler, Osamu Okuda und Hans Christoph von Tavel, dem Neffen von Dr. med. Gerhard Schorer. Sie vermittelten mir weitere wertvolle Hinweise. Der Sekretär der Klee-Nachlassverwaltung Bern, Stefan Frey, war mir in meinen Nachforschungen immer wieder behilflich und stellte mir eine ausführliche, nicht publizierte Zusammenstellung von Briefzitaten zur Verfügung.[26] Seine eingehende dokumentarische Vorarbeit bildet eine wichtige Basis für meine Arbeit.

Abb. 7: Felix Klee, 1940

[21–23] Siehe Anhang: Nachforschungen über die Krankheit von Paul Klee (S. 265).

[24] Zum Umfang und Standort der Korrespondenz siehe Anm. 3.

[25] Besprechungen von Felix Klee, Bern, mit Prof. Alfred Krebs und dem Verf., Bern, 9.11.1979 u. 23.7.1981 sowie mit dem Verf. allein, Bern, 20.9.1983.

[26] Vgl. Frey Zitate, S. 1–35.

Abb. 8: Dr. phil. Will Grohmann und Gertrud Grohmann, 1935

Abb. 9: Dr. phil. Max Huggler, 1944

27 Siehe Literaturliste S. 254–258.
28 Vgl. Brief von Dr. med. Enrico Uehlinger, Locarno-Minusio, an Sergio Grandini, Lugano, 6.4.1978 (ZPKB/SFK).
29 Mündliche Mitteilung von Osamu Okuda an den Verf., 10.11.1998: Sadao Wada sei ein japanischer Mitarbeiter in der Filiale der Japanischen Nationalbank in Berlin und ein Verehrer von Paul Klee und seiner Kunst gewesen.

Hilfreich war mir auch das Studium der umfangreichen Klee-Literatur[27] – vor allem der Tagebücher von Paul Klee aus den Jahren 1898–1918 sowie weiterer Schriften des Künstlers und seines Sohnes Felix Klee, der grundlegenden Monografie von Will Grohmann und derjenigen von Carola Giedion-Welcker, des einfühlsamen Werkes von Max Huggler, der ausgezeichneten Texte von Jürgen Glaesemer und der von ihm verfassten Sammlungskataloge der Paul-Klee-Stiftung im Kunstmuseum Bern sowie des von dieser Stiftung herausgegebenen Catalogue raisonné, der ausführlichen chronologischen Biografie von Paul Klee (1933–1941), zusammengestellt von Stefan Frey (Frey 1990), der «Erinnerungen an Paul Klee», herausgegeben von Ludwig Grote (Grote 1959), und die Durchsicht vieler Ausstellungskataloge und -besprechungen in der Presse. Eine wertvolle Hilfe war mir weiter das wegweisende Buch «Krankheit als Krise und Chance» von Professor Edgar Heim (Heim/ML 1980). Dankbar bin ich ferner für die fachliche Beratung durch den Rheumatologen, Allergologen und Immunologen Professor Peter M. Villiger.

Bisher befassten sich nur wenige Ärzte und Ärztinnen mit der Krankheit von Paul Klee. In der Folge wird darauf eingetreten. Noch fehlt in der Literatur bis anhin die fachärztliche Beurteilung durch einen Dermatologen oder eine Dermatologin.

Im Jahre 1978 ersuchte der Präsident der «Società Ticinese di Belle Arti», Sergio Grandini, den damaligen Chefarzt der medizinischen Abteilung der Clinica Sant' Agnese in Locarno-Muralto, Dr. Enrico Uehlinger, um Nachforschungen bezüglich Krankheit und Tod Paul Klees in dieser Klinik. Sie zeitigten kein Ergebnis. Dr. Uehlinger mutmasste, es könnten eventuell Daten aus der Klinik einem recherchierenden Japaner ausgeliefert worden sein.[28] Osamu Okuda, Kunsthistoriker in der Paul-Klee-Stiftung im Kunstmuseum Bern (nun wissenschaftlicher Mitarbeiter im Zentrum Paul Klee, Bern), konnte mir jedoch mitteilen, dass dies nicht zutreffe und es sich beim genannten Japaner um Sadao Wada handle.[29] Wada sei im Jahre 1974 in der Clinica Sant' Agnese gewesen und habe tatsächlich Nachforschungen angestellt, die ebenfalls ergebnislos verliefen. Seine Aufzeichnungen publizierte er 1975 in einer japanischen Kunstzeitschrift unter dem Titel «The Last Moments of Paul Klee»[30]. Es handelt sich vor allem um eine fotografische Dokumentation des Hauses, in dem das Ehepaar Klee in Bern wohnte, der Grabplatte Klees im Schosshalden-Friedhof Bern, des Sanatoriums Viktoria in Locarno-Orselina und der Clinica Sant' Agnese in Locarno-Muralto. Wada fotografierte auch das Sterbezimmer des Künstlers und den Ausblick aus diesem Zimmer.

Meiner Arbeit liegt die folgende Zielsetzung zugrunde:
– Erfassen möglichst aller noch eruierbaren Daten über die Krankheit von Paul Klee
– Überprüfung der hypothetischen Diagnose «Sklerodermie» Kommt vielleicht eine andere Krankheit in Betracht?
– Ergründung eines eventuellen Einflusses der Krankheit auf die Psyche und das künstlerische Schaffen
– Betrachtungen zum Spätwerk von Paul Klee im Spiegel der Persönlichkeit, des sozialen Umfeldes, der Krankheit und der Todesnähe

Ich habe mich im Kapitel 2 um eine auch dem medizinischen Laien verständliche Sprache bemüht und hoffe, dass in den Kapiteln 3 bis 6 etwas von der Faszination auf die Leserschaft überspringe, welche die Beschäftigung mit der grossen Persönlichkeit und seiner Kunst ausübt.

Abb. 10: Dr. phil. Jürgen Glaesemer, 1987

[30] Wada 1975. Ich verdanke diese Mitteilung Osamu Okuda. Siehe weiter Wada, Sadao, Paul Klee and his Travels, Tokyo 1979.

Abb. 11: Gezeichneter, 1935, 146

Bemerkungen zur Interpretation von Kunstwerken

Paul Klee besass eine blühende Fantasie. Seine Kunstwerke und deren Titel regen die Fantasie der betrachtenden Personen – auch von Kindern – in gleichem Masse an. Der Künstler pflegte seine Werke nach deren Vollendung prägnant zu betiteln. Diese Titel geben Interpretationshinweise und sind zugleich sprachliche Neuschöpfungen. Die Tatsache, dass sich bei gesamthaft ungefähr 9800 Werken nur sehr selten gleiche Titel finden, spricht für eine geistige Leistung sondergleichen!

Trotz der Betitelung lassen die Zeichnungen und Gemälde eine individuelle Auslegung zu. Dies war auch Klee klar, formulierte er doch zuhanden der Bildbetrachtenden: «Die Unterschriften [gemeint sind die Bildtitel] schließlich [...] weisen nur in eine von mir empfundene Richtung. Es bleibt Ihnen überlassen, sie anzunehmen, in meiner Richtung zu gehen, sie abzulehnen und eine eigene zu versuchen – oder einfach stehenzubleiben, nicht mitgehen können. Setzen Sie die Unterschrift nicht mit einem Vorhaben gleich.»[31] Will Grohmann meint in diesem Zusammenhang: «Beim Betrachten seiner Arbeiten distanzierte er [Klee] sich so weit von der eigenen Leistung, daß er von ihnen wie von denen eines anderen sprach. Er war keineswegs immer zufrieden und deutete gelegentlich auf einen Fehler hin, den zu finden er mit einem schelmischen Lächeln aufforderte. Es gab auch Blätter, auf die er aus diesem oder jenem Grunde stolz war, und das sagte er dann auch. Er benützte die Besuche gern dazu, sich seine letzte Produktion mit anzusehen, wozu er sich sonst nicht die Zeit nahm, und erwartete im stillen eine sachliche Kritik oder zumindest ein Zeichen des Verstehens. Die meisten begnügten sich, wie er bedauerte, mit dankbarer, wortloser Freude, ‹sie taten nichts hinzu›. Er war begierig zu erfahren, wie seine Arbeiten, mit denen er sich selbst noch beschäftigte, wirkten, was sie an Erregung und vielleicht sogar an Weiterdenken hervorriefen; er brauchte das zu seiner Kontrolle und war keineswegs unzufrieden, wenn des Betrachters Gedanken in ganz anderer Richtung gingen, als die seinen gegangen waren. Das sei auch möglich, meinte er dann, ‹ich bin überrascht, aber finde Ihre Interpretation ebenso richtig und vielleicht sogar besser als die meine.›»[32]

[31] Geist, Hans-Friedrich, in: Grote 1959, S. 87.
[32] Grohmann 1965, S. 64 f.

Gestützt auf die zitierten Äusserungen mögen hier persönliche Deutungsversuche von Kunstwerken gestattet sein. Diese Interpretationen erheben nicht den geringsten Anspruch auf allgemeine Gültigkeit, und ich bitte auch zu berücksichtigen, dass ich kein Kunsthistoriker bin. Meine Niederschriften erfolgten spontan nach eingehender Betrachtung der Werke. Vielleicht habe ich gelegentlich zu viel in ein Bild hineinprojiziert, wenn meine Fantasie etwas gar stark aufgeblüht ist – man möge mir dies verzeihen.

Die «Seele» eines jeden Kunstwerks bleibt letztlich ein Geheimnis des Künstlers. Interessant ist dazu die folgende treffliche Metapher Klees: «Kunst verhält sich zur Schöpfung Gleichnisartig. Das Band zur optischen Realität ist sehr dehnbar. Die Formwelt ist für sich souverän, an sich jedoch noch nicht Kunst im obersten Kreis. Im obersten Kreis waltet über der Vieldeutigkeit ein Geheimnis – und das Licht des Intellectes erlischt kläglich.»[33]

Die Abbildungen von Kunstwerken Paul Klees in dieser Arbeit erfolgen weitgehend chronologisch. Dadurch laufen Lebensphasen der letzten sieben Jahre des Künstlers wie im Film vor unseren Augen ab.

Abb. 12: ecce ...., 1940, 138

---

[33] Zit. n. Klee 1960/1, S. 251, u. Klee 1960/2, S. 101.

Abb. 13: Bern mit Bundeshaus, Belpberg und Berner Alpen

1. Lebensstationen von Paul Klee

Kindheit und Jugendzeit in Bern

Paul Klee wird am 18. Dezember 1879 in Münchenbuchsee bei Bern geboren. Sein Vater Hans Klee, Deutscher, wirkt als Musiklehrer am Bernischen Staatsseminar Hofwil; er wird von den Schülern geschätzt als markante und originelle Persönlichkeit.[34] Die Mutter Ida Klee, geborene Frick, ist Baslerin, mit verwandtschaftlichen Beziehungen zu Südfrankreich. Sie ist ebenfalls musikalisch ausgebildet. Paul Klee hat eine um drei Jahre ältere Schwester, Mathilde (1876–1953). 1880 zieht die Familie nach Bern. 1898 schliesst Paul Klee die Schulzeit mit dem Maturitätsexamen an der Literarabteilung des Städtischen Gymnasiums Bern ab. Dem vielseitig Begabten fällt die Berufswahl schwer. Er ist nicht nur ein guter Zeichner, sondern auch ein talentierter Geiger, und er hat grosses Interesse an Literatur und Theater.

Abb. 14: Paul Klee, 1892

Künstlerische Ausbildung in München und Italien, Aufenthalte in Bern und München

Klee entschliesst sich zu einem dreijährigen Studium an der Kunstakademie München. Anschliessend erweitert er seine Ausbildung, zusammen mit dem Schweizer Bildhauer Hermann Haller, in einem halbjährigen Aufenthalt in Rom. Die nächsten Schritte resümiert er retrospektiv wie folgt: «Und nun galt es, in stiller Arbeit das Gewonnene zu verwerten und zu fördern. Dazu eignete sich die Stadt meiner Jugend, Bern, auf das beste. [...] Mannigfache Beziehungen, die ich in München angeknüpft hatte, führten auch zur ehelichen Verbindung mit meiner jetzigen Frau. Dass sie in München beruflich tätig war, war für mich ein wichtiger Grund, ein zweites Mal dorthin zu übersiedeln (Herbst 1906).»[35] Paul Klees

[34] Siehe Anhang: Persönlichkeitsstruktur von Hans Klee (S. 265).
[35] Klee 1940, S. 12 (S. 258).

Abb. 15: Hans Klee, 1880

Schabe, schabe Rübchen,
Schwesterchen hat ein Bübchen,
Schwesterchen ist hübsch und fein,
das allerschönste Jungfräulein.
Schabe, schabe Rübchen,
Schwesterchen hat ein Bübchen.

Schabe, schabe Rübchen,
Mütterlein sitzt im Stübchen,
hat das Kindlein in dem Schoß,
ach, wie ist die Freude groß!
Schabe, schabe Rübchen,
Schwesterchen hat ein Bübchen.

Schabe, schabe Rübchen,
Bald taufen wir das Liebchen.
Da gibt's im Haus ein großes Fest
und Schmausen auf das Allerbest.
Schabe, schabe Rübchen,
Schwesterchen hat ein Bübchen.

*

Abb. 16: Gedicht von Hans Klee auf seine Kinder Mathilde und Paul (aus dem Gedichtbändchen Jugend Verse, S. 43)

[36] Klee Tgb., Nr. 926 o.
[37] Klee 1940, S. 13 (S. 258).

Frau Lily, geborene Stumpf, ist Pianistin. Sie kommt mit Klavierunterricht für den Lebensunterhalt der Familie auf. Dies ist auch später für die freie künstlerische Entfaltung Klees von wesentlicher Bedeutung. 1907 wird Felix geboren. 1912 schliesst Paul Klee sich der Künstlervereinigung «Der Blaue Reiter» an, der auch Heinrich Campendonk, August Macke, Franz Marc, Gabriele Münter und Wassily Kandinsky angehören. Im Jahre 1924 gründet die Braunschweiger Kunsthändlerin Emmy («Galka») Scheyer mit Lyonel Feininger, Alexej Jawlensky, Wassily Kandinsky und Paul Klee die Gruppe «Die Blaue Vier» mit dem Ziel, die vier Künstler in den Vereinigten Staaten von Amerika zu propagieren.

Reise nach Tunesien, Militärdienst im Ersten Weltkrieg, Lehrtätigkeit, Ägyptenreise

1914 unternimmt Klee mit zwei Malerfreunden, dem Bonner August Macke und dem Berner Louis Moilliet, eine zweiwöchige Studienreise nach Tunesien. Beeindruckt von der hellen Farbigkeit der südlichen Gegend, hält er im Tagebuch den legendären Satz fest: «Die Farbe hat mich […] ich und die Farbe sind eins.»[36] Der Erste Weltkrieg hemmt Klees künstlerische Entwicklung. Während dreier Jahre leistet Paul Klee Militärdienst. Zum Glück wird er hinter der Front eingesetzt und bleibt unversehrt, während August Macke und Franz Marc im Krieg fallen.

Rückblickend hält Klee seine weitere Tätigkeit und die schicksalshafte Wendung sachlich und bescheiden fest: «Das Jahr 1920 brachte mir die Berufung als Lehrer an das staatliche Bauhaus zu Weimar. Hier wirkte ich bis zur Übersiedelung dieser Kunsthochschule nach Dessau im Jahre 1926[.] Endlich erreichte mich im Jahr 1930 ein Ruf zum Leiter einer Malklasse an der preussischen Kunstakademie zu Düsseldorf. Dieser kam meinem Wunsch entgegen, die Lehrtätigkeit ganz auf das mir eigentümliche Gebiet zu beschränken, und so lehrte ich denn an dieser Kunsthochschule während der Jahre 1931 bis 1933.»[37]

Eine zweimonatige Reise nach Ägypten 1928/29 erlangt für Klee eine analoge Bedeutung wie der Aufenthalt in Nordafrika: So wie die Tunesienfahrt für das Schaffen von 1914 bis 1931 entscheidend gewesen ist, wird es die Ägyptenreise für die Arbeiten von 1929 bis 1940. Dazu Will Grohmann: «Klee hat von ihr [der ägyptischen Reise] bis zu seinem Tode gezehrt, denn anders als damals in Tunis treten ihm hier sechstausend Jahre Kultur als ein weltgeschichtlicher Augenblick gegenüber, in einer Landschaft, die diesen Tatbestand widerspiegelt, als ob sie denselben Anteil an ihr hätte wie der Mensch. [...] Hier spiegeln sich für Klee in jedem Monument und jedem Hügel Uranfang, Gegenwart und Abgesang. [...] Ägypten hat ihm den Mut zur letzten Einfachheit gegeben, zur Überwindung des europäischen Horizonts mit seinen Polaritäten, die ägyptischen Bilder sind Klees ‹West-Östlicher Divan›.»[38] Weiter erwähnt Grohmann «die Einheit von Leben und Ewigkeit in Ägypten»[39], die Klee besonders beeindruckte.

Amtsenthebung, Rückkehr nach Bern – in die Isolation
1933 wird Klee von den soeben an die Macht gelangten Nationalsozialisten als «Jude» und «Ausländer» beschimpft und blossgestellt.[40] Sein Haus in Dessau wird in seiner und Lilys Abwesenheit am 17. März durchsucht.[41] Am 21. April wird er als Professor an der Kunstakademie Düsseldorf fristlos beurlaubt und wenige Monate später seines Amtes endgültig enthoben. Gegen die Diffamierung als «galizischer Jude» verteidigt er sich nicht. An seine Frau schreibt er: «Aber von mir aus etwas gegen so plumpe Anwürfe zu unternehmen, scheint mir unwürdig. Denn: wenn es auch wahr wäre, daß ich Jude bin und aus Galizien stammte, so würde dadurch an dem Wert meiner Person und meiner Leistung nicht ein Jota geändert. [...] Lieber nehme ich Ungemach auf mich, als daß ich die tragikomische Figur eines sich um die Gunst der Machthaber Bemühenden darstelle.»[42] Klee muss seine arische Herkunft und seine protestantische Religionszugehörigkeit nachweisen. Einige Monate lang versucht er noch in Deutschland zu bleiben, wo er als Künstler und Kunstpädagoge einen ausgezeichneten Ruf erlangt hat. Dann muss er aber einsehen, dass er auf die Länge im Dritten Reich keine berufliche Zukunft mehr erwarten kann. Seine Kunst wird, wie jene anderer zeitgenössischer Künstler, verfemt und 1937 in der Wanderausstellung «Entartete Kunst» öffentlich ge-

Abb. 17: Ida Klee-Frick, 1879

[38] Grohmann 1965, S. 72 f.
[39] Ebenda, S. 73.
[40-41] Siehe Anhang: Paul Klee und Lily Klee und die Nationalsozialisten (S. 268).
[42] Brief von Paul Klee an Lily Klee, Düsseldorf, 6.4.1933, zit. n. Klee 1979, S. 1234.

Abb. 18: von der Liste gestrichen, 1933, 424

Abb. 19: Gelehrter, 1933, 286

Zu Abb. 18: von der Liste gestrichen, 1933, 424 (Seite 22)

Schon drei Monate nach der Wahl Hitlers zum Reichskanzler wird Klee als angesehener Professor an der Kunstakademie Düsseldorf beurlaubt. Acht Monate später (auf den 1. Januar 1934) wird sein Anstellungsvertrag gekündigt. Klees Kunst wird als krankhaft diffamiert. Der Künstler wird – wie viele andere – «von der Liste gestrichen». Die Nationalsozialisten befürchten Widerstand und wollen eine geistige Überlegenheit beseitigen. In diesem Gemälde bezieht sich Paul Klee wohl auf sich selbst. Er blickt zornig drein. Seinen Kopf streicht er mit einem Kreuz in dicken schwarzen Strichen durch.

Zu Abb. 19: Gelehrter, 1933, 286 (Seite 23)

Paul Klee stellt sich wahrscheinlich wiederum selbst dar. Er war ein ausgezeichneter Lehrer, der seine Lehrtätigkeit liebte und sehr ernst nahm. Seine Schülerinnen und Schüler verehrten ihn. Er ist über die Amtsenthebung enttäuscht und verbittert. Sein Gesicht mit den nachdenklichen, traurigen Augen, den herabgezogenen Brauen und dem zugekniffenen schmalen Mund drücken dies aus. Die Ecken des breiten Holzrahmens sind schwarz. Die Zukunft sieht düster aus.

Zu Abb. 20: Starre, 1933, 187 (Seite 25)

In dieser Zeichnung, ebenfalls aus dem Jahre 1933, könnte es sich um einen Menschen in Totenstarre handeln. Ahnt Klee voraus, wie viele Soldaten bald einmal in Totenstarre auf den Schlachtfeldern liegen bleiben werden? Eigenartig auch, dass sein Körper in wenigen Jahren als Folge einer unheilbaren Krankheit «erstarren» wird.

Zu Abb. 21: auswandern, 1933, 181 (Seite 26)

Nach der Aufhebung des Lehrauftrags durch die an die Macht gelangten Nationalsozialisten müssen Paul Klee und seine Ehefrau in die Schweiz auswandern. In Deutschland hochgeachtet als Künstler und Pädagoge, kehrt Klee im Dezember 1933 als Emigrant in seine Jugendstadt Bern zurück – in eine Isolation! Seine avantgardistische Kunst wird hier nicht verstanden. Die Zeichnung veranschaulicht, wie ungern das Ehepaar auswanderte, Lily gebeugten Hauptes, Paul mit hängenden Armen und einem skeptisch fragenden Blick in eine ungewisse Zukunft.

Starre 1933 U 7

Abb. 21: auswandern, 1933, 181

brandmarkt. In der Rückschau auf das Schicksalsjahr 1933 schreibt Paul Klee: «Die neuen politischen Verhältnisse Deutschlands erstreckten ihre Wirkung auch auf das Gebiet der bildenden Kunst und hemmten nicht nur die Lehrfreiheit, sondern auch die Auswirkung des privaten künstlerischen Schaffens. Mein Ruf als Maler hatte im Laufe der Zeit sich über die staatlichen, ja auch über die continentalen Grenzen hinaus ausgebreitet, sodass ich mich stark genug fühlte, ohne Amt im freien Beruf zu existieren. Die Frage, von welchem Orte aus das geschehen würde, beantwortete sich eigentlich ganz von selber. Dadurch, dass die guten Beziehungen zu Bern nie abgebrochen waren, spürte ich zu deutlich und zu stark die Anziehung dieses eigentlichen Heimatortes.»[43]

Paul Klee emigriert am 24. Dezember 1933 von Düsseldorf nach Bern, wo Lily schon vier Tage zuvor eingetroffen ist. Sie finden kurzfristig Unterschlupf in Klees Elternhaus, bei Vater Hans und Schwester Mathilde, am Obstbergweg 6. In der ersten Jahreshälfte 1934 mieten sie als Übergangslösung eine möblierte Zweizimmerwohnung am Kollerweg 6. Am 1. Juni 1934 beziehen sie eine bescheidene Dreizimmerwohnung am Kistlerweg 6 im Berner Elfenauquartier. Das grösste Zimmer dient als Atelier, das zweitgrösste als Musikzimmer mit dem Flügel und der Geige und das kleinste als Schlafzimmer; die Küche ist zugleich das Esszimmer und die Mansarde das Gästezimmer.[44]

Abb. 22: Paul und Lily Klee, 1930

Paul und Lily werden von einigen Jugendfreunden, Bekannten und Sammlern gut aufgenommen, etwa von Hans Bloesch, Dr. Fritz Lotmar, Louis Moilliet, Marie von Sinner, Hanni Bürgi-Bigler mit ihrem Sohn Rolf, Hermann und Margrit Rupf, den Künstlerpaaren Victor und Marguerite Surbek-Frey und Otto und Hildegard Nebel sowie dem Germanistikprofessor Fritz Strich. Bald bilden sich weitere Bekanntschaften und Freundschaften mit den Kunsthistorikern Bernhard Geiser, Max Huggler und Georg Schmidt, dem Sammlerehepaar Hans und Erika Meyer-Benteli, dem deutschen Musikwissenschaftler Hans Kayser sowie dem Bildhauer Max Fueter.[45] Trotzdem gerät der Künstler in eine unerwartete Isolation. Der Sohn Felix ist als Opernregisseur in Deutschland tätig, von 1933 bis 1938 in Ulm, danach bis 1944 in Wilhelmshafen. Die Zäsur in Klees Leben wirkt sich auch auf seine Produktivität aus: Schuf er im Jahr der Amts-

Abb. 23: Letzte Wohnung von Paul und Lily Klee am Kistlerweg 6, Bern

[43] Klee 1940, S. 13 f. (S. 258).
[44] Vgl. Frey 1990, S.112.
[45] Vgl. ebenda.

enthebung die bislang höchste Zahl von 482 Werken, so stellte er im ersten Jahr der Emigration nur noch 219 Bilder fertig.[46] Es wird ziemlich still um Paul Klee, der sich mehr und mehr auf seine Arbeit konzentriert. An Wassily Kandinsky schreibt er im Februar 1935: «Gesundheit mit einem materiellen Existenzminimum verbunden brauchen wir, um zu schaffen. Mehr eigentlich nicht. Dies Schaffen ist mein ganzer Optimismus, und wenn es in grösster Stille sein soll, schadet es im Grunde auch nichts.»[47] Klees Äusserung veranschaulicht, wie isoliert, bescheiden, anspruchslos und anpassungsfähig er war. Sie zeigt aber auch, wie viel ihm sein Schaffen bedeutete. Klee zog sich im Schweizer Exil gewissermassen ins Schneckenhaus seines kleinen Ateliers, jedoch in eine schöne, weite Kunstwelt, zurück. Max Huggler verwendet in diesem Zusammenhang den Begriff der «inneren Emigration»[48].

Klee-Ausstellungen in der Schweiz: wenig Beachtung

Schon 1910 organisiert das Kunstmuseum Bern eine Ausstellung mit 56 grafischen Arbeiten Paul Klees.[49] Klees Jugendfreund Hans Bloesch, Redaktor und Kunstkritiker, ist einer der wenigen, die sich öffentlich für den talentierten Zeichner einsetzen. Anlässlich einer zweiten kleinen Ausstellung mit Werken Klees im Kunstmuseum Bern im Jahre 1911 verfasst Bloesch «die früheste eingehende Besprechung des Schaffens von Paul Klee überhaupt».[50] Dem Berner Publikum ist der Künstler zu avantgardistisch. Bern war eben – trotz Ferdinand Hodler – noch sehr der braven, traditionellen naturalistischen Kunst verhaftet. Neben einem zwar guten kulturellen Angebot[51] ereignete sich in der Bundeshauptstadt wenig Fortschrittliches. Es fehlten international ausstrahlende Zusammenschlüsse von gleichgesinnten Malern, die Neues bewirken wollten wie etwa in Dresden «Die Brücke»[52] und in München «Der Blaue Reiter»[53]. Klee fand – mit wenigen Ausnahmen – keinen Anschluss an die bildenden Künstler und Künstlerinnen in Bern. Man versteht daher den enttäuschten Maler, wenn er vom «sanften Trug des Berner Milieus»[54] schreibt.

Im Februar 1935, vierzehn Monate nach der Rückkehr Klees nach Bern, veranstaltet Max Huggler in der Kunsthalle Bern

---

46 Vgl. Glaesemer 1976, S. 308.
47 Brief von Paul Klee an Wassily Kandinsky, Bern, Februar 1935, zit. n. Kuthy 1984, S. 15.
48 Huggler 1969, S. 156.
49 Vgl. von Tavel 1988, S. 13.
50 Ebenda, S. 14. Der Text von Hans Bloesch, Ein moderner Graphiker, in: Die Alpen, VI. Jg., Heft 5, Januar 1912, S. 264–272, ist auszugsweise wieder abgedruckt in Du 1948, S. 61.
51 Vgl. von Tavel 1988, S. 17–19.
52 «Die Brücke», Künstlergemeinschaft deutscher Expressionisten, gegründet 1905 in Dresden von E. L. Kirchner, E. Heckel, F. Bleyl, K. Schmitt-Rottluff. 1906 schlossen sich E. Nolde und M. Pechstein an. Zeitweilige Weggefährten waren Kees van Dongen, Otto Müller, der finnische Künstler Axel Gallén und der Schweizer Cuno Amiet. 1913 löste sich die Gruppe wieder auf. (Aus: Darmstaedter 1979, S. 105)
53 «Der blaue Reiter», Künstlergemeinschaft, gegründet 1912 in München (Bezeichnung nach einem Gemälde von W. Kandinsky). Dazu gehörten u.a. W. Kandinsky, F. Marc, A. Macke, P. Klee u. E. Campendonk. Neben der «Brücke» (siehe Anm. 52) ist «Der blaue Reiter» der historisch bedeutsamste Zusammenschluss expressionistischer Künstler in Deutschland. (Aus: Darmstaedter 1979, S. 84)
54 Vgl. von Tavel 1988, S. 9. Diese Bezeichnung stammt aus den Tagebüchern von Paul Klee, in: Klee Tgb., Nr. 963. Der Hinweis ist Josef Helfenstein zu verdanken. Und von Tavel 1988, S. 20: «Wenn auch Klee mit dem ‹sanften Trug des Berner Milieus› vor allem das gemächliche, vom Weltkrieg nur wenig berührte Alltagsleben anvisierte, so verbirgt sich darin wohl eine umfassendere Charakterisierung seiner Beziehungen zu der Stadt, in der er aufgewachsen ist und die er regelmässig wieder aufsuchte. Sie war für ihn ungreifbar und uninteressant zugleich. Ihm als Künstler der Avantgarde bot sie nach dem vielversprechenden Anfang im Kunstmuseum nichts mehr. Die kulturellen Eriegnisse erschienen ihm als gesellschaftlicher Leerlauf. Und die zahlreichen äusserst interessanten Persönlichkeiten, ihr Denken und ihre Arbeit blieben ihm unbekannt, weil nirgends ein geistiger Kristallisationspunkt entstand, in dem man miteinander in Berührung kam.»

mit 273 Werken für den Künstler eine grosse Willkommens-Ausstellung.[55] Der Organisator schreibt retrospektiv dazu: «Die Ausstellung [...] fand keine weitreichende Anerkennung: aus Klees eigenen Beständen mit den sorgfältig als Dokumente gehüteten Werken jeder Schaffenszeit zusammengestellt, berührte die denkwürdige Schau das malerische Schaffen des Landes ebensowenig, wie Kunst- und Künstlervereinigungen oder andere kulturelle Institutionen von seiner persönlichen Anwesenheit Kenntnis genommen hatten. [...] Seine Kunst stand in keinem Zusammenhang mit der künstlerischen Überlieferung der Schweiz, und das Ziel, das er verfolgte, hatte keinerlei Vorbereitung erfahren: gleich einem erratischen Block war das Werk da.»[56] Die Berner «Willkommens-Ausstellung» wird anschliessend in etwas reduziertem Umfang von der Kunsthalle Basel übernommen[57] und dort von der lokalen Kunstkritik zum Teil heftig kritisiert. Ein Redaktor der «National-Zeitung» schreibt: «Uns erscheint Klee als ein eigenartiger subtiler und sehr sensibler Künstler, aber als ein Künstler, dessen schöpferische Kraft begrenzt ist. Es ist uns unmöglich, jeden seiner Einfälle, jede Variation seiner Lieblingsmotive schöpferisch und wertvoll zu finden. Vieles kommt uns unwesentlich vor. Manches wirkt direkt kunstgewerblich und könnte unmittelbar als Vorlage für eine Tapete, einen Stoff und dergleichen dienen. Nicht weniges muß dem Uneingeweihten hieroglyphenartig, ja eigentlich unverständlich erscheinen. Und was uns vor allem skeptisch stimmt, ist das deutliche Anknüpfen an Kinderzeichnungen und Verwandtes. Wenn ein über fünfzigjähriger Mann sich von solchen Arbeiten inspirieren läßt, so können wir darin nicht etwas absolut Positives sehen.»[58]

1936 findet Paul Klee in der grossen «Nationalen Kunstausstellung» in Bern keine Aufnahme.[59] Dagegen ist er an der im gleichen Jahre im Kunsthaus Zürich stattfindenden Ausstellung «Zeitprobleme der Schweizer Malerei und Plastik» vertreten. Er wird, zusammen mit Jean Arp und Le Corbusier, zwar als einer der drei international führenden Vertreter der Schweizer Avantgarde-Malerei bezeichnet.[60] In den «Luzerner Nachrichten» erscheint jedoch eine Kritik, die wenig Verständnis für die dort ausstellenden Künstler aufbringt: «Träumer wie die Surrealisten und Konstrukteure wie die

Abb. 24: Plakat der Ausstellung in der Kunsthalle Bern, 23. Februar bis 24. März 1935

[55] Paul Klee, Kunsthalle, Bern, 23.2.–24.3.1935 (Katalog: 273 Werke).
[56] Huggler 1969, S. 156.
[57] Paul Klee, Kunsthalle, Basel, 27.10.–24.11.1935 (Katalog: 191 Werke).
[58] Erschienen von einem Redaktor mit dem Kürzel «hgr.» in der «National-Zeitung», Nr. 2018, Basel, 19.11.1935, wieder abgedruckt in: Du 1948, S. 72.
[59] Vgl. Werckmeister 1987, S. 52.
[60] Vgl. ebenda.

Anhänger der abstrakten Kunst liess sie [die ‹Nationale Kunstausstellung› in Bern] links liegen. Diese ‹Linksliegenden›, diese Revolutionäre der Kunst, hat nun die Zürcher Ausstellung zu einer Front versammelt.»[61]

1938 ehrt die Vereinigung Moderner Schweizer Künstler «Allianz» Klee in der von ihr veranstalteten Basler Schau «Neue Kunst in der Schweiz» mit einem Sonderplatz.[62]

1940 organisiert das Kunsthaus Zürich zum 60. Geburtstag von Klee eine grosse Ausstellung mit den neuesten Werken der Jahre 1935 bis 1940, die ebenfalls kontrovers aufgenommen werden. Jakob Welti, Feuilleton-Redaktor der «Neuen Zürcher Zeitung», versteigt sich nach der Ausstellung sogar zur Behauptung, Klees Kunst sei das Produkt eines Geisteskranken![63] Zwei Tage danach beschwert sich der Berner Anwalt Fritz Trüssel, Präsident der Museumskommission des Kunstmuseums Bern, mit einem Brief an den Chefredaktor der «Neuen Zürcher Zeitung», «dass ein Blatt wie das Ihrige […] einen Künstler vom Range und von der internationalen Bedeutung Klees mit einem so abgegriffenen Kalauer zu erledigen versucht.» Er betont, dass Klee «geistig vollständig gesund» und «keineswegs geisteskrank» sei.[64]

«Und es bleibt nur noch ein Wunsch offen, Bürger dieser Stadt zu sein»

Wenige Monate nach der Übersiedlung von Düsseldorf nach Bern erkundigt sich Paul Klee 1934 nach den Bedingungen zur Erwerbung des Schweizer Bürgerrechts. Er wird dahingehend informiert, dass dazu die Niederlassungsbewilligung erforderlich sei und «[…] dass deutsche Reichsangehörige diese erst erhalten, wenn sie sich seit fünf Jahren ununterbrochen und erlaubterweise in der Schweiz aufgehalten haben».[65] Es wird ihm und seiner Frau vorerst nur eine begrenzte Aufenthaltsbewilligung erteilt, die jeweils um ein Jahr verlängert werden muss. Die in Bern verbrachten 19 Jugendjahre und die späteren längeren Aufenthalte in Bern konnten Klee 1934 nicht angerechnet werden.

---

[61] «Luzerner Nachrichten», Nr. 140, 16. Juni 1936, zit. n. Werckmeister 1987, S. 52.

[62] Neue Kunst in der Schweiz, Kunsthalle, Basel, 9.1.–2.2.1938 (Katalog: 7 Werke von Paul Klee). Vgl. Geelhaar 1979, S. 6 f.

[63] Vgl. Welti, Jakob, Aus dem Zürcher Kunsthaus, in: Neue Zürcher Zeitung, 30.3.1940, Morgenausgabe: «Heute Samstagnachmittag, 15 Uhr, wird im Kunsthaus die April-Ausstellung eröffnet. Nach der interessanten März-Exkursion in das eigenartige, vielen Besuchern zu hoch gelegene Schizophrenelisgärtli Paul Klees, befindet man sich wieder in den klimatisch und optisch vertrauteren Gefilden der schweizerischen Mittellandsmalerei. Acht aargauische Künstler haben die Hauptträume zugeteilt erhalten», zit. n. Frey 1990, S. 123. Jakob Welti benützt dazu die Bezeichnung des Hauptgipfels des 2910 m hohen Glärnisch-Alpenmassivs (Kanton Glarus) mit «Vrenelisgärtli» und bringt ihn in Verbindung mit Schizophrenie und der Kunst von Klee, die nicht selten eine Art Gartenlandschaft thematisiert. Der geografische Hinweis ist dem Kunsthistoriker Walther Fuchs zu verdanken. Ausführlich dokumentiert von Walther Fuchs in: «Paul Klee und die Medizin», Ausstellung im Medizinhistorischen Museum der Universität Zürich, Zürich, 31.3.–9.10.2005.

[64] Brief von Dr. iur. Fritz Trüssel an Willy Bretscher, Bern, 1.4.1940, Typoskript, 21×30 cm, Kunstmuseum Bern. Diese Angabe verdanke ich ebenfalls Walther Fuchs.

[65] Siehe Anhang: Bemühungen von Paul Klee zur Erwerbung des Schweizer Bürgerrechts (S. 266).

Nach Ablauf der vorgeschriebenen fünf Aufenthaltsjahre lässt der Künstler noch am gleichen Tag, an dem er die Niederlassungsbewilligung erhalten hat – am 24. April 1939 –, durch den Anwalt Fritz Trüssel ein Gesuch um Erteilung des Schweizer Bürgerrechts stellen (Schweizerisches Bundesarchiv). Freunde und der Konservator des Berner Kunstmuseums, Conrad von Mandach, sowie der Leiter der Berner Kunsthalle, Max Huggler, setzen sich energisch für ihn ein.[66] Nachdem Klee von der Polizei wiederholt einvernommen worden ist, empfehlen Kanton und Gemeinde Bern am 13. November 1939 dem Eidgenössischen Justiz- und Polizeidepartement, Klee die eidgenössische Bewilligung zu erteilen. Diese erhält er am 19. Dezember 1939 trotz zum Teil peinlichen und beschämenden Rapporten.[67] Damit die Bewilligung rechtskräftig werden kann, muss er sich aber noch um das so genannte «Landrecht» des Kantons Bern und um das Gemeindebürgerrecht der Stadt Bern bewerben. Das diesbezügliche Gesuch reicht er am 15. Januar 1940 ein. Er legt ihm den am 7. Januar 1940 verfassten und bereits zitierten Lebenslauf (siehe Seiten 32–35) bei, der mit dem Satz endet: «Seitdem [seit der Emigration aus Deutschland] lebe ich wieder hier [in Bern] und es bleibt nur noch ein Wunsch offen, Bürger dieser Stadt zu sein.»[68] Nachdem Paul Klee am 12. März 1940 noch eine zusätzlich verlangte Information nachgeliefert hat, beantragt die Polizeidirektion der Stadt Bern dem Gemeinderat am 15. März 1940, dem Gesuchsteller das stadtbernische Bürgerrecht zu erteilen. Zwei Wochen später nennt ihn der Feuilleton-Redaktor der «Neuen Zürcher Zeitung» – wie erwähnt – einen geisteskranken Künstler. Um das laufende Einbürgerungsverfahren nicht zu gefährden, verzichtet Klee auf eine Klage gegen diese Unterstellung.[69] Nachdem er schwer krank aus der Clinica Sant' Agnese in Locarno am 19. Juni, zehn Tage vor seinem Tod, noch eine weitere Frage der städtischen Einbürgerungskommission beantwortet hat[70], wird die Einbürgerung für die Berner Stadtratssitzung vom 5. Juli 1940 (Abb. 25) traktandiert.[71] Doch stirbt Paul Klee sechs Tage vor dieser Sitzung. Damit blieb ihm die Erfüllung seines letzten Wunsches, Bürger jener Stadt zu sein, in der er mehr als sein halbes Leben verbracht hat, verwehrt.

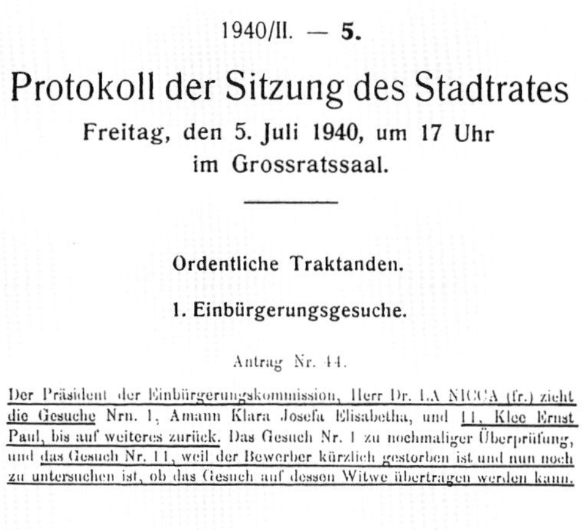

1940/II. — **5.**

Protokoll der Sitzung des Stadtrates

Freitag, den 5. Juli 1940, um 17 Uhr im Grossratssaal.

Ordentliche Traktanden.

1. Einbürgerungsgesuche.

Antrag Nr. 44.

Der Präsident der Einbürgerungskommission, Herr Dr. LA NICCA (fr.) zieht die Gesuche Nrn. 1, Amann Klara Josefa Elisabetha, und 11, Klee Ernst Paul, bis auf weiteres zurück. Das Gesuch Nr. 1 zu nochmaliger Überprüfung, und das Gesuch Nr. 11, weil der Bewerber kürzlich gestorben ist und nun noch zu untersuchen ist, ob das Gesuch auf dessen Witwe übertragen werden kann.

Abb. 25: Auszug aus dem Protokoll der Sitzung des Stadtrates von Bern vom 5. Juli 1940 (Stadtarchiv Bern)

Abb. 26 (Seiten 32–35): Lebenslauf von Paul Klee, Bern, 7. Januar 1940 (Polizeiinspektorat der Stadt Bern) ▷

66–71 Siehe Anhang: Bemühungen von Paul Klee zur Erwerbung des Schweizer Bürgerrechts (S. 266 f.).

Lebenslauf

Ich bin am 18 Dezember 1879 zu München=
=buchsee geboren. Mein Vater war Musik=
lehrer am Kantonalen Lehrerseminar Hofwyl,
und meine Mutter war Schweizerin. Als ich im Frühjahr
1886 in die Schule kam, wohnten wir in der
Länggasse in Bern. Ich besuchte die ersten vier
Klassen der dortigen Primarschule. Dann
schickten mich meine Eltern ans Städtische
Progymnasium, dessen vier Klassen ich absolvierte,
um dann in die Literarschule derselben Anstalt
einzutreten. Den Abschluss meiner allgemeinen
Bildung bildete das Kantonale Maturitätsexamen,
das ich im Herbst 1898 bestand.

Die Berufswahl ging äusserlichst glatt
von Statten. Obwohl mir durch das Maturitätszeugnis alles offen stand, wollte ich es wagen,
mich in der Malerei auszubilden und die Kunst=
= malerei als Lebensaufgabe zu wählen. Die
Realisierung führte damals — wie teilweise auch
heute noch — auf den Weg ins Ausland.
Man musste sich nur entscheiden zwischen Paris
oder Deutschland. Mir kam Deutschland

Geschlechtsmässig mehr entgegen.

Und so begab ich mich denn auf den Weg nach der bayrischen Metropole, wo mich die Kunstakademie zunächst an die private Vorschule Knirr verwies. Hier übte ich Zeichnen und Malen, um dann in die Klasse Franz Stuck der Kunstakademie einzutreten.

Die drei Jahre meines Münchner Studiums erweiterte ich dann durch eine einjährige Studien= reise nach Italien (hauptsächlich Rom).

Und nun galt es, in stiller Arbeit das Gewonnene zu verwerten und zu fördern. Dazu eignete sich die Stadt meiner Jugend, Bern, auf das beste, und ich kann heute noch als Früchte dieses Aufenthaltes eine Reihe von Radierungen aus den Jahren 1903 bis 1906 nachweisen, die schon damals nicht unbeachtet blieben.

Mannigfache Beziehungen, die ich in München angeknüpft hatte, führten auch zur ehelichen Verbindung mit meiner jetzigen Frau. Dass sie in München beruflich tätig war, war für uns ein wichtiger Grund, ein zweites Mal dorthin zu übersiedeln (Herbst 1906). Nach aussen setzte ich mich als Künstler langsam durch und jeder Schritt vorwärts war

war an diesem damals kunstzentralen Platze von Bedeutung.

Mit einer Unterbrechung von drei Jahren während des Weltkriegs durch Garnisonsdienst in Landshut, Schleissheim und Gersthofen, blieb ich in München niedergelassen bis zum Jahr 1920. Die Beziehungen zu Bern brachen schon äusserlich nicht ab, weil ich alljährlich die Ferienzeit von 2-3 Monaten daselbst im Elternhaus verbrachte.

Das Jahr 1920 brachte mir die Berufung als Lehrer an das staatliche Bauhaus zu Weimar. Hier wirkte ich bis zur Übersiedelung dieser Kunsthochschule nach Dessau im Jahre 1926. Endlich erreichte mich im Jahr 1930 ein Ruf zum Leiter einer Malklasse an der preussischen Kunstakademie zu Düsseldorf. Dieser kam meinem Wunsch entgegen, die Lehrtätigkeit ganz auf das mir eigentümlichste Gebiet zu beschränken, und so lehrte ich dort an dieser Kunsthochschule während der Jahre 1931 bis 1933.

Die neuen politischen Verhältnisse Deutschlands erstreckten ihre Wirkung auf das Gebiet der bildenden Kunst und hemmten nicht nur die Lehrfreiheit, sondern auch die Auswirkung des privaten künstlerischen Schaffens. Mein Ruf als Maler hatte im Laufe der Zeit sich über die staatlichen, ja auch über die continentalen Grenzen hinaus ausgebreitet, so dass ich mich stark genug fühlte, ohne Amt im freien Beruf zu existieren.

Die Frage von welchem Orte aus das geschehen würde, beantwortete sich eigentlich ganz von selber. Dadurch, dass die guten Beziehungen zu Bern nie abgebrochen waren, spürte ich zu deutlich und zu stark die Anziehung dieses eigentlichen Heimatortes. Seitdem lebe ich wieder hier und es bleibt nur noch ein Wunsch offen, Bürger dieser Stadt zu sein

Bern den 7 Jänner 1940

Paul Klee

Lebenslauf

Ich bin am 18. Dezember 1879 in Münchenbuchsee geboren. Mein Vater war Musiklehrer am kantonalen Lehrerseminar Hofwyl, und meine Mutter war Schweizerin. Als ich im Frühjahr 1886 in die Schule kam, wohnten wir in der Länggasse in Bern. Ich besuchte die ersten vier Klassen der dortigen Primarschule. Dann schickten mich meine Eltern ans städtische Progymnasium, dessen vier Klassen ich absolvierte, um dann in die Literarschule derselben Anstalt einzutreten. Den Abschluss meiner allgemeinen Bildung bildete das kantonale Maturitätsexamen, das ich im Herbst 1898 bestand.

Die Berufswahl ging äusserlich glatt von statten. Obwohl mir durch das Maturitätszeugnis alles offen stand, wollte ich es wagen, mich in der Malerei auszubilden und die Kunstmalerei als Lebensaufgabe zu wählen. Die Realisierung führte damals – wie teilweise auch heute noch – auf den Weg ins Ausland. Man musste sich nur entscheiden zwischen Paris oder Deutschland. Mir kam Deutschland gefühlsmässig mehr entgegen. Und so begab ich mich denn auf den Weg nach der bayrischen Metropole, wo mich die Kunstakademie zunächst an die private Vorschule Knirr verwies. Hier übte ich Zeichnen und Malen, um dann in die Klasse Franz Stuck der Kunstakademie einzutreten.

Die drei Jahre meines Münchner Studiums erweiterte ich dann durch eine einjährige Studienreise nach Italien (hauptsächlich Rom).

Und nun galt es, in stiller Arbeit das Gewonnene zu verwerten und zu fördern. Dazu eignete sich die Stadt meiner Jugend, Bern, auf das beste, und ich kann heute noch als Früchte dieses Aufenthaltes eine Reihe von Radierungen aus den Jahren 1903 bis 1906 nachweisen, die schon damals nicht unbeachtet blieben.

Mannigfache Beziehungen, die ich in München angeknüpft hatte, führten auch zur ehelichen Verbindung mit meiner jetzigen Frau. Dass sie in München beruflich tätig war, war für mich ein wichtiger Grund, ein zweites Mal dorthin zu übersiedeln (Herbst 1906). Nach aussen setzte ich mich als Künstler langsam durch und jeder Schritt vorwärts war an diesem damals kunstzentralen Platze von Bedeutung.

Mit einer Unterbrechung von drei Jahren während des Weltkriegs durch Garnisonsdienst in Landshut, Schleissheim und Gersthofen, blieb ich in München niedergelassen bis zum Jahr 1920. Die Beziehungen zu Bern brachen schon äusserlich nicht ab, weil ich alljährlich die Ferienzeit von zwei bis drei Monaten daselbst im Elternhaus verbrachte.

Das Jahr 1920 brachte mir die Berufung als Lehrer an das staatliche Bauhaus zu Weimar. Hier wirkte ich bis zur Übersiedlung dieser Kunsthochschule nach Dessau im Jahre 1926. Endlich erreichte mich im Jahr 1930 ein Ruf zum Leiter einer Malklasse an der preussischen Kunstakademie zu Düsseldorf. Dieser kam meinem Wunsch entgegen, die Lehrtätigkeit ganz auf das mir eigentümliche Gebiet zu beschränken, und so lehrte ich denn an dieser Kunsthochschule während der Jahre 1931 bis 1933.

Die neuen politischen Verhältnisse Deutschlands erstreckten ihre Wirkung auch auf das Gebiet der bildenden Kunst und hemmten nicht nur die Lehrfreiheit, sondern auch die Auswirkung des privaten künstlerischen Schaffens. Mein Ruf als Maler hatte im Laufe der Zeit sich über die staatlichen, ja auch über die continentalen Grenzen hinaus ausgebreitet, so dass ich mich stark genug fühlte, ohne Amt im freien Beruf zu existieren.

Abb. 27: Schweizer Landschaft, 1919, 46

Nach der Rückkehr in die Schweiz suchen Paul und Lily Klee im Jahre 1934 als Deutsche um den Erwerb der Schweizer Bürgerschaft nach. Klee muss peinliche Befragungen durch Einbürgerungsbeamte über sich ergehen lassen. Nach einem Besuch bei Klees bemerkt ein Polizeibeamter in seinem Rapport – unter Bezugnahme auf dieses Gemälde –, die darin dargestellten Kühe «sähen dumm aus», und: «Zielt dieses Bild nicht unverblümt darauf, was gewisse Leute als ‹Kuhschweizer› bezeichnen?» Trotz solchen einfältigen Aussagen hätte der Künstler, der mehr als die Hälfte seines Lebens in Bern verbracht hat, schlussendlich höchstwahrscheinlich die Schweizer Bürgerschaft erlangt, – doch starb er sechs Tage vor der entscheidenden Sitzung der stadtbernischen Einbürgerungskommission.

Die Frage, von welchem Orte aus das geschehen würde, beantwortete sich eigentlich ganz von selber. Dadurch, dass die guten Beziehungen zu Bern nie abgebrochen waren, spürte ich zu deutlich und zu stark die Anziehung dieses eigentlichen Heimatortes. Seitdem lebe ich wieder hier und es bleibt nur noch ein Wunsch offen, Bürger dieser Stadt zu sein.

Bern den 7 Januar 1940

Paul Klee

Abb. 28: Altstadt von Bern mit Rathaus (oben)

Abb. 29: ein Kranker macht Pläne, 1939, 611

2. Zur Krankheit von Paul Klee

Krankheitsbeginn mit einer hartnäckigen Bronchitis, Lungen- und Brustfellentzündung und grosser anhaltender Müdigkeit

Paul Klees Krankheit beginnt im Sommer 1935. Der zuvor «ausser in früher Jugend»[72] nie kranke Künstler erleidet Ende August «eine schwere Erkältung»[73]. Ein hartnäckiger, tief sitzender Bronchialkatarrh nimmt ihn sehr mit, wie Lily Klee berichtet.[74] Paul Klee fühlt sich anhaltend müde.[75] Erst spät, als sich leicht erhöhte abendliche Körpertemperaturen einstellen, sucht er am 21. Oktober 1935[76] durch Vermittlung seines Jugendfreundes Dr. Fritz Lotmar, Neurologe in Bern, den Internisten Dr. Gerhard Schorer auf.[77] Letzterer stellt fest, dass «das Herz nicht in Ordnung» sei.[78] Er verordnet völlige körperliche Schonung.[79] Der Zustand verschlimmert sich. Ab 26. Oktober wird Klee bettlägerig.[80] Vom 15. bis 17. November tritt hohes Fieber auf (über 39 Grad); Dr. Schorer vermutet Lungenkomplikationen[81] – wahrscheinlich war es eine Lungen- und Brustfellentzündung. Antibiotika gibt es noch nicht. Deshalb muss Paul Klee seine Abwehrkräfte mobilisieren und die schwere Erkrankung selbst überwinden. Er ist sehr geschwächt.[82] Eine Röntgenkontrolle von Lungen und Herz ist noch nicht möglich.[83]

Masern?

Gleichzeitig mit dem hohen Fieber Mitte November 1935 tritt bei Paul Klee offenbar ein kurzfristiger Ausschlag am ganzen Körper auf. Aus einem Brief des ebenfalls in Bern wohnenden deutschen Künstlers Otto Nebel an Lily Klee vom 20. November 1935 vernehmen wir nämlich: «Wie gut, dass der Arzt ein so vortrefflicher Diagnostiker ist. Es ist schon höchst selt-

---

[72] Brief von Lily Klee an Daniel-Henry Kahnweiler, Bern, 30.11.1935 (Standort unbekannt): «Mein Mann war ausser in früher Jugend nie krank u. deshalb hat ihn die Krankheit auch so angepackt. Im Gegensatz zu andern Menschen denen leicht etwas fehlt u. die dadurch immun gegen solche Attacken sind.» Und Brief von Lily Klee an Gertrud Grote, Bern, 12.1.1936 (ZPKB): «Mein Mann war nie ernstlich krank u. wenn es dann einmal trifft, dann fällt man wie ein Baum.»

[73] Brief von Lily Klee an Gertrud Grohmann, Bern, 11.9.1935 (AWG).

[74] Vgl. Brief von Lily Klee an Will Grohmann, Bern, 23.10.1935 (AWG).

[75] Vgl. Brief von Lily Klee an Dr. med. Gerhard Schorer, Bern, 8.3.1936 (Fotokopie: ZPKB/SFK).

[76] Klee 1935/1936 (S. 258), S. 1: «21. X. Abends 37,6 (beim Arzt)».

[77] Vgl. Brief von Lily Klee an Will Grohmann, Bern, 23.10.1935 (AWG), u. vgl. Brief von Lily Klee an Gertrud Grohmann, Bern, 23.11.1935 (AWG).

[78] Brief von Lily Klee an Will Grohmann, Bern, 23.10.1935 (AWG).

[79] Vgl. ebenda.

[80] Klee 1935/1936 (S. 258), S. 2: «26. X. ganz im Bett» sowie vgl. Brief von Lily Klee an Nina Kandinsky, Bern, 3.11.1935 (BK/CGPP), vgl. Brief von Lily Klee an Rudolf Probst, Bern, 10.11.1935 (PBD), u. vgl. Brief von Lily Klee an Daniel-Henry Kahnweiler, Bern, 22.11.1935 (Standort unbekannt).

[81] Vgl. Klee 1935/1936 (S. 258), S. 4, und vgl. Brief von Lily Klee an Gertrud Grohmann, Bern, 23.11.1935 (AWG), sowie vgl. Brief von Lily Klee an Rudolf Probst, Bern, 26.11.1935 (PBD).

[82] Vgl. Brief von Lily Klee an Daniel-Henry Kahnweiler, Bern, 4.1.1936 (Standort unbekannt).

[83] Vgl. Briefe von Lily Klee an Will Grohmann, Bern, 2.12.1935 und 29.12.1935 (AWG), sowie vgl. Brief von Lily Klee an Gertrud Grohmann, Bern, 29.3.1936 (AWG).

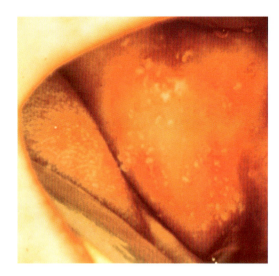

Abb. 30: Masern: «Koplik-Flecken», kleine weissliche Flecken an der Wangenschleimhaut

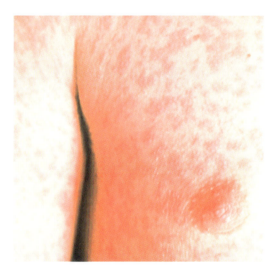

Abb. 31: Masern: Ausschlag mit roten Flecken am ganzen Körper inklusive Gesicht

84 Brief von Otto Nebel an Lily Klee, Bern, 20.11.1935 (ZPKB/SFK).
85 Brief von Lily Klee an Nina Kandinsky, Bern, 13.2.1936 (BK/CGPP).
86 Vgl. Brief von Lily Klee an Emmy Scheyer, Bern, 8.3.1936 (NSMP).
87 Brief von Lily Klee an Will Grohmann, Bern, 9.4.1936 (AWG).
88 Brief von Lily Klee an Nina Kandinsky, Bern, 14.4.1936 (BK/CGPP).
89 Brief von Lily Klee an Will Grohmann, Bern, 29.10.1936 (AWG).
90 Mitteilung von Felix Klee an den Verf., Bern, 20.9.1983.
91 Klee 1989, S. 47.

sam, dass es sich um Masern handelt – umso merkwürdiger, als nicht zu erklären ist, durch wen oder was die Ansteckung geschehen konnte.»[84] Von wem Nebel diese Mitteilung erhalten hat, geht aus dem Schreiben nicht hervor. Der Hautausschlag wird nicht näher umschrieben. Eigenartig ist, dass Lily Klee die «Masern» erst drei Monate später in einem Brief an Nina Kandinsky, der Ehefrau von Wassily Kandinsky, erwähnt: «Ich weiss nicht mehr, ob ich Ihnen geschrieben habe, dass er [Paul Klee] sehr schwer die Masern gehabt hat. In diesem Alter sind die Masern eine sehr gefürchtete u. schwere Krankheit, oft mit bösartigen Komplikationen u. so war es auch bei meinem Mann. Er ist nun 4 Monate (!) krank gewesen.»[85] Im März 1936 teilt sie dies auch Emmy Scheyer mit.[86] Im April 1936 schreibt sie an Will Grohmann, acht Tage nach der nun möglich gewordenen Röntgenuntersuchung: «[…] es war eine chronische doppelseitige Lungenentzündung infolge der Masern (!). Die Diagnose stellte auch der Arzt vorher.»[87] Es ist anzunehmen, dass sich Lily dabei nur auf die Diagnose «chronische doppelseitige Lungenentzündung» und nicht auf die Masern bezieht. An Nina Kandinsky berichtet sie: «Er hatte eine chronische doppelseitige Lungenentzündung (durch die Masern) so prolongiert.»[88] Nachdem dann aber im Laufe des Jahres 1936 andere Hautveränderungen aufgetreten waren und Paul Klee deswegen im Herbst von Dr. Schorer konsiliarisch dem Hautarzt Professor Naegeli zugewiesen worden war, teilt Lily unmittelbar nach dieser Untersuchung Will Grohmann mit: «Die Ärzte behaupten neuerdings, dass es die Masern nicht gewesen wären!! Aber was war es dann?»[89] Da Felix Klee zu dieser Zeit als Opernregisseur in Deutschland tätig war, konnte er nichts Konkretes über die «Masern» bei seinem Vater aussagen.[90] In einem Gespräch mit Sabine Rewald sagte er dazu lediglich: «Wir glaubten immer, es [die Krankheit] sei eine Folge der Masern, aber die Dermatologen stritten es ab.»[91]

Hat nun Paul Klee tatsächlich Mitte November 1935 die Masern erlitten, oder hat es sich vielleicht um einen anderen Ausschlag gehandelt?

Masern zeigen sich in der Regel mit einem typischen, leicht zu diagnostizierenden Erscheinungsbild: Nach einem Vorstadium mit Halsweh, Katarrh, Schnupfen, Bindehautentzündung, Lichtscheu, kleinen weisslichen Flecken an der Wangenschleimhaut («Koplik-Flecken», Abb. 30) und leichtem Fieber während drei bis fünf Tagen treten nach dem Fieberabfall plötzlich hohes Fieber bis 40 Grad und der charakteristische Masernausschlag mit roten Flecken am ganzen Körper inklusive Gesicht auf (Abb. 31). Schon nach drei bis vier Tagen kommt es zur Entfieberung, gleichzeit verschwindet der Ausschlag. In der anschliessenden Rekonvaleszenzphase schuppt sich die Haut am Körper sehr fein ab, ohne Beteiligung der Hände und Füsse (Abb. 32).[92] Eigenartig ist nun aber die retrospektive Angabe der von Lily Klee zur Pflege zugezogenen Freundin, Ju (Juliane) Aichinger-Grosch, die ab Ende November 1935 während einiger Monate beim Ehepaar Klee wohnte: «Klees ganzer Körper schälte sich wie bei schwerem Scharlach.»[93] Tatsächlich beobachtet man bei Scharlach sechs Tage bis sechs Wochen nach dem Ablauf der Krankheit eine grobe Abschuppung der Haut am Rumpf und besonders auffallend an Handtellern und Fusssohlen.[94] Von einer solchen Abschuppung an Händen und Füssen hören wir von Lily Klee nichts. Zudem lässt sich Scharlach gut von Masern unterscheiden: Das Fieber tritt bei Scharlach meist akut hoch mit einer Angina, feuerrotem Rachen und einer «Himbeerzunge» auf, und der Ausschlag besteht in feinen, kleinen roten Flecken, die nicht – wie bei Masern – zusammenfliessen.[95] Die 1959 geäusserte Feststellung von Ju Aichinger-Grosch ist wohl zu relativieren; Klee war im Jahre 1935 kaum an Scharlach erkrankt.

Differenzialdiagnostisch käme eher ein fleckförmiges «Arzneimittelexanthem» in Betracht, ein grossflächiger Ausschlag als Folge einer Überempfindlichkeit auf ein eingenommenes oder injiziertes Medikament. Solche Ausschläge sehen oft wie Masern, Scharlach oder Röteln aus (Abb. 33). Sie können auch Fieber hervorrufen und nachträglich abschuppen. Professor Alfred Krebs glaubt als international renommierter Spezialist für Arzneimittelexantheme – in Kenntnis obiger Angaben zum Ausschlag von Paul Klee im November 1935 – eher an die Wahrscheinlichkeit eines solchen medikamentös verursachten Ausschlags.[96] Interessant ist, dass Paul Klee ein Jahr darauf, im November 1936, mit Fieber auf Injektionen reagierte. Seine Frau schreibt darüber an Hermann und

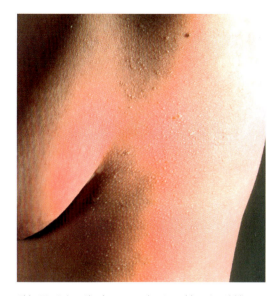

Abb. 32: Feine Abschuppung des Ausschlags im Abklingen sowohl bei Masern wie bei einem Arzneimittelexanthem

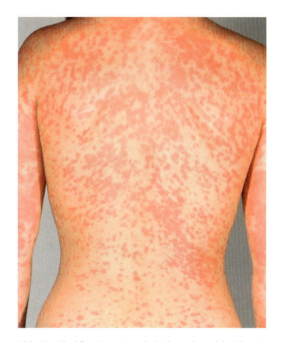

Abb. 33: Fleckförmiges Arzneimittelexanthem (als Folge einer Überempfindlichkeit auf ein Medikament)

[92] Vgl. Pschyrembel/ML 1998, S. 987 f.
[93] Aichinger-Grosch 1959, S. 52 f.
[94] Vgl. Pschyrembel/ML 1998, S. 1412.
[95] Vgl. ebenda, S. 1411 f.
[96] Mündliche Angabe von Prof. Dr. med. Alfred Krebs, Spezialarzt für Haut- und Geschlechtskrankheiten und für Innere Medizin FMH, Bern, an den Verf., Bern, 1.6.2003, nach eingehendem Studium der diesbezüglichen Daten und Angaben.

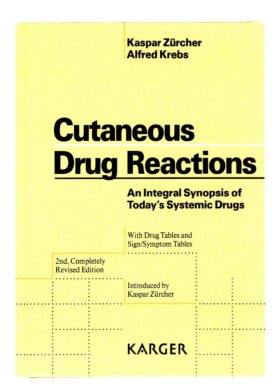

Abb. 34: Handbuch von Dr. med. Kaspar Zürcher und Prof. Dr. med. Alfred Krebs über Hautnebenwirkungen interner Arzneimittel (englische Ausgabe 1992)

Margrit Rupf: «Es ist also nun einwandfrei festgestellt, dass das Fieber von den Einspritzungen kam. [...] 3 Tage dauerte das Fieber bis in d. Sonntag früh u. zwar hohes Fieber.»[97] Interessant ist weiter, dass wenige Wochen vor dem Tode des Künstlers erneut ein offenbar ähnlicher Ausschlag wie 1935 auftrat. Lily berichtet im Juli 1940 Will Grohmann: «Es wiederholte sich d. Hautausschlag, mit dem diese furchtbare Krankheit vor 5 Jahren begann, wenn auch leichter.»[98] War es wiederum ein Arzneimittelexanthem? Wurde es vielleicht sogar durch dasselbe Medikament oder ein ähnliches mit einem chemisch verwandten allergisierenden Wirkstoff ausgelöst wie 1935?

In diesem Zusammenhang erlangen vielleicht drei von Lily Klee in einer von ihr aufgezeichneten Fiebertabelle von Paul Klee vom Oktober 1935 bis April 1936 angefügte Therapieangaben eine Bedeutung. Am 5. November 1935 notiert Lily die Morgentemperatur «früh 36,7» und daneben «Arzt» (Abb. 35) – wohl ein Besuch Dr. Schorers im Laufe des Vormittags – sowie die Abendtemperatur «Abds. 37,5» und fügt bei «Theominal» (Abb. 35).[99] Für den 8. November hält sie wiederum einen Arztbesuch fest und den Vermerk «neues Mittel» (Abb. 35).[100] Der nächste Arztbesuch wird am 12. November angegeben, wobei für den Abend die Verordnung «2. Mal Pulver u. Theominal» registriert sind.[101] Mit dem «Pulver» dürfte wohl das «neue Mittel» vom 8. November gemeint sein. Ein weiterer Arztbesuch ist in der Fiebertabelle am 14. November 1935 notiert.[102]

Das Medikament «Theominal» ist heute nicht mehr im Handel. Es hat sich um ein Medikament der Firma Bayer gehandelt und bestand aus einer Mischung von Theobromin und Luminal im Verhältnis 10:1. Es wurde zur Behandlung von Herz-Kreislauf-Krankheiten eingesetzt. Theobromin ist heute therapeutisch nicht mehr gebräuchlich. Luminal (Wirkstoff Phenobarbital, gehört zur Gruppe der Barbiturate) wird dagegen noch immer als Beruhigungs- und Schlafmittel sowie bei Fieberkrämpfen und Epilepsie eingesetzt.[103] Von Brominen (ebenfalls in Beruhigungs- und Schlafmitteln sowie in Hustenmitteln vorkommend) sind nun tatsächlich gelegentliche Nebenwirkungen in Form von akneartigen Veränderun-

---

[97] Brief von Lily Klee an Hermann und Margrit Rupf, Bern, 25.11.1936 (HMRS).
[98] Brief von Lily Klee an Will Grohmann, Bern, 7.7.1940 (AWG), zit. n. Frey 1990, S. 124.
[99] Klee 1935/1936 (S. 258), S. 3.
[100] Ebenda.
[101] Ebenda, S. 4.
[102] Ebenda.
[103] Siehe Anhang: Zusammensetzung und Indikationen des Medikaments «Theominal» (S. 267).

gen, Knoten, Geschwüren und Ausschlägen mit kleinen Blutpunkten bekannt.[104] Auch Barbiturate verursachen mitunter Arzneimittelexantheme, vor allem fleckförmige Ausschläge und Nesselfieber.[105] Das im Theominal enthaltene Luminal könnte bei Paul Klee also durchaus eine Überempfindlichkeit in Form eines masernähnlichen Ausschlags ausgelöst haben. In Betracht käme eventuell auch eine allergische Reaktion auf das unbekannte «neue Mittel» in Pulverform, das Klee erstmals am 8. November 1935 einnahm. Der Ausschlag trat offenbar zehn bzw. sieben Tage nach der ersten Einnahme von Theominal bzw. des «Pulvers» auf. Oft entwickelt sich eine Allergie in dieser Zeitspanne.

Unklar bleibt, ob Dr. Schorer den Ausschlag Klees gesehen hat. Aus Lilys Vermerken in der Fiebertabelle geht hervor, dass Paul Klee Dr. Schorer am 21. und 25. Oktober 1935 aufgesucht («beim Arzt») und Dr. Schorer seinen Patienten am 29. Oktober sowie am 1., 5., 8., 12. und 14. November besucht hat («Arzt»).[106] Allfällige weitere Besuche sind nicht mehr registriert. Der Ausschlag wird in die Zeit des hohen Fiebers vom 15. bis 17. November datiert. Die für Masern typischen Symptome in der drei- bis fünftägigen Vorphase des Ausschlags (siehe Seiten 40 und 41) müssten Dr. Schorer anlässlich seines Besuchs am 12. November aufgefallen sein. Er war ein sehr erfahrener, ausgezeichneter Internist. Höchstwahrscheinlich hat er also den kurzfristigen Ausschlag nicht gesehen. Vermutlich besuchte er seinen Patienten erst danach wieder. Das hohe Fieber dürfte, wie erwähnt, am ehesten in Zusammenhang mit der Lungen- und Brustfellentzündung gebracht werden.

Da das angebliche Auftreten von Masern bei Paul Klee lediglich in einem Brief des Malers Otto Nebel ohne nähere Angaben erscheint (siehe Anm. 84) und Lily darüber – auch ohne ärztliche Bestätigung – erst drei Monate danach in Briefen berichtet, wird diese Diagnose sehr unwahrscheinlich. Dies umso mehr, als Lily fast ein Jahr nachher schreibt, die Ärzte hätten die Masern negiert.

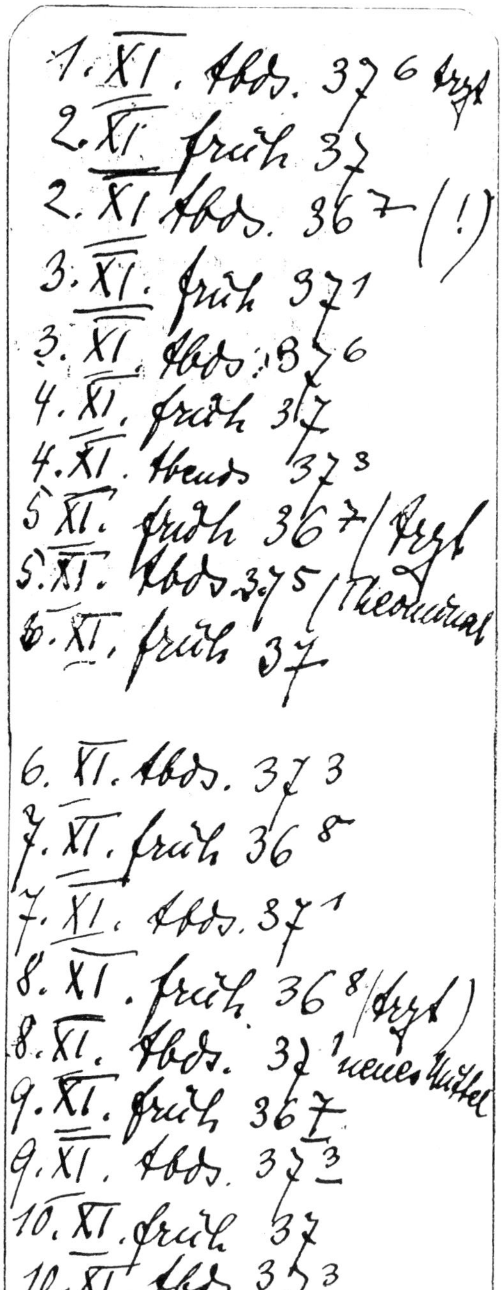
1. XI. Abds. 37 6 Arzt
2. XI. früh 37
2. XI Abds. 36 7 (!)
3. XI. früh 37 1
3. XI. Abds. 37 6
4. XI. früh 37
4. XI. Abends 37 3
5 XI. früh 36 7 / Arzt
5. XI. Abds. 37 5 (Theominal
6. XI. früh 37
6. XI. Abds. 37 3
7. XI. früh 36 8
7. XI. Abds. 37 1
8. XI. früh 36 8 (Arzt)
8. XI. Abds. 37 1 neues Mittel
9. XI. früh 36 7
9. XI. Abds. 37 3
10. XI. früh 37
10. XI. Abds. 37 3
11. XI. früh 37 1
11. XI. Abds. 37 3

Abb. 35: Fiebertabelle von Paul Klee vom 1. bis 11. November 1935, aufgezeichnet von Lily Klee

[104] Vgl. Zürcher u. Krebs/ML 1992, S. 268 f.

[105] Vgl. Zürcher u. Krebs/ML 1992, S. 164 f.

[106] Klee 1935/1936 (S.258), S. 1–4.

Abb. 36: nach Regeln zu pflanzen, 1935, 91

Dieses Aquarell ist ein Weihnachtsgeschenk von Paul Klee an die kranke Mäzenin Margrit Rupf im Jahre 1935. Es ist zugleich die erste schriftliche Äusserung des Künstlers, dass auch er erkrankt sei. Er fügt der Widmung den Wunsch bei: «auf dass wir wieder gesund werden». In der Mitte unten wächst eine neu gesetzte Pflanze aus der Erde. Sie ist noch ohne Blüten und Früchte. Darüber erscheint die Sonne im bläulichen Dunst. Pflanze und Sonne sind in ein regelmässiges, mathematisch-geometrisches Gefüge eingebunden. Damit ein Pflänzchen gedeihen, sich entfalten, blühen und reifen kann, braucht es gute Bedingungen, und beim Pflanzen müssen gewisse Regeln beachtet werden: es sei «nach Regeln zu pflanzen».

Lange Rekonvaleszenz, Schwäche, Lungen- und Herzkomplikationen

Nach der Krankheitsphase mit hohem Fieber Mitte November 1935 verschlechtert sich der Allgemeinzustand des Künstlers. Zur Erholung benötigt Klee viel Zeit. Er ist sechs Wochen lang ganz bettlägerig.[107] Im Dezember 1935 darf er täglich während zweieinhalb Stunden aufstehen.[108] Zu Weihnachten 1935 schenkt er dem befreundeten Sammler-Ehepaar Margrit und Hermann Rupf das Aquarell «nach Regeln zu pflanzen» (Abb. 36). Er versieht es mit der Widmung: «für Frau Marguerite Rupf, auf dass wir wieder gesund werden.»[109] Damit gibt Paul Klee selbst erstmals schriftlich kund, dass er krank ist. Im Januar 1936 steht Klee täglich während drei bis vier Stunden auf[110], im Februar nachmittags[111] und im März fast den ganzen Tag.[112] Als gutes Zeichen wertet Lily, dass ihr Mann Anfang April 1936 seine künstlerische Tätigkeit wieder aufnimmt: «[…] u. heute ist insofern ein besonderer Tag, als er zum 1. Mal wieder gemalt hat (!) u. vor einigen Tagen entstand d. 1. Zeichnung.»[113]

Die von Lily Klee vom 18. Oktober 1935 bis zum 18. April 1936 durchgeführte und regelmässig registrierte Kontrolle der Körpertemperatur ihres Mannes zeigt vor und nach dem Fieberschub Mitte November 1935 weitgehend gleich bleibende, leicht erhöhte abendliche Werte zwischen 36,6 und 37,9 Grad (Mittel 37,3 Grad) vor dem Fieberschub und zwischen 36,5 und 37,7 Grad (Mittel 37,2 Grad) danach.[114]

Erst am 1. April 1936 kann die seit Ende Oktober 1935 vorgesehene Röntgenaufnahme von Lungen und Herz durchgeführt werden. Lily Klee berichtet über das Resultat der Untersuchung: «[…] es war eine chronische doppelseitige Lungenentzündung […]»[115] und: «Das Herz ist wieder normal.»[116] Im Mai 1936 stellt sie erfreut fest: «Es geht ihm [Paul Klee] recht ordentlich, wenn er auch immer noch sehr geschwächt ist und sehr mager u. elend aussieht. […] Es ist ja ohnehin ein wahres Wunder, dass er wieder so weit ist nach der furchtbaren Krankheit u. wir betrachten ihn als uns neu geschenkt. Denn er schwebte in grösster Lebensgefahr u. auch als es anfing ihm besser zu gehen, hingen die schwarzen Wolken noch monatelang über mir.»[117] Ende Juni 1936 er-

[107] Klee 1935/1936 (S.258), S. 2: «26. X. früh 36,8 Ganz im Bett» markiert den Beginn der Bettlägerigkeit u. Brief von Lily Klee an Lucas Lichtenhan, Bern, 6.12.1935 (Fotokopie: ZPKB/SFK): «Nach sechswöchiger Bettlägerigkeit steht er [Paul Klee] zum ersten Mal kurz auf.» zeigt das Ende der völligen Bettlägerigkeit an.

[108] Vgl. Brief von Lily Klee an Will Grohmann, Bern, 29.12.1935 (AWG).

[109] Glaesemer 1976, S. 318.

[110] Vgl. Brief von Lily Klee an Daniel-Henry Kahnweiler, Bern, 4.1.1936 (Standort unbekannt).

[111] Vgl. Brief von Lily Klee an Nina Kandinsky, Bern, 13.2.1936 (BK/CGPP).

[112] Vgl. Brief von Lily Klee an Daniel-Henry Kahnweiler, Bern, 10.3.1936 (Standort unbekannt), u. vgl. Brief von Lily Klee an Gertrud Grohmann, Bern, 29.3.1936 (AWG).

[113] Brief von Lily Klee an Will Grohmann, Bern, 9.4.1936 (AWG).

[114] Vgl. Klee 1935/1936 (S.258), S. 1–4: 26 Abendmessungen vom 18. Oktober 1935 bis 12. November 1935; S. 5–17: 146 Abendmessungen vom 22. November 1935 bis 18. April 1936.

[115] Brief von Lily Klee an Will Grohmann, Bern, 9.4.1936 (AWG).

[116] Brief von Lily Klee an Nina Kandinsky, Bern, 14.4.1936 (BK/CGPP).

[117] Brief von Lily Klee an Gertrud Grohmann, Bern, 16.5.1936 (AWG).

gänzt sie, dass auch noch eine Brustfellentzündung und eine Herzerweiterung als schwerste Komplikationen neben der Lungenentzündung und den Masern aufgetreten seien (Abb. 37).[118]

Im Juni 1936 begibt sich Paul Klee mit Hermann und Margrit Rupf zusammen zu einem Erholungsaufenthalt nach Tarasp im Unterengadin. Er fühlt sich dort wohl, verspürt aber eine Atemnot bei ansteigendem Weg, bei Föhn und nach dem Essen.[119] Im August und September 1936 erfährt Klee in der «Pension Cécil» im Höhenkurort Montana im Wallis eine weitere Verbesserung seines Allgemeinzustandes.[120] 1936 sei ferner, so Lily Klee, ein Elektrokardiogramm veranlasst worden.[121] Wo es vorgenommen wurde und wie der Befund lautete, ist nicht überliefert.

Es ist interessant, die unterschiedlichen Beurteilungen des Gesundheitszustandes, die der Kranke selbst und einige ihm nahe stehenden Personen am Ende des Jahres 1936 vornehmen, miteinander zu vergleichen:

Paul Klee schreibt Will Grohmann: «Ihre Wünsche [zum Geburtstag am 18.12. und zum Jahreswechsel] kann ich brauchen und ein Teil wird sicher wahr werden. Wenn ich schon gewisse hemmende Bedenken während der Arbeit allmählich loswerde, ist schon etwas gewonnen. Ich stehe dazu immer noch zu bewusst auf und jede Körperveränderung wird erwogen (das meine ich damit).»[122] – Klee sagt damit wohl aus, dass er sich noch geschwächt fühlt und bewusst körperliche Tätigkeiten minimieren muss.

Lily Klee berichtet: «Paul geht es Gottlob recht ordentlich. Es sind ein paar schöne Arbeiten entstanden u. das ist ein grosses Glück. Er sieht auch entschieden ein wenig besser aus.»[123]

Dr. Gerhard Schorer antwortet Lily Klee: «Haben Sie vielen Dank für die beiden Berichte über das Befinden Ihres Mannes. Die Besserung des Befindens hält an, was mich sehr freut. Herr Klee wird also die nächsten Tage bei mir vorbeikommen. Da wird es sich zeigen, was weiter zu geschehen

---

[118] Vgl. Brief von Lily Klee an Emmy Scheyer, Bern, 28.6.1936 (NSMP).

[119] Vgl. Brief von Paul Klee an Lily Klee, Tarasp, 17.6.1936, zit. n. Klee 1979, S. 1272.

[120] Vgl. Briefe von Lily Klee an Will Grohmann, Bern, 24.8.1936, 18.9.1936 und 13.10.1936 (AWG), sowie vgl. Briefe von Lily Klee an Emmy Scheyer, 26.8.1936 und 3.11.1936 (NSMP). Daraus geht hervor, dass Paul Klee vom 17. August 1936 bis 1.Oktober 1936 in der «Pension Cécil» in Montana zu einem Erholungsaufenthalt weilte. Es war zunächst nicht klar, ob diese Pension dem Sanatorium Valaisan de Pneumologie, wo vor allem Patienten mit Lungentuberkulose behandelt wurden, angegliedert war, oder ob es sich um eine private Erholungsstätte handelte. Meine Nachforschungen ergaben, dass es sich um ein privat geführtes Hotel handelte. Ich verweise auf die Anm. 21.

[121] Vgl. Brief von Lily Klee an Nina Kandinsky, Bern, 5.9.1936 (BK/CGPP).

[122] Brief von Paul Klee an Will Grohmann, Bern, 31.12.1936 (AWG).

[123] Brief von Lily Klee an Will Grohmann, Bern, 31.12.1936 (AWG).

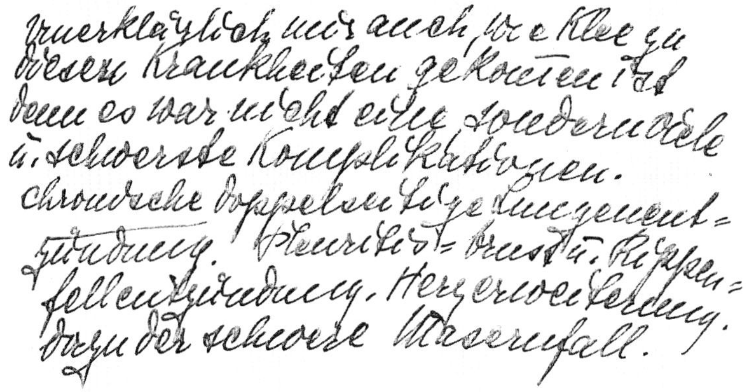

Unerklärlich mir auch, wie Klee zu diesen Krankheiten gekom̅en ist denn es war nicht eine, sondern viele ū. schwerste Komplikationen. <u>Chronische</u> doppelseitige Lungent= zündung. Pleuritis = brust ū. Rippen= fellentzündung. Herzerweiterung. Dazu der schwere Masernfall.

Abb. 37: Auszug aus einem Brief von Lily Klee an Emmy Scheyer, Bern, 28. Juni 1936 (Norton Simon Museum, Pasadena – The Blue Four Galka Scheyer Collection)

Abb. 38: Paul Klee und Felix Klee mit Hermann und Margrit Rupf-Wirz vor der Kathedrale St. Ursus in Solothurn, 1937

[124] Brief von Dr. Gerhard Schorer an Lily Klee, Bern, 2.1.1937 (ZPKB/SFK).

[125] Brief von Hermann Rupf an Wassily und Nina Kandinsky, Bern, 20.12.1936 (BK/CGPP).

[126] Brief von Dr. med. Gerhard Schorer an Paul Klee, Bern, 23.10.1936 (ZPKB/SFK): «Sehr geehrter Herr Klee! Herr Dr. Lotmar & ich sind übereingekom̃en, Ihnen eine Untersuchung durch Herr Prof. Naegeli vorzuschlagen. Dieser ist Dermatologe & es wäre uns sehr recht, seine Meinung zu vernehmen. Wenn ich keinen gegenteiligen Bescheid erhalte, werde ich mich mit Herrn Naegeli in Verbindung setzen & ihm über die bis jetzt bei Ihnen beobachteten Symptome berichten. Mit den besten Grüssen, auch an Ihre verehrte Frau Gemahlin Ihr sehr ergebener G. Schorer» (Abb. 39)

[127] Brief von Dr. med. Gerhard Schorer an Paul Klee, Bern, 26.10.1936 (ZPKB/SFK): «[…] Vielen Dank für Ihre Zeilen. Herr Prof. Naegeli erwartet Sie gerne Mittwoch, den 28. Oktober nachmittags 4.00 Uhr im Inselspital, Dermatologische Klinik […]» und Brief von Lily Klee an Hilde Nebel, Bern, 29.10.1936 (SLB/SLA): «M. Mann wurde gestern u. heute in d. dermatologischen Klinik v. Prof. Naegeli auf s. Hautfunktion untersucht […].»

[128] Aus einem Brief von Hermann Rupf an Wassily und Nina Kandinsky, Bern, 9.12.1936 (BK/CGPP): «Was die Arztwahl von Klee anbetrifft, so ist es äusserst schwer hier etwas zu tun, weil er erstens von seinem langjährigen Freunde Dr. Lotmar und dazu von Professor Schorrer behandelt wird und volles Vertrauen in sie hat. Beide wissen ganz genau Bescheid und haben die neuesten Erfahrungen probiert, leider verträgt Klee diese Behandlung nicht. Man hat ihm schon verschiedenes geraten, er lehnt aber alles ab, da er fühlt, dass Schorrer alles tut was menschenmöglich ist und er ihm ganz vertraut. So lehnt er einfach jeden andern Rat ab. Nach Auskünften von seinen Aerzten ist allerdings wenig Hoffnung mehr, denn es ist eben doch Lungenkrebs, nur haben sie es noch keinem Menschen gesagt ausser uns, damit er es ja nicht erfährt. Sie möchten ihm das Lebensende so leicht und angenehm wie möglich gestalten wie auch Frau Klee möglichst vor der Wahrheit verschonen, da sie sonst in furchtbare Aengste kommt und doch nichts weder für sie noch für ihn dabei herausschaut. So hoffen sie, dass beide noch bis zum Schluss friedlich und voller Hoffnung zusammenleben. Bei einem andern Bekannten von uns, es war derselbe Fall, sahen wir auch erst nachher, dass dies durchaus richtig war.» [Das Schreiben ist in zwei Punkten zu kommentieren: 1) Dr. Lotmar behandelte Klee nicht selbst, stand aber in ständiger Verbindung mit dem behandelnden Hausarzt Dr. Gerhard Schorer. 2) Dass Dr. Lotmar oder Dr. Schorer die Diagnose «Lungenkrebs» mitgeteilt haben sollen, kann ich mir nicht vorstellen. Vermutlich haben Hermann und Margrit Rupf von Lily Klee erfahren, Paul Klees Lungen seien krank, was sie dann mit «Lungenkrebs» gleichsetzten.]

[129] Vgl. Mehlhorn/ML 1994, S. 8.

hat. Empfangen Sie inzwischen mit Herrn Klee die besten Grüsse & Wünsche zum neuen Jahr.»[124]

Hermann Rupf teilt Wassily und Nina Kandinsky mit: «Freitag Abend waren wir bei Klee und heute waren sie bei uns zum Mittagessen. Es drückt einem fast das Herz ab, wenn man diesen seltenen, wunderbaren Menschen derart krank vor sich sieht. Frau Klee ahnt ja gar nichts und findet ihn sehr gut, er aber ist sehr resigniert und ernst, wenn auch bei seiner alten geistigen Überlegenheit und Ruhe, vermischt mit einem leichten Spott.»[125]

Krankheitshypothese: Sklerodermie

Im Herbst 1936 treten bei Paul Klee erneut unklare Hautveränderungen auf. Sie werden von seiner Frau aber weder näher umschrieben noch lokalisiert. Es ist anzunehmen, dass sie Dr. Schorer zuerst auffallen. Zusammen mit Dr. Lotmar schlägt er Paul Klee eine spezialärztliche Untersuchung bei Professor Oscar Naegeli, Chefarzt der Universitätshautklinik Bern, vor (Abb. 39).[126] Die Untersuchung findet am 28. und 29. Oktober 1936 ambulant in der Universitätshautklinik im Inselspital Bern (Abb. 40) statt.[127] Über das Ergebnis dieser Untersuchung erfahren wir leider nichts Genaues. Hat Professor Naegeli die Hautveränderungen als «Sklerodermie» diagnostiziert? Wir wissen es nicht, dürfen es aber annehmen. Weshalb wurden denn Paul Klee und seine Familie nicht darüber informiert? Zu jener Zeit war es allgemein üblich, dass man die Diagnose einer schweren, tödlich verlaufenden Krankheit dem Patienten und seinen Angehörigen nicht bekannt gab. Dies geschah aus Schonung des Patienten und in der Annahme, dass die Kenntnis der Krankheit und das Wissen um deren Prognose zu einer psychischen Belastung und dadurch zu einer Verschlimmerung der Krankheit führen könnten. Zudem würde dem Schwerkranken die Hoffnung auf eine Besserung oder Heilung zerstört.[128]

Die Sklerodermie ist eine sehr seltene, chronisch verlaufende, entzündliche Erkrankung des Bindegewebes der Haut, der Blutgefässe und der inneren Organe.[129] Die Bindegewebskrankheiten heissen «Kollagenosen» oder «Konnektivitiden»

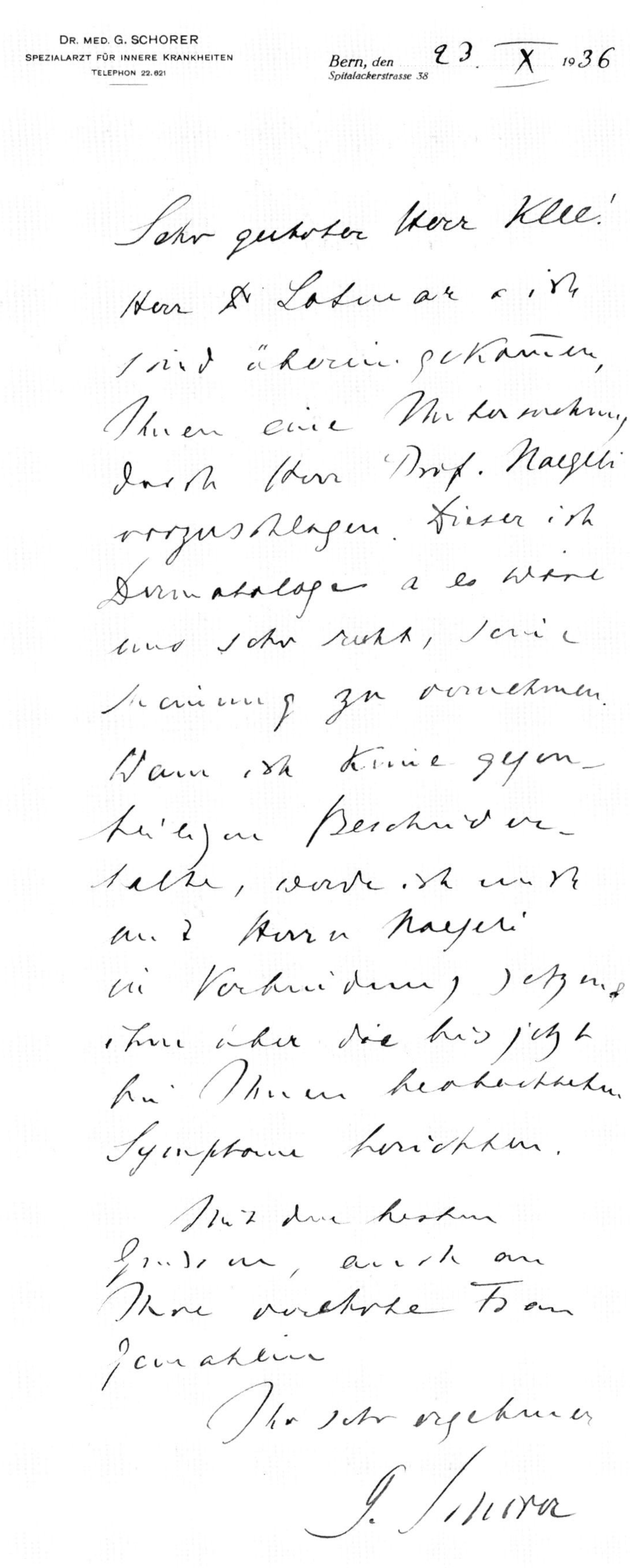

DR. MED. G. SCHORER
SPEZIALARZT FÜR INNERE KRANKHEITEN
TELEPHON 22.621

Bern, den 23. X 1936
Spitalackerstrasse 38

Sehr geehrter Herr Klee!

Herr D. Lotmar u. ich sind überein gekommen, Ihnen eine Untersuchung durch Herrn Prof. Naegeli vorzuschlagen. Dieser ist Dermatologe u. es wäre uns sehr recht, seine Meinung zu vernehmen. Wann ich keine gegenteiligen Beschwerden habe, werde ich mich mit Herrn Naegeli in Verbindung setzen und ihm über die bis jetzt bei Ihnen beobachteten Symptome berichten.

Mit den besten Grüssen, auch an Ihre verehrte Frau Gemahlin

Ihr sehr ergebener

G. Schorer

Abb. 40: Universitätshautklinik, Inselspital, Bern, um 1930

Abb. 39: Brief von Dr. med. Gerhard Schorer an Paul Klee, Bern, 23. Oktober 1936 (Anm. 126)

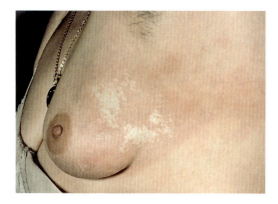

Abb. 41: Morphaea: Entzündliches Stadium mit Rötung

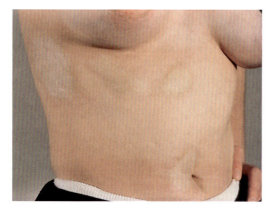

Abb. 42: Morphaea: Mit lilafarbiger Randbegrenzung («lilac ring»)

(Kollagen = Bindegewebe; englisch = connective tissue; Konnektiv = Verbindungsteil; das Bindegewebe verbindet eine äussere Zellschicht mit einer inneren, zum Beispiel die Oberhaut mit der Unterhaut). Zu dieser Krankheitsgruppe gehören eine Reihe von Krankheiten, denen Veränderungen des Bindegewebes gemeinsam sind: Sklerodermie, Systemischer Lupus erythematodes, Dermatomyositis/Polymyositis, Mischformen (= Mischkollagenosen, Mixed Connective Tissue Diseases, abgekürzt MCTD, mit Vermischung von Symptomen zweier bis mehrerer Kollagenosen und der Rheumatoiden Arthritis), Overlap-Syndrome (beim Vorliegen zweier Kollagenosen nebeneinander) und undefinierte Kollagenosen (Undefined Connective Tissue Diseases, abgekürzt UCTD).[130]

Die Sklerodermie wird den rheumatischen Erkrankungen zugeordnet. Sie wird heute allgemein als eine «Autoimmunkrankheit» aufgefasst. Bei den Autoimmunkrankheiten gerät das Immunsystem aus meist unbekannten Gründen ausser Kontrolle. Die Körperabwehr richtet sich nicht mehr gegen aussen – zum Beispiel gegen Bakterien oder Viren –, sondern gegen innen, gegen eigene Körperzellen und Organe. Abwehrzellen greifen in Folge einer Fehlreaktion andere Körperzellen an, als ob diese für den Organismus plötzlich schädlich seien. Bei der Sklerodermie greift das Immunsystem das körpereigene Bindegewebe an, löst dadurch eine Entzündungsreaktion aus und führt in der Folge zu einer bindegewebigen Verdickung und Verhärtung der betroffenen Gewebe. Die Haut kann bretthart, das heisst «panzerartig», werden. Sie wird ferner trocken. Gelegentlich tritt Juckreiz auf. Allmählich kommt es zu einer Verdünnung der Oberhaut (Atrophie) mit fleckförmigen bräunlichen und weisslichen Pigmentierungen sowie einem Durchscheinen kleinster Hautblutgefässe (Teleangiektasien). Die Veränderungen ziehen Funktionseinschränkungen nach sich, zum Beispiel Elastizitätsverlust oder Beweglichkeitseinschränkung, vor allem beim Handbefall. Häufig sind weiter Schluckbeschwerden und relativ milde Gelenkschmerzen vorwiegend der kleinen Gelenke.[131] Wenn wichtige innere Organe betroffen werden, endet die Krankheit früher oder später tödlich.

---

[130] Vgl. Gadola u. Villiger/ML 2006, S. 74–94.
[131] Vgl. ebenda, S. 86 f.

Der Krankheitsname Sklerodermie (Scleroderma) stammt aus dem Griechischen und bedeutet «harte Haut» (scleros = hart, derma = Haut). Schon Hippokrates und andere Ärzte aus der Antike erwähnen lokale Hautverhärtungen.[132] 1753 berichtet Carlo Curzio, ein Arzt aus Neapel, über eine Patientin mit Verhärtungen der Gesichtshaut und der Mundschleimhaut sowie mit Schluck- und Sprechstörungen.[133] Der französische Arzt Elie Gintrac (1791–1877) beschreibt 1847 in Bordeaux erstmals vier Fälle mit entsprechenden Hautveränderungen bei Frauen und prägt den Begriff «Sclérodermie».[134] 1889 kennzeichnet der Wiener Dermatologe Moritz Kaposi (1837–1902) für eine Sklerodermie typische Gesichtsveränderungen vortrefflich: «Ist das Gesicht befallen, erscheinen dessen Züge wie erstarrt, ganz und gar unbeweglich, unfähig des geringsten Minenspieles. Weder Schmerz noch Freude vermag das ‹versteinerte› Antlitz zu verändern, als wär' es in Marmor gehauen.»[135] Um 1900 wird erkannt, dass neben der Haut auch innere Organe mitbefallen sein können.[136] 1942 wird der Begriff «Kollagenosen» eingeführt.[137] Die Sklerodermie wurde früher auch «Darrsucht» genannt.[138] Der Name kommt vom heute nicht mehr gebräuchlichen «darr» = trocken. Unter Darrsucht verstand man eine «trockene Schwindsucht», eine «Abzehrungskrankheit, bei der sich der Körper gewissermassen selbst verzehrt und vertrocknet».[139]

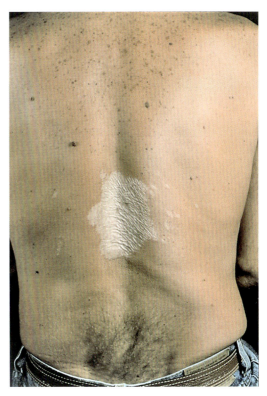

Abb. 43: Morphaea: Endzustand

Übersicht über die Sklerodermien

Es gibt eine «zirkumskripte» (umschriebene) Form, die als **«Morphaea»** bezeichnet wird. Sie erscheint nur an der Haut und zeigt sich zunächst mit einer fleckförmigen, langsam sich ausdehnenden Rötung (Abb. 41). Daraus entsteht ein scheibenartiger, glänzender, weisslich bis elfenbeinfarbiger verdickter Fleck mit einer ringförmigen, lilafarbigen Randbegrenzung («lilac ring», Abb. 42). Mit der Zeit blasst auch der Randring ab, und die Oberfläche wird dünner. Die bis mehrere Zentimeter im Durchmesser messenden weissen Flecken bleiben bestehen, sind in der Regel harmlos und stören lediglich kosmetisch (Abb. 43).[140]

Daneben kommen andere Formen vor, mit unterschiedlicher Hautbeteiligung und mit einem Befall innerer Organe wie

[132] Vgl. Castenholz/ML 2000, S. 16 f.
[133] Vgl. Castenholz/ML 2000, S. 34.
[134] Vgl. ebenda, S. 52 f.
[135] Ich verdanke diese Mitteilung Professor Dr. med. Urs Boschung, Direktor des Instituts für Medizingeschichte der Universität Bern, Bern, 4. November 2005.
[136] Auch diese Mitteilung verdanke ich Prof. Dr. med. Urs Boschung, Bern, 4. November 2005.
[137] Vgl. Castenholz/ML 2000, S. 70.
[138] Vgl. Kumer/ML 1944, S. 313.
[139] Vgl. Brockhaus 1894–1897, Bd. 4, S. 816.
[140] Vgl. Krieg/ML 1996, S. 724–728. Nur eine seltene Variante der zirkumskripten Sklerodermie, die so genannte «Disseminierte zirkumskripte Sklerodermie» mit vielen Herden, kann gelegentlich in eine «Progressive Sklerodermie» [Systemsklerose] übergehen (vgl. ebenda, S. 725).

Speiseröhre, Magen, Darm, Lungen, Herz und Nieren. Auch die Blutgefässe, die Gelenke und die Muskeln können betroffen sein. Man spricht daher von einer «systemischen Erkrankung» mit dem heute geläufigen Namen **«Systemsklerose»** oder «Progressive Systemsklerose» («progressiv», weil die Krankheit mit zusätzlich auftretenden Symptomen fortschreitet und sich zunehmend verschlimmert). Sie tritt bei Patienten im Alter von 35 bis 65 Jahren auf.[141] Frauen erkranken drei- bis viermal häufiger als Männer.[142]

Die Systemsklerose erscheint in zwei Formen: in einer «limitierten» und einer «diffusen». Bei der **limitierten Form** (95 %) sind das Gesicht, die Hände und Vorderarme, selten die Füsse und Unterschenkel betroffen; innere Organe werden erst spät – nach vielen Jahren – befallen.[143] Diese Form der Systemsklerose besteht oft ohne Selbstheilungstendenz unverändert während Jahrzehnten.[144] Allmählich kann sich ein Lungenhochdruck mit schlechter Prognose entwickeln.[145] Allgemeinsymptome fehlen meist. Doch kann die manuelle Behinderung erheblich sein. Oft treten zudem – bei beiden Formen – schmerzhafte Schluckbeschwerden auf. Bei der **diffusen Form** (5 %) sind das Gesicht und grossflächig andere Hautpartien bis zur ganzen Haut betroffen.[146] Hände und Füsse bleiben dagegen in der Regel verschont. Innere Organe werden häufig früh – mitunter schon nach wenigen Monaten – befallen. Diese gravierende Form verlief früher in drei bis fünf Jahren tödlich.[147] Heute kann der schlechte Verlauf medikamentös um mehrere Jahre hinausgezögert werden, wobei Frauen in der Regel etwas länger überleben als Männer.[148] Auf eine Million Einwohner werden jährlich durchschnittlich zehn bis zwanzig neue Fälle der limitierten Form festgestellt, bei der diffusen ist es nur ein Fall pro eine Million Einwohner jährlich.[149]

In der nachfolgenden Übersicht sind die wichtigsten Krankheitsunterschiede der verschiedenen Sklerodermieformen zusammengefasst:

---

[141] Vgl. Gadola u. Villiger/ML 2006, S. 86.
[142] Vgl. ebenda, S. 86, u. vgl. Röther u. Peter/ML 1996, S. 381.
[143] Vgl. Moll/ML 1991, S. 93.
[144] Vgl. Krieg/ML 1996, S. 732, u. vgl. Gadola u. Villiger/ML 2006, S. 87.
[145] Vgl. Gadola u. Villiger/ML 2006, S. 87.
[146] Vgl. Moll/ML 1991, S. 93, u. vgl. Gadola u. Villiger/ML 2006, S. 87.
[147] Vgl. Krieg/ML 1996, S. 730.
[148] Vgl. Mittag u. Haustein/ML 1998, S. 550.
[149] Vgl. Moll/ML 1991, S. 93, vgl. Mittag u. Haustein/ML 1998, S. 545, u. vgl. Gadola u. Villiger/ML 2006, S. 86.

Morphaea	Systemsklerose	
	Limitierte Form (95%)	Diffuse Form (5%)
Fleckförmige Hautveränderung, vorwiegend am Rumpf auftretend. Kein Befall innerer Organe. Harmlos, nur kosmetisch störend.	Lokalisierte Hautbeteiligung, vor allem im Gesicht («Maskengesicht»), an den Händen («Sklerodaktylie») und Vorderarmen, selten an den Füssen und Unterschenkeln. Oft auch Schleimhautbefall. Beteiligung innerer Organe spät (nach vielen Jahren). Tod meist durch einen Lungenhochdruck als Spätfolge oder durch eine andere Krankheit.	Ausgedehnte Hautbeteiligung, vor allem im Gesicht als «Maskengesicht», am Hals und grossflächig an den oberen Partien der Brust und des Rückens bis zur ganzen Haut, selten an den Händen und Beinen. Schleimhautbefall kann auch vorkommen. Befall innerer Organe früh (nach wenigen Jahren). Führt nach fünf bis zehn Jahren zum Tod.

Tab. 1: Übersicht über die Sklerodermieformen

Hautveränderungen

Um zu überprüfen, ob die im Herbst 1936 bei Paul Klee aufgetretenen Hautveränderungen und die anderen Krankheitssymptome zur bisher hypothetischen Diagnose «Sklerodermie» passen, soll nun eingehend auf die Krankheit eingetreten werden.

Für eine Morphaea gibt es keine Anhaltspunkte. Sie fällt für Paul Klee ausser Betracht.

Bei beiden Formen der Systemsklerose treten charakteristische Hautveränderungen im Gesicht auf. Die Gesichtshaut wird straff und gespannt, die Gesichtszüge werden starr, die Mimik geht verloren, die Nase wird spitz.[150] Die Lippen verschmälern sich, der Mund wird kleiner, das Öffnen des Mundes ist erschwert und dadurch auch die Zahnbehandlung.[151] Um den Mund bilden sich radiäre Falten («Tabaksbeutelmund»).[152] Man spricht dann von einem «**Maskengesicht**».[153] Paul Klee hatte tatsächlich in den letzten Lebensjahren, wenn auch nicht sehr ausgeprägt, ein maskenähnliches Gesicht. Dies lässt sich auf einem Foto aus dem Jahre 1939 (Abb. 46)[154] im Vergleich zu einer Aufnahme aus dem Jahre 1925 (Abb. 45) erkennen.[155]

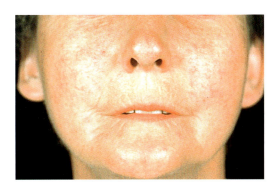

Abb. 44: Systemsklerose: Maskengesicht mit «Tabaksbeutelmund»

[150] Vgl. Röther u. Peter/ML 1996, S. 384.
[151] Vgl. Krieg/ML 1996, S. 731.
[152] Vgl. Röther u. Peter/ML 1996, S. 384.
[153] Vgl. ebenda.
[154] Auf diesem Foto erscheint die Gesichtshaut von Paul Klee straff, gespannt.
[155] Hier erscheint die Gesichtshaut von Paul Klee weicher, geschmeidiger, elastischer als auf dem Foto von 1939 (Abb. 46).

Abb. 45: Paul Klee, 1925

Abb. 46: Paul Klee, 1939 ▷

[156] Vgl. Klee 1989, S. 46.
[157] Persönliche Mitteilung von Felix Klee an den Verf., Bern, 20.9.1983.
[158] Telefonische Mitteilung von Max Huggler an den Verf., CH-7554 Sent, 15.8.1981.
[159] Vgl. Krieg/ML 1996, S. 730.
[160] Brief von Paul Klee an Lily Klee, Bern, 25.4.1939, zit. n. Klee 1979, S. 1286.
[161] Brief von Paul Klee an Lily Klee, Bern, 10.6.1939; Briefe II, S. 1294.
[162] Vgl. die Aufzeichnung des Telefonats von Stefan Frey mit Dr. med. dent. Jean Charlet (1906–1990), Bern, 11.7.1990 (SFB).
[163] Brief von Lily Klee an Curt Valentin, Bern, 15.5.1938 (MoMAANY/VP).

Felix Klee berichtet, die Haut seines Vaters habe sich «gespannt» und sein Aussehen verändert.[156] Mir gegenüber präzisierte er, dass sich dessen Haut auffallend im Gesicht und am Hals gestrafft habe.[157] Max Huggler bestätigte dies.[158] Auch die Beweglichkeit der Lider kann vermindert werden.[159] In diesem Zusammenhang ist die Bemerkung Paul Klees aus dem Jahre 1939 bedeutsam, er könne ein Einglas (Monokel) nicht mehr zwischen Augenbraue und Wange einklemmen, «[...] denn ein Einglas hält in meinem jugendlichen Angesicht nicht mehr»[160]. Dies weist zweifellos auf eine Verminderung der Lidbeweglichkeit hin.

Stefan Frey hat am 11. Juli 1990 noch mit dem letztbehandelnden Zahnarzt von Paul Klee, Dr. Jean Charlet in Bern, telefoniert und die folgende wesentliche Auskunft erhalten: Die Zahnbehandlung sei in den letzten Lebensjahren von Paul Klee stets sehr schwierig gewesen, weil der Patient den Mund nicht mehr weit habe öffnen können. Die Mundöffnung sei klein gewesen. Die Lippen und das Gewebe rundum hätten die Elastizität verloren. Risse an den Lippen habe Dr. Charlet nicht beobachtet. Er habe aber immer befürchtet, die Lippen könnten durch das forcierte Öffnen des Mundes bei der Behandlung einreissen. Klee sei dankbar gewesen, dass er ihn schonend behandelt habe. (Dies geht auch aus einem Brief von Paul Klee an Lily Klee hervor: «Bis jetzt hat der Zahnarzt mich etwas viel beschäftigt, und es geht auch weiter; aber ich bin jetzt wieder dran gewöhnt. Er macht auch alles so geschickt.»[161]) Dr. Charlet berichtete weiter, er habe bei seinem Patienten eine «Parodontose (Zahnfleischschwund) im Frühstadium» festgestellt, und er habe einige Zahnfüllungen vornehmen müssen. Die Mimik im Gesicht sei starrer geworden. Eine Verkürzung oder Verhärtung des Zungenbändchens habe er nicht festgestellt. Klee habe ganz normal gesprochen.[162] – Diese zahnärztlichen Feststellungen passen nun ausgesprochen gut zur Systemsklerose.

Im Mai 1938 hören wir von Lily Klee: «Er [Paul Klee] hatte wieder recht lästige Beschwerden, die mit sein. Drüsenfunktions. u. Hautfunktionsstörungen zusam̄enhingen».[163] Wir können somit annehmen, dass sich die Hautveränderungen

Abb. 47: das Auge, 1938, 315

Der Maler zeigt sich uns in einem moosgrünen Pullover. Der Kopf erscheint sklerodermisch maskenartig, mit straffer Haut, spitzer Nase und einem schmalen Mund. Das eine Auge ist geschlossen, das andere ist weit geöffnet. Es blickt uns tiefernst an: sinnend, traurig, fragend. Die auf das Wesentlichste vereinfachte Pastellzeichnung enthält im orangefarbenen Hintergrund lediglich noch drei schwarze Balkenstriche ohne Zusammenhang. Die Komposition steht im Gleichgewicht, der dargestellte Mensch aber nicht. Sein Zustand ist labil.

Abb. 48: Maske Schmerz, 1938, 235

Als Paul Klee dieses Maskengesicht zeichnet, weist er selbst schon die maskenartigen Hautveränderungen auf, die für seine Krankheit typisch sind. Er nennt die Zeichnung «Maske Schmerz» und betont «wiederholt schmerzlich». Die chronisch gewordene Krankheit bereitet ihm neben ausgeprägten Schluckbeschwerden, Atemnot bei körperlicher Anstrengung und einer allgemeinen Schwäche vor allem auch einen seelischen Schmerz. Seine Beschwerden und seinen Schmerz erträgt er mit grosser Tapferkeit.

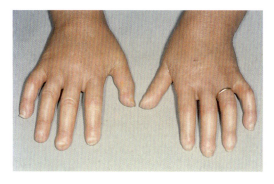

Abb. 49: Systemsklerose: Limitierte Form mit Sklerodaktylie

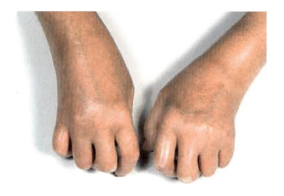

Abb. 50: Systemsklerose: Limitierte Form mit Sklerodaktylie und Beugekontrakturen der Finger

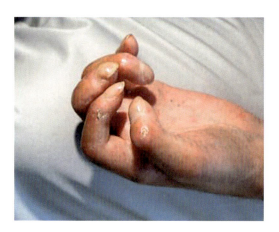

Abb. 51: Systemsklerose: Sklerodaktylie mit abgestorbenen Gewebsteilchen («Rattenbissnekrosen») und Geschwüren

[164] Brief von Lily Klee an Will Grohmann, Bern, 7.7.1940 (AWG), auszugsweise in: Frey 1990, S. 124.

nicht zurückgebildet, sondern im Gegenteil eher verstärkt haben. Was die angeblichen «Drüsenfunktionsstörungen» betrifft, verweise ich auf meine Ausführungen auf Seite 61.

Im Juli 1940 berichtet Lily Klee: «Am 10. Mai [1940] fuhr mein Mann nach [Locarno-] Orselina in d. Sanatorium Viktoria, da er sich schon länger zeit nicht besonders wol fühlte. Ich reiste ihm (obwol nicht vorgesehen) 1 Woche später nach, getrieben von innerer Unruhe. Die ersten 2 Wochen ging es ihm leidlich. Dann wurde er plötzlich schwer krank. Es wiederholte sich d. Hautausschlag, mit dem diese furchtbare Krankheit vor 5 Jahren begann, wenn auch leichter.»[164] Da dieser Ausschlag offenbar nur kurzfristig bestand, hat er für das Krankheitsgeschehen kaum eine besondere Bedeutung und dürfte kaum zum eigentlichen Krankheitsbild der Systemsklerose gehören. Es könnte sich am ehesten erneut um ein so genanntes «fleckförmiges Arzneimittelexanthem» zufolge einer Unverträglichkeit eines eingenommenen oder injizierten Medikamentes gehandelt haben. Vielleicht wurde der Ausschlag sogar durch dasselbe Medikament wie 1935 ausgelöst oder durch ein chemisch verwandtes (siehe dazu auch Seiten 41 und 42).

Neben den Gesichtsveränderungen sind noch andere Hauterscheinungen typisch für die Systemsklerose – insbesondere für die limitierte Form. Bei dieser werden neben der Gesichtshaut, wie erwähnt, vor allem die Hände betroffen – im Gegensatz zur diffusen Form, bei welcher der Handbefall eher selten ist. Die Haut der Hände ist dabei wachsartig verhärtet und nicht verschiebbar. Die Finger werden dick und steif. Sie fühlen sich wie eingemauert an (**«Sklerodaktylie»,** Abb. 49 bis 51). Die Sensibilität (Empfindlichkeit) und der Tastsinn sind vermindert. Bei starkem Befall bilden sich starre, fixierte Beugekontrakturen aus (Abb. 50). Die Fingerbeweglichkeit kann erheblich eingeschränkt werden. Unter Umständen kann dadurch sogar die Selbständigkeit verloren gehen. Die Fingerenden werden zugespitzt («Madonnenfinger»). Durch Verdickung und Verhärtung der Blutgefässwände (Abb. 56) treten langsam fortschreitende Durchblutungsstörungen an den Fingern auf. Als Folge der Durchblutungsverminderung entsteht ein Sauerstoffmangel im Gewebe, und es können Gewebsteilchen absterben («Rattenbissnekrosen», Abb. 51).[165] An den Fingerbeeren und über den Fingergelenken bilden sich schlecht heilende Geschwüre nach Verletzungen, wobei gelegentlich Kalkpartikelchen abgesondert werden.[166] Die Fingernägel können Querstreifen und -wülste aufweisen. Bisweilen finden sich punktförmige Blutungen im Nagelhäutchen und erweiterte feine Blutgefässe im Nagelfalz (Abb. 52).[167]

Ob bei Klee neben der Haut im Gesicht und am Hals auch noch andere Hautpartien in Mitleidenschaft gezogen waren, kann nicht mehr eruiert werden. Sicher ist aber, dass er – gemäss der Angabe von Felix Klee – keine Sklerodaktylie erlitt. Seine Finger wurden nicht dicker, blieben unversehrt und uneingeschränkt beweglich.[168] Dies bestätigten Max Huggler[169] und Bruno Streiff, ein Bauhaus-Schüler des Malers, der Paul Klee 1939 noch in Bern besucht hat.[170] Das feine Zeichnen war dem Künstler nach der Aussage des Sohnes bis zuletzt möglich.[171] Felix Klee vermerkt im Jahre 1989 weiter: «Diese Krankheit (Sklerodermie) hat immer neue Symptome. Viele haben gelähmte Hände. Das passierte bei meinem Vater nicht, sonst hätte er nicht mehr malen oder zeichnen können.»[172] Der Nichtbefall der Hände ist differenzialdiagnostisch bedeutsam (siehe Seiten 78 f. und 106).

Schleimhautveränderungen

Neben dem Hautbefall an den Händen können auch Schleimhautveränderungen sehr störend sein, so vor allem im Mund und an der Speiseröhre (siehe Seite 63).
Wenn die Zunge von der Systemsklerose betroffen ist, wird sie zunächst verdickt. Später kommt es zu einer Verdünnung der Zungenoberfläche. Diese wird glatt, trocken und rissig (Abb. 53).[173] Die Zunge kann ferner verkleinert und ihre Beweglichkeit eingeschränkt werden.[174] Gelegentlich wird auch das Zungenbändchen verdickt, hart und verkürzt («Frenulumsklerose»).[175] Analoge Befunde wie an der Zunge können sich an der Mund- und Genitalschleimhaut einstellen.[176] Ein Mitbefall der Speicheldrüsen führt zu einer unangenehmen Mundtrockenheit («Sicca-Syndrom»), eine Verhärtung der Stimmbänder zu Heiserkeit und zu einer rauen Stimme.[177] Schon früh kann sich – vor allem im Bereich der Backenzähne

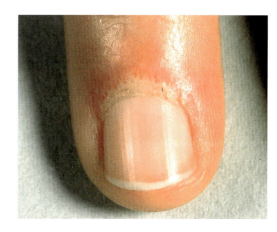

Abb. 52: Systemsklerose: Sklerodaktylie mit punktförmigen Blutungen im Nagelhäutchen und erweiterten feinen Blutgefässen im Nagelfalz (analoge Veränderungen finden sich beim Systemischen Lupus erythematodes; siehe Seite 102)

[165] Vgl. Röther u. Peter/ML 1996, S. 383, vgl. Krieg/ML 1996, S. 730, u. vgl. Gadola u. Villiger/ML 2006, S. 88.
[166] Vgl. Moll/ML 1991, S. 96, vgl. Krieg/ML 1996, S. 730, u. vgl. Ruzicka/ML 1996, S. 1201: Bei der Systemsklerose, besonders bei der limitierten Form, kann es zu Verkalkungen vor allem an Fingern, Knöcheln, Ellbogen und Knien sowie in Muskeln und Sehnen kommen (sog. «Thibierge-Weissenbach-Syndrom»). – Solche Symptome werden im Zusammenhang mit Paul Klee nicht beschrieben.
[167] Vgl. Krieg/ML 1996, S. 730.
[168] Persönliche Mitteilung von Felix Klee an den Verf., Bern, 20.9.1983.
[169] Telefonische Mitteilung von Max Huggler an den Verf., CH-7554 Sent, 15.8.1981.
[170] Schriftliche Mitteilung von Kathi Zollinger-Streiff (Tochter von Bruno Streiff) an den Verf., CH-8044 Gockhausen, 20.6.2005, nach einem Gespräch mit ihrem Vater im November 2004. Bruno Streiff (1905–2005) besuchte Paul Klee im August oder September 1939 in Bern.
[171] Persönliche Mitteilung von Felix Klee an Prof. Dr. med. Alfred Krebs und den Verf., Bern, 9.11.1979.
[172] Klee 1989, S. 46 f. Felix Klee hatte im Jahre 1989 einige Kenntnisse über die Sklerodermie. Er wusste, dass die Krankheit mitunter die Hände befallen kann, verwechselte aber die Starrheit und die eingeschränkte Beweglichkeit der Finger mit einer Lähmung.
[173] Vgl. Krieg/ML 1996, S. 730.
[174] Vgl. Moll/ML 1991, S. 96.
[175] Vgl. ebenda.
[176] Vgl. ebenda u. vgl. Krieg/ML 1996, S. 730.
[177] Vgl. ebenda.

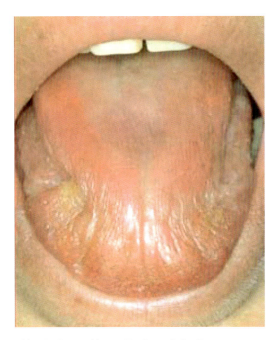

Abb. 53: Systemsklerose: Trockene, rissige Zunge

– eine Verbreiterung des «Parodontalspaltes», der Grenzzone der Zähne und der Zahnschleimhaut einstellen, ohne Entzündung, ohne Taschenbildung und meist ohne Zahnlockerung («Stafne-Zeichen» = frühe Form einer «Parodontose» = Zahnfleischschwund).[178] Dadurch ist die Kariesanfälligkeit erhöht. Ferner ist die Tränensekretion vermindert, die Bindehaut der Augen wird trocken. Diese Schleimhautveränderungen finden sich bei beiden Formen der Systemsklerose.[179]

Paul Klee zeigte – abgesehen von einer Parodontose im Frühstadium – keine derartigen Symptome. Dies bestätigten sowohl sein Sohn[180] als auch sein Zahnarzt Dr. Jean Charlet.[181]

Raynaud-Syndrom

In etwa 75% (60 bis 90%) der Fälle von Systemsklerose, vor allem bei der limitierten Form, kommt es zum «Raynaud-Syndrom»[182], einer charakteristischen Zirkulationsstörung der Finger. Bei dieser geht sie meist schon Monate bis Jahre dem eigentlichen Krankheitsausbruch voraus.[183] Wenn sie bei der diffusen Form auftritt, dann erst kurz vor/mit Beginn der Krankheit[184] oder spät.[185] Wegen einer plötzlichen krampfartigen Verengung der Fingerarterien werden die Finger in der Kälte und bei Emotionen anfallsweise blass, weiss («Totenfinger», Abb. 54). Weil es in den Blutgefässen zu einem Mangel an Sauerstoff und zu einer Anreicherung von Kohlensäure kommt, wechselt die Farbe allmählich ins Bläulich-Violette (Zyanose). Schliesslich löst sich der Krampf der Arterien. Mit der nun auftretenden kompensatorischen Erweiterung der Fingerarterien strömt wieder viel Blut in die Finger. Es stellt sich eine vorübergehende schmerzhafte Rotverfärbung ein.[186] Schmerzen können in der Kälte auch schon beim Weisswerden der Finger auftreten. Diese Zirkulationsstörung kommt zudem als harmlose, nicht krankheitsbedingte Besonderheit vor, insbesondere bei jungen Frauen.[187] Heute lassen sich in diesem Zusammenhang weitere charakteristische Veränderungen an den feinen Blutgefässen am Nagelfalz erkennen: mit der «Nagelfalz-Kapillarmikroskopie» (Kapillaren = Haargefässe). Dabei erscheinen die Kapillaren korkenzieherartig und mit verbreiterten Enden («Riesenkapillaren», Abb. 55).[188] Weder von Paul Klee selbst noch von seiner Frau oder seinen

---

[178] Siehe Anhang: Frühzeichen der Systemsklerose an der Zahnschleimhaut (S. 267).

[179] Vgl. Moll/ML 1991, S. 96 f.

[180] Persönliche Mitteilung von Felix Klee an den Verf., Bern, 20.9.1983.

[181] Vgl. die Aufzeichnung des Telefonats von Stefan Frey mit Dr. med. dent. Jean Charlet, Bern, 11.7.1990.

[182] Vgl. Krieg/ML 1996, S. 729 f.

[183] Vgl. ebenda, S. 730, vgl. Röther u. Peter/ML 1996, S. 383, vgl. Moll/ML 1991, S. 97, u. vgl. Gadola u. Villiger/ML 2006, S. 87.

[184] Vgl. Gadola u. Villiger/ML 2006, S. 87.

[185] Vgl. Moll/ML 1991, S. 96.

[186] Vgl. Haustein/ML 1996, S. 336.

[187] Vgl. ebenda.

[188] Mitteilung von Professor Dr. med. Peter M. Villiger, Direktor der Universitätsklinik und der Polikliniken für Rheumatologie und Klinische Immunologie/Allergologie, Inselspital, Bern, an den Verf., Bern, 16.9.2005.

Freunden werden die doch recht auffälligen Symptome des Raynaud-Syndroms erwähnt oder beschrieben. Auch Felix Klee bestätigte mir, dass sein Vater nicht darunter litt.[189]

Im Dezember 1938 bemerkt Lily Klee allerdings, Dr. Schorer habe «uns nun auch endlich die Diagnose der Krankheit mitgeteilt: Vaso motorische Neurose. D. sind die Nerven der Blutgefässe u. Drüsen, die erkrankt sind u. diese schweren Störungen verursachen. Also eine organische Nervenkrankheit»[190]. Die Bezeichnung «Vasomotorische Neurose» ist irreführend. Sie ist heute in der Medizin nicht mehr gebräuchlich. Sie könnte zur Annahme verleiten, sie sei mit dem Raynaud-Syndrom identisch. Dies trifft nicht zu. Gabriele Castenholz erwähnt in einem interessanten geschichtlichen Rückblick auf die Sklerodermie[191], dass in medizinischen Lehrbüchern der Zwanziger- und Dreissigerjahre des letzten Jahrhunderts die Ansicht vertreten wurde, die Sklerodermie sei eine Folge von Blutgefäss- und Nervenveränderungen. Die Krankheit sei daher als eine «Vasomotorisch-trophische Neurose»[192] bezeichnet worden («vasomotorisch»: die Blutgefässe betreffend; «trophisch» = die Ernährung von Geweben und Organen betreffend; «Neurose» bezieht sich hier lediglich auf «Nervenveränderungen» und nicht auf den heutigen psychiatrischen Begriff der Neurose als psychische Störung). Weiter wurde damals, so die Studie von Gabriele Castenholz, auch eine innersekretorische Drüsenstörung als Ursache für die Sklerodermie in Erwägung gezogen.[193] Die nach der Untersuchung durch Professor Naegeli notierten Bemerkungen Lily Klees könnten für eine solche Annahme sprechen: «Er [Paul Klee] wird nun noch behandelt, da er Störungen der innern Sekretion (Drüsen) hat, als Folgeerscheinung der langen schweren Krankheit.»[194] Und: «Da seine Haut noch nicht funktioniert, wurde eine Blut- u. Stoffwechseluntersuchung auf Kalk u. Phosphor gemacht.»[195] (Zu jener Zeit wurde nämlich vermutet, dass Veränderungen des Kalziumstoffwechsels als Folge von Störungen der Nebenschilddrüsen für die Sklerodermie verantwortlich seien.[196]) Diese Angabe dürfte somit ein zusätzlicher Anhaltspunkt für die Diagnose «Sklerodermie» der Ärzte von Paul Klee sein. Über das Ergebnis der angeordneten Untersuchung erfahren wir jedoch nichts. Da Lily Klee ferner von keiner sich daraus ergebenden Therapie

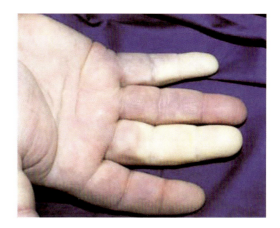

Abb. 54: Raynaud-Syndrom: «Totenfinger»

[189] Persönliche Mitteilung von Felix Klee an den Verf., Bern, 20.9.1983.

[190] Brief von Lily Klee an Gertrud Grote, Bern, 17.12.1938 (ZPKB).

[191] Vgl. Castenholz/ML 2000, S. 13–80 u. 94–130.

[192] Ebenda, S. 54: «Für die Bezeichnung der Sklerodermie als Folge von Veränderungen der Nerven werden verschiedene Ausdrücke verwendet: ‹Angio-Tropho-Neurose› (Lewin und Heller 1895) und ‹Vasomotorisch-trophische Neurose› (Cassirer und Hirschfeld 1912/1924 und Curschmann 1926).» U. S. 60: «Ferner veröffentlicht R. Cassirer zusammen mit E. Hirschfeld 1924 in ‹Spezielle Pathologie und Therapie innerer Krankheiten› im 10. Band (Nervenkrankheiten III) einen Artikel über die Sklerodermie in dem Kapitel ‹Vasomotorische Neurosen›.» [Hrsg. v. Kraus, F., u. Brugsch, Th., Wien 1924, S. 622–665].

[193] Vgl. ebenda, S. 63–66. Ausser den Nebenschilddrüsen wurden auch die Schilddrüsen als mögliche Ursache für die Sklerodermie angenommen. Und Mayr/ML 1935, S. 70: «Manche Fälle scheinen in Beziehung zur Schilddrüsentätigkeit oder zu anderen inkretorischen Drüsen zu stehen.»

[194] Brief von Lily Klee an Emmy Scheyer, Bern, 3.11.1936 (NSMP).

[195] Brief von Lily Klee an Will Grohmann, Bern, 29.10.1936 (AWG).

[196] Castenholz/ML 2000, S. 64: «Ehrmann und Brünauer (1931) berichten, dass Veränderungen des Calciumstoffwechsels aufgrund von Störungen der Nebenschilddrüsen als Ursache der Sklerodermie breite Anhängerschaft findet. Dafür sprechen klinische Befunde wie Verkalkung des Bindegewebes und Osteoporose. Auch Neuber (1935) sowie Thies und Misgeld (1975) halten diese Theorie für die am weitesten verbreitete in den 30er Jahren des 20. Jahrhunderts.»
Damals wie auch heute noch war/ist die Bestimmung des Calcium- und des Phosphatgehalts im Serum bei Verdacht auf Nebenschilddrüsenstörungen (vor allem beim «Hyperparathyreoidimus» als Überfunktion der Nebenschilddrüse) eine wichtige Untersuchung. Heute kommen andere Untersuchungsmöglichkeiten hinzu wie z. B. die Bestimmung des Parathormons im Serum.

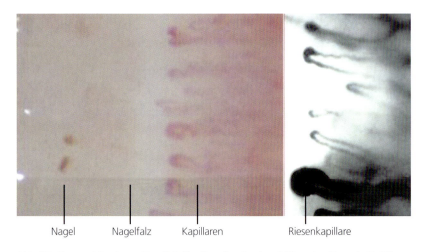

Nagel   Nagelfalz   Kapillaren   Riesenkapillare

Abb. 55: Raynaud-Syndrom: Nagelfalz-Kapillarmikroskopie mit Riesenkapillaren (s. S. 60)

berichtet, darf angenommen werden, dass die Untersuchung normale Befunde ergab. Heute nimmt man bei der Sklerodermie keine Zusammenhänge mit innersekretorischen (endokrinologischen) Störungen mehr an.

Als Folge der bindegewebigen Verdickung und Verhärtung von Blutgefässwänden können sich an der Haut kompensatorische Erweiterungen von Nebengefässen ausbilden: so genannte «Teleangiektasien» (siehe auch Seite 50).[197]

Es ist schwer festzustellen, wann die Grundkrankheit von Paul Klee ihren Anfang nahm. Die erste Krankheitsphase mit der hartnäckigen, fieberhaften Bronchitis, der Lungen- und Brustfellentzündung, der langen Bettlägerigkeit und der grossen Müdigkeit vor den angeblichen Masern im Jahre 1935 deutet jedoch darauf hin, dass die Autoimmunkrankheit schon damals begann; denn diese auf Seite 39 beschriebenen Krankheitszeichen sind typisch für die Systemsklerose.

Veränderungen an inneren Organen

Gemäss klinischer Erfahrung werden die folgenden inneren Organe manifest betroffen: der Verdauungstrakt (bis zu 85%), die Lungen (in 40 bis 90%), das Herz (in 20 bis 25%) und die Nieren (in 10 bis 40%).[198] Durch Autopsie lässt sich nachweisen, dass das Herz sogar bei 30 bis 80% der Patienten bindegewebige (fibrotische) Krankheitsveränderungen

[197] Vgl. Röther u. Peter/ML 1996, S. 383, u. vgl. Gadola u. Villiger/ML 2006, S. 86.

[198] Vgl. Mittag u. Haustein/ML 1998, S. 546–549.

aufweist und dass die Nieren ebenfalls in bis zu 80% der Fälle entsprechende Krankheitszeichen zeigen.[199]

Veränderungen am Verdauungstrakt

In über 75% der Erkrankungen an Systemsklerose – und dies bei beiden Formen – treten Schluckstörungen auf, weil sich eine bindegewebige Verhärtung mit Verengung im unteren Drittel der Speiseröhre bildet («Ösophagusstenose»).[200] Dadurch und zusätzlich durch eine verminderte Speichelsekretion wird das Schlucken fester Speisen erschwert oder sogar verunmöglicht. Die Nahrung kann durch die Speiseröhrenmuskulatur nicht mehr rasch in den Magen befördert werden (Abb. 58). Feste Speisen bleiben längere Zeit in der Speiseröhre liegen, was Schmerzen verursacht. Die Folge ist, dass nur mehr eine breiig-flüssige Kost in kleinen Portionen eingenommen werden kann. Weiter kommt es zu einem unangenehmen Rückfluss von Mageninhalt in die Speiseröhre («Reflux») und zu einer Entzündung in der unteren Speiseröhre. Dies äussert sich mit einem Sodbrennen, einem Brenngefühl hinter dem unteren Anteil des Brustbeins.[201]

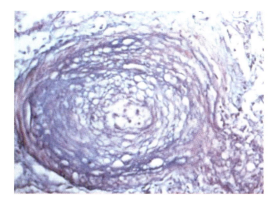

Abb. 56: Systemsklerose: Blutgefäss mit zwiebelschalenartiger bindegewebiger Wandverdickung

Im Sommer 1938 werden bei Paul Klee erstmals «Schwellungserscheinungen in der Speiseröhre»[202] beschrieben. Felix Klee schreibt dazu später: «Mein Vater hatte oft mit dem Essen Mühe, denn die unelastisch gewordene Speiseröhre beförderte die feste Nahrung nicht mehr zum Magen. Wenn auch dieser Zustand periodisch unterschiedlich war, so muß mein Vater doch von Beginn seiner Krankheit bis zu seinem Tode fast fünf Jahre lang unsäglich darunter gelitten haben.»[203] Und: «Nicht einmal ein Reiskorn rutschte mehr hinunter. Er [Paul Klee] konnte monatelang nur flüssige Nahrung zu sich nehmen. Kein Stück Brot, nichts! Weil er diese Schluckbeschwerden hatte, hat er auch immer alleine gegessen.»[204] Auch mir berichtete Felix Klee, sein Vater habe als guter Koch seine Mahlzeiten meist selbst zubereitet. Er habe sich auf eine breiig-flüssige Kost beschränkt und habe nur noch kleine Portionen zu sich nehmen können. Relativ oft sei er in der Küche verschwunden, um sich dort zu verpflegen.[205] Diese Essensgewohnheit wird von der Kunsthistorikerin Carola Giedion-Welcker bestätigt. Sie hat den Kranken vier Monate vor

[199] Vgl. Mittag u. Haustein/ML 1998, S. 548 f.
[200] Vgl. Röther u. Peter/ML 1996, S. 385, u. vgl. Mittag u. Haustein/ML 1998, S. 546.
[201] Vgl. ebenda, S. 384 f., bzw. S. 546.
[202] Brief von Dr. phil. W. von Bremer, Berlin, an Paula Aichinger, Berlin, 12.7.1938 (ZPKB/SFK).
[203] Klee 1960/1, S. 110.
[204] Klee 1989, S. 46 f.
[205] Persönliche Mitteilung von Felix Klee an Prof. Dr. med. Alfred Krebs und den Verf., Bern, 9.11.1979.

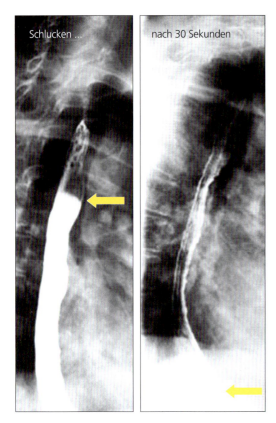
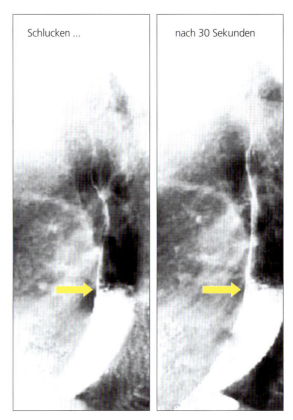

Abb. 57: Normale Speiseröhre im Röntgenbild: Das Essen (hier analog weiss mit geschlucktem Bariumbrei dargestellt) wird durch die Speiseröhrenmuskulatur in den Magen befördert.

Abb. 58: Systemsklerose: Starre Speiseröhre im Röntgenbild mit Verengung im unteren Bereich

Der geschluckte Bariumbrei bleibt länger in der Speiseröhre liegen.

seinem Tod besucht. Darüber schreibt sie in ihrer Klee-Monografie: «Während des Gespräches lief er immer wieder in die kleine Küche nebenan; die Frauen, meinte er spöttisch, kochten heute nicht mehr so gerne wie früher, er besorge es meist selber. Dahinter verbarg sich allerdings zu jener Zeit eher ein tragischer Grund, den er nicht berührte. Es war die Tatsache, daß er damals nur besonders zubereitete, flüssige Nahrung zu sich nehmen konnte [...].»[206] Ebenfalls Hermann Rupf äussert sich im März 1939 zu den Essproblemen von Paul Klee: «Er sieht eher etwas besser aus, aber an eine Reise nach Paris ist nicht zu denken, denn sein Magenverschluss tritt immer wieder auf, so dass er unbedingt zu Hause essen muss und sich in kein Hotel oder Restaurant getraut.»[207] Hermann Rupf beschreibt die wahrscheinliche Speiseröhrenverengung als medizinischer Laie fälschlicherweise als «Magenverschluss». Paul Klee selbst erwähnt seiner Frau gegenüber zweimal seine Schluckschwierigkeiten; am 26. Mai 1939, als Lily zur Kur in der Nähe von Luzern weilt, hält er fest: «Mir geht es im

[206] Giedion-Welcker 2000, S. 101.
[207] Brief von Hermann Rupf an Wassily und Nina Kandinsky, Bern, 12.3.1939 (BK/CGPP).

ganzen eine Nüance besser, das Schlingen ist leichter als bisher.»²⁰⁸ Und einen Tag nach seiner Ankunft im Sanatorium Viktoria in Locarno-Orselina am 11. Mai 1940 teilt er Lily mit: «Mit der Diät geht es wahrscheinlich ganz gut, es kom̄t ja mehr auf die Mechanik des Schluckens an […].» (Abb. 59)²⁰⁹

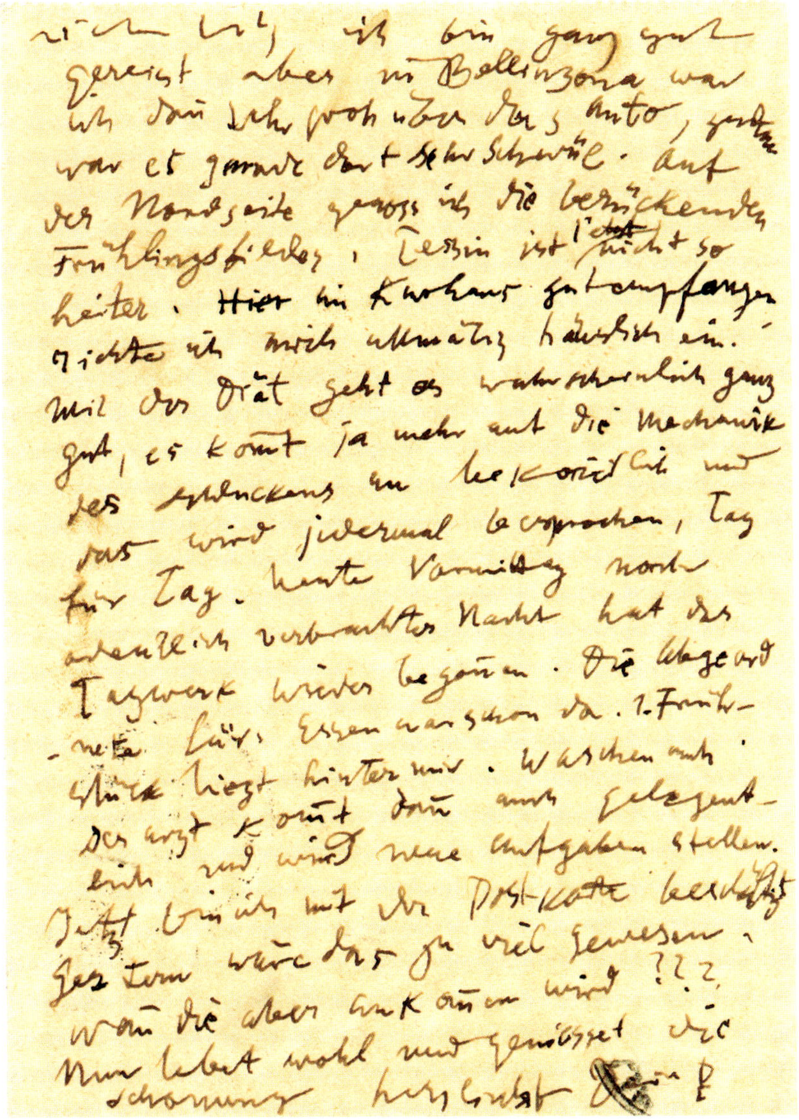

Abb. 59: Postkarte von Paul Klee an Lily Klee, Locarno-Orselina, 11. Mai 1940

Liebe Lily   ich bin ganz gut
gereist aber in Bellinzona war
ich dañ sehr froh über das Auto, gestern
war es gerade dort sehr schwül. Auf
der Nordseite genoss ich die berückenden
Frühlingsbilder. Tessin ist jetzt nicht so
heiter. Hier im Kurhaus gut empfangen,
richte ich mich allmählich häuslich ein.
Mit der Diät geht es wahrscheinlich ganz
gut, es kom̄t ja mehr auf die Mechanik
des Schluckens an bekom̄lich und
das wird jedesmal besprochen, Tag
für Tag. heute Vormittag nach
ordentlich verbrachter Nacht hat das
Tagwerk wieder begoñen. Die Abgeord
-nete fürs Essen war schon da. 1. Früh-
stück liegt hinter mir. Waschen auch.
Der Arzt kommt dañ auch gelegentlich und wird neue Aufgaben stellen.
Jetzt bin ich mit der Postkarte beschäftigt
Gestern wäre das zu viel gewesen.
Wañ die aber ankom̄en wird???
Nun lebet wohl und geniesset die
Schonung   herzlichst Dein P.

²⁰⁸ Brief von Paul Klee an Lily Klee, Bern, 26.5.1939, zit. n. Klee 1979, S. 1292.
²⁰⁹ Postkarte von Paul Klee an Lily Klee, Locarno-Orselina, 11.5.1940, zit. n. ebenda, S. 1298.

Abb. 60: mir Hering?!, 1939, 658

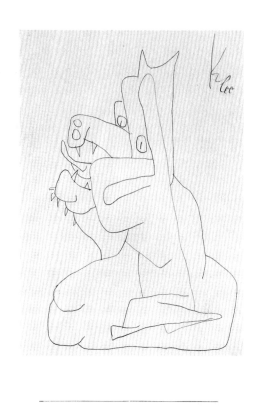

Abb. 61: nie mehr jene Speise!, 1939, 659

Die Abbildungen zeigen ein monströses Tier, das in der ersten Zeichnung einen auf einer Gabel aufgespiessten Hering vor seiner geöffneten Schnauze hält. Die Augen deuten Vorfreude auf die Nahrung an. Das Ausrufezeichen im Titel bekräftigt dies. Das daneben gesetzte Fragezeichen lässt aber Zweifel aufkommen, ob diese «Speise» bekömmlich sei. Die zweite Zeichnung bestätigt die Ahnung: Das Tier scheint am Bissen zu würgen. Ist der Fisch im Hals stecken geblieben? Die Augen des Tieres sind schreckerfüllt. Es hält die linke Pranke mit dem mahnenden Zeigefinger empor: «nie mehr jene Speise!»

Die Krankheit bereitete Paul Klee durch eine Verengung der Speiseröhre grosse Beschwerden. Feste Speisen blieben in der Speiseröhre schmerzhaft stecken. Der Kranke konnte nur mehr flüssig-breiige Kost einnehmen. Wie so oft assoziiert der Künstler einen körperlichen oder seelischen Zustand, eine Feststellung, eine Empfindung, eine Empörung usw. mit einer fantasievollen, häufig witzigen Zeichnung.

Die Äusserungen von Paul und Felix Klee sowie von Carola Giedion-Welcker sprechen eindeutig für eine Verengung der Speiseröhre. Vielsagend ist zudem eine Zeichnung Klees aus dem Jahre 1939 mit dem Titel «nie mehr jene Speise!» (Abb. 61). Ich verdanke Hans Christoph von Tavel den Hinweis darauf.[210] Michael Baumgartner verdanke ich die Erwähnung dieser Zeichnung und der unmittelbar vorher entstandenen mit dem Titel «mir Hering?!» (Abb. 60) in einer Arbeit von Christina Kröll. Die Dissertantin schreibt dazu: «Manchmal entsteht innerhalb eines Titels [von Paul Klee] ein regelrechter kleiner Dialog […], oder zwei aufeinanderfolgende Titel ergänzen sich zu einer kurzen Story: Mir Hering?! … Nie mehr jene Speise! (beide 1939)».[211]

Gelegentlich werden auch die weiteren Abschnitte des Verdauungstraktes von der Krankheit betroffen. Am Magen kann eine Störung der Salzsäureproduktion auftreten, wobei unter Umständen keine Salzsäure mehr produziert wird.[212] In einem wahrscheinlich von Lily Klee für ihren Mann zusammengestellten Menüplan vom 28. Dezember 1935 bis 17. Januar 1936 findet sich die Notiz einer Beigabe von sechs Salzsäuretropfen bei neun Mittagsmahlzeiten (Abb. 62).[213] Dies könnte auf einen Salzsäuremangel hinweisen. Dass es sich dabei tatsächlich um eine Essenszusammenstellung für den Künstler handeln dürfte, geht daraus hervor, dass am Rande der Menüs jeweils noch die Liegezeiten über Tag in Stunden vermerkt sind. Der Kranke musste in dieser Zeit bekanntlich viel liegen.

Magenveränderungen: Die Magenschleimhaut wird glatt. Durch Verspannung des Schliessmuskels beim Mageneingang kann es zu Oberbauchkrämpfen kommen. Mitunter bilden sich gutartige Magengeschwüre mit Magenblutungen oder -durchbrüchen.[214] Tatsächlich erleidet Klee, laut einem Bericht seiner Frau, am 31. Januar 1937 eine «Magenblutung infolge eines aufgegangenen Magengeschwürs»[215]. Die Behandlung besteht in einer sechswöchigen «strengen Diät», die sich aus «Milch, Eiern, etwas Zusatz von Nestle Vollmilch, Traubenzucker usw.» zusammensetzt.[216] Daraufhin wird der Speisezettel in einer von Lily Klee äusserst sorgfältig ausgeklügelten, aufbauenden «Übergangsdiät»[217] während sechs Wochen

[210] Vgl. Brief von Dr. phil. Hans Christoph von Tavel an den Verf., CH-1169 Yens, 16.2.2000.

[211] Kröll 1968, S. 40. Ich verdanke den Hinweis Michael Baumgartner, Bern, 12.2.2002.

[212] Vgl. Krieg/ML 1996, S. 731.

[213] Vgl. Diätplan für die Zeit vom 28. Dezember [1935] bis 17. Januar [1936], vermutlich zusammengestellt von Lily Klee (ZPKB/SFK). Bemerkung: Im Diätplan sind die Jahrzahlen nicht vermerkt, jedoch «Samstag, 28.12.». Anhand einer in «Helveticus 5», Hallwag-Verlag, Bern 1945, auf S. 86 vorgefundenen Berechnungstabelle lässt sich bestimmen, dass der 28. Dezember für die Zeitspanne von 1930 bis 1939 einzig im Jahre 1935 auf einen Samstag fiel.

[214] Vgl. Krieg/ML 1996, S. 731.

[215] Brief von Lily Klee an Will Grohmann, Bern, 11.2.1937 (AWG).

[216] Brief von Lily Klee an Will Grohmann, Bern, 20.3.1937 (AWG).

[217] Brief von Lily Klee an Nina Kandinsky, Bern, 23.3.1937 (BK/CGPP).

	Morgens	Mittags	Abends
3.1. *4Std. Liegen*	*Promonta* 2 T;Tee m.Citrone 1 Semmel mit Lachs- schinken etw.Honig *vorm. ½ T Rahm Zitrone* *1 weiches Ei*	Fisch *Promonta* Zander gekocht mit Kart.brei 1 Glas Rotwein 6 Tropfen Salzsäure 2 Mandarinen	*5ʰ wie bisher* Puffreis 2 weich. Eier 1 Semmel mit Butter und Lachsschinken etw. Griesbrei mit Zimmt 2 T.Pfefftee mit Citrone
4.1. *4½ Std Liegen*	*Promonta* 2 T.Tee m.Citr. 1 weich.Ei 1 Semmel mit Tee- wurst. Butter, etw.Honig *vorm. Porridge Rahm Zitrone* *½ Gl Vermouth*	Tomatensuppe mit Fleischklöschen Reis m.Butter, Petersilie und geriebt Käse 1 Banane 1 Glas Wein 6Tropfen Salzsäure 1 Orange	*5ʰ wie bisher* Puffreis *Promonta* 2weich.Eier 1 Semmel mit Lachsschinken 1 Mandarine 1 Teelöff.Kohle
5.1. *4½ Std.Liegen*	*Promonta* 1 ½ T.Tee m.Rahm 2 Weissbrotschnitten m. Butter,Honig,Teewurst *kurz Vermouth* *Porridge, Rahm Zitrone*	Huhn mit Kartoffbrei jg.Erbsen 1 Glas Wein 1 Teelöff.Kohle 2 Mandarinen *5ʰ wie bisher Knackebrot*	2 Eier etw.klt.Huhn mit Kartoffbrei Puffreis 2 T.Tee mit Rahm 1 Orangensaft
6;1. *5 Std. Liegen*	2 T.Tee 1 Semmel mit Butter und Honig, Teewurst *vorm. Porridge Rahm Zitrone* *1 weiches Ei*	gebrat.Kalbfleisch mit breitn Nudeln 1 Artischoke 1 gerieb.Banane 1 Glas Rotwein 6 Tropfen Salzs. 1 Orangensaft *5ʰ wie gestern + Zwieback*	2weich.Eier etw.klt. Huhn 1 Semmel mit Butter und Kaviar Puffreis 2T.Pfefftee m.Citr
7.1. *4¼ Std.Liegen*	*Promonta* 2 T.Tee 1 Brötchen mit Honig,Butter,Teewurst *vorm. Porridge Rahm Zitrone*	Bries m.Kart.brei *Promonta* 1 gerieb.Banane 1 Glas Rotwein 1 Teelöff.Kohle 1 Orangensaft *5ʰ wie gestern + Promonta*	2 weich. Eier 1 Semmel mit Butter, Lachsschinken Griesbrei mit roter Grütze Puffreis 2 T.Pfefftee 1 Orangensaft *1 Std. Spaziergang*
8.1. *5 Std.Liegen*	*Promonta* 1 Tasse Cacao 1 Semmel mit Butter u.rohem Schinken 1 weich. Ei *Porridge Rahm Zitrone*	*Promonta* 1 Kalbschnitzel mit Kartoffbrei etw.gelbe Rüben etw.Griesbrei m.Zimmt 1 Glas Rotwein 1 Teelöff.Kohle *½ Pampelm. muss ausgedrückt*	*5ʰ wie bisher* *Promonta* 2weich.Eier 1 Semmel mit Butter rohem Schinken Puffreis 2 Tass.Pfefftee 1 Mandarine *Baldrian*
9.1. *5 Std.Liegen*	1 T.Tee m.Rahm ½ Semmel m.Schinken *vorm. 1 weiches Ei* *Porridge Rahm Zitron*	*Promonta* gebrat.Kalbfleisch Spagheti und Reibekäse ½ zerdrückte Banane ¾ Glas Rotwein 6 Tropfen Salzsäure ½ Pampelmusensaft *5ʰ wie bisher*	2 weich. Eier 1 Semmel mit rohem Schinken Griesbrei mit Zucker und Zimmt Puffreis 2 T.Tee m.Citr.

Abb. 62: Seite 2 eines Diätplans vom 3. bis 9. Januar 1936, vermutlich von Lily Klee für Paul Klee erstellt

erweitert. Hinzu kommen «[…](leichte Fleischspeisen, halbfl. Huhn, Forellen) Breie, Nudeln, Eier, Spinat, Spargeln. Alles verträgt er [Paul Klee] schon sehr gut. (Orangensaft, Apfelmus.) Dazu immer noch viel Milch […].»[218] Dies kräftigt den Kranken.[219] Er nimmt zu, darf bei schönem Wetter kleine Spaziergänge unternehmen und kann am Ostermontag 1937 sogar die Ausstellung «Wassily Kandinsky/Französische Meister der Gegenwart», Kunsthalle, Bern, 21. Februar bis 29. März 1937, besuchen.[220] Im Juli 1937 schreibt Lily Klee an Will Grohmann: «Er arbeitet fleissig u. viel Neues u. Interessantes entsteht. Er hat wieder eine seiner ganz starken schöpferischen Epochen. Auch eine Zeichenperiode tritt auf. Er sitzt Abends bis 11 Uhr u. blatt für blatt fällt zu boden wie einst. Seltsam! Dabei ist er doch noch im̄er nicht wieder ganz gesund steht dauernd unter ärztlicher Kontrolle.»[221] Hermann Rupf urteilt als Freund zurückhaltender: «Paul Klee geht es recht ordentlich, der Husten verschwindet indess nie und gegen früher ist er doch ganz gebrochen körperlich.»[222]

Weitere Erholungsaufenthalte von Paul und Lily Klee im südlichen Klima des Tessins (in der «Casa Adula» in Ascona im September und Oktober 1937)[223] und in der Höhe (in Beatenberg ob dem Thunersee im Spätsommer 1938)[224] wirken sich günstig aus. Aus Ascona berichtet Lily am 22. September 1937: «Mein Mann, der sich hier sehr wol fühlt, hat angefangen zu arbeiten. (Sehr farbenfreudige Pastelle.)»[225]

Im Frühling 1939 erwähnt Paul Klee Darmprobleme. Er teilt seiner im Kurhaus Sonnmatt bei Luzern zur Erholung weilenden Frau mit: «Dein Vorschlag, zum Mittagessen zu kommen, ist verlockend, aber ich hatte schon Bedenken, am Vormittag zu fahren, weil meine leiblichen Verhältnisse dagegen sind. Durchfallserlebnisse im Auto sind für mich ein Stück Hölle. Ich will nicht sagen, dass jeder Tag so ist, aber ich muss damit rechnen.»[226] Dies passt in den Rahmen der Systemsklerose. Wenn der Dünn- und/oder der Dickdarm von der Krankheit betroffen werden, lassen sich sowohl Erweiterungen wie Verengungen beobachten. Es kann zu einer bakteriellen Überwucherung des Darmes kommen, zu Störungen in der Nahrungsaufnahme durch den Darm in die Blut- und Lymphwege («Malabsorption») und zu Durchfällen.[227] Eine weitere

[218] Brief von Lily Klee an Nina Kandinsky, Bern, 23.3.1937 (BK/CGPP).

[219] Vgl. ebenda.

[220] Vgl. Brief von Lily Klee an Nina Kandinsky, Bern, 13.4.1937 (BK/CGPP).

[221] Brief von Lily Klee an Will Grohmann, Bern, 8.7.1937 (AWG).

[222] Brief von Hermann Rupf an Wassily und Nina Kandinsky, Bern, 9.8.1937 (BK/CGPP).

[223] Vgl. Briefe von Lily Klee an Will Grohmann, Ascona, 15.9.1937, 27.9.1937 u. 13.10.1937 (AWG), u. vgl. Brief von Lily Klee an Curt Valentin, Ascona, 17.10.1937 (MoMAANY/VP)

[224] Vgl. Brief von Lily Klee an Gertrud Grote, Bern, 17.12.1938 (ZPKB).

[225] Brief von Lily Klee an Hermann und Margrit Rupf, Ascona, 22.9.1937 (HMRS), vgl. Brief von Lily Klee an Will Grohmann, Ascona, 27.9.1937 (AWG), u. vgl. Brief von Lily Klee an Curt Valentin, Ascona, 17.10.1937 (MoMAANY/VP).

[226] Brief von Paul Klee an Lily Klee, Bern, 6.5.1939, zit. n. Klee 1979, S. 1287 f.

[227] Vgl. Mittag u. Haustein/ML 1998, S. 547 (Tabelle 1), u. vgl. Gadola u. Villiger/ML 2006, S. 87.

Folge ist ein Gewichtsverlust. Während eines Ferienaufenthalts in Faoug am Murtensee im Herbst 1939 erholt sich Klee jedoch wiederum recht gut.[228] Von dort aus besuchen der Maler und seine Frau im benachbarten Murten häufig eine ehemalige Meisterschülerin von Paul Klee an der Staatlichen Kunstakademie Düsseldorf, Petra Petitpierre.[229]

In 25% der Fälle mit Systemsklerose kommt es zu einer **Blutarmut (Anämie)** als Folge einer gestörten Nahrungsaufnahme vom Darm in die Blut- und Lymphwege, wegen Magen-Darm-Blutungen oder eines Nierenversagens.[230] Paul Klee hatte eine Anämie und eine Magenblutung (siehe Seite 82, Anm. 292–301).

Veränderungen an den Lungen

Am Röhrensystem der Lungen – an den Bronchien und Lungenbläschen – verursacht die Systemsklerose eine massive bindegewebige Verdickung (Lungenfibrose).[231] Das Lungengerüst wird steif, die Lungenbläschen werden verengt. Dies führt zu Atemnot (Dyspnoe), vor allem bei körperlicher Anstrengung, und oft zu einem chronischen, trockenen Husten und Brustfellentzündungen.[232] Bei ausgeprägter Lungenfibrose wird die Gesichtshaut bläulich (Zyanose). Die Tendenz zu Lungenentzündungen (Bronchopneumonien) ist erhöht, besonders nach Nahrungsaspiration. Bei länger bestehender Lungenfibrose entwickelt sich in fast der Hälfte der Patienten eine «Pulmonal-arterielle Hypertonie», eine spezielle Form des Bluthochdrucks mit schlechter Prognose. Sie führt zu einem «Cor pulmonale», einer typischen Herzveränderung, die durch eine Drucksteigerung im Lungenkreislauf zu Folge einer Erkrankung der Lungen entsteht. Sie ist eine der Haupttodesursachen der Systemsklerose.[233] Dieser erhöhte Blutdruck entsteht primär durch krankhafte Ablagerung von Kollagen in feinen Arterien (Arteriolen) der Lungen, was zu einer Verdickung der Gefässwand und zu einer starken Verengung dieser Blutgefässe führt (Abb. 56). Sekundär kann die Hypertonie durch die Lungenfibrose selbst entstehen (durch Druck des verdickten Lungengewebes auf die Lungenarterien). Röntgenologisch finden sich in etwa 40% diffuse Verschattungen im mittleren und unteren Lungenbereich (Abb. 63). Es können

---

[228] Vgl. Brief von Paul Klee an Will Grohmann, Bern, 28.11.1939 (AWG).
[229] Vgl. Brief von Petra Petitpierre an Josef Albers, [Murten], 20.4.1942. Autograph: Yale University Library, New Haven, Conn., zit. n. Frey, Stefan, in: Klee 1990/2, dortige Anm. 131, S. 130.
[230] Vgl. Krieg/ML 1996, S. 732.
[231] Vgl. ebenda, S. 731.
[232] Vgl. Röther u. Peter/ML 1996, S. 385.
[233] Vgl. ebenda, S. 386, u. vgl. Gadola u. Villiger/ML 2006, S. 87 f.

weiter Zystenbildungen auftreten. Bei einem ausgeprägten Befall spricht man von einer «Honigwabenlunge».[234]

1936 schreibt Paul Klee an Lily aus einem Erholungsaufenthalt mit dem Ehepaar Hermann und Margrit Rupf in Tarasp im Unterengadin: «Ich bin heute zum zweiten Mal marschiert, gestern Inn abwärts, heute dito rechts. Die Wege beinahe eben, sehr genussreich, bald mehr waldig, bald mehr frei. Bänke für meinesgleichen sind vorhanden. Vielleicht macht die Höhe mir noch ein wenig zu schaffen, ebenso die frische Temperatur, aber der Anstoss ist da und das ist zunächst wichtig, dass das Klima angreift. […] Der Lift für Badende ist gerade in meiner Nähe, ich steige nie Treppen.»[235] Er muss dann konstatieren, dass er auf dem Ofenpass zur absoluten körperlichen Untätigkeit gezwungen sei: «Auf der Passhöhe (2150 [m über Meer]) war's zu hoch, ich hielt mich da ganz still, während die Andern herumgingen.»[236] Und: «Ich atme so tief ich kann. Die Atemnot hängt vom Weg ab, ob auf, ob eben, und von der Tätigkeit vor oder nach dem Stifi. Sie hängt auch vom Wetter ab, gestern bei Föhn weniger gut, heute wieder ordentlich. Sie hängt auch vom Grad der Fülle im Magen ab. Nach dem dinner – das klingt vornehm (english) – weiniger gutt als vorherr.»[237] Lily Klee stellt bei ihrem Mann fest, dass «beim Steigen eine Kurzatmigkeit auftritt»[238] und dass er «ganz langsam geht»[239]. Ferner bemerkt Klee 1939 ironisch, der geringe Anstieg am Kistlerweg vor seiner Wohnung in der Berner Elfenau sei jetzt «sein Matterhorn»[240]. Die für eine Lungenfibrose charakteristische Symptomatik mit Atemnot bei körperlicher Anstrengung, dem sich über eine lange Zeit hinziehenden Husten[241] und der Lungen- und Brustfellentzündung ist bei Klee ausgewiesen. Leider fehlen Angaben über genaue röntgenologische Lungenbefunde. Während Lily von der ersten Röntgenaufnahme vom 1. April 1936 die Bestätigung des von Dr. Schorer schon vorher diagnostizierten Befundes «Chronische doppelseitige Lungenentzündung. Pleuritis = brust u. Rippenfellentzündung. Herzerweiterung»[242] erwähnt, berichtet sie von der zweiten Aufnahme im Jahre 1938 lediglich: «Es wurde vor einigen Wochen auf Wunsch d. Ärzte und zu deren Studium noch 1 Röntgenaufnahme gemacht. Der Fall fängt an, die Berner Medizin. Fakultät zu interessieren.»[243] Die Angabe lässt ver-

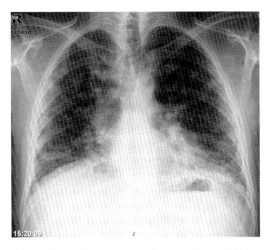

Abb. 63: Systemsklerose: Lungenfibrose im Röntgenbild. Die diffusen «Verschattungen» (aufgehellte Partien), welche in den Mittel- und Unterfeldern beider Lungen am stärksten zur Darstellung kommen, entsprechen Vernarbungen als Folge der Systemsklerose.

[234] Vgl. Krieg/ML 1996, S. 731.
[235] Brief von Paul Klee an Lily Klee, Tarasp, 9.6.1936, in: Klee 1979, S. 1269.
[236] Brief von Paul Klee an Lily Klee, Tarasp, 16.6.1936, in: Klee 1979, S. 1272.
[237] Ebenda.
[238] Brief von Lily Klee an Hermann und Margrit Rupf, Bern, 1.9.1936 (HMRS).
[239] Brief von Lily Klee an Will Grohmann, Bern, 18.9.1936 (AWG).
[240] Bürgi 1948, S. 26. Das Matterhorn ist das Wahrzeichen von Zermatt (Wallis), das mit 4478 m ü. M. als gewaltige Felspyramide den schweizerisch-italienischen Grenzkamm um über 1000 m überragt (aus: Luzern 1991–1993, Bd. 4, S. 484).
[241] Brief von Lily Klee an Will Grohmann, Bern, 24.8.1936: «[…] Auch hustet er noch viel. […]» (AWG), Brief von Hermann Rupf an Wassily und Nina Kandinsky, Bern, 9.8.1937: «[…] der Husten verschwindet indess nie […].» (BK/CGPP), Brief von Hermann Rupf an Otto und Hilde Nebel, Bern, 19.12.1937: «[…] aber der Husten und die Schwäche sind immer noch da. […].» (SLB/SLA) u. Brief von Hermann Rupf an Otto und Hilde Nebel, Bern, 23.1.1938: «Er [Klee] hustet aber immer und kann nur bei ganz gutem Wetter ausgehen.» (SLB/SLA)
[242] Brief von Lily Klee an Emmy Scheyer, Bern, 28.6.1936 (Abb. 37, NSMP).
[243] Brief von Lily Klee an Will Grohmann, Bern, 29.6.1938 (AWG).

muten, dass die zweite Röntgenaufnahme im Universitätsspital (Inselspital) Bern vorgenommen worden ist und sich daraus diagnostisch weiterführende Anhaltspunkte ergeben haben – die Lungenfibrose zeigt eben typische röntgenologische Befunde (Abb. 63).[244] Leider liess sich diese Vermutung nicht bestätigen. Da sich ferner keine Angaben über Blutdruckmessungen oder über einen Bluthochdruck finden, wissen wir nicht, ob bei Paul Klee eine Pulmonal-arterielle Hypertonie aufgetreten ist: wegen der fehlenden Blutdruckangaben wohl eher nicht.

Veränderungen am Herzen
Patienten mit Systemsklerose erleiden bei Herzveränderungen am häufigsten eine Herzbeutelentzündung (Perikarditis), die allerdings meist unbemerkt verläuft.[245] Am zweithäufigsten entwickeln sich eine Herzmuskelentzündung (Myokarditis) und eine bindegewebige Verdickung des Herzmuskels. Diese führt allmählich zu einer Verhärtung (diffuse interstitielle Myokardfibrose) und damit zu einer Einbusse der Dehnbarkeit des Herzens. Es resultiert eine Schwächung der Kontraktionskraft des Herzens und eine bindegewebige Vernarbung der elektrischen Leitungen am Herzen. Folgen sind eine Minderleistung des Herzens (eine «Herzinsuffizienz» mit reduzierter körperlicher Leistungsfähigkeit), Reizleitungsstörungen mit Rhythmusstörungen, anfallsweise erhöhter Puls (Tachykardie) und Vorhofflimmern.[246] Weiter werden Stauungserscheinungen im Venensystem manifest: in den Lungen, im Brustfellraum, in der Leber, den Nieren und den Beinen. Elektrografische Veränderungen sind in über 50% nachweisbar. Als Folge einer Lungenfibrose können sich, wie erwähnt, sekundär eine spezielle Form eines Bluthochdrucks (Pulmonal-arterielle Hypertonie) und Herzveränderungen (Cor pulmonale) entwickeln (siehe Seite 70).

Schon im ersten Krankheitsjahr notiert Lily Klee – nach der entsprechenden Feststellung Dr. Schorers –, «die Lungen und das Herz» ihres Mannes seien «angegriffen»[247] und sieben Monate später, «das Herz sei erweitert»[248]. Zweifellos steht die Atemnot Klees bei körperlicher Anstrengung mit der Schwächung der Lungen und des Herzens in Verbindung.

---

[244] Vgl. Mittag u. Haustein/ML 1998, S. 547.
[245] Vgl. Röther u. Peter/ML 1996, S. 386.
[246] Vgl. ebenda u. vgl. Krieg/ML 1996, S. 731, u. vgl. Gadola u. Villiger/ML 2006, S. 87.
[247] Brief von Lily Klee an Rudolf Probst, Bern, 10.11.1935 (PBD).
[248] Brief von Lily Klee an Emmy Scheyer, Bern, 28.6.1936 (NSMP).

Leider fehlt auch für das Herz ein ärztlicher Röntgenbefund. Zudem liegt kein Ergebnis des im Jahre 1936 vorgenommenen Elektrokardiogramms vor.

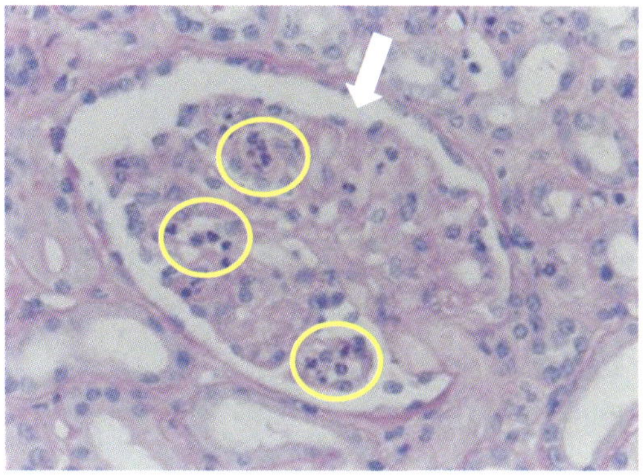

Veränderungen an den Nieren

Ob es bei Paul Klee zu krankheitsbedingten Nierenveränderungen (Nierenfibrose) kam, geht aus den brieflichen Zeugnissen nicht hervor. Der einzige erhaltene Laborbefund aus der Clinica Sant' Agnese, das Ergebnis einer Urinuntersuchung mit einer Spur Eiweiss im Urin sowie wenigen roten und weissen Blutkörperchen und hyalinen (homogenen) und granulierten (körnigen) Eiweiss-Zylindern im Urinsediment (siehe Anm. 13), könnte sowohl für eine Nierenfibrose[249] als auch für eine Herzinsuffizienz mit «Stauungsnieren»[250] sprechen. Die Folge einer ausgeprägten Nierenfibrose ist eine Nierenschrumpfung mit krisenhaften Blutdruckanstiegen, rasch abnehmender Nierenfunktion und schlechtem Verlauf.[251] Darüber wird nicht berichtet. Es sei daran erinnert, dass 10 bis 40% der Kranken mit Systemsklerose eine manifeste Nierenbeteiligung erleiden.[252] Da aber bei bis zu 80% dieser Patienten krankheitsspezifische Nierenveränderungen durch Autopsie nachweisbar sind[253], ist es durchaus möglich, dass auch Klees Nieren krank waren. Eine Nierenbeteiligung hat eine besonders schlechte Prognose für den Krankheitsverlauf und die Überlebenszeit.[254] Für die Hälfte der Todesfälle bei der diffusen Form der Systemsklerose ist eine Einschränkung der Nierenfunktion verantwortlich.[255]

Abb. 64: Systemsklerose: Die Abbildung stellt ein Nierenfilter im feingeweblichen Schnitt dar (mit Pfeil markiert). Die gelben Ringe umfassen weisse Blutkörperchen (mit schwarzen runden und teils gelappten Kernen) als Ausdruck einer Entzündung.

Tod im Tessin

Weil Paul Klee sich, wie seine Frau vermerkt, «schon längere Zeit nicht besonders wol fühlte»[256] und Erholungsaufenthalte in Höhenlagen und im südlichen Klima ihm stets gut getan haben, fährt er am 10. Mai 1940 zu einem, wie sich herausstellen sollte, letzten Kuraufenthalt ins Sanatorium Viktoria – heute Clinica Santa Croce – nach Locarno-Orselina (Abb. 65).[257] Wie schwach er ist, geht aus dem kurzen Bericht hervor, den er am Tage darauf Lily auf einer Postkarte abstattet: «Hier im Kurhaus gut empfangen, richte ich mich allmählich häuslich ein. [...] Jetzt bin ich mit der Postkarte beschäftigt[.] Gestern

[249] Vgl. Mittag u. Haustein/ML 1998, S. 549.
[250] Beurteilung von Prof. Dr. med. Alfred Krebs, Spezialarzt für Dermatologie und Venerologie FMH und für Innere Medizin FMH, Bern, persönliche Mitteilung an den Verf., Bern, 12.11.1998.
[251] Vgl. Röther u. Peter/ML 1996, S. 386, u. vgl. Gadola u. Villiger/ML 2006, S. 87.
[252] Vgl. Mittag u. Haustein/ML 1998, S. 549.
[253] Vgl. ebenda.
[254] Vgl. ebenda.
[255] Vgl. Krieg/ML 1996, S. 731.
[256] Brief von Lily Klee an Will Grohmann, Bern, 7.7.1940 (AWG), zit. n. Frey 1990, S. 124.
[257] Vgl. Frey 1990, S. 124.

Abb. 65: Das Kurhaus Viktoria, Locarno-Orselina

Abb. 66: Die Clinica Sant' Agnese, Locarno-Muralto

258 Postkarte von Paul Klee an Lily Klee, Locarno-Orselina, 11.5.1940, zit. n. Klee 1979, S. 1298.
259 Vgl. Frey 1990, S. 124.
260 Vgl. Brief von Lily Klee an Hermann und Margrit Rupf, Locarno-Orselina, 21.5.1940 (HMRS).
261 Brief von Lily Klee an Will Grohmann, Bern, 7.7.1940 (AWG), zit. n. Frey 1990, S. 124 f.
262 Vgl. Brief von Lily Klee an Hermann und Margrit Rupf, Locarno-Muralto, 17.6.1940 (HMRS).
263 Ebenda, zit. n. Frey 1990, S. 124.
264 Postkarte von Lily Klee an Hermann und Margrit Rupf, Locarno-Muralto, 23.6.1940 (HMRS), zit. n. Frey 1990, S. 125.
265 «Municipalità di Muralto. Attestato di morte. Il sottoscritto medico-chirurgo attesta che […] Klee Paul, fu Hans, coniugato, nato nell' anno 1879, attinente del Comune di München (Germ.) domicilato in Bern, è morto il giorno 29 del mese di giugno, alle ore 7.30, in causa di malattia di cuore (myocardite) e quindi può essere autorizzata la sepoltura, passate 24 ore da quella della morte. Muralto, 29 giugno 1940[.] Il medico-chirurgo: [sig.] Dr. H. Bodmer» (Fotokopie: ZPKB/SFK).

wäre das zu viel gewesen.»[258] (Abb. 59) Das Kurhaus schliesst Anfang Juni 1940, weshalb Klee am 8. Juni in die von den «Barmherzigen Schwestern vom heiligen Kreuz Ingenbohl» des Klosters Ingenbohl im Kanton Schwyz geführte Clinica Sant' Agnese – heute Casa per convalescenza Sant' Agnese – in Locarno-Muralto (Abb. 66) verlegt wird.[259] Da verschlechtert sich sein Allgemeinzustand plötzlich rapid. Lily Klee, die ihrem Mann am 18. Mai 1940[260] nachgereist ist, schreibt darüber retrospektiv an Will Grohmann: «Ich reiste ihm (obwol nicht vorhergesehen) 1 Woche später nach, getrieben von innerer Unruhe. Die ersten 2 Wochen ging es ihm [Paul Klee] leidlich. Dann wurde er plötzlich schwer krank. […] Es begann ein Kampf auf Leben u. Tod […].»[261] Der behandelnde Arzt, Dr. Hermann Bodmer (Abb. 90), zieht am 16. Juni 1940 den zufällig in Locarno weilenden namhaften Herzspezialisten Dr. Theodor Haemmerli aus Zürich (Abb. 92) bei.[262] Dazu Lily Klee: «Dr. Bodmer u. dessen Assistentin, haben sich als hervorragende Aerzte erwiesen. Die Klinik ist modern u. wird von denselben Nonnen geführt, wie im Viktoria[-Spital] in Bern. Die Pflege ist ausgezeichnet. Gestern früh war eine Konsultation mit dem 1. Herzspezialisten Dr. Haemmerli in Zürich. Er war mit der Behandlungsweise Dr. Bodmers völlig einverstanden, gab noch einige Ratschläge zur Erweiterung der Therapie. […] Es ist eine Kreislaufstörung des Herzens, die ernst zu nehmen ist. (das war d. Diagnose v. Dr. Haemmerli.) u. die sich mit derjenigen Dr. Bodmers deckt.»[263] Wie früher so oft, kommt es zu einer vorübergehenden leichten Besserung. Lily Klee schöpft erneut Hoffnung: «Es scheint mir eine leichte Besserung eingetreten zu sein. D. Assistentin v. Dr. Bodmer (eine hervorragende Aerztin) war heute [23. Juni] zufriedener. Die Aerzte tun ihr Möglichstes, geradezu aufopfernd. Es waren schwere Wochen u. eine sehr ernste Situation. […] Ich hoffe nur, daß wir wenigstens in absehbarer Zeit nach Bern zurück kommen. Aber zunächst ist noch nicht daran zu denken u. es heißt abwarten u. Geduld haben.»[264]

Nach einem letzten Aufflackern seiner Lebensflamme stirbt Paul Klee am 29. Juni 1940 so, wie er gelebt hat: still und würdevoll. In der Todesbescheinigung notiert Dr. Bodmer als Todesursache «malattia di cuore (myocardite)».[265] (Abb. 67) («Myokarditis» = entzündliche Erkrankung des Herzmuskels.)

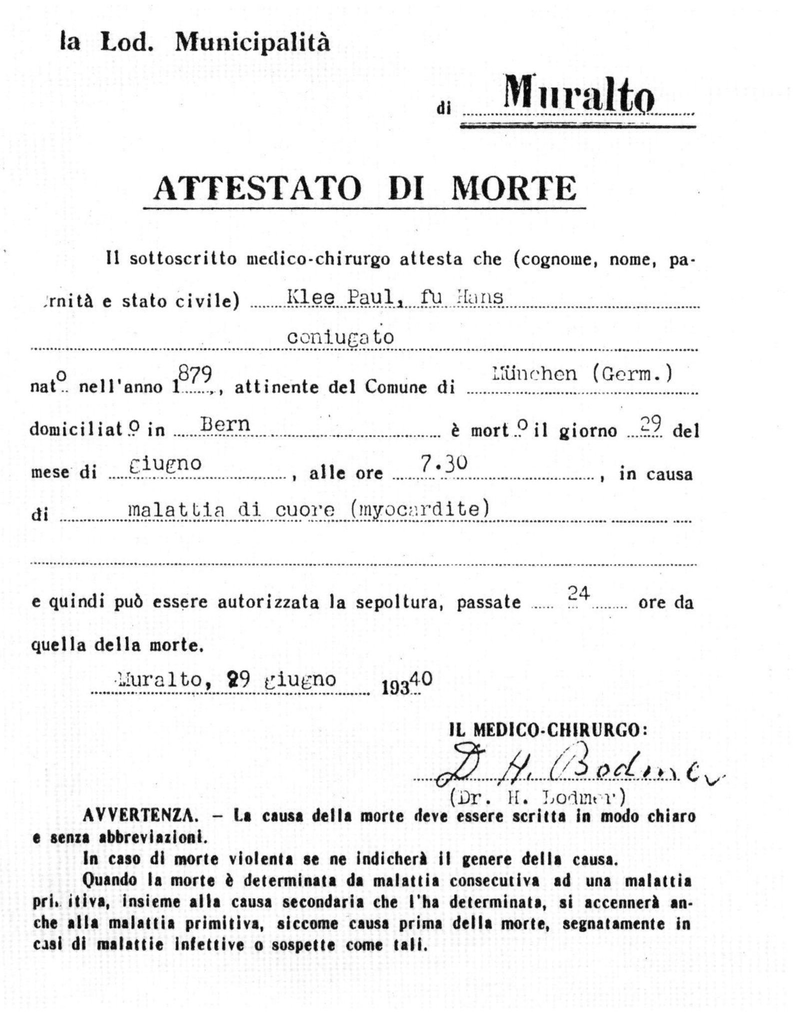

la Lod. Municipalità

di **Muralto**

ATTESTATO DI MORTE

Il sottoscritto medico-chirurgo attesta che (cognome, nome, paternità e stato civile) Klee Paul, fu Hans coniugato nat° nell'anno 1879, attinente del Comune di München (Germ.) domiciliat° in Bern è mort° il giorno 29 del mese di giugno, alle ore 7.30, in causa di malattia di cuore (myocardite)

e quindi può essere autorizzata la sepoltura, passate 24 ore da quella della morte.

Muralto, 29 giugno 1940

IL MEDICO-CHIRURGO:

D. H. Bodmer
(Dr. H. Bodmer)

AVVERTENZA. — La causa della morte deve essere scritta in modo chiaro e senza abbreviazioni.

In caso di morte violenta se ne indicherà il genere della causa.

Quando la morte è determinata da malattia consecutiva ad una malattia primitiva, insieme alla causa secondaria che l'ha determinata, si accennerà anche alla malattia primitiva, siccome causa prima della morte, segnatamente in casi di malattie infettive o sospette come tali.

Abb. 67: Todesbescheinigung von Paul Klee, ausgestellt von Dr. med. Hermann Bodmer, Locarno-Muralto, 29. Juni 1940

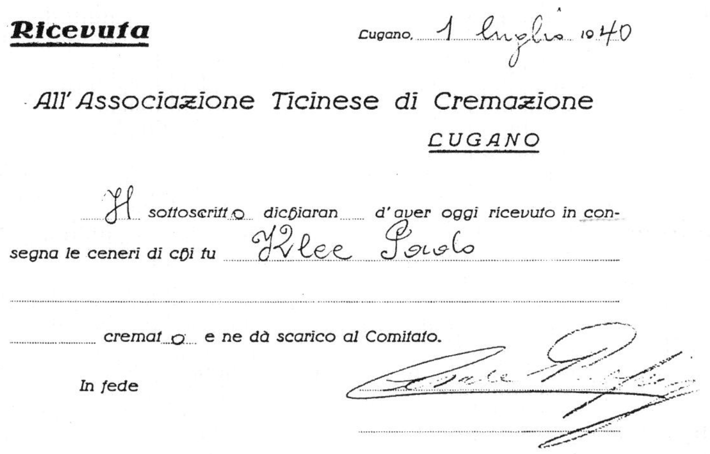

Ricevuta

Lugano, 1 luglio 1940

All' Associazione Ticinese di Cremazione
LUGANO

Il sottoscritto dichiara d'aver oggi ricevuto in consegna le ceneri di chi fu Klee Paolo

cremat° e ne dà scarico al Comitato.

In fede

Abb. 68: Kremationsbescheinigung von Paul Klee, Lugano, 1. Juli 1940

Abb. 69: Todesanzeige von Paul Klee vom 29. Juni 1940

[266] Brief von Lily Klee an Will Grohmann, Bern, 7.7.1940 (AWG), zit. n. Frey 1990, S. 125.

[267] Brief von Lily Klee an Will Grohmann, Bern, 14.9.1940 (AWG), zit. n. Frey 1990, S.125.

[268] Brief von Lily Klee an Will Grohmann, Bern, 7.7.1940 (AWG), zit. n. Frey 1990, S. 125.

[269] Dokument der «Associazione Ticinese di Cremazione Lugano» vom 1.7.1940: «Ricevuta Lugano 1 luglio 1940[.] All' Associazione Ticinese di Cremazione Lugano. Il sottoscritto dichiaran d' aver oggi ricevuto in consegna le ceneri di chi fu Klee Paolo cremato e ne dà scarico al Comitato. In fede [?; Unterschrift unleserlich]» (Fotokopie: ZPKB/SFK).

[270] Von Schädelins Ansprache an der Trauerfeier ist mir kein Manuskript zugänglich.
Bloeschs und Schmidts Ansprachen sind 1950 publiziert worden (Bloesch, Schmidt 1950). Erstere ist auszugsweise wieder abgedruckt in: Grote 1959, S. 117–119; letztere ist integral wieder abgedruckt in: Mendrisio 1990, [S. 174–179].

[271] Vgl. Frey 1990, S. 126.

[272] Vgl. Brief von Lily Klee an Will Grohmann, Bern, 7.7.1940 (AWG): «Die Urne steht zunächst unter Blumen im Atelier u. einem Lorbeerkranz seines Jugendfreundes bis zur Beisetzung. Das Atelier bleibt unangetastet.»

[273] Mündliche Angabe von Felix Klee an Stefan Frey, in: Frey 1990, S. 132, Anm. 241. Will Grohmann gibt indessen an, die Urne sei schon im September 1942 im Schosshalden-Friedhof beigesetzt worden, vgl. Grohmann 1965, S. 88 f. Es dürfte sich um einen Irrtum Grohmanns handeln. Zutreffend für die Beisetzung der Urne von Paul Klee im Schosshalden-Friedhof dürfte September 1946 sein. Eine Rückfrage von Stefan Frey bei der Verwaltung des Schosshalden-Friedhofs ergab, dass eine entsprechende Akte nicht mehr vorhanden sei; vgl. Frey 1990, S. 132, Anm. 241. Für die Urnenbeilegung im Jahre 1946 spricht zudem ein Foto von Jürg Spiller aus dem Jahre 1946 (s. Frey 1990, S. 126, Abb. 17), s. Abb. 70.

Lily Klee schreibt rückblickend: «Noch 1 Tag vor dem Tode waren die Aerzte nicht hoffnungslos. [...] Was menschenmöglich, war geschehen (er hatte zuletzt viel gelitten) aber er dachte nicht an den Tod, ebensowenig wie ich, die ich noch hoffte.»[266] (Sehr vieles spricht allerdings dafür, dass Paul Klee intuitiv um sein nahes Ende wusste, dies aber seinen Angehörigen verschwieg.) Zwei Monate später beurteilt Lily Klee ihre Auffassung anders: «Ich begreife heute nicht, daß ich nicht gesehen habe, daß es dem Ende zugeht. Ich hoffte eben noch immer eigentlich bis zuletzt.»[267] Der Künstler wird vom 29. Juni bis 1. Juli 1940 in der Totenkapelle der Clinica Sant' Agnese aufgebahrt. Die Witwe berichtet: «Ein riesiger Nelkenstrauß von Ju Aichinger war über s. Sarg gestreut. Ein großer Schleier bedeckte seine in Weiß gehüllte Gestalt. Sein wunderbares edles Antlitz friedlich, erhaben, ein leichtes Lächeln um seine Züge als wollte er sagen: ich weiß es besser u. habe das Rechte erwählt. [...] Seine wunderbaren Hände waren über d. brust gefaltet.»[268] Am 1. Juli 1940 wird Paul Klee in Lugano kremiert.[269] (Abb. 68) Die Trauerfeier findet am 4. Juli 1940 in der Kapelle des Burgerspitals Bern statt. Die Ansprachen halten der Münsterpfarrer Albert Schädelin, der Jugendfreund Hans Bloesch, Oberbibliothekar der Stadt Bern, und Georg Schmidt, Konservator der öffentlichen Kunstsammlung Basel.[270] Das Berner Streichquartett spielt zwei Adagios aus zwei Quartetten von Mozart, dessen Musik Klee am meisten geschätzt hat.[271] Die Urne bewahrt die Witwe im unverändert belassenen Atelier am Kistlerweg 6 in Bern unter einem Lorbeerkranz neben Blumen auf[272] (Abb. 70). Klees Asche wird erst nach dem Tode von seiner Frau – sie starb am 22. September 1946 – im Schosshalden-Friedhof Bern beigesetzt.[273] (Abb. 71)

Wenden wir uns nochmals der von Dr. Bodmer bescheinigten Todesursache zu. Bei Paul Klee dürfte es sich tatsächlich um eine Myokarditis zufolge einer Verdickung des Bindegewebes im Herzmuskel gehandelt haben. Ich erinnere an die Tatsache, dass durch Autopsie bei 30 bis 80% der Patienten mit Systemsklerose eine Myokardfibrose nachgewiesen werden kann. Da Klee am 1. Juli 1940 in Locarno ohne vorgängige Autopsie kremiert worden ist, waren eine Überprüfung von Organveränderungen und der Todesursache nicht möglich.

Abb. 70: Das letzte Atelier von Paul Klee, Kistlerweg 6, Bern. Die Urne ist (in der Mitte der Abbildung) unter dem Kranz platziert.

Abb. 71: Grabplatte von Paul Klee und Lily Klee, Schosshalden-Friedhof, Bern

Abb. 72: Paul Klee in seinem Wohnzimmer, Kistlerweg 6, Bern, Dezember 1939

Abb. 73: Paul Klee beim Zeichnen, Dessau 1931 (er zeichnete und malte mit der linken, schrieb aber mit der rechten Hand)

[274] Vgl. Masi 1980/ML, S. 581–590, u. vgl. Röther u. Peter/ML 1996, S. 387.

[275] Vgl. LeRoy 1996/ML, S. 4–6, vgl. Castenholz/ML, S. 138 u. 139, u. vgl. auch die persönliche Mitteilung von Brigitta Danuser an Gabriele Castenholz, 13.3.1996, zit. in: Castenholz/ML 2000, S. 137.

Diskussion der Krankheitssymptome und des Krankheitsverlaufs bei Paul Klee

Im Jahre 1980 hat die «American Rheumatism Association» Kriterien aufgestellt, wonach die Systemsklerosen diagnostiziert werden können.[274] Bei den Kriterien handelt es sich um charakteristische Veränderungen. Als Hauptkriterium gilt, gemäss dieser Rheuma-Liga, eine diffus sklerodermisch veränderte (verdickte, verhärtete und straffe) Haut «oberhalb der Finger und Zehen» – also des Kopfes, Halses, Rumpfes und der Gliedmassen ohne Finger und Zehen. Wichtige Nebenkriterien sind sklerodermisch erkrankte (verdickte und verhärtete) Finger («Sklerodaktylie»), Fingerkuppendefekte und eine röntgenologisch feststellbare beidseitige basale Lungenfibrose (eine bindegewebige Verdickung im unteren Lungenbereich). Um die Diagnose sicherzustellen, sollten mindestens das Hauptkriterium oder zwei Nebenkriterien erfüllt sein. Auf Paul Klee bezogen, ergibt sich Folgendes: Er wies sklerodermische Gesichtsveränderungen auf. Dies ist, wie erwähnt, nicht nur in Fotos erkennbar (zum Beispiel Abb. 72), sondern eindeutig durch mündlich und schriftlich geäusserte Feststellungen seines Sohnes belegt. Sie wurden von Max Huggler bestätigt. Erhärtet wird der Befund durch die aussagekräftigen Äusserungen des Zahnarztes von Paul Klee, Dr. Jean Charlet. Felix Klee berichtete mir ferner, auch die Haut am Hals seines Vaters sei auffallend straff geworden.

Das Hauptkriterium für die Diagnose einer Systemsklerose bei Paul Klee ist somit erfüllt. Untermauert wird die Diagnose mit der Erwähnung Dr. Schorers, es handle sich um eine «Vasomotorische Neurose» (siehe Seite 61).

Dagegen zeigte Paul Klee keine sklerodermischen Fingerveränderungen – entgegen anders lautenden Postulierungen, die sich lediglich auf die Interpretation von Fotografien stützen und daher zur Diagnosestellung ungenügend sind.[275] Der Künstler hatte anlagebedingt kräftige Hände und Finger (Abb. 73). Obschon letztere auf einem Foto vom Juli 1939 als verdickt und mit Beugekontrakturen angesehen werden könnten (Abb. 81/82), muss betont werden, dass sich Klees Finger weder verdickten noch verhärteten. Das Fehlen von Fingerbeugekontrakturen, die gut gebliebene Fingerbeweglichkeit und das Ausbleiben von schlecht heilenden Wunden, Gewebeablösungen oder Kalkabstossungen an den Fingern wurden durch Felix Klee und Max Huggler bezeugt. Diese Tatsache, der relativ frühe Befall innerer Organe und der rasch progrediente Krankheitsverlauf lassen eine limitierte Form der Systemsklerose ausschliessen.

Lassen sich Beweise für die diffuse Form der Systemsklerose finden? Leider keine eindeutigen, aber gute Anhaltspunkte dafür. Charakteristisch sind die Schluckstörungen als Folge einer Verengung der Speiseröhre. Darunter litt Paul Klee erheblich. Gut zur diffusen Form der Systemsklerose passen weiter die lang dauernde Initialphase mit leichtem Fieber, anhaltender Müdigkeit und Schwäche[276], der Gewichtsverlust[277], die hartnäckige Bronchitis mit Lungen- und Brustfellentzündung sowie der sich über Jahre hinschleppende Husten, die Atemnot bei körperlicher Anstrengung, die Hinweise auf eine Herzerkrankung, die Magen-Darm-Beteiligung (möglicher Salzsäuremangel, Magengeschwür mit Magenblutung, Neigung zu Durchfall) und die Blutarmut. Eine Lungen- und Myokardfibrose kann bei Paul Klee nur von der Symptomatik her vermutet werden. Es wurden zwar Röntgenbilder der Lungen und des Herzens vorgenommen; leider fehlt aber eine genaue Beurteilung. Damit bleiben fibrotische Lungen- und Herzveränderungen hypothetisch. Der Urinbefund könnte zu einer Nierenfibrose passen, ist aber zu wenig aussagekräftig.

Alle diese erwähnten Krankheitserscheinungen sprechen nun, zusammen mit den beschriebenen sklerodermischen Gesichtsveränderungen Klees als Hauptkriterium, in sehr hohem Grade für die diffuse Form der Systemsklerose.

Als häufigste Todesursachen bei Patienten mit der diffusen Form der Systemsklerose werden eine Lungen-, Nieren- und Herzbeteiligung – in dieser Reihenfolge – angegeben.[278] Prognostisch schlecht sind ein höheres Lebensalter, eine herabgesetzte Lungenfunktion, eine gestörte Nierenfunktion und eine Blutarmut.[279] An der diffusen Form der Systemsklerose erkrankte Frauen überleben in der Regel länger als Männer; Patienten mit gleichzeitigem Lungen-, Herz- und Nierenbefall

Abb. 74: Paul Klee beim Malen in seinem Atelier, Kistlerweg 6, Bern, 1939

[276] Vgl. Krieg/ML 1996, S. 729.
[277] Klee 1989, S. 46: «Er [Paul Klee] hat abgenommen, die Haut hat sich gespannt, und sein Aussehen hat sich verändert.»
[278] Vgl. Mittag u. Haustein/ML 1998, S. 550.
[279] Vgl. ebenda.

weisen einen besonders ungünstigen Verlauf mit verkürzter Lebenserwartung auf.[280] Paul Klees Tod schon fünf Jahre nach dem Krankheitsausbruch ist ein zusätzliches Indiz für eben diese ungünstige Form.

Angaben über weitere mögliche Veränderungen bei der Systemsklerose (grauer Star, Heiserkeit und raue Stimme durch eine Verhärtung der Stimmbänder, schmerzhafte Muskel-, Gelenk- und Sehnenscheidenentzündungen, Knochenveränderungen)[281] fehlen beim Künstler.

Im Gegensatz zu früher sind heute immunologische, genetische und andere Blutuntersuchungen möglich, die für die Diagnosestellung einer Systemsklerose hilfreich sind. Dadurch wird auch die Abgrenzung gegen andere Bindegewebskrankheiten erleichtert.[282] Zum Beispiel finden sich als häufigste Autoantikörper bei der diffusen Form der Systemsklerose (als Autoimmunkrankheit) die mit «Scl-70» bezeichneten und die so genannten «Antizentromerantikörper» bei der limitierten Form.[283]

Wie wurde die Krankheit von Paul Klee behandelt?

Über die Behandlung der Krankheit Paul Klees schreibt Lily Klee nur wenig. Am 30. Oktober 1935 teilt sie Nina Kandinsky mit: «M. Mann bekom̄t 2 Mittel. Eines fürs Herz. Eines für d. Husten [die chronische Bronchits] u. indirekt aufs Herz wirkend.»[284] In der von ihr vom 18. Oktober 1935 bis 18. April 1936 genau geführten Fiebertabelle ihres Mannes notiert sie die ärztliche Verordnung von «Theominal» und ein «neues Mittel in Pulverform» ohne Namensangabe (Abb. 35, Seite 43). Wie im Kapitel «Masern?» erwähnt, handelt es sich beim heute nicht mehr auf dem Markt vorliegenden «Theominal» um ein Kombinationspräparat von Theobromin und Luminal. Das Medikament wurde unter anderem zur Behandlung von Herzkrankheiten eingesetzt (siehe Seite 42). Es ist weiter denkbar, dass Dr. Schorer auch ein schon damals wie heute noch gebräuchliches Digitalisglykosid (ein pflanzliches Fingerhutpräparat zur Kräftigung des Herzmuskels) verordnet hat. Dies vermutet ebenfalls Gabriele Castenholz.[285] Im Brief an Nina Kandinsky vom 30. Oktober 1935 erwägt Lily ferner

[280] Vgl. Mittag u. Haustein/ML 1998, S. 550.
[281] Vgl. Krieg/ML 1996, S. 731 f.
[282] Vgl. Mittag u. Haustein/ML 1998, S. 545 f.
[283] Vgl. ebenda, S. 546, u. vgl. Gadola u. Villiger/ML 2006, S. 87.
[284] Brief von Lily Klee an Nina Kandinsky, Bern, 30.10.1935 (BK/CGPP).
[285] Vgl. Castenholz 2000, S. 131.

«Bestrahlungen» mit einer eigenen Bestrahlungslampe – gemeint ist wohl eine Ultraviolettlichtlampe. (Diese Lichttherapie wurde damals häufig in sonnenarmen Monaten zur Erhöhung der Widerstandskraft verwendet.) Über deren Einsatz bei ihrem Mann wolle sie sich noch mit dem Arzt besprechen.[286] Ob solche Bestrahlungen dann auch vorgenommen worden sind, erfahren wir nicht.

Ein Jahr später – nach der konsiliarischen Untersuchung durch Professor Naegeli – werden Paul Klee Einspritzungen mit einem nicht namentlich erwähnten Medikament verabreicht.[287] Es ist anzunehmen, dass die Injektionen auf Empfehlung von Professor Naegeli erfolgten. Klee reagiert mit Fieber. Seine Frau notiert dazu: «Es ist also nun einwandfrei festgestellt, dass das Fieber von den Einspritzungen kam. [...] 3 Tage dauerte das Fieber bis in den Sonntag früh und zwar hohes Fieber.»[288] Resultierte das Fieber tatsächlich von einer medikamentösen Unverträglichkeit? Es kann vorkommen, dass Arzneimittel Fieber verursachen. Man spricht dann von «Drug fever». Früher hat man solche Medikamente bewusst injiziert, um durch Fieberschübe die Immunabwehr zu stimulieren. War dies vielleicht bei Paul Klee beabsichtigt? Dafür spricht, dass um 1935/1940 und auch noch später «Terpichin» oder «Olobinthin» in Form von intramuskulären Injektionen zur Behandlung der Sklerodermie empfohlen wurden wie auch für hartnäckige Infektionskrankheiten, Stoffwechselstörungen und chronischen Muskel- und Gelenkrheumatismus; dabei handelte es sich um Lösungen von Terpentinöl in Olivenöl.[289] Diese wurden als «unspezifische Reizmittel» eingesetzt, mit dem Ziel, durch eine lokale Entzündung im Injektionsbereich und Fieber als Allgemeinreaktion den Organismus «umzustimmen». Es wurde mit einer niedrigen Dosierung begonnen. Dann steigerte man die Dosis, bis sich die erwähnten Reaktionen einstellten.[290] Die Behandlung war umstritten, weil körperfremde, «toxische» Substanzen verwendet wurden, die nicht selten zu Allergien führten. Wurde die Injektionsbehandlung bei Paul Klee abgesetzt, weil der Kranke übermässig reagierte? Wir erhalten darüber keine Informationen. Zu Beginn des letzten Jahrhunderts kam noch eine weitere Injektionstherapie mit «Thiosinamin» bei Sklerodermie zur Anwendung. Diesem Medikament, das es auch

[286] Vgl. Brief von Lily Klee an Nina Kandinsky, Bern, 30.10.1935 (BK/CGPP).
[287] Vgl. Brief von Lily Klee an Gertrud Grote, Bern, 11.2.1937 (ZPKB): «Es traten noch Drüsenstörungen auf, denen sehr schwer beizukommen ist! Eine dafür speziell bestimmte Einspritzung vertrug er gar nicht.»
[288] Brief von Lily Klee an Hermann und Margrit Rupf, Bern, 25.11.1936 (HMRS).
[289] Mayr/ML 1935, S. 74, u. Bernoulli/ML 1955, S. 250: «Oleum Terebinthinae rectificatum für intramuskuläre Injektionen 0,1–0,5 in 10%iger Verdünnung mit Olivenöl. Anwendung hauptsächlich bei Hautkrankheiten, Gonorrhoe, Sepsis usw.; z.B. Terpichin (Firma Oestreicher, Berlin): 15%ige Lösung von Terpentinöl in Olivenöl mit je 0,5% Chinin und Anästhesin. Amp. 10 mal 1 ml».
[290] Vgl. Bernoulli/ML 1955, S. 247.

als Salbe gab, wurde eine narbenaufweichende Wirkung zugeschrieben (Narben bestehen vor allem aus Bindegewebe).[291] Es verursachte zu viele Nebenwirkungen und war zur Zeit von Klees Erkrankung in Injektionsform nicht mehr gebräuchlich.

Wir wissen weiter, dass Paul Klee gegen eine Blutarmut und zur Stärkung zwei vom Hausarzt verordnete Medikamente als Kurtherapie erhielt:
– das deutsche Arsen-Eisen-Präparat «Arsen-Triferrol»[292], ein flüssiges Kombinationspräparat von Eisen und Arsen (von Lily Klee als «Arsen-ti-ferrol» bezeichnet[293])
– und das Leberpräparat «Campolon»[294] (von Lily Klee mit «Campollon intramusculaire» bezeichnet[295]), als tierischer Leberextrakt umstritten

Arsen-Triferrol nahm Klee als Lösung vom Juli bis September 1936 ein, ein Medikament, […] «von dem mein Mann 3 Flaschen austrank, da blutarmut nach d. Krankheit festgestellt wurde»[296], wie Lily Klee schreibt.[297] Weil das Blut eisenhaltig ist, kann bei der häufigsten Form von Anämie (Blutarmut), der Eisenmangelanämie, durch Zufuhr von Eisen eine Besserung erreicht werden. Arsen war früher in geringer Dosis als Stärkungsmittel und ebenfalls zur Behandlung von Blutarmut gebräuchlich.[298]

Campolon wurde dem Kranken von Anfang Juni 1937 bis vermutlich Ende August/Anfang September 1937 in Form von intramuskulären Injektionen verabreicht.[299] Die ersten Injektionen nahm Dr. Schorer selbst vor, die weiteren Lily Klee, die darüber berichtet: «Ich bin vom Arzt nun angelernt worden diese Einspritzungen selbst zu machen u. morgen [am 9. Juli 1937] mache ich die Erste allein.»[300] Einen Monat später präzisiert sie: «Alle 2 Tage mache ich ihm [Paul Klee] eine Einspritzung mit Campolon, was ihm sehr gut bekommt.»[301]

Das im Jahre 1937 aufgetretene «Magengeschwür» wurde von Lily Klee mit einer sorgsam zusammengestellten Diät behandelt.[302]

---

[291] Vgl. Lesser/ML 1900, S. 105, u. Bernoulli/ML 1955, S. 352: «Thiosinamin (Allylsulfokarbamid), wird als narbenerweichendes Mittel verschrieben, ist aber von unzuverlässiger Wirkung.»

[292] Siehe Anhang: Zusammensetzung und Indikationen des Medikaments «Arsen-Triferrol» (S. 267).

[293] Brief von Lily Klee an Will Grohmann, Bern, 18.9.1936 (AWG): «[…] Arsen-ti-ferrol/Deutsch. Mittel […].»

[294] Siehe Anhang: Zusammensetzung und Indikationen des Medikaments «Campolon» (S. 267).

[295] Brief von Lily Klee an Will Grohmann, Bern, 8.7.1937 (AWG).

[296] Brief von Lily Klee an Will Grohmann, Bern, 18.9.1936 (AWG).

[297] Vgl. auch Brief von Lily Klee an Will Grohmann, Bern, 24.8.1936 (AWG).

[298] Vgl. Braun Falco, Plewig u. Wolff/ML 1996, S. 1307.

[299] Vgl. Briefe von Lily Klee an Will Grohmann, Bern, 8.7.1937 u. 10.8.1937 (AWG).

[300] Brief von Lily Klee an Will Grohmann, Bern, 8.7.1937 (AWG).

[301] Brief von Lily Klee an Will Grohmann, Bern, 10.8.1937 (AWG).

[302] Vgl. Briefe von Lily Klee an Will Grohmann, Bern, 11.2.1937, 20.3.1937 u. 15.5.1937 (AWG), vgl. Briefe von Lily Klee an Hermann und Margrit Rupf, Bern, 13.2.1937, 21.2.1937 u. 27.2.1937 (HMRS), sowie vgl. Brief von Lily Klee an Nina Kandinsky, Bern, 23.3.1937 (BK/CGPP).

In einem Brief vom 3. Juni 1939 an seine zur Erholung im Kurhaus Sonnmatt bei Luzern weilende Ehefrau schreibt der Künstler in einer Phase der Besserung: «Mir geht es gar nicht schlecht die ganze Zeit. Jeder will auch eine Besserung betonen, und schließlich, wenn auch gern etwas übertrieben wird, lepperte es sich doch zusammen – und man ist besser. Beim Zahnarzt habe ich begonnen, der Mut dazu war eines Tages da. Der andere Doctor wird noch geschwänzt, wenn es doch ohne ihn so nett marschiert. Beim geringsten Rückschlag gehe ich hin an's Telephon und melde mich bussfertigst. Er wird ja nur lachen über die neueste Phase ohne ihn und ohne Volzens Fläschchen und Phiolen.»[303] Daraus geht hervor, dass Klee sich positiv zu seiner Krankheit eingestellt hat. Welche medikamentösen Wirkstoffe in den «Fläschchen und Phiolen» aus der Berner Apotheke Volz enthalten waren, ist nicht bekannt. Vielleicht waren es Tonika (= kräftigende Mittel). Schon 1936 hat Lily Klee berichtet, dass ihr Mann viele Stärkungsmittel benötige.[304] Übrigens ist der Hinweis interessant, dass die Sklerodermie Ende des 19. Jahrhunderts mit «Diät, flüssiger Kost und Tonika wie Chinin, Eisen oder Arsen» behandelt wurde.[305]

Laut Rezept verschrieb Dr. Schorer Paul Klee am 10. August 1939 das noch heute auf dem Markt vorhandene Vitamin-C-Präparat «Redoxon» in der Dosierung von 3 × 1 Tablette täglich.[306] Bekanntlich wirkt Vitamin C (Ascorbinsäure) immunabwehrsteigernd.

Nina Kandinsky erwähnt in ihren Erinnerungen die folgende therapeutische Empfehlung ihres Ehemannes Wassily an Paul Klee: «Eine Linderung der Atemnot, die Klee quälte, versprach sich Kandinsky durch die so genannte ‹Kuhnsche Maske›. Er selbst hatte im Jahre 1933 nach einer schweren Grippe an Atembeschwerden gelitten und sich von einem Berliner Arzt diese Atemmaske verschreiben lassen. Er empfahl also auch Klee, sich die Maske zu beschaffen. Ob dieser Kandinskys Rat folgte, weiss ich nicht.»[307] – Früher wurden Masken mit einem feinen Stoffüberzug für Inhalationen zur Linderung von Hals- und Atembeschwerden und für Äthernarkosen verwendet. Es wurde eine rasch verdunstende Flüssigkeit auf die über die Nase gestülpte Stoffmaske geträufelt. Der Patient

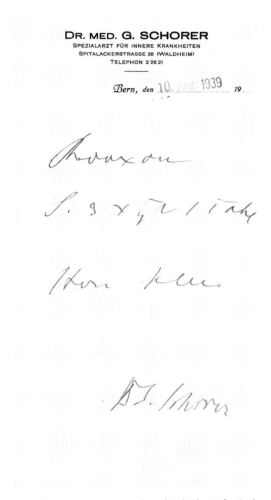

Abb. 75: Rezept von Dr. med. Gerhard Schorer für Redoxon, ausgestellt am 10. August 1939 für Paul Klee

[303] Brief von Paul Klee an Lily Klee, Bern, 3.6.1939, zit. n. Klee 1979, S. 1293.
[304] Vgl. Brief von Lily Klee an Nina Kandinsky, Bern, 5.9.1936 (BK/CGPP).
[305] Castenholz /ML 2000, S. 57.
[306] Originalrezept für Paul Klee, ausgestellt von Dr. med. Gerhard Schorer, Bern, 10.8.1939 (ZPKB/SFK, Abb. 75).
[307] Kandinsky 1976, S. 201.

Abb. 76: Gefäss für Salbe, 1940, 169

308 Brief von Lily Klee an Gertrud Grote, Bern, 12.1.1936 (ZPKB): «Später wird als bestes Heilmittel ein Klimawechsel stattfinden.»
309 Vgl. Brief von Lily Klee an Nina Kandinsky, Bern, 5.9.1936 (BK/CGPP), vgl. Brief von Lily Klee an Will Grohmann, Bern, 13.10.1936 (AWG), vgl. Briefe von Lily Klee an Hermann und Margrit Rupf, Bern, 29.10.1937 u. 14.10.1938 (HMRS), u. vgl. Brief von Lily Klee an Gertrud Grohmann, Bern, 28.11.1939 (AWG).
310 Ju Aichinger-Grosch, in: Grote 1959, S. 52 f.
311 Brief von Lily Klee an Hermann und Margrit Rupf, Locarno-Orselina, 21.5.1940 (HMRS).

atmete die Wirksubstanz in «Nebelform» ein. Vermutlich handelte es sich schon damals zum Teil um bronchienerweiternde Substanzen. Heute sind dazu Aerosole («Sprays») gebräuchlich.

Eine Kräftigung und Erholung erhofften sich sowohl der Patient wie auch der Hausarzt von Kuraufenthalten in der Höhe und im südlichen Klima.308 Klee ging deshalb im Sommer 1936 nach Tarasp im Unterengadin, im Herbst 1936 nach Montana im Wallis, im Herbst 1937 nach Ascona im Tessin, im Herbst 1938 nach Beatenberg über dem Thunersee, im Herbst 1939 nach Faoug am Murtensee im Kanton Waadt und im Frühling 1940 nach Locarno-Orselina. Nach den Kuraufenthalten in den Jahren 1936 bis 1939 fühlte er sich tatsächlich jeweils besser.309

Im Todesjahr malt Paul Klee ein grosses «Gefäss für Salbe» (Abb. 76). Wurde seine teilweise dick, starr und trocken gewordene Haut mit einer fettenden Salbe gepflegt? Dies dürfte wohl zutreffen.

Von einer mit dem Ehepaar befreundeten Frau vernehmen wir eine erheiternde Angabe: «Seinen Arzt, einen reizenden älteren Professor [Dr. Schorer], liebte er [Klee] sehr, da er ihm immer das verschrieb, wie er uns schmunzelnd erzählte, was er gerne mochte, zum Beispiel getrocknete Schwarzbeeren.»310 Diese Verordnung dürfte aber durchaus ihren Sinn darin gehabt haben, dass das Kauen von getrockneten Heidelbeeren die Speichelsekretion anregte und dadurch die möglicherweise bestehende, krankheitsbedingte Mundtrockenheit wie auch das Schlucken von Speisen verbesserte.

1940 wird der Schwerkranke im Sanatorium Viktoria in Locarno-Orselina mit «Massagen, Diathermie [Heilverfahren, bei dem Hochfrequenzströme Gewebe im Körperinnern durchwärmen] und Einspritzungen» behandelt.311 Nähere Angaben dazu fehlen.

Nie vernehmen wir in Briefen von Lily Klee, dass ihr Mann Schmerzmittel benötigt hätte. Abgesehen von den schmerzhaften Schluckbeschwerden bereitete die Krankheit Paul Klee vermutlich keine anderen starken Schmerzen, welche die Lebensqualität zusätzlich vermindert hätten. Die vielen Unannehmlichkeiten, welche die Krankheit mit sich brachte, ertrug er mit grosser Tapferkeit.[312] Auch von einer Einnahme von Medikamenten gegen erhöhten Blutdruck wird, wie erwähnt, nicht berichtet.

Während sich die Behandlung der Systemsklerose zur Zeit der Erkrankung von Paul Klee weitgehend auf Linderung von Symptomen, Stärkungsmittel, Hormonpräparate, Salben, Massage, heisse Umschläge, Bäder, physikalische Therapie, Klimakuren und Schutz vor Kälte[313] beschränken musste, stehen heute doch verschiedene zusätzliche Möglichkeiten zur Besserung und zum Hinauszögern des schlechten Verlaufs zur Verfügung.[314] So lassen sich zum Beispiel das Fortschreiten der bindegewebigen Verhärtung und/oder deren Folgen günstig beeinflussen. Therapieansätze sind: Erweiterung der Blutgefässe mit Calziumkanalblockern oder Prostacyclin beim Raynaud-Syndrom und bei drohenden Fingerkuppendefekten, hohe Dosen von Cortison und Cyclophosphamid-Pulstherapie bei schweren Entzündungen in den Lungen, blutdrucksenkende Medikamente wie ACE-Hemmer und Endothelinrezeptor-Antagonisten bei zunehmendem Bluthochdruck im Lungenkreislauf, Knochenmarktransplantationen bei rasch fortschreitenden Formen der Systemsklerose mit innerer Organbeteiligung. Bei bakterieller Überwucherung des Darmes mit Durchfällen ist eine antibiotische Behandlung nötig. Bei Malabsorption ist eine Nährstoff-/Vitamin-Ergänzung indiziert.[315] Die Krankheit ist jedoch nach wie vor unheilbar und führt in der diffusen Form der Systemsklerose immer noch nach wenigen Jahren zum Tode.[316]

Zu Abb. 76
Paul Klee malt im Todesjahr einen grossen Salbentopf. Durch die Krankheit hat sich seine Haut nicht nur verhärtet, sie ist auch trockener geworden. Sie bedarf der Pflege mit fettenden Salben. Obschon die Ehefrau dies in ihren Briefen und Lebenserinnerungen nicht erwähnt, ist es wahrscheinlich, dass eine Behandlung der Haut ihres Mannes mit Salben stattgefunden hat.

[312] Siehe S. 155.
[313] Vgl. Mayr/ML 1935, S. 74, u. vgl. Kumer/ML 1944, S. 315.
[314] Vgl. Krieg/ML 1996, S. 733, vgl. Röther u. Peter/ML 1996, S. 388 f., u. vgl. Gadola u. Villiger/ML 2006, S. 88 f.
[315] Ich verdanke diese aktuellen Therapieangaben Prof. Dr. med. Peter M. Villiger, Direktor der Universitätsklinik und der Polikliniken für Rheumatologie und Klinische Immunologie/Allergologie am Inselspital Bern, CH-3617 Fahrni, 3.8.2005, vgl. auch Gadola u. Villiger/M 2006, S. 88 u. 89.
[316] Vgl. Krieg/ML 1996, S. 728, u. vgl. Röther u. Peter/ML 1996, S. 389.

Stellungnahmen anderer Ärzte und Ärztinnen zur Krankheit von Paul Klee

Im Folgenden wird der Forschungsstand zur Krankheit von Paul Klee referiert.[317]

Vorbemerkung: Es erstaunt, dass die vermutlich erste Arbeit eines Arztes über die Krankheit von Paul Klee erst 40 Jahre nach seinem Tod publiziert worden ist. Weitere Arbeiten von Ärzten sind spärlich. Mit einer Ausnahme gehen alle Autoren von der Hypothese aus, dass es sich bei der Krankheit von Paul Klee um eine Sklerodermie gehandelt haben könnte – ohne näher auf die Formen einzutreten. Eine Autorin glaubt, eine Mischform von zwei Bindegewebskrankheiten sei wahrscheinlicher als eine Systemsklerose.

Dr. med. F.-J. Beer (Versailles), Le centenaire de Paul Klee, in: Médecine et Hygiène, 38. Jg., Nr. 1362, 23.1.1980, S. 247 f.

F.-J. Beer erachtet es als möglich, dass die Sorgen, welche die nationalsozialistischen Machthaber dem Künstler 1933 in Düsseldorf bereitet hatten, seine «Vasomotorik» störten. Dadurch könnte die «Sklerodermie» ausgelöst worden sein. Bei der Vasomotorik spielen die Gefässnerven eine Rolle. Es sind Nerven des vegetativen Nervensystems, die unter anderem eine Verengung und eine Erweiterung der Gefässe bewirken. Beer spricht damit wohl das Raynaud-Syndrom (siehe Seite 60 f.) an. Er beruft sich weiter auf eine damalige Hypothese von französischen Ärzten, die glaubten, die Sklerodermie könnte durch eine hormonelle Überfunktion der Nebenschilddrüsen verursacht sein. Dadurch komme es durch Kalkfreisetzung aus dem Skelett zu einer Verkalkung der Haut. Eine Hautverdünnung sei schliesslich die Folge.

Kommentar: Der Autor postuliert erstmals, dass seelische Faktoren krankheitsauslösend gewesen sein könnten. Paul Klee wies aber nachweisbar keine Raynaud-Symptomatik auf. Die Annahme einer hormonellen Ursache der Sklerodermie ist heute verlassen.

---

[317] Die Stellungnahme von Philip Sandblom habe ich seiner Monografie (Sandblom 1990) entnommen. Für die Zustellung dieser Publikation danke ich Theodor Künzi, CH-3613 Steffisburg, 25.6.2005. Brigitta Danuser und Gabriele Castenholz danke ich für die Zustellung ihrer Arbeiten, Stefan Frey für die Vermittlung der weiteren erwähnten Veröffentlichungen. Brigitta Danuser hat mir zusätzliche Publikationen über den vermuteten Zusammenhang beruflicher Expositionen von Lösungsmitteln und Quarzstaub mit der Systemsklerose bzw. Pseudosklerodermie übergeben.

Drs. med. Lisbet Milling Pedersen und Henrik Permin (Kopenhagen), Rheumatic Disease, Heavy-Metal Pigments, and the Great Masters, in: The Lancet, 4.6.1988, S. 1267 f.

Lisbet Milling Pedersen und Henrik Permin gehen der Frage nach, ob Schwermetallfarben die Entstehung der Rheumatoiden Arthritis bei Rubens, Renoir und Dufy und die Auslösung der Sklerodermie bei Klee beeinflusst haben könnten. Sie konstatieren, dass die erwähnten vier Künstler im Vergleich zu acht Künstlern, die nicht an Arthritis oder Sklerodermie litten, signifikant vermehrt helle, klare Ölfarben verwendet hätten, die toxische (giftige) Schwermetalle enthalten wie zum Beispiel Antimon, Arsen, Blei, Cadmium, Chrom, Kobalt, Kupfer, Mangan, Quecksilber und Zinn. So fänden sich in den Gemälden von Paul Klee eindeutig mehr hellrote und violette Farben auf Mangan- und Kobaltbasis als zum Beispiel bei Wassily Kandinsky und Karl Schmidt-Rottluff. Diese zwei Künstler und die andern der Kontrollgruppe hätten vor allem unschädliche «eisen- und kohlenstoffhaltige Erdfarben» gebraucht. Schwermetalle sind, wenn sie eingenommen werden, giftig. Die Autoren schliessen einen krankheitsauslösenden Effekt der Schwermetallfarben nicht aus. Auch Felix Klee vermutete bei seinem Vater einen Zusammenhang der Krankheit mit dessen Farbexposition.[318]

Kommentar: Paul Klee verwendete unter anderem auch Schwermetallfarben. Früher kam es häufig vor, dass Maler ihre Pinsel mit der Zunge anfeuchteten, um die Pinsel für sehr feine Farbaufträge zuzuspitzen. So nahmen die Maler Spuren von Farben über den Speichel ein. Die Künstler massen der Giftigkeit von Schwermetallfarben aus Unkenntnis wahrscheinlich zu wenig Gewicht bei. Da man bei der Systemsklerose heute immer noch wenig über krankheitsauslösende Faktoren weiss, kann ein Zusammenhang der Krankheit mit der Einnahme von giftigen Schwermetallfarben weder als sicher angenommen noch ganz ausgeschlossen werden.

An dieser Stelle sei auf eine Vermutung der Klee-Schülerin Marguerite Frey-Surbek hingewiesen, die mir der Künstler Bendicht Friedli mitteilte[319]: Die Künstlerin bestätigte aus ihrem Malerinnenleben die oben angeführte Gewohnheit, die

[318] Vgl. Klee 1960/1, S. 110: «Mein Vater erkrankte zunächst an Masern. Diese an sich harmlose Kinderkrankheit zog eine Kette weiterer Erkrankungen nach sich, von denen er sich nie mehr ganz zu erholen vermochte. Viel wurde um sie gerätzelt; vielleicht war es eine Art Berufskrankheit, vielleicht wirkten die Farben, mit denen Klee zu experimentieren pflegte, sich unheilvoll für ihn aus.»

[319] Persönliche Mitteilung von Bendicht Friedli über ein Gespräch mit Marguerite Frey-Surbek an den Verf., CH-3800 Unterseen, 20.2.2001.

Pinsel mit der Zunge und den Lippen anzufeuchten. Später hätte sich herausgestellt, dass ihre Zahnfleischprobleme mit der Lockerung einzelner Zähne («Parodontose») durch diese Gewohnheit verursacht worden seien. Eine unfreiwillige Einnahme von Blei aus Kremserweiss sei als Grund für die Parodontose angenommen worden. Es ist interessant, dass Dr. Jean Charlet, der letztbehandelnde Zahnarzt von Paul Klee, bei diesem ebenfalls eine Parodontose im Frühstadium festgestellt hat (siehe Seite 60).

Prof. Dr. med. Philip Sandblom (Lausanne), Kreativität und Krankheit, Springer-Verlag, Berlin-Heidelberg 1990
In dieser Veröffentlichung befasst sich der schwedische Autor mit dem Einfluss körperlicher und seelischer Leiden auf Kunstschaffende. Er tritt dabei auch kurz auf die Sklerodermie von Paul Klee ein (Seiten 155–158) und schreibt: «[...] Aufgrund der zunehmenden Versteifung seiner Extremitäten fiel es ihm [Paul Klee] immer schwerer, seine kleinen verspielten Bilder zu malen.»[320] Aus seinen Zeichnungen gehe aber hervor, dass der Künstler in der Krankheit den Mut nicht verlor und sein Schicksal tapfer trug.

Kommentar: Paul Klee hatte keine versteiften Extremitäten. Er konnte bis zuletzt uneingeschränkt zeichnen und malen.

Dr. med. Brigitta Danuser (Zürich), Von den Gefahren des Künstlerberufs: Paul Klee und die Sklerodermie. Arbeitsmedizinische Betrachtungen, in: Newsletter, Institut für Hygiene und Arbeitsphysiologie, Eidgenössische Technische Hochschule Zürich, 3. Ausgabe, November 2000
Künstler und Künstlerinnen verdünnen ihre Ölfarben mit organischen Lösungsmitteln. Damit reinigen sie auch die Hände, Pinsel und andere Malinstrumente. Brigitta Danuser befasst sich mit der Frage, ob Lösungsmittel wie Terpentinöl, Benzol und Benzin die Krankheit von Paul Klee ausgelöst haben könnten. – Da Klee Ölfarben gebrauchte, kam er mit Lösungsmitteln in Berührung, so auch zeitweise während seines Kriegsdienstes. Im Sommer 1916 muss er in Schleiss-

---

[320] Sandblom 1990, S. 156

heim bei der Fliegerersatzabteilung unter anderem Staffeleien mit Lack anstreichen, Wandtafelgestelle lasieren, an Aeroplanen alte Nummern ausbessern und vorne neue hinschablonieren.[321] Anfang 1917 zur Fliegerschule Gersthofen versetzt, muss er erneut Malerarbeiten verrichten[322], was er wie folgt kommentiert: «Der Mondwechsel hat nicht viel vermocht, die Luft ist nur schärfer geworden und auch die Farbe. Ich brauche von zu Haus Anstreichpinsel, denn das preussische Hallenbaukommando verläßt uns, und wir sind ohne Material.»[323] Brigitta Danuser schreibt: «Wir können davon ausgehen, dass Paul Klee weder mit Atemschutz noch mit Hautschutz arbeitete. Daraus lässt sich folgern, dass er über Jahre hinweg immer wieder Dämpfe von Benzinlösungsmitteln einatmete. Heute kann man mit einiger Berechtigung postulieren, dass Paul Klee an einer arbeitsassoziierten Krankheit gestorben ist.»[324]

Welche Auswirkungen haben nun die genannten organischen Lösungsmittel auf den Menschen?
– Terpentinöl ist ein potentes Kontaktallergen. Wenn man allergisch darauf wird, tritt ein «Kontaktekzem» an den Händen auf.[325]
– Benzol und Benzin sind «flüchtige» Lösungen. Sie verdunsten rasch. Durch Einatmen ihrer Dämpfe können sie toxisch sein und in hoher Konzentration Übelkeit, Erbrechen, Konzentrationsstörungen, Krämpfe, Erregungs- und rauschhafte Zustände verursachen.[326] Benzol schädigt zudem vor allem die Blut bildenden Organe und kann Krebs auslösen.[327]

Kommentar: Die erfassbaren Daten zum Krankheitsverlauf enthalten weder Hinweise auf das Auftreten eines allergischen Kontaktekzems an den Händen des Künstlers noch für toxische Symptome oder ein Krebsleiden.[328]

Organische Lösungsmittel können jedoch, wenn sie langfristig als Gas eingeatmet werden, ein der Sklerodermie ähnliches Krankheitsbild bewirken (**«Pseudosklerodermie»**). Die Pseudosklerodermie kann nach heutiger Erkenntnis zum Beispiel von Vinylchlorid (Chloräthylen) und von Trichloräthylen ausgelöst werden. Chloräthylen wird für die Herstellung des Kunststoffs Polyvinylchlorid (PVC) gebraucht, Trichloräthylen

[321] Vgl. Klee Tgb., Nrn. 1013, 1014 u. 1018.
[322] Vgl. ebenda, Nr. 1051.
[323] Ebenda, Nr. 1061a.
[324] Danuser/ML, S. 20. Analog äusserte sich Dr. med. Brigitta Danuser in einer persönlichen Mitteilung an Gabriele Castenholz, Zürich, 13.3.1996, vgl. Castenholz/ML 2000, S. 142.
[325] Burckhardt/ML 1961/1, S. 447: «Die häufigste Ursache des allergischen Kontaktekzems im Malerberuf ist nach meiner Erfahrung das Terpentinöl.» Diese Angabe datiert von 1961. Heute werden von vielen Kunstmalern wegen der rascheren Arbeitsmöglichkeit die Acrylfarben (Kunstharzfarben) bevorzugt. Diese müssen nicht mit Terpentinöl verdünnt werden. Und Cronin/ML 1980, S.801: «In the 1950s oil of turpentine was a frequent cause of allergic occupational dermatitis but its gradual withdrawal from general use in many countries led to a sharp decline in the incidence of sensitisation.» Tatsächlich ist die Terpentin-Kontaktallergie heute sehr selten geworden.
[326] Vgl. Pschyrembel/ML 1998, S. 185.
[327] Vgl. Danuser/ML 2000, S. 20.
[328] Persönliche Mitteilung von Felix Klee an den Verf. Bern, 20.9.1983.

wird als Lösungsmittel in der Industrie verwendet.[329] Diese Krankheit zeigt sich mit sklerodermieartigen Hautverdickungen, Raynaud-Syndrom, Defekten an den Fingerbeeren mit Abstossungen von Kalkpartikelchen, Knochenzysten, Osteoporose, Verminderung der Blutplättchen (Thrombopenie) und Leberschäden.[330]

Seit 1990 erschienen in der medizinischen Literatur verschiedene Artikel, die einen Zusammenhang von Sklerodermieartigen Erscheinungen mit einer beruflichen Exposition von Kontaktsubstanzen annehmen, zum Beispiel mit der erwähnten längerfristigen Einatmung von Dämpfen organischer Lösungsmittel[331] oder mit einer länger dauernden beruflichen Quarzstaubexposition im Bergbau.[332] Frisch gebrochener Quarz ist eine extrem zelltoxische Substanz, die ungünstig auf das Immunsystem einwirkt.[333] Es wird daher vermutet, dass Quarzstaub Autoimmunkrankheiten hervorrufen kann wie die Rheumatoide Arthritis, die Systemsklerose, den Systemischen Lupus erythematodes oder gewisse chronische Nierenkrankheiten.[334] Quarzstaub dringt in die Haut – vor allem beim Pressluftbohren – und in die Lungen ein. Die Auslösung der Krankheit scheint durch Hand-/Arm-Vibrationen beim Pressluftbohren gefördert zu werden.[335] Die Systemsklerose soll bei Bergbauarbeitern zwei- bis dreimal häufiger auftreten als in der übrigen Population.[336] Bedeutend mehr Fälle von Systemsklerose wurden aus dem Uranbergbau des Erzgebirges in der ehemaligen Deutschen Demokratischen Republik als im Steinkohlenbergbau des Ruhrgebietes registriert.[337] Im Uranbergbau liegt ein wesentlich höherer Quarzgehalt vor als im Steinkohlenbergbau.[338] In der ehemaligen DDR wurden zudem Trockenbohrungen ohne wesentliche Schutzmassnahmen durchgeführt.[339] Das zusätzliche Auftreten einer Silikose (Quarzstaublunge) wirkte sich bei diesen Fällen prognostisch ungünstig auf den weiteren Krankheitsverlauf aus.[340] Andererseits kann eine Silikose auch eine Pseudosklerodermie initiieren.[341] Weiter auffällig war bei den erwähnten Sklerodermiefällen in der ehemaligen DDR eine im Vordergrund stehende Gefässentzündung (Vaskulitis), die in schweren Fällen zur Amputation von Fingern, Händen, Vorderarmen und Beinen führte.[342] Nicht ganz klar ist, ob die beschriebenen

---

[329] Vgl. Krieg/ML 1996, S. 733 f., u. vgl. Castenholz/ML 2000, S. 78.

[330] Vgl. Pschyrembel/ML 1998, S. 1666 f.

[331] Vgl. Brasington u. Thorpe-Swenson/ML 1991, S. 631, u. vgl. Bovenzi et al./ML 1995, S. 289.

[332] Vgl. Haustein/ML 1990, S. 444–448, vgl. Mehlhorn/ML 1994, S. 8–11, vgl. Dirschka et al./ML 1994, S. 14, vgl. Wiebe/ML 1994, S. 15–17, vgl. Conrad et al./ML 1994, S. 18–23, vgl. Rihs et al./ML 1994, S. 23–26, u. vgl. Degens u. Baur/ML 1994, S. 27–33.

[333] Vgl. Mehlhorn/ML 1994, S. 10.

[334] Vgl. Degens u. Baur/ML 1994, S. 29.

[335] Vgl. Dirschka et al./ML 1994, S. 13, u. vgl. Degens u. Baur/ML 1994, S. 27.

[336] Vgl. Degens u. Baur/ML 1994, S. 32.

[337] Vgl. Dirschka et al./ML 1994, S. 12.

[338] Vgl. ebenda, S. 13.

[339] Vgl. ebenda.

[340] Vgl. Mehlhorn/ML 1994, S. 8.

[341] Vgl. Krieg/ML 1996, S. 734.

[342] Vgl. Mehlhorn/ML 1994, S. 11.

Sklerodermiefälle bei Bergbauarbeitern wirklich echte Systemsklerosen oder Pseudosklerodermien waren.

Kommentar: Wir wissen nicht genau, wie oft, wie lange und in welcher Konzentration Paul Klee während seines Militärdienstes von 1916 bis 1918 Dämpfen von Lösungsmitteln ausgesetzt war. Seine Tagebucheinträge weisen darauf hin, dass die Exposition geringgradig gewesen sein dürfte. Auch beim Malen von Ölgemälden dürfte der Künstler nur geringe Mengen an Lösungsmitteldämpfen eingeatmet haben, weil er eine verhältnismässig kleine Anzahl Ölbilder schuf. Die Einwirkung der Lösungsmitteldämpfe dürfte bei Paul Klee bestimmt nicht grösser als bei vielen andern Malern gewesen sein, die ebenfalls in Öl arbeiten und gesund bleiben. Ich bin daher mit Gabriele Castenholz der Meinung, dass das Postulat von Brigitta Danuser eher unwahrscheinlich ist.[343] Zudem zeigte der Maler keine typischen Krankheitserscheinungen einer Pseudosklerodermie. Offenbar sind Pseudosklerodermien noch seltener als die Systemsklerosen.[344] Mit Quarzstaub kam Klee nicht in Berührung. Da das Zustandekommen einer Systemsklerose vermutlich komplex ist, kann allerdings eine krankheitsauslösende «Triggerfunktion» von organischen Lösungsmitteln nicht ganz ausgeschlossen werden.

Dr. med. Michael Reiner (Mendrisio), Dämmerblüten. Versuch einer Pathographie Paul Klees, in: Paul Klee. Ultimo decennio – Letztes Jahrzehnt 1930–1940, Ausstellungskatalog Museo d'arte, Mendrisio, 7. April bis 8. Juli 1990, ohne Seitennummerierung [S. 35–38]

Michael Reiner stellt das «Herausgerissensein aus einer geistig fruchtbaren Umgebung und einer stimulierenden Tätigkeit, auch den Verlust des Freundes- und Kollegenkreises»[345] und die berufliche Isolation als eine tief greifende seelische Erschütterung dar. Die Erkrankung an Masern ein Jahr danach hält Reiner nicht für zufällig. Der Ausbruch sei begünstigt worden durch die schwere Autoimmunkrankheit. Dass sich Klee nur sehr mühsam von dieser Viruskrankheit erholte, sei charakteristisch für in ihrer Immunabwehr geschwächte Patienten. Andererseits könnten – nach Reiner – die Masern aber auch für die Auslösung der Autoimmunkrankheit in Be-

---

[343] Vgl. Castenholz/ML 2000, S. 142.

[344] Von 1980 bis 2001 sind von der Schweizerischen Unfallversicherungsanstalt (SUVA) keine Fälle von berufsbedingten Pseudosklerodermien durch Chemikalien registriert worden (mündliche Angabe von Dr. med. Hanspeter Rast, Spezialarzt für Dermatologie und Venerologie FMH, Abt. Arbeitsmedizin, SUVA, Luzern, an den Verf., Luzern, 28.9.2001).

[345] Reiner/ML 1990, o. S. [S. 35].

tracht kommen. Der Autor misst ferner zu Recht der Haut als Grenzorgan gegen die Aussenwelt für die Abwehr von Bakterien und Viren sowie von chemischen und physikalischen Einwirkungen eine grosse Bedeutung zu. Wegen einer Fehlleistung des Organismus richte sich diese Abwehrfunktion bei der Sklerodermie jedoch plötzlich gegen körpereigene Zellen. Die Haut reagiere darauf mit einer Verdickung, mit der Errichtung eines «Panzers» als erhöhter Schutz gegen aussen. Zudem komme es wegen der falschgerichteten Abwehr zu einem Selbstschädigungsmechanismus mit Verdickung der Speiseröhre, Verdichtungen des Lungengewebes, Veränderungen im Herzmuskel und im Nierengewebe. Dies wirke sich für den Körper fatal aus: Eine Erschwerung der Nahrungsaufnahme und der Atmung sowie eine Herz- und Nierenfunktionsschwächung seien die Folge. Klee berichte seiner Frau aus einem Kuraufenthalt in Tarasp am 9. Juni 1936 «von Kälteüberempfindlichkeit und von Atemschwierigkeiten in der Höhe (Zirkulationsstörungen durch kältebedingte Gefäßspasmen [Gefässkrämpfe], Atemnot durch die Lungenfibrose, beides Hauptsymptome der Sklerodermie)».[346] Beim Künstler zeige sich die Krankheit in seinem Spätwerk mit Titeln, die mehr oder weniger ausdrücklich auf körperliches Leiden und seelische Ängste schliessen liessen. Der Autor bestätigt weiter, dass im Archiv der Clinica Sant' Agnese in Locarno-Muralto keine Dokumente mehr seien, die zum Verständnis der Todesursache beitragen könnten.

Kommentar: Michael Reiner weist meines Wissens als erster Arzt auf immunologische Zusammenhänge im Krankheitsgeschehen von Paul Klee hin. Interessant ist Reiners Interpretation der fehlgeleiteten Immunabwehr. Knapp und präzis umreisst er die Haut- und Organveränderungen bei der Sklerodermie. Dagegen deutet er meines Erachtens die briefliche Äusserung betreffend eine Kälteempfindlichkeit falsch. Klee schreibt nämlich: «Vielleicht macht die Höhe mir noch ein wenig zu schaffen, ebenso die frische Temperatur, aber der Anstoß ist da und das ist zunächst wichtig, daß das Klima angreift.»[347] Da er geschwächt ist, spürt er die Kälte allgemein deutlicher. Von einer Kälteeinwirkung auf die Finger mit «Gefäßspasmen» (krampfartige Verengung von Fingerarterien im Sinne eines Raynaud-Syndroms) teilt er aber nichts

---

[346] Reiner/ML 1990, o. S. [S. 37].
[347] Brief von Paul Klee an Lily Klee, Tarasp, 9.6.1936, zit. n. Klee 1979, S. 1269.

mit. Zu Recht gewichtet Reiner meines Erachtens dagegen die seelischen Erschütterungen Klees in Bezug auf die Schicksalsschläge und die Erkrankung stark.

Dr. med. Dipl.-Psych. Christoph Morscher (Wil), Paul Klee und die Hypothese der morphischen Resonanz, in: Psychotherapie, Psychosomatik, Medizinische Psychologie, Stuttgart/New York, Heft 6, 44. Jg, Juni 1994, S. 200 f.

Christoph Morscher glaubt, der Künstler habe eine starke gefühlsmässige Bindung an seine Grossmutter mütterlicherseits gehabt. Sie regte ihn zu ersten Kinderzeichnungen an. Als sie starb, soll sich der sechs Jahre alte Paul – so Will Grohmann – «als Bildner verwaist»[348] vorgekommen sein. Gemäss Morscher habe Klee den Verlust seiner Grossmutter keinesfalls anerkannt und «[...] in den folgenden Jahrzehnten weiterhin starke gefühlsmäßige Bindungen an diese idealisierte, narzißtisch äusserst bedeutsame Person [...]»[349] aufrecht erhalten. Seinen Eltern gegenüber sei er eher ablehnend gewesen. Zur Ehefrau und zu Freunden habe er keine engere Beziehung aufgebaut. Ferner sei er selbst narzisstisch gewesen und habe sich in seine eigene, nur ihm zugängliche Welt der Kunst versponnen. «Indem er sich schließlich zum kosmischen Künstler stilisierte», so Morscher, «erhob er sich über das Irdische und enthob er sich der Auseinandersetzung mit den Mitmenschen.»[350] Der Autor schreibt diesem sozialen Verhalten Klees die Entstehung der Sklerodermie zu – unter dem Hinweis auf eine hypothetische Theorie der so genannten «Morphischen Felder» und der «Morphischen Resonanz», auf die hier nicht eingetreten werden kann.

Kommentar: Paul Klee war seiner Grossmutter für ihre erste zeichnerische Anleitung selbstverständlich dankbar. Er liebte sie sehr, weckte sie doch sein noch schlummerndes grosses Talent. Manche Kinder entwickeln bekanntlich eine schöne Beziehung zu ihren Grosseltern, vor allem, wenn diese ihnen viel Zeit widmen. In Dankbarkeit erinnert man sich später zeitlebens an solche Grosseltern. Gewiss auch Paul Klee. Von einem Narzissmus, also von einer übersteigerten bis krankhaften Ichbezogenheit, kann sowohl beim Künstler wie wohl

Abb. 77: Anna Catharina Rosina Frick-Riedtmann (Grossmutter von Paul Klee mütterlicherseits), 1880

[348] Grohmann 1965, S. 28: «Die Großmutter Frick machte den vierjährigen Enkel [Paul Klee] mit Farbstiften vertraut. [...] Sie zeichnete und stickte, zeigte ihm Bilderbogen von Epinal und kümmerte sich so intensiv um ihn, daß er sich bei ihrem Tode ‹als Bildner verwaist› vorkam.»

[349] Morscher/ML 1994, S. 204.

[350] Ebenda, S. 203.

Abb. 78: Lily und Paul Klee, 1930

[351] Aichinger-Grosch 1959, S. 55.
[352] Persönliche Mitteilung von Felix Klee an den Verf., Bern, 20.9.1983. Vgl. auch den Brief von Paul Klee an J. B. Neumann, Bern, 9.1.1939 (Fotokopie: MoMAANY/NP).
[353] Brief von Lily Klee an Gertrud Grohmann, Bern, 28.11.1939 (AWG).
[354] Brief von Lily Klee an Nina Kandinsky, Bern, 30.10.1935 (BK/CGPP).
[355] Vgl. Brief von Lily Klee an Getrud Grohmann, Bern, 28.11.1939 (AWG).

auch bei seiner Grossmutter nicht die Rede sein. Eine derartige Behauptung dürfte völlig aus der Luft gegriffen sein. Es bestehen auch keine Anhaltspunkte für eine übermässige Bindung Klees an seine Grossmutter. Zu seinen Eltern und zu seiner Schwester Mathilde pflegte er eine normal-herzliche Beziehung.

Über die Beziehung von Paul Klee zu seiner Ehefrau Lily schreibt die mit dem Ehepaar Klee befreundete Ju Aichinger-Grosch: «Paul Klee war immer mit seiner Frau auf das tiefste verbunden und hielt sein ganzes Leben lang in jeder Lage zu ihr, vielleicht gerade weil sie sein Gegensatz war. Sie, die lebensprühende, lustige, vitale Münchner Pianistin, er, der zarte, stille, über den Dingen stehende Maler [...].»[351] Mit Klavierunterricht verdiente Lily während eines guten Jahrzehnts den Lebensunterhalt der Familie. Sie umsorgte ihren Ehemann liebevoll während seiner Krankheit, erleichterte ihm den Alltag, wie sie nur konnte, und erledigte in seiner Leidenszeit fast alle Schreibarbeiten.[352] Die gute Partnerschaft war zweifellos für die Psyche des schwer erkrankten Künstlers von grosser Bedeutung. Lily trug mit ihrer liebevollen Umsorgung wesentlich dazu bei, dass ihr Ehemann sein Leiden besser zu tragen vermochte, als wenn er allein auf sich oder auf andere Hilfs- und Pflegepersonen angewiesen gewesen wäre.

Wie Paul Klee war auch seine Frau Lily sehr feinfühlig, im Gegensatz zu ihm aber psychisch nicht robust. Sie bezeugt dies selbst: «Leider habe ich eben sehr sensible Nerven von zuhause aus.»[353] Die Krankheit ihres Mannes belastete sie von Anfang an schwer. Am 30. Oktober 1935 schreibt sie an Nina Kandinsky: «Das waren böse Wochen für mich. Die Sorge um mein. Mann frass an mir u. meine Nerven haben auch ein. ordentlichen Chock bekommen.»[354] Lily begleitete Paul Klee grossenteils in seinen Kuraufenthalten. Im Jahre 1939 (Mai/Juni) musste sie sich selbst zu einem zweimonatigen Erholungsaufenthalt in das Kurhaus Sonnmatt bei Luzern begeben.[355] Ihr Mann fand sich zu Hause allein sehr gut zurecht. Hermann Rupf teilt Wassily und Nina Kandinsky mit: «Gesundheitlich geht es ihm [Klee] zwar besser, aber er ist und bleibt doch schwer krank. [...] Frau Klee ist nun in Luzern und erholt sich hoffentlich recht gut. Sie ist doch durch die lange Krankheit ihres Mannes auf den Nerven stark angegriffen und hat wirklich Ruhe nötig.»[356] Der Künstler dürfte seiner Ehefrau sogar noch in der Krankheit durch seine seelische Ausgeglichenheit, seine Tapferkeit, Gelassenheit und Liebenswürdigkeit eine grosse Stütze gewesen sein. – Ob Lily Klee, deren kulturelle Liebe vor allem der Musik galt, in den letzten Lebensjahren ihres Mannes kaum einen tieferen Zugang zu dessen Kunst gewann, wie Jürgen Glaesemer behauptet[357], muss offen bleiben. Von Felix Klee wissen wir allerdings, dass Paul Klee – während der Besuche seines Sohnes in Bern – im Familienkreis wenig über sein künstlerisches Schaffen – und kaum je über seine Krankheit sprach.[358]

Abb. 79: Paul Klee und Will Grohmann, Bern, 1935

Es steht fest, dass sich Klee während seiner Krankheit ganz seiner Kunst widmete und sich bewusst in seine eigene Welt zurückzog. Die Krankheit erlaubte zudem je länger, je weniger eine Teilnahme am öffentlichen Leben. Eine solche entsagende, asketische Haltung führt – von aussen betrachtet – zu einer gewissen Abgeschiedenheit, scheinbaren Einsamkeit. Dass dieser Eindruck sogar bei Lily entstand, bewegt. An Will Grohmann schreibt sie: «Ich brauche Ihnen ja auch nicht zu sagen, dass Sie Einer der ganz Wenigen sind, welche bis zum innersten Kern seiner schöpferischen Mentalität vorgedrungen sind und ihn völlig würdigen können. Er ist ja ein geistig so völlig einsamer Mensch und sein Leben ist einsam und entsagungsvoll.»[359] Zu Klees Einsamkeit schreibt Jürgen Glaesemer: «Sie [Lily] war sich vollkommen darüber im Klaren, dass sie selbst daran kaum etwas zu ändern vermochte.»[360] Meiner Meinung nach ist die von Lily Klee zitierte Einsamkeit ihres Mannes zu spezifizieren. Paul Klee war nur äusserlich einsam; innerlich war er völlig aufgehoben und geborgen in seiner Kunst, in seinem reichen inneren Erleben. Geistig war er bestimmt durchaus nicht einsam.

Auch wenn Paul Klee gesellschaftliche Anlässe eher mied, schätzte er doch den Kontakt zu Freunden sehr.[361] Dies belegt zum Beispiel ein Brief von ihm an seinen Malerfreund Wassily Kandinsky, mit dem er von 1926 bis 1933 Tür an Tür in Dessau wohnte, vom Dezember 1934; Klee schreibt: «Noch einen Wunsch möchte ich am Schluss aussprechen, dass bald

[356] Brief von Hermann Rupf an Wassily und Nina Kandinsky, Bern, 8.5.1939 (BK/CGPP).
[357] Glaesemer 1979, S. 12: «Ihre [Lily Klees] tiefe Bewunderung [für ihren Mann als Persönlichkeit und Künstler] schliesst nicht aus, dass Paul Klee ihr im innersten Wesen unverständlich, ja unnahbar erschien.»
[358] Ebenda: «Auch Felix Klee erinnert sich, dass bei seinen verschiedenen Besuchen in Bern weder über die Arbeiten seines Vaters noch über seine Krankheit gesprochen wurde. Die Unterhaltungen der Familie kreisten im wesentlichen um Anekdotisches, die Stimmung beim Zusammensein war nach Aussage von Felix Klee auch in den letzten Jahren im allgemeinen sorglos und soweit als möglich heiter.»
[359] Brief von Lily Klee an Will Grohmann, Bern, 9.10.1938 (AWG).
[360] Glaesemer 1979, S. 13.
[361] Persönliche Mitteilung von Felix Klee an den Verf., Bern, 20.9.1983.

Abb. 80: Wassily Kandinsky und Paul Klee, Hendaye-Plage, 1929

wieder einmal ein Plauderstündchen uns alle vereinigen möchte, schöne Bilder um uns herum, und die Frauen sind besonders gut zum plaudern aufgelegt und dann und wann muss man herzlich lachen – das war doch immer so erfrischend und eigentlich gewohnt, dass man es ungern ganz missen möchte.»[362] Besonders wertvoll war für ihn auch die Freundschaft mit Will Grohmann, wie ein Schreiben von Lily Klee an den deutschen Kunsthistoriker belegt: «Sie und mein Mann sind geistige Freunde und auch die Pole, um welche die sonstigen Beziehungen kreisen.»[363] – In den letzten Berner Jahren waren dem Künstler Besuche bei Freunden und die Teilnahme an kulturellen Anlässen aus gesundheitlichen Gründen nahezu verunmöglicht.[364] Dadurch und wegen der unfreiwilligen künstlerischen Isolierung am Vorabend des Zweiten Weltkriegs reduzierte sich sein Freundeskreis auf nur wenige Personen.

Was die Hinwendung zu seiner Kunst betrifft, stimmt es zweifellos, dass sich Paul Klee in sie «versponnen» hat. Er verhedderte sich aber nicht in ihr, sondern fand sofort wieder heraus, wenn er Stift oder Pinsel beiseite legte. Er war dann offen für seine Familie, die Freunde und seine Umgebung.[365] Mir scheint, Christoph Morscher habe sich in seiner Analyse zu sehr auf die oft betont kritischen Aussagen des jungen Künstlers in seinen Tagebüchern gestützt und werde der starken Persönlichkeit Klees im gesundheitlichen und sozialen Kontext der letzten Lebensjahre nicht gerecht. Daher dürfte meines Erachtens Morschers etwas zu konstruktiv-projizierende Hypothese hinsichtlich der Krankheitsauslösung kaum ernsthaft in Betracht kommen.

E. Carwile LeRoy, MD, und Richard M. Silver, MD (Charleston, South Carolina), Paul Klee and Scleroderma, in: Bulletin on the Rheumatic Diseases, Bd. 45, Nr. 6, 1996 (Oct.), S. 4 f.

E. Carwile LeRoy und Richard M. Silver glauben, anhand von Fotovergleichen der Hände des Künstlers aus den Jahren 1924 und 1938 (ohne Angaben, um welche Fotos es sich handelt) sowie in der Interpretation einer Gesichtsaufnahme von 1939 eine gespannte, glänzende Haut festzustellen, was

[362] Brief von Paul Klee an Wassily Kandinsky, Bern, 3.12.1934 (BK/CGPP), zit. n. Kuthy 1984, S. 13.
[363] Brief von Lily Klee an Will Grohmann, Bern, 9.10.1938 (AWG).
[364] Persönliche Mitteilung von Felix Klee an den Verf., Bern, 20.9.1983.
[365] Ebenso, Bern, 20.9.1983.

eine visuelle Verifizierung der Diagnose «Sklerodermie» ermögliche. Sie gehen dann auf Klees Kunst vor und nach dem Ausbruch der Erkrankung ein, wobei sie sich auf die Publikation von E. G. L. Bywaters «Paul Klee, The effect of scleroderma on his painting»[366] beziehen. Bywaters meint einen Wandel im Schaffen des Künstlers von einer freien, fröhlichen und romantischen Art in eine dunkelfarbige Malerei mit symbolischem Charakter als Folge der krankheitsbedingten Einschränkung zu sehen. Die enorme Steigerung der Produktivität nach einer kurzen Phase der Regression führen LeRoy und Silver mit Bywaters auf einen bei Sklerodermie-Kranken offenbar oft vorhandenen ausgeprägten Arbeitsdrang[367] zurück, den Klee ausgelebt habe, nachdem er um die Krankheit und ihre Prognose gewusst habe.

Kommentar: Die gesamte Beurteilung muss relativiert werden. Zum einen dürfte die Diagnosestellung lediglich anhand von Fotografien sehr fragwürdig, ja irrelevant sein. Zum andern gehe ich zwar mit den Autoren einig, dass die Krankheit zweifellos einen prägenden Einfluss auf die künstlerische Tätigkeit Klees gehabt hat. Doch scheint mir eine apodiktische Abgrenzung des Schaffens vor der Krankheit von demjenigen während der Krankheit nicht am Platz. Der Maler bewahrte zum Beispiel seinen Hang zum Humor und zur Burleske, gelegentlich gar zum Sarkasmus[368], und er schuf auch in schweren Krankheitsphasen farbenfrohe, aufgehellte Werke wie in früheren Jahren. Für die Aussage, Klee habe die Diagnose seiner Krankheit und deren Prognose gekannt, gibt es keinen Anhaltspunkt.[369] Dagegen glaube ich, dass er die Schwere der Krankheit schon bald einmal ermessen hat. Obwohl er noch lange auf eine Besserung oder Heilung gehofft haben dürfte, wird er in den letzten Lebensmonaten den nahen Tod erahnt haben. Interessant finde ich die mir bisher unbekannte fast suchtartige Arbeitsintensität, die vielen Patienten mit «Progressiver Sklerodermie» eigen sein soll.[370]

[366] Vgl. Bywaters/ML 1987, S. 49 f.
[367] Vgl. ebenda.
[368] Persönliche Mitteilung von Felix Klee an den Verf., Bern, 20.9.1983.
[369] Ebenso, Bern, 20.9.1983.
[370] Vgl. Anm. 367.

Dr. med. Gabriele Castenholz (Frankfurt), Die progressive systemische Sklerose. Analyse und Geschichte unter besonderer Berücksichtigung der Krankheit des Malers Paul Klee (1879–1940), Dissertation, Marburg 2000

Gabriele Castenholz hat sich medizingeschichtlich ausführlich mit der «progressiven systemischen Sklerose» befasst und erstmals eingehend die Krankheitshypothese «Sklerodermie» bei Paul Klee kritisch untersucht, diskutiert[371] – und in Frage gestellt.[372] Die Dissertantin stützt sich auf Aussagen Klees in seinen Tagebüchern von 1898–1918, auf Texte in Ausstellungskatalogen und auf diverse Briefquellen, die auch ich ausgewertet habe. Sie kommt zum Schluss, die Diagnose «Sklerodermie» scheine bei Klee zu eng gefasst zu sein.[373] Die Autorin glaubt, es habe sich bei der Krankheit des Künstlers «mit hoher Wahrscheinlichkeit um eine ‹Mischkollagenose› (Mixed Connective Tissue Disease MCTD) mit Beteiligung eines ‹Lupus erythematodes disseminatus›»[374] gehandelt. (Gabriele Castenholz meint damit wohl den «Systemischen Lupus erythematodes». Mit «Lupus erythematodes disseminatus» wird eine Form des «Lupus erythematodes chronicus» bezeichnet, die neben dem Gesicht auch die Haut anderer Körperstellen befällt und – im Gegensatz zum «Systemischen Lupus erythematodes» – innere Organe nicht einbezieht.) Die neue Hypothese erfordert nun ein näheres Eintreten auf diese Krankheiten sowie eine anschliessende Diskussion und Stellungnahme.

Unter dem Begriff **«Mischkollagenose»** wird – wie der Name sagt – ein Gemisch von Symptomen und Befunden von verschiedenen Kollagenosen zusammengefasst, nämlich der Systemsklerose, des Systemischen Lupus erythematodes und der Dermatomyositis/Polymyositis. Weiter gehört die Rheumatoide Arthritis (Polyarthritis) dazu.[375] Das Krankheitsbild wurde erstmals 1972 von G. C. Sharp[376] beschrieben und als eigenständige Krankheit aufgefasst. Wie für die Systemsklerose liegen auch für die Mischkollagenose, den Systemischen Lupus erythematodes und die Dermatomyositis/Polymyositits diagnostische Leitkriterien vor.[377] Die Mischkollagenose beginnt mit einem Raynaud-Syndrom, Fingerschwellungen, Gelenkschmerzen und einem entzündlichen

---

[371] Vgl. Castenholz/ML 2000, S. 81–93 u. 130–148.
[372] Vgl. ebenda, S. 144–148.
[373] Vgl. ebenda, S.147.
[374] Ebenda, S.147 f.
[375] Vgl. Peter/ML 1996, S. 373, u. vgl. Maddison/ML 2000, S. 111 f.
[376] Vgl. Sharp/ML 1972, S. 148 f.
[377] Vgl. Peter/ML 1996, S. 375.

Hautausschlag.³⁷⁸ Später kommen weitere Symptome der Kollagenosen und der Rheumatoiden Arthritis hinzu.³⁷⁹ Bei einer Mischkollagenose treten vor allem auf: Raynaud-Syndrom (in 90% der Fälle), Polyarthritis (in 85%), Schluckbeschwerden (in 80%), geschwollene Finger und/oder Hände (in 75%), Atembeschwerden (in 75%), Muskelschmerzen (in 70%), entzündliche Hautausschläge, zum Beispiel eine Gesichtsrötung (in 50%), Lymphdrüsenschwellungen (in 50%), schmerzhafte Mundschleimhautdefekte (in 45%), Sklerodaktylie (in 40%), knotige Hautveränderungen (in 40%), Brustfellentzündung (in 30%), Herzbeutelentzündung (in 20%).³⁸⁰ Zur Diagnose einer Mischkollagenose müssen als Hauptkriterium das Raynaud-Syndrom und geschwollene Finger/Hände und zwei oder drei der anderen als Nebenkriterien bezeichneten Symptome vorliegen.³⁸¹ – Auf den von Gabriele Castenholz für Paul Klee einbezogenen «Lupus erythematodes disseminatus» bzw. «Systemischen Lupus erythematodes» werde ich nachfolgend eintreten.

Abb. 81: Paul Klee im Musikzimmer seiner Wohnung, Kistlerweg 6, Bern, Juli 1939

Kommentar: Paul Klee wies kein Raynaud-Syndrom und keine geschwollenen Finger oder Hände auf.³⁸² Es fehlt also das Hauptkriterium für eine Mischkollagenose. Eine Sklerodaktylie, eine Polyarthritis und eine Gesichtsrötung können ebenfalls ausgeschlossen werden.³⁸³ Von den Nebenkriterien sind nur Schluckbeschwerden, Atemnot bei körperlicher Anstrengung und eine Brustfellentzündung in der Anfangsphase im Zusammenhang mit der Lungenentzündung bekannt. Damit wird eine Mischkollagenose für das Leiden von Paul Klee sehr unwahrscheinlich.

Gabriele Castenholz glaubt weiter, in einem Foto aus dem Jahre 1939 eine Verdickung der Fingergelenke und eine Verschmälerung der Fingerspitzen zu sehen (Abb. 81: Paul Klee im Musikzimmer seiner Wohnung in Bern, Kistlerweg 6, von Ende Juli 1939: Aufnahme von Charlotte Weidler [Rye], auch wiedergegeben in: Klee 1990/2, S. 118). Dies könnte ihrer Ansicht nach «[...] sowohl für eine Sklerodaktylie im Rahmen der Sklerodermie wie auch für eine Arthritis im Rahmen eines systemischen Lupus erythematodes sprechen»³⁸⁴. Unzweifelhaft sei jedenfalls «[...] eine Bewegungseinschränkung der Hände P. Klees»³⁸⁵. Sie fährt fort: «Er erledigte seine Korres-

---

³⁷⁸ Vgl. Maddison/ML 2000, S. 114.
³⁷⁹ Vgl. ebenda.
³⁸⁰ Vgl. ebenda, S. 115.
³⁸¹ Vgl. Peter/ML 1996, S. 375.
³⁸² Persönliche Mitteilung von Felix Klee an den Verf., Bern, 20.9.1983.
³⁸³ Ebenso, Bern, 20.9.1983.
³⁸⁴ Castenholz/ML 2000, S. 138.
³⁸⁵ Ebenda.

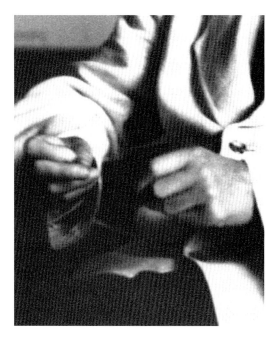

Abb. 82: Die Hände von Paul Klee, Juli 1939, Ausschnitt aus dem Foto der Abbildung 81

pondenz seit 1935 nur noch in Ausnahmefällen selbst und musste auf ärztlichen Rat hin das Geigenspiel aufgeben. Sowohl er selbst als auch seine Frau weisen häufig darauf hin, dass er nicht gut schreiben kann. Seltsamerweise wirkt sich dieses nicht negativ auf sein künstlerisches Werk aus. Diese Tatsache wird wohl ein Geheimnis des Malers bleiben. Weder von einem Raynaud-Phänomen, das ja äusserst schmerzhaft sein kann, noch von einer Arthritis im Sinne einer Gelenkbeteiligung bei systemischem Lupus erythematodes wird berichtet. Daher ist der Befund an den Händen wegen der unbefriedigenden Quellenlage nicht eindeutig einem bestimmten Krankheitsbild zuzuordnen.»[386]

Kommentar: Gabriele Castenholz bezieht sich bei der Feststellung, Paul Klee könne nicht gut schreiben, auf drei Briefzitate. Zwei stammen von Lily Klee und eines vom Künstler selbst. Lily schreibt im Januar 1937 an Gertrud Grohmann: «Leider kann er [Paul Klee] Ihnen noch nicht selbst schreiben. [...] Er hat eben [nach einer durchgemachten Grippe] noch nicht viel Kräfte zum zusetzen.»[387] Es sind also nicht die Hände, sondern eine allgemeine Schwäche, die Klee noch nicht selbst schreiben liess. Zudem überliess er das Briefschreiben in den letzten Lebensjahren tatsächlich weitgehend seiner Ehefrau, um die schwindenden Kräfte völlig für sein künstlerisches Schaffen einsetzen zu können.[388] Im Januar 1939 bestätigt er dies in einem Brief an den New Yorker Kunsthändler J. B. Neumann: «[...] seit einiger Zeit besorgt meine Frau alles Schriftliche an meiner Statt und in meinem Auftrag. Dann bin ich ein Maler und einer der von Conceptionen befallen ist. Ich möchte nachdem ich nicht mehr der Jüngste bin, noch die letzten mir möglichen Dinge realisieren. Das braucht eine immerwährende Bereitschaft den günstigen Moment zu nutzen. Kurz letzte Concentration. Ausserdem hatte ich nie so viel überschüssige Kräfte, und heute habe ich sie erst recht nicht.»[389] Dies bekräftigt auch Hermann Rupf: «Er arbeitet aber recht viel und sehr gut und schont seine Kräfte.»[390]

Im letzten Geburtstagsbrief an seinen 31-jährigen Sohn schreibt der Künstler im November 1938: «Mein lieber Felix Da Dein Geburtstag naht, formen sich aus diesem im Jahre besonderen Anlass ein paar Zeilen meiner Hand. Ich bin selbst

[386] Castenholz/ML 2000, S. 138 f.
[387] Brief von Lily Klee an Gertrud Grohmann, Bern, 24.1.1937 (AWG). Schon ein Jahr zuvor hat sich Lily Klee in einem Brief an die gleiche Adressatin analog geäussert, Bern, 25.1.1936 (AWG). Gabriele Castenholz bezieht sich auf diese beiden Briefe und auf den Brief von Paul Klee an Felix Klee vom 29.11.1938 (Abb. 83).
[388] Persönliche Mitteilung von Felix Klee an den Verf., Bern, 20.9.1983.
[389] Brief von Paul Klee an J. B. Neumann, Bern, 9.1.1939 (Fotokopie: MoMAANY/NP), zit. n. Frey 1990, S. 115.
[390] Brief von Hermann Rupf an Wassily und Nina Kandinsky, Bern, 12.3.1939 (BK/CGPP).

ganz erstaunt und schaue meiner Feder zu, wie sie sich eintaucht, obschon sie einem Füllfederhalter anzugehören scheint, und wie sie über das schöne Papier läuft und zwar in allgemein verständlicher Schrift, und nicht in solchen Geheimzeichen, wie sonst. Nun sollst Du lesen, daß ich Dir herzlich Glück wünsche, und daß das neue Lebensjahr Dich befriedigen werde, dies und noch mehr Dein Vater.»[391] (Abb. 83) Meiner Ansicht nach geht es auch in dieser Aussage nicht um die Schreibfähigkeit an sich. Klee dürfte in seiner Formulierung die Freude darüber geäussert haben, wie er Gefallen fand am Schreiben des ganz besonderen Briefes «in allgemein verständlicher Schrift». Mit den «Geheimzeichen wie sonst» dürfte er kreative Äusserungen, zum Beispiel in Zeichnungen, gemeint haben. Dies glaubt auch Jürgen Glaesemer, wenn er zum letzten Geburtstagsbrief Klees an seinen Sohn bemerkt, «[...] dass er [Paul Klee] darin die Überlagerung des Schreibens durch das Zeichnen besonders anschaulich formuliert. [...] Während die Zeichnungen mit ihren ‹Geheimzeichen› zwar als unverständliche Schrift, aber eben doch als die einzig selbstverständliche Form der Mitteilung gedeutet werden, hat sich das eigentliche Schreiben zu einem ungewohnten Formungsprozess entfremdet»[392]. In einem Brief an seine Frau vom April 1939 äussert sich Paul Klee entsprechend: «Ich schreibe auch jetzt diese Zeilen mehr ohne Controle, rein mit der Hand, als ob es eine Zeichnung wäre.»[393] Ganz eindeutig belegen lässt sich die unbehinderte Handschrift des Künstlers durch die Tatsache, dass er die fast hundert Gratulationsbriefe zu seinem 60. Geburtstag im Dezember 1939 und Januar 1940 eigenhändig verdankte, weil Lily dazu aus gesundheitlichen Gründen nicht im Stande war.[394]

Die Schrift von Paul Klee hat sich in seiner Krankheitszeit nicht verändert. Dies lässt sich gut mit den handschriftlichen Eintragungen im Œuvre-Katalog[395], mit den unter seinen Zeichnungen angebrachten Titeln und mit dem am 7. Januar 1940 handgeschriebenen Lebenslauf[396] nachweisen.

Dass das Geigenspiel nicht wegen der Hände aufgegeben werden musste, sondern wegen der damit verbundenen körperlichen Anstrengung, geht aus der Feststellung von Lily

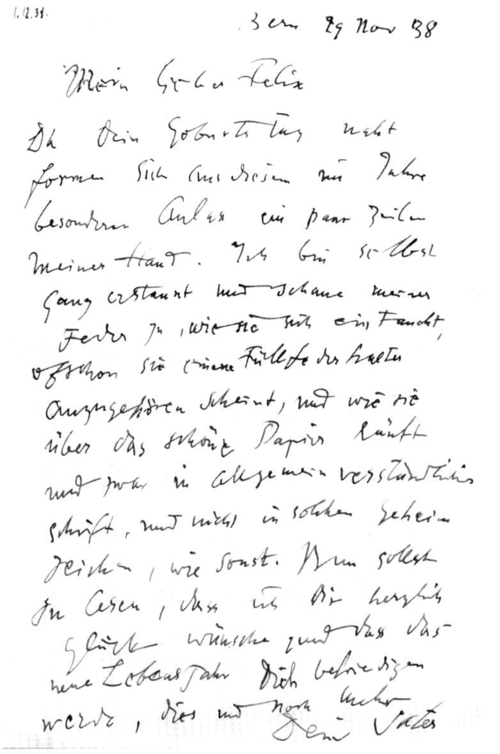

Abb. 83: Brief von Paul Klee an seinen Sohn Felix Klee, Bern, 29. November 1938

[391] Brief von Paul Klee an Felix Klee, Bern, 29.11.1938, zit. n. Klee 1979, S. 1282.
[392] Glaesemer 1979, S. 25 f.
[393] Brief von Paul Klee an Lily Klee, Bern, 25.4.1939, zit. n. Klee 1979, S. 1286.
[394] Vgl. Frey 1990, S. 121.
[395] Standort: Zentrum Paul Klee, Bern.
[396] Klee 1940 (S.258).

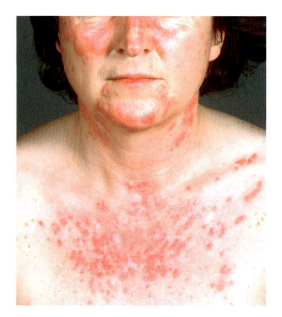

Abb. 84: Systemischer Lupus erythematodes: Rötungen im Gesicht und Halsausschnitt

Klee hervor: «Nur das Musicieren ist als zu anstrengend noch für ihn verboten.»[397]

Wie schon vermerkt, bestätigten Felix Klee und Max Huggler, dass die Finger von Paul Klee unverändert und schmerzfrei blieben und dass er sie bis zuletzt uneingeschränkt gebrauchen konnte, was eine Sklerodaktylie und eine Arthritis der Fingergelenke eben mit Sicherheit ausschliessen lässt.

Was den **Systemischen Lupus erythematodes** (lupus lateinisch = Wolf, erythema griechisch = Rötung, Errötung) betrifft, hat das «American College of Rheumatology» (früher «American Rheumatism Association») 1982 eine Liste mit elf Kriterien zusammengestellt, wonach für die Diagnose dieser zweiten Bindegewebskrankheit mindestens vier Kriterien vorhanden sein müssen[398]: 1. Rötung (Abb. 84); 2. oft lange bestehende typische Hautveränderungen im Gesicht, am Brust- und Rückenausschnitt (Abb. 84), an Hand- und Fingerrücken sowie an Ellbogen und Knien; vernarbender (definitiver) Haarausfall; 3. erhöhte Lichtempfindlichkeit; 4. schmerzhafte Mundschleimhautdefekte; 5. Gelenkschmerzen und Arthritis; 6. Herzbeutel- und/oder Brustfell- und/oder Bauchfellentzündung; 7. Nierenentzündung; 8. neurologische Symptome; 9. Blutveränderungen (Blutarmut, Verminderung der weissen Blutkörperchen und der Blutplättchen); 10. immunologische Störungen mit Bildung bestimmter «Autoantikörper»; 11. Antikörper gegen Zellkerne. Ferner kommen vor: Lymphdrüsenschwellungen, schmerzhafte Muskelentzündung, Raynaud-Syndrom, Speiseröhrenentzündung. Dazu gehören auch Allgemeinsymptome wie Müdigkeit und erhöhte Körpertemperaturen.[399] Gabriele Castenholz glaubt, dass bei Paul Klee vier solcher Kriterien vorliegen: Hautrötung, mögliche Arthritis von Fingergelenken, Brustfellentzündung/Herzbeutelentzündung und Blutarmut.[400]

Kommentar: Weder aus Briefen noch aus persönlichen Angaben des Sohnes von Paul Klee geht hervor, dass die Haut des Malers längerfristig gerötet war und die Finger eine Arthritis aufwiesen.[401] Fleckige Hautrötungen stellten sich ja nur kurzfristig beim von Lily Klee als «Masern» bezeichneten Hautausschlag zu Beginn der Krankheit – der, wie erwähnt,

---

[397] Brief von Lily Klee an Emmy Scheyer, Bern, 16.12.1936 (NSMP).
[398] Vgl. Tan/ML 1982, S. 1271 f.
[399] Vgl. Krieg/ML 1996, S. 743.
[400] Vgl. Castenholz/ML 2000, S. 137.
[401] Persönliche Mitteilung von Felix Klee an den Verf., Bern, 20.9.1983.

wohl eher ein Arzneimittelexanthem war – und beim vermutlich ebenfalls durch eine Überempfindlichkeit auf ein Medikament bedingten Hautausschlag am Krankheitsende ein. Beim Systemischen Lupus erythematodes dagegen bleiben die Hautrötungen vor allem an sonnenexponierten Stellen wie im Gesicht als «Schmetterlingsrötung», am Hals, im Nacken, im Hals- und Rückenausschnitt, an Vorderarmen und Händen langfristig hartnäckig bestehen.⁴⁰² Die bei Klee aufgetretene Brustfellentzündung, die Blutarmut und die Schluckbeschwerden genügen meines Erachtens nicht zur Diagnose eines Systemischen Lupus erythematodes. Somit lässt sich auch diese Krankheitsannahme mit grosser Wahrscheinlichkeit ausschliessen. Zudem erkranken Männer sehr selten – nur in etwa 10% – am Systemischen Lupus erythematodes.⁴⁰³

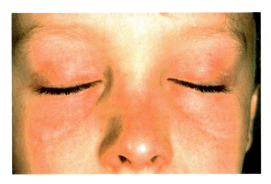

Abb. 85: Dermatomyositis: Symmetrische Rötung und Schwellung an den Lidern und in der weiteren Augenumgebung

Bei der **Dermatomyositis** (derma griechisch = Haut, mys griechisch = Maus, Muskel, Genitiv myos), der dritten Bindegewebskrankheit, kann sich das Bindegewebe zwar wie bei der Systemsklerose in der Haut und an inneren Organen ebenfalls etwas verdicken. Es kommt aber zu keinen sklerodermischen Gesichtsveränderungen, zu keinem Maskengesicht. Der Hautbefall ist deutlich gegenüber den anderen Bindegewebskrankheiten abgrenzbar durch die typische symmetrische fliederfarbene Rötung und Schwellung an den Lidern, in der weiteren Umgebung der Augen (Abb. 85), an den Wangen, Fingerrücken, Ellenbogen und Knien. Charakteristisch sind weiter ein traurig-weinerlicher Gesichtsausdruck und vor allem eine ausgeprägte, durch eine Muskelentzündung (Myositis) verursachte Muskelschwäche mit Muskelschmerzen. Im Blut und Urin ist der gestörte Muskelstoffwechsel nachweisbar. Immunologische Kriterien lassen sich auch bei der Dermatomyositis im Blut feststellen. Ferner können Gelenkschmerzen, Veränderungen innerer Organe und Blutarmut vorkommen.⁴⁰⁴ Diese autoimmune Muskelerkrankung kann auch ohne die typischen Hautveränderungen der Dermatomyositis auftreten. Dann wird sie «**Polymyositis**» genannt.⁴⁰⁵

Kommentar: Der Künstler wies keine für die Dermatomyositis oder Polymyositis typischen Krankheitszeichen auf.⁴⁰⁶ Somit

[402] Vgl. Krieg/ML 1996, S. 744.
[403] Vgl. Welcker/ML 2001, S. 3.
[404] Vgl. Krieg/ML 1996, S. 752.
[405] Vgl. ebenda, S. 751, u. vgl. Gadola u. Villiger/ML 2006, S. 89–93.
[406] Persönliche Mitteilung von Felix Klee an den Verf., Bern, 20.9.1983.

sind auch diese Bindegewebskrankheiten für Paul Klee äusserst unwahrscheinlich.

Die Mischkollagenose wurde früher als **«Overlap-Syndrom»** bezeichnet (mit «überlappenden» Symptomen verschiedener Kollagenosen).[407] Heute versteht man unter «Overlap-Syndrom» ein gleichzeitiges Bestehen zweier oder mehrerer definierter Kollagenosen.[408] Gelegentlich kommen auch Übergänge von einer definierten Bindegewebskrankheit in eine andere vor. Zum Beispiel Erstpräsentation als Systemischer Lupus erythematodes; nach einigen Jahren plötzliche Präsentation als klassische diffuse Form der Systemsklerose.[409] Es finden sich keine Anhaltspunkte für ein Overlap-Syndrom bei Paul Klee oder für ein erstes Auftreten der Krankheit als Systemischer Lupus erythematodes und einen späteren Übergang in eine Systemsklerose.

Treten wir noch kurz auf das in der Literatur bekannte **«CREST-Syndrom»** ein. Es handelt sich um eine Variante der limitierten Form der Systemsklerose mit verzögertem Verlauf. Dazu gehören die folgenden Veränderungen («CREST» entsprechend den Anfangsbuchstaben): **C**alcinosis der Haut mit Kalkausscheidungen, **R**aynaud-Syndrom, Oesophagusmotilitässtörungen («Oe» = «**E**»), das heisst Speiseröhrenveränderungen mit Funktionsstörungen, **S**klerodaktylie und **T**eleangiektasien (= sichtbar erweiterte kleine Blutgefässe an Haut und Schleimhäuten).[410]

Kommentar: Da bei Paul Klee, wie erwähnt, keine Kalkausscheidungen aus der Haut, kein Raynaud-Syndrom, keine Sklerodaktylie und keine auffallenden Gefässerscheinungen in der Haut auftraten, kann auch ein CREST-Syndrom ausgeschlossen werden.

---

[407] Vgl. Peter/ML 1996, S. 373.
[408] Vgl. Gadola u. Villiger/ML 2006, S. 94.
[409] Persönliche Mitteilung von Prof. Dr. med. Peter M. Villiger, Direktor der Universitätsklinik und der Polikliniken für Rheumatologie, Klinische Immunologie/Allergologie, Inselspital Bern, an den Verf., Bern, 20.9.2005.
[410] Vgl. Krieg/ML 1996, S. 729.

Zusammenfassende Beurteilung der Krankheit von Paul Klee

Ich habe versucht, 40 bis 60 Jahre nach dem Tod von Paul Klee möglichst alle Quellen auszuschöpfen und möglichst viele Daten zusammenzutragen, die noch Angaben über die Krankheit des berühmten Künstlers vermitteln. Ich habe mich weiter darum bemüht, diesbezügliche Informationen aus der umfangreichen Literatur über den Maler und sein Schaffen zu gewinnen. Die Ergebnisse habe ich mit den neusten medizinischen Erkenntnissen über die am ehesten in Betracht kommenden Krankheiten verglichen.

Rekapitulieren wir kurz die Symptomatik und die Befunde:
- Anfangsphase: plötzliche schwere Erkrankung, langwierige Bronchitis, lange bestehende leicht erhöhte Körpertemperatur, dreimonatige Bettlägerigkeit, anhaltende Müdigkeit, Gewichtsverlust und Schwäche, was einen stark reduzierten Allgemeinzustand zur Folge hatte
- Hautveränderungen: maskenähnliches Gesicht mit straffer, unelastischer Gesichtshaut, reduzierter Mimik, verminderter Lidbeweglichkeit, spitzer Nase, verschmälerten Lippen und verengtem Mund, Hautstraffung am Hals
- Schleimhautveränderungen: Parodontose im Frühstadium, mögliche Mundtrockenheit («Sicca-Syndrom»)
- Speiseröhrenbefall: schmerzhafte Schluckstörungen, weshalb nur noch die Einnahme einer breiig-flüssigen Kost in kleinen Portionen möglich war
- Magen-Darm-Symptomatik: Magengeschwür und -blutung, möglicher Salzsäuremangel im Magen, Durchfalltendenz
- Lungensymptomatik: sich über Jahre hinschleppender Husten, Lungen- und Brustfellentzündung, Atemnot bei körperlicher Anstrengung
- Herzsymptomatik: deutlich herabgesetzte körperliche Leistungsfähigkeit, Myokarditis als angenommene Todesursache
- Nierensymptomatik: Der Urinbefund mit einer Spur Eiweiss, roten und weissen Blutkörperchen und Zylindern könnte sowohl durch Stauungserscheinungen bei einer Herzinsuffizienz als auch durch krankheitsbedingte Nierenveränderungen erklärt werden
- Blutarmut

Abb. 86: Paul Klee, Juli 1939, Ausschnitt aus dem Foto der Abbildung 81

Wesentlich sind dabei ferner die folgenden **nicht** vermerkten Veränderungen:
- Haut: keine entzündlichen Hautausschläge mit Rötung im Gesicht, an den Hand- und Fingerrücken
- Schleimhaut: keine schmerzhaften Mundschleimhautdefekte
- Finger/Hände: keine Fingerschwellungen, -verdickungen, -verhärtungen oder -kontrakturen, keine Einschränkung der Fingerbeweglichkeit, keine schlecht heilenden Geschwüre an den Fingern nach Verletzungen, keine Abstossungen von Gewebe- oder Kalkpartikelchen aus Fingerdefekten, keine Zirkulationsstörung im Sinne eines Raynaud-Syndroms, keine Arthritis
- Muskulatur: keine schmerzhafte Muskelentzündung
- keine erhöhte Lichtempfindlichkeit

Daraus ergibt sich die folgende **Epikrise** (= abschliessende kritische Beurteilung der Krankheit):

1. Die erwähnten Feststellungen sprechen mit an Sicherheit grenzender Wahrscheinlichkeit dafür, dass Paul Klee tatsächlich an der hypothetischen autoimmunen Bindegewebskrankheit «Sklerodermie» erkrankt und gestorben ist.

2. Die Befunde erlauben zudem eine diagnostische Präzisierung: Bei der Krankheit von Paul Klee dürfte es sich höchstwahrscheinlich um die sehr seltene, gravierendste Sklerodermieform gehandelt haben, um die **diffuse Form der Systemsklerose**. Hauptindizien dafür sind die schwere erste Krankheitsphase, die sklerodermischen Gesichtsveränderungen, (das «Maskengesicht»), die Schluckschwierigkeiten, die Herz-Lungensymptomatik, die Blutarmut, der progrediente Krankheitsverlauf mit dem Tod nach nur fünf Jahren und die Annahme einer Myokarditis als Todesursache.

3. Die unverändert gebliebenen Hände und Finger – keine Schwellungen, keine Sklerodaktylie, kein Raynaud-Syndrom und keine Gelenkschmerzen – sprechen gegen die limitierte Form der Systemsklerose und auch gegen eine Mischkollagenose, ein «Overlap-Syndrom» und ein «CREST-Syndrom».

4. Ausser Betracht fallen ebenso die andern Kollagenosen – der Systemische Lupus erythematodes und die Dermatomyositis/Polymyositis – wie auch eine «Pseudosklerodermie». Dazu fehlen die erforderlichen Kriterien.

5. Bedeutsam scheinen mir ferner die folgenden Angaben von Lily Klee:
   – der Hausarzt ihres Mannes habe «nun auch endlich die Diagnose mitgeteilt: Vaso motorische Neurose»
   – und die Krankheit hänge «mit seinen [Paul Klees] Drüsen u. Hautfunktionsstörungen» zusammen, die «eine Blut- u. Stoffwechseluntersuchung auf Kalk u. Phosphor» nötig machten
   In den 30er-Jahren des 20. Jahrhunderts wurde die «Sklerodermie» den «Vasomotorisch-trophischen Neurosen» zugeordnet und die Ansicht, sie sei eine hormonelle Störung der Nebenschilddrüsen, war weit verbreitet. (Ich erinnere daran, dass die Bestimmung des Calzium- bzw. «Kalk»- und Phosphat- bzw. «Phosphor»-Gehaltes im Serum auch heute noch neben anderen serologischen Untersuchungen bei der Abklärung von vermuteten Nebenschilddrüsenstörungen wesentlich ist.)

6. Im komplexen Krankheitsgeschehen einer Autoimmunkrankheit können äussere und innere Einflüsse als mögliche Komponenten in der Krankheitsauslösung nicht ganz ausgeschlossen werden:
   – zum Beispiel das Einatmen von beim Malen verwendeten organischen Lösungsmitteln
   – sowie die erlittenen Schicksalsschläge in Deutschland und die zeitbedingte weitgehende Isolation als Künstler nach Klees Rückkehr in die Schweiz

Abb. 87: Paul Klee und Will Grohmann, April 1938

Die Ärzte von Paul Klee

PD Dr. med. Fritz Lotmar, Neurologe,
Freund von Paul Klee seit seiner Jugendzeit

Dr. med. Gerhard Schorer, Internist,
Hausarzt von Paul Klee in Bern

Dr. med. Hermann Bodmer, Internist,
letztbehandelnder Arzt von Paul Klee in Locarno

Prof. Dr. med. Oscar Naegeli, Hautarzt,
Konsiliararzt von Dr. Schorer

Dr. med. Theodor Haemmerli, Herzspezialist,
Konsiliararzt von Dr. Bodmer

Abb. 88: PD Dr. med Fritz Lotmar, 1878–1964

Geboren 1878 in München. 1888 Umzug nach Bern. Besuch des Progymnasiums, dann mit Paul Klee zusammen Besuch des Städtischen Gymnasiums Bern. Medizinstudium in Bern, Heidelberg, München und Strassburg. Weiterbildung in Bern (bei Prof. Hermann Sahli), in Paris, Berlin und München. Spezialisierung auf Psychiatrie und Neurologie. 1913 Privatdozent in Bern. Ab 1918 an einer privaten Nerven- und Forschungsanstalt in München. 1934 Rückkehr nach Bern, Praxis als Nervenarzt. Lehr- und Forschertätigkeit. 1938 Burger von Bern. 1964 Tod in Bern. Fritz Lotmar war an Literatur, Geschichte, Soziologie und bildender Kunst interessiert, spielte wie Klee Geige in einem Quartett und pflegte eine tiefe Freundschaft mit Paul und Lily Klee. Dr. Lotmar behandelte Klee nicht selbst, stand aber während dessen Krankheit stets in Kontakt mit dem behandelnden Arzt Dr. Gerhard Schorer.

Angaben aus dem Nachruf auf Dr. Fritz Lotmar von Prof. Dr. med. Marco Mumenthaler, Bern, in den «Mitteilungen der Naturforschenden Gesellschaft in Bern», 22. Bd., Bern, September 1965, S. 327 f. Ich danke Prof. Dr. med. Urs Boschung, Direktor des Instituts für Medizingeschichte der Universität Bern, für die Übermittlung des Nachrufs und Gerold Lotmar, Zürich, für das Foto seines Grossvaters.

Abb. 89: Dr. med. Gerhard Schorer, 1878–1959

Angaben aus der Ansprache von Prof. Dr. med. Walter Frey, emeritierter Ordinarius der Medizinischen Klinik der Universität Bern, Inselspital, Bern, an der Trauerfeier für Dr. Schorer, Bern, 9.1.1959, und aus dem Nachruf auf Dr. Schorer von Dr. med. Hans W. Seelhofer, Worb (Bern), in «Neue Berner Zeitung», Bern, 8.1.1959. Ich danke Frau Marie Stössel-Schorer, Bern, für die Übermittlung des Ansprachetextes und des Nachrufs sowie für das Foto ihres Vaters.

Geboren 1878 in Heimiswil (Emmental, Bern). Schulen in Burgdorf und Bern. Medizinstudium in Bern und Berlin. Sein grosses ärztliches Wissen holte er sich bei Prof. Theodor Kocher und Prof. Hermann Sahli in Bern. Ab 1910 während fast 50 Jahren Praxis als Spezialarzt für Innere Medizin in Bern. Von 1935 bis 1940 Hausarzt von Paul Klee. 1959 Tod in Bern. Prof. Walter Frey schreibt über ihn: «Gerhard Schorer war eine aussergewöhnliche Figur, kraftvoll, wahr, idealistisch. Die Patienten hatten in ihm einen wahren Freund. Er nahm sich Zeit bei der Untersuchung des Kranken, sich voll hingebend, mit feinem Takt und reichem Wissen. Es war in ihm als Arzt noch etwas von jener priesterlichen Art, die ihn in Heimiswil umgab. Er war wissenschaftlich leidenschaftlich interessiert. Sein Lieblingsthema war der Einfluss atmosphärischer Faktoren auf den Menschen.»

Abb. 90: Dr. med. Hermann Bodmer, 1876–1948

Geboren 1876 in Schaffhausen. Medizinstudium in Zürich, Kiel und München. Weiterbildung in Münsterlingen (Thurgau). Hausarztpraxis in Langnau (Bern). Ausbruch einer Lungenkrankheit, Kuraufenthalt in Davos. Dort Weiterbildung zum Internisten und Spezialisten für Lungenkrankheiten. Als Lungenarzt in Davos-Clavadel und in Montana tätig. Ab 1918 Chefarzt im renommierten Kurhaus Viktoria in Locarno-Orselina und Belegarzt in der Clinica Sant' Agnese in Locarno-Muralto, wo er 1940 Paul Klee in seinem letzten Kuraufenthalt behandelte. Hermann Bodmer war kulturell interessiert. Er war ferner wissenschaftlich tätig auf den Gebieten Lungen- und Herzkrankheiten, Infektiologie, Klimatologie und Radioaktivität. Während des Zweiten Weltkriegs musste er sein Chefarztamt gesundheitshalber aufgeben, übte aber seine Privatpraxis weiterhin aus. 1948 starb er in Locarno-Monti.

Angaben aus dem Nachruf auf Dr. Bodmer von Dr. med. Otto Hug, Zürich, in der Schweiz. Medizinischen Wochenschrift, 78. Jg. 1948, Nr. 21, S. 523. Ich danke Frau Diana Bodmer, Zürich, für die Übermittlung des Nachrufs und für das Foto ihres Vaters.

Abb. 91: Prof. Dr. med. Oscar Naegeli, 1885–1959

Geboren 1885 in Ermatingen (Thurgau). Medizinstudium in Genf, München, Heidelberg und Zürich. 1909 Staatsexamen in Zürich. Hautärztliche Fachausbildung in Freiburg (D) und in Bern beim bedeutenden Dermatologen Joseph Jadassohn. 1917 ausserordentlicher Professor, 1931 Ordinarius an der Universitätshautklinik am Inselspital Bern. 1941 musste Prof. Naegeli sein Amt krankheitshalber aufgeben. Er starb 1959 in Freiburg (CH). Oscar Naegeli liebte das Schachspiel; er war während vieler Jahre Schweizer Schachmeister. Sein Bruder Otto Naegeli war ebenfalls Professor der Medizin; er erlangte eine internationale Bedeutung als Hämatologe (Spezialarzt für Blutkrankheiten).

Ich danke Prof. Dr. med. Urs Boschung, Direktor des Instituts für Medizingeschichte der Universität Bern, für die biografischen Angaben über Prof. Naegeli und Prof. Dr. med. Lasse R. Braathen, Direktor der Dermatologischen Klinik und Poliklinik der Universität Bern, Inselspital, Bern, für das Foto von Prof. Naegeli.

Abb. 92: Dr. med. Theodor Haemmerli, 1883–1944

Geboren 1883 in Lenzburg (Aargau). Medizinstudium in Zürich. Weiterbildung in München und Zürich. Hausarztpraxis in Mürren (Berner Oberland). Vor dem Zweiten Weltkrieg Praxisverlegung nach Zuoz (Graubünden). Später ärztliche Tätigkeit in der Kuranstalt Valmont (Graubünden). Besonderes Interesse für Herz- und Kreislaufkrankheiten. Dazu Weiterbildung in Paris, London und Wien. 1928 Praxiseröffnung als Spezialarzt für Herzkrankheiten in Zürich. Seine Kompetenz und sein liebenswürdiges, einfühlsames Wesen waren sehr geschätzt. Es wurde ihm die Leitung der Zürcher Klinik Hirslanden anvertraut. Wie Fritz Lotmar und Hermann Bodmer war er den schönen Künsten zugetan, die er förderte. Wie bei Dr. Hermann Bodmer suchten auch bedeutende Künstler Rat und Hilfe bei ihm. 1944 starb er, vier Jahre nach Paul Klee, im gleichen Alter von nur 61 Jahren.

Angaben aus dem Nachruf auf Dr. Haemmerli von einem unbekannten Verfasser mit dem Kürzel «tz.» in der «Neuen Zürcher Zeitung», Zürich, 5.7.1944. Ich danke Prof. Dr. med. Beat Rüttimann, Direktor des Medizinhistorischen Instituts und Museums der Universität Zürich, für die Übermittlung des Nachrufs und Prof. Dr. med. Urs Boschung, Direktor des Instituts für Medizingeschichte der Universität Bern, für das Foto von Dr. Haemmerli.

Abb. 93: Handpuppen von Paul Klee, für seinen Sohn Felix angefertigt (v. l. n. r.): «Zündholzschachtelgeist», 1925; «Herr Tod», 1916; «Bandit», 1923

3. Persönlichkeitsstruktur von Paul Klee

Bevor ich auf die Auswirkung von Schicksal und Krankheit auf die Psyche und das künstlerische Schaffen eintrete, scheint mir ein Nachzeichnen der Persönlichkeitsstruktur von Paul Klee wesentlich.

Die Ehefrau **Lily Klee** schreibt in ihren «Lebenserinnerungen»: «Man hat in seiner Gegenwart niemals gewagt, sich schlecht zu benehmen, oder eine Unterhaltung zu führen, die nicht ein höheres Niveau hatte. Wie hochgebildet war er selbst und wie hat er sein ganzes Leben, neben seinem immensen Schaffen, seine Bildung bis ins Letzte ausgebaut und ergänzt. Immer hat er gelesen. Er war einer der fleissigsten Menschen die mir je begegnet waren.»[411]

Sein Sohn **Felix Klee** denkt an seine «herrliche Jugend» zurück: «Welche Bedeutung strahlte mein Vater als Familienoberhaupt aus! Wie pflegte er mich als Säugling, mit welcher Liebe und welchem Rat war er mir im Jünglingsalter stets zur Seite! In der kleinen Münchener Gartenhauswohnung ging meine Mutter täglich ihrem Beruf nach. Sie gab von früh bis abends Musikstunden; so mußte der Mann, der noch unbekannte Künstler, die Haushaltführung und meine Erziehung besorgen. Wie meisterhaft löste er dieses nicht leichte Problem! In der kleinen Küche war seine Domäne, dort entstanden die Bilder, die Zeichnungen, dort wurden die Platten geätzt, die Photographien entwickelt, die Windeln gewaschen, die Strümpfe gestopft, in südlicher Art wunderbar gekocht und das Kind gehütet. Mit welch manuellem Geschick entstanden da für mich herrliche Spielsachen – ein

[411] Klee [ab 1942] (S.258), S. 61 f.

Segelschiff, ein Bahnhof, ganz aus Karton gebaut, und ein Puppentheater: die Köpfe aus Gips, die Kleider selbst genäht und die Kulissen geklebt und gemalt. [...] Zu Hause sprach er [Paul Klee] immer ‹berndütsch›, mit einigen ‹mattenenglischen› Spezialworten. Es war dies eine Geheimsprache [die Berner Bubensprache], welche die weitere Umgebung nicht immer verstand. Auch in der hochdeutschen Sprache war sein alemannischer Akzent bemerkbar. Sein ganzes Tun und Treiben war ohne ‹Bern› gar nicht zu denken. In späteren Jahren, als es ihm materiell wesentlich besser als in früherer Zeit ging, blieb er immer der gleiche einfache, bescheidene und anspruchslose Mensch. Er war sparsam für sich selbst geblieben, bei steter Liebe für solide Qualität. Nach außen blieb er immer der zurückhaltende, etwas unnahbare Magier, in der kleinen Familie war er von steter guter Laune, immer humorvoll, etwas sarkastisch und scherzend, von leichter Vitalität, und wie konnte er ausgelassen lachen!»[412]

Der Kunsthistoriker **Will Grohmann** schildert seinen Freund wie folgt: «Wenn in Klees Œuvre des öfteren Bilder vorkommen, die das Kühle und Heiße, das Arktische und Tropische auf glaubhafte Weise verbinden, so entspricht dieses Zusammenfallen der Gegensätze einem wesentlichen Zug seines Temperaments. In ihm selbst war diese Mischung von Kalt und Heiß, nicht als Diskrepanz, sondern als unauflösbarer Reichtum von Veranlagungen. Das Mathematische vertrug sich mit dem Phantastischen, das Optische mit dem Musikalischen, das Menschliche mit dem Kosmischen, besser noch, diese Gegensätze waren Kräfte, die sich durchdrangen und das Unerklärbare seiner Persönlichkeit ausmachten. [...] Das Faustische lag ihm nicht, er lehnte es sogar ab. Wachstum und Verwandlung waren ihm naturgemäßer als der Kampf zwischen Allheit und Selbstheit, und die doppelte Perspektive des Augenblicks hätte er nicht anerkannt. Er war seiner Selbstentfaltung gewiß, daher die Stille und Sicherheit, die er ausstrahlte, daher das Fehlen dramatischer oder tragischer Verwicklungen. Klee spann sich in die einmal gewählte Lebensform immer mehr ein, so bewegt es in seinem Inneren auch zugehen mochte, so aufregend das war, was tatsächlich unter seinen Händen entstand. Alles wurde ihm zum Gleichnis, und deshalb erläutert das Werk sein Leben.»[413] –

[412] Klee 1948, S. 14.
[413] Grohmann 1965, S. 26.

«Er denkt immer klar, und nichts ist ihm verhaßter als Verschwommenheit.»[414] – «Er wirkte mit seinen tiefen braunen Augen und den römisch hereingekämmten Haaren, mit seiner hohen Stirn und der gelblichen Haut wie ein Araber. Die Gelassenheit seiner Haltung und Bewegung, die Bedächtigkeit und Sparsamkeit des Sprechens hatten etwas Orientalisches, immer wieder dachte man, wenn man bei ihm war, an die Familienlegende von einer Herkunft aus Algier. Der Eindruck verstärkte sich, wenn man mit ihm sprach oder mit ihm Bilder ansah. Das einzelne Wort stand oft für einen ganzen Satz, ein Satz oft für ein Gleichnis, wie es der bilderreiche Orient kennt.»[415] – «Klee hat als Mensch und als Maler immer über dem Streit der Meinungen gestanden. [...] Wer Klee wirklich war, ist schwer zu sagen, er hielt zum Leben Distanz, war sehr zurückhaltend [...].»[416] – «Die Größe Klees liegt in der Unbeirrbarkeit und der Treue zu seinem Ich. Er forderte von sich das Letzte und opferte auf jeder Stufe der Entwicklung sogar den Erfolg. Er schritt über ihn hinweg, ließ sich von seinem Ruhm nicht einholen und dachte nur daran, wie er es besser machen könne. Diese Zielstrebigkeit hinderte ihn aber nicht, heiter zu sein. Er nahm die erregendsten Dinge mit Gelassenheit auf und wandte sie ins Sinnvolle. War heiter auch in seiner Arbeit, denn sie erweckte seine stärksten Kräfte; indem er sich auf der bildnerischen Ebene immer intensiver orientierte, antworteten ihm immer tiefere Geheimnisse.»[417]

Georg Schmidt, Direktor des Kunstmuseums Basel, schreibt über Paul Klee: «Es gibt schlechterdings keinen Künstler in unserer Zeit, der auch nur annähernd so reich an Erlebtem und Geformtem, das heisst an Wirklichkeitsgehalt wäre wie dieser leiseste, behutsamste, zierlichste, zärtlichste unter den Künstlern unserer Zeit.»[418]

Ju Aichinger-Grosch, die Paul Klee während Monaten gepflegt hat[419], hält fest: «Klee strömte eine Klarheit, Weisheit und Güte aus, die ich so nie wieder bei einem Menschen erlebte.»[420]

Nina Kandinsky, die mit ihrem Mann Wassily in Dessau jahrelang Tür an Tür mit Paul und Lily Klee wohnte, charakteri-

[414] Grohmann 1965, S. 57.
[415] Ebenda, S. 64.
[416] Ebenda, S. 377.
[417] Ebenda, S. 382.
[418] Bloesch/Schmidt 1950, S.10. Auch wiedergegeben in: Mendriso 1990 [S. 178]
[419] Vgl. Aichinger-Grosch 1959, S. 50.
[420] Ebenda, S. 53.

siert den Künstler wie folgt: «Klee war eine faszinierende Persönlichkeit. Er wirkte schüchtern, weil er stets unaufdringlich blieb, in Wirklichkeit aber war er keineswegs schüchtern. Wir schätzten ihn als aufmerksamen und geduldigen Zuhörer, als einen ungewöhnlich grosszügigen und hilfsbereiten Menschen. [...] Der Tod Paul Klees hinterliess im Leben [Wassily] Kandinskys eine schmerzliche, unausfüllbare Lücke.»[421]

Paul Klee war besonnen, loyal, treu. Als ihm Freunde in seiner schweren Erkrankung zum Beizug anderer Ärzte rieten, lehnte er entschieden ab und vertraute weiterhin seinem Hausarzt. **Hermann Rupf** schreibt dazu im März 1937: «Was Paul Klee anbetrifft, so ist mit ihm gar nichts anzufangen. Je mehr man ihm von einem anderen Arzte spricht, um so weniger will er davon wissen. Er wird sogar böse. Er habe volles Vertrauen in Schorrer, der schon viele solche Fälle behandelt habe, ein anderer wisse auch nicht mehr, er wolle ihn nicht verlieren einer Konsultation wegen, die doch nichts anderes konstatiere als man schon wisse, und er werde jetzt nichts unternehmen bis er besser hergestellt sei.»[422]

Wassily und Nina Kandinsky wollten ihrem Freund eine Behandlung durch einen renommierten Akupunktur-Praktiker in Paris vermitteln.[423] Paul Klee sah davon ab wie auch von einer Konsultation bei einem Homöopathen in Lausanne. Dieser war dem Kranken ebenfalls vom Ehepaar Kandinsky und von Hermann und Margrit Rupf empfohlen worden.[424] Lily Klee schreibt darauf an Nina Kandinsky: «Ich sprach mit m. Mann noch eingehend wegen dem Plan einen homöopathischen Arzt beizuziehen. M. Mann wollte nicht, dass ich mit unserem Arzt spreche, sondern er will selbst mit ihm sprechen sobald d. Sache mit d. Magen u. d. Diät wieder in Ordnung ist. Denn jetzt will er noch keinen neuen Arzt u. um etwas Neues anzufangen momentan, dazu fühlt er sich noch viel zu schwach u. ausserdem sind ihm die Medikamente ja ohnehin vor der völligen Heilung verboten. – Wenn er dann wieder völlig in der Höhe sein wird, bei zurückgekehrten Kräften, nach Beratung mit unserem Arzt i. dessen Einverständnis, welcher der erste inere Arzt hier in Bern ist, mit enormer Erfahrung u. völlig modern u. glänzender Schulung, dann wäre m. Mann bereit den homöopath. Arzt in Lausanne [Dr. Nebel] zu kon-

---

[421] Kandinsky 1976, S. 201 f.

[422] Brief von Hermann Rupf an Wassily und Nina Kandinsky, Bern, 22.3.1937 (BK/CGPP).

[423] Siehe Anhang: Bemühungen von Wassily und Nina Kandisky für eine Behandlung von Paul Klee durch einen Akupunktur-Praktiker in Paris (S. 268).

[424] Vgl. Brief von Wassily Kandinsky an Lily Klee, Mürren, 1.3.1937, zit. n. Kuthy 1984, S. 19. Es handelte sich um den Homöopathen Dr. Nebel.

sultieren. Denn denselben hieher ko͞men zu lassen ist für uns aus wirtschaftl. Gründen nicht tragbar momentan.»[425]

Will Grohmann sorgte sich auch sehr um den kranken Paul Klee. An Hermann Rupf berichtet er im März 1937: «Was Sie von Klee schreiben, hat mich erschüttert. Ich wusste das nicht. Der Arzt [Dr. Schorer] sagt nichts, ich habe ihn einmal gesprochen, Lily weiss es nicht, u. Klee selbst? Natürlich würde ich niemandem etwas sagen, aber doch gern wissen, was es ist. Ich war gegen die Diagnose, die ich von Klee hörte, etwas misstrauisch [es ist unbekannt, was Klee Grohmann über seine Krankheit sagte[426]], war nach der Abreise [Ende November 1936] in grosser Sorge u. hatte immer den Wunsch, Klee möchte noch irgend eine Kapazität heranziehen. Man kann doch in so einem Fall auf niemanden Rücksicht nehmen ausser auf Klee. Und vielleicht ist Klee schon zu schwach, um zu entscheiden. Ist es Tuberkulose?»[427] Zuvor schon hat Grohmann an Rupf geschrieben: «Wenn Prof. v. Bergmann nicht so weit weg wäre. Er soll immer noch der beste Internist sein.»[428]

Wie gütig und grosszügig Paul Klee war, geht auch daraus hervor, dass er im Jahre 1940 nach dem Tode seines Vaters freiwillig auf den ihm zustehenden Erbteil zugunsten seiner ledigen Schwester Mathilde verzichtete. Sie hatte den Vater bis zuletzt im Elternhaus betreut. Das Haus ging in ihren Besitz über.[429]

Paul Klee stand auch bei Künstlerkollegen und seinen Schülern in hohem Ansehen.
Gabriele Münter schreibt über Klee, der wie sie der Künstlervereinigung «Der Blaue Reiter» angehörte: «[…] er wirkte so gesammelt, in sich sicher, schweigend schöpferisch, ganz wesentlich, daß man ihn gleich als einen der Großen empfand, die damals die Epoche der Kunst unseres Jahrhunderts heraufführten. […] Sein von allem äußeren Schein freies, durch und durch echtes, zurückhaltendes Wesen sagte uns in jeder Weise zu. Er war dem Unwesentlichen feind, das sich unter den Menschen breit macht, und hielt sich von Klatsch, Eifersucht und Verstimmungen zwischen den Kollegen fern.

[425] Brief von Lily Klee an Nina Kandinsky, Bern, 28.2.1937 (BK/CGPP).

[426] Mündliche Mitteilung von Stefan Frey an den Verf., Bern, 3.4.2003.

[427] Brief von Will Grohmann an Hermann Rupf, Dresden, 16.3.1937 (HMRS).

[428] Brief von Will Grohmann an Hermann Rupf, Dresden, 10.3.1937 (HMRS). Prof. Dr. med. Gustav von Bergmann, 1878–1955. Von 1927–1945 Direktor der II. medizinischen Universitätsklinik der Charité, Berlin, und von 1945–1953 Direktor der II. Medizinischen Universitätsklinik München.

[429] Vgl. Frey 1990, S. 122.

Trat dergleichen an ihn heran, so lehnte er offen ab, sich damit zu befassen.»[430]

Lyonel Feininger, der mit Paul Klee zusammen Lehrer am Bauhaus war, denkt mit folgenden Worten an seinen verstorbenen Kollegen zurück: «Klee war ein Mensch, der tiefe Weisheit und erstaunliches Wissen besaß. Ein zeitloser Mensch von unbestimmbarem Alter, dem aber, wie dem aufmerkend wachen Kinde, alle Erlebnisse der Sinne, des Auges und Ohrs, des Tastens und Schmeckens ewig fesselnd und neu waren. Ein reifer Mensch, der seinem sehr klaren Verstand nicht erlaubte, die Kontrolle zu verlieren. Klee, so bedacht und gesammelt in seinen Bewegungen, nie verlor er die Ruhe, für Ausbrüche war keine Notwendigkeit. […] Seine Haltung schien immer ein nach Innen-Lauschen zu suggerieren. Bezaubernd war seine feine Ironie, aber selbst wenn er mit seinem leisen, halb unterdrückten Lächeln etwas Mokantes sagte, blieb er liebenswürdig, und seine Offenheit war niemals beleidigend. Unweigerlich geriet man in den Bann seiner Persönlichkeit. […] Klees Bild ersteht in unserm Innern klar und rein in seiner unendlich liebenswerten einfachen Größe.»[431]

Oskar Schlemmer, ein anderer Bauhaus-Kollege, schreibt über Paul Klee: «In einem Minimum von Strich kann er seine ganze Weisheit offenbaren. So zeichnet ein Buddha. Ruhig, in sich ruhend, von keiner Leidenschaft bewegt, der unmonumentalste Strich, weil suchend und kindlich, um Größe zu offenbaren. Er ist alles; innig, zart und vieles andere Beste, und dies vor allem: er ist neu. […] Die Taten aller bedeutenden Menschen haben ihre Wurzel in einer einfachen, aber alles umfassenden Erkenntnis. Diese gefunden zu haben, bedeutet, sich selbst gefunden zu haben und damit die Welt und alle Dinge.»[432]

Walter Gropius, der Gründer und Leiter des Staatlichen Bauhauses in Weimar, ab 1925 in Dessau, bestätigt, dass Paul Klee mit seiner natürlichen Autorität von den Kollegen sehr geschätzt und «zur letzten moralischen Instanz des Bauhauses»[433] wurde.

---

[430] Münter 1959, S. 40.

[431] Feininger 1959, S. 72 u. 75.

[432] Schlemmer, Oskar, Tagebuch, September 1916, zit. n. Giedion-Welcker 2000, S. 161.

[433] Grohmann 1965, S. 61: «Klee steht immer über den Dingen, er wird, wie Gropius bestätigt, ‹zur letzten moralischen Instanz des Bauhauses›. Meisterrat und Studierende haben vor seiner schweigsamen Art die höchste Achtung, man spricht scherzhaft von ihm als ‹dem lieben Gott›.» Auf S. 377 spricht Grohmann von Klee als «‹höchste moralische Instanz› nicht nur am Bauhaus.»

Die Schülerinnen und Schüler verehrten ihren Lehrer.[434] Sie bezeichneten ihn mit Übernamen wie «der liebe Gott» und «Buddha» (Abb. 94).[435] Klee besass ein Charisma, das wohl auf seiner hohen Intelligenz und Kompetenz, seiner Gelassenheit und Geradheit, seiner ruhigen, schweigsamen Art, seiner Integrität und Menschlichkeit beruhte. Ein Schüler äussert sich über ihn wie folgt: «Seine Pädagogik war nie Unterricht im primitiven Sinne. Nur dem Miterlebenden erschloss sich die ganze Weite seines Gedanken- und Erlebnisgebäudes.»[436]

Die Kunsthistorikerin **Carola Giedion-Welcker**, die mit dem Ehepaar Klee bekannt war, charakterisiert den Maler und Lehrer wie folgt: «Paul Klee ist immer ein Einzelgänger gewesen, obwohl er objektiv mit den allgemeinen Darstellungsproblemen seiner Zeit eng verwoben war; ein stiller, in sich versponnener Individualist, obwohl pädagogisch äußerst interessiert und begabt.»[437] Und: «Wie seine Schüler berichten, verlief der Unterricht, von außen gesehen, ruhig und still. Die Atmosphäre von Versenkung und Abgeschlossenheit, die Klee ausströmte, verschaffte ihm eine unterirdische, eindringliche Gewalt über sein Publikum, wenn er an der Tafel, mit beiden Händen gleichzeitig zeichnend, seine Gedanken illustrierte und die Grundlagen von Denk- und Gestaltungsmethoden genau umriß.»[438] – Ähnliches wird übrigens vom Unterricht Rudolf Steiners und Joseph Beuys' überliefert.

Paul Klee war zweifellos selbstbewusst, blieb aber im Umgang mit Menschen stets bescheiden und tolerant. Er ahnte die künftige Bedeutung seiner Kunst voraus und überarbeitete zum Beispiel seine Tagebücher bereits «für die Nachwelt.»[439] Zielgerichtet und beharrlich erstrebte er seine Position als Künstler.

Klee war ferner nicht nachtragend. Zwei Episoden mögen dies belegen: 1935 nahm ein ihm nicht näher bekanntes Ehepaar [Hassler-Christen, Schaffhausen] das Gemälde «Polyphonie» zur Ansicht mit nach Hause. Die an einem Kauf Interessierten hatten sich eine Bedenkzeit ausbedungen. Der Ankauf wurde telefonisch bestätigt, dann aber schriftlich widerrufen. Erst nach längerer Zeit erhielt Klee das Bild zurück.

Abb. 94: Ernst Kállai, Karikatur auf Paul Klee, bezeichnet unten: «Der Bauhausbuddha», ohne Datum (Bauhaus-Archiv, Berlin)

[434] Vgl. Muth 1959, Kerkovius 1959, Schawinsky 1959, Kuhr 1959 u. Hertel 1959.
[435] Vgl. Geelhaar 1979: «Die Studenten am Bauhaus sollen ihren Meister gar mit Übernamen wie ‹der liebe Gott› oder ‹Buddha› tituliert haben.» Ich verdanke die Kopie dieses Beitrags von Christian Geelhaar Michael Baumgartner.
[436] Zitiert von Jürg Spiller, in: Spiller 1956, S. 21 der Einführung. Der Name des Schülers wird nicht erwähnt.
[437] Giedion-Welcker 2000, S. 8.
[438] Ebenda, S. 69 f.
[439] Hopfengart 1989, S. 216.

Seine Frau war der Ansicht, auch eine mündliche Kaufzusage gelte und wollte einen Anwalt beiziehen. Er dagegen blieb gelassen und sah davon ab.[440] – 1940 erwog der Kunstsammler Dr. med. Othmar Huber aus Glarus einen Umtausch des 1936 beim Künstler direkt erworbenen Gemäldes «Zwergmärchen», 1925, 255, gegen ein anderes Bild.[441] Er wandte sich dazu direkt an Paul Klee. Ich zitiere die Kunsthistorikerin Madeleine Schuppli: «Das Bild gefalle ihm [Othmar Huber] zwar immer noch. ‹Nur hat es den Nachteil, dass ihm jede dekorative Wirkung abgeht. Auf der Wand wirkt es direkt als Loch u. steht darum meist im Schrank, was ich sehr schade finde.› Paul Klees schriftliche Reaktion fällt nicht gekränkt aus, sondern er zeigt sich dem potentiellen Käufer gegenüber kooperativ: ‹… und Sie werden das Gefühl haben, dass ich willig bin, mich Ihren Wünschen anzupassen.›»[442]

Abb. 95: trauernd, 1934, 8, mit Widmung: «für Lily Weihn. 1934»

Ein Geschenk von Paul Klee an seine Ehefrau zu Weihnachten 1934. Er malt die Umrisse einer in sich versunkenen, trauernden Frau mit einer schwarzen zusammenhängenden Linie. Die Frau hat die Lider gesenkt, die Mundwinkel hängen nach unten. Es könnte Lily sein, ein Jahr nach der Auswanderung aus Deutschland, ihrer angestammten Heimat, die sie und ihren Mann verstiess – ein Jahr nach der Emigration in die Schweiz, die das Ehepaar wenig freundlich empfing. Der Untergrund des ganzen Bildes besteht aus unzähligen kleinen, dumpffarbigen Quadraten. In der Frauengestalt aber sind zwischen die monotonen grundfarbenen Viereckchen viele leuchtend rote, blaue und grüne Quadrate eingestreut: aufmunternde Künstlergaben zum Trost?

[440] Vgl. Briefe von Lily Klee an Will Grohmann vom 9.6.1935, 12.9.1935, 23.10.1935 und 2.12.1935.
[441] Vgl. Schuppli, Madeleine, in: Glarus 1995, S. 34.
[442] Ebenda. M. Schuppli bezieht sich auf die Briefe von Dr. med. Othmar Huber an Paul Klee, Glarus, 9.4.1940 (ZPKB/SFK), u. von Paul Klee an Dr. med. Othmar Huber, Bern, 14.4.1940 (Privatbesitz, Schweiz).

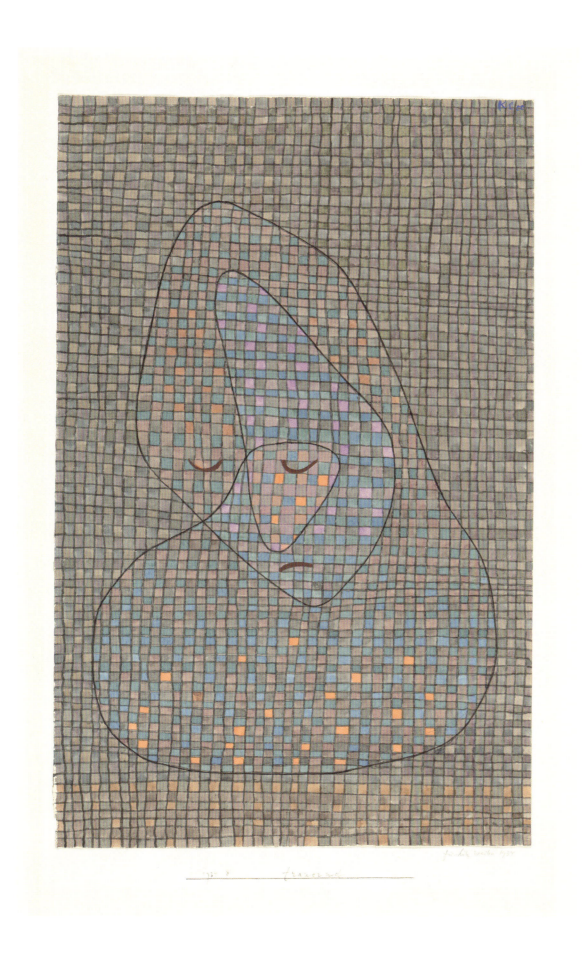

Paul Klee malt dieses Porträt in düsterem Rot-Schwarz im Jahre des Krankheitsausbruchs. Das Gemälde dürfte eine Selbstdarstellung sein. Der Künstler ist enttäuscht über die Amtsenthebung und die Diffamierung durch die Nationalsozialisten. Möglicherweise ahnt er auch sein schweres persönliches Schicksal voraus. Das Gesicht ist in eine dunkle Kapuze gehüllt. Die grossen schwarzen Augen blicken uns ernst, traurig, fragend an. Klee sieht sich als Gezeichneten. (Eine ähnliche Bildinterpretation liegt vom Kunsthistoriker Werner Schmalenbach vor.[443]) Die zwei einzigen vom unteren zum oberen und vom linken zum rechten Bildrand verlaufenden geraden Linien durchkreuzen das Gesicht vielsagend – wie im Gemälde «von der Liste gestrichen» (Abb. 18, Seite 22). Ausgehend von diesen Linien, lässt sich in der Gesichtsmitte zudem ein Hakenkreuz erkennen. Über der dreieckigen Nase ist zwischen den Augen gegengleich ein analoges gleichschenkliges Dreieck hingemalt. Beide geometrischen Elemente werden zur Sanduhr. Die noch verbleibende Lebenszeit von Paul Klee ist terminiert.

---

[443] Vgl. Schmalenbach 1986, S. 93

Abb. 96: Gezeichneter, 1935, 146

Abb. 97: Menschenjagd, 1933, 115

4. Auswirkungen von Schicksal und Krankheit auf die Psyche und das künstlerische Schaffen Paul Klees

Robuste Psyche

«Ich neige vielleicht zum Verderben, aber ich neige auch dazu, mich immer wieder schnell zu retten.»[444], schrieb der 26-jährige Paul Klee. Ahnte er als hoch intuitiver Mensch sein schweres Schicksal damals schon voraus? Der Künstler war ohne Zweifel mit einem robusten Seelenkorsett versehen und optimistisch veranlagt. Doch warfen die Ereignisse in Deutschland 1933, die ihn persönlich hart trafen, zweifellos ihre Schatten auf seine Psyche. Wie es seine Art war, zeigte er dies nicht. Er blieb auch nach Ausbruch der Krankheit in seiner Leidenszeit offen und spontan, herzlich und ausgeglichen.[445] Felix Klee sagte mir, dass sein Vater nicht über die Krankheit habe sprechen wollen.[446] Er schob sie gleichsam von sich weg. Will Grohmann bezeugt dies.[447]

Paul Klee nahm damit eine Haltung ein, wie wir sie nicht selten bei hoffnungslos Kranken antreffen. Der Berner Psychiater Professor Edgar Heim beurteilt dies so: «Wie bei allgemeinen Lebensproblemen ist Verdrängen und Verleugnen nicht immer fehl am Platz. Der Kranke kann sich nämlich so Zeit verschaffen, um mit einer unerwarteten Situation oder einer psychischen Krise, wie sie eine schwere Krankheit ja immer bedeutet, besser zurechtzukommen.»[448] Der Maler erfüllte zudem beispielhaft die von Heim in der Bewältigung einer schweren Krankheit bezeichneten Aufgaben: «[…] sich mit den […] Beschwerden, also Schmerzen, Behinderung und

[444] Klee 1960/2, S. 63 (1905).
[445] Persönliche Mitteilung von Felix Klee an den Verf., Bern, 20.9.1983.
[446] Ebenso, Bern, 20.9.1983.
[447] Vgl. Grohmann 1965, S. 84.
[448] Heim/ML 1980, S. 75.

anderen Symptomen der Krankheit oder Verletzung zurechtzufinden, sie als solche zur Kenntnis zu nehmen, […] ein vernünftiges emotionales Gleichgewicht aufrechtzuerhalten, indem der Kranke mit den Gefühlen wie Angst, Unsicherheit, Verstörtheit usw., die durch die Krankheit ausgelöst werden, fertig werden muss, [...und] jene Ressourcen, jene Reserven, Hilfen, Fähigkeiten und Möglichkeiten in sich selbst und in andern zu aktivieren, die zur Heilung, zur Stabilisierung oder zumindest zum inneren Gleichgewicht beitragen können.»[449]

Edgar Heim schreibt, dass Schwerkranke durch Schwäche und körperliche Behinderung in eine Identitätskrise gelangen können.[450] («Identität» ist in diesem Zusammenhang mit der als «Selbst» erlebten inneren Einheit einer Person zu verstehen.[451]) Er bemerkt weiter, dass bei Schwerkranken oft Angstzustände auftreten können, «[…] aus Furcht vor dem Verlust der Identität, die wir alle brauchen, um unsere Person als etwas Integriertes, Einmaliges wahrnehmen zu können»[452].

Klee hätte allen Grund gehabt, schon vor der Erkrankung in eine tiefe Identitätskrise zu geraten: wegen der Entlassung als angesehener Kunstakademieprofessor, der Diffamierung als Künstler, dem umzugsbedingten Verlust von Freundschaften und der künstlerischen Isolation in Bern.

Man kann sich leicht vorstellen, wie schwierig es für ihn war, sich unter solch misslichen Umständen auf eine ungewisse Zukunft auszurichten. Sein starker Wille, sein Optimismus, seine Familie, die wenigen Freunde und der unerschütterliche Glaube an seine Kunst trugen ihn durch die schwere Zeit. Er mag sich auch auf seine Notiz aus dem Jahre 1900 zurückbesonnen haben: «Im Sturm werd' ich klarer, und das Leben fesselt mich.»[453]

Als Klee 1935 schwer erkrankte, war er erst 55-jährig. Er hätte ohne Krankheit also mit einer durchschnittlichen weiteren Lebenserwartung von etwa 20 Jahren rechnen dürfen: eine lange Zeit für einen produktiven Künstler im Zenit seiner Kreativität. Nun fühlte er wohl, dass ihm nur noch eine verhält-

---

[449] Heim/ML 1980, S. 79 f.
[450] Vgl. ebenda, S. 80.
[451] Vgl. Duden, Fremdwörterbuch, 3. Aufl., Bd. 5, Bibliographisches Institut, Dudenverlag, Mannheim/Wien/Zürich 1974, S. 311.
[452] Heim/ML 1980, S. 107.
[453] Klee 1960/2, S. 21 (1900).

nismässig kurze Lebenszeit bevorstehen könnte, bestenfalls noch einige Jahre. Die Schaffensperspektive war plötzlich völlig ungewiss. Er befürchtete, sein grosses künstlerisches Potenzial nicht mehr so ausschöpfen zu können, wie er es sich wünschte. Dank seiner Seelenstärke vermochte sich Paul Klee aber aufzuraffen und sich gut auf die ungewisse Zukunft einzustellen. Er überwand die Krise der Jahre 1933 bis 1936 durch seinen Glauben an sich selbst und seine Kunst. Er fand zu sich selbst zurück, und er wusste im Todesjahr, dass er trotz seiner Krankheit in den wenigen Leidensjahren ein bedeutendes Spätwerk verwirklicht hatte, das sein Gesamtwerk abrundete.

Jürgen Glaesemer erwähnt: «Häufig zeigen sich bei Sklerodermie auch psychopathologische Syndrome, die so ausgeprägt sein können, dass im medizinischen Jargon sogar von einer ‹sklerodermischen Persönlichkeit› gesprochen wird. Unruhezustände, Depressionen und Angstträume gehören zum Krankheitsbild dieser ‹körperlich begründbaren Psychose›.»[454] Er nimmt dabei Bezug auf W. Gottwald und J. Benos.[455] Glaesemer fährt fort: «Die Frage, ob und in welcher Form spezifische Merkmale der Krankheit in Klees Psyche und damit auch in seinem Werk zum Ausdruck kommen, würde eine eingehende Analyse aller erreichbaren Fakten unter neurologischen und psychiatrischen Kriterien voraussetzen. Von einer ausgesprochenen psychischen Erkrankung oder gar einer Minderung der geistigen Fähigkeiten kann bei Klee nicht die Rede sein. Seine Krankheit ist als Teil seines Wesens zu verstehen, es erfüllen sich in ihr Merkmale seiner individuellen Psyche.»[456] Da gehe ich mit Jürgen Glaesemer völlig einig. Eine schwere körperliche Krankheit hat stets auch psychische Auswirkungen. Äusserlich zeigte sich Paul Klee aber ruhig und gefasst. Er war nicht depressiv veranlagt[457] und erlitt keine «körperlich begründbare Psychose», wie sie Gottwald und Benos beschreiben. (Unter «Psychose» wird eine psychische Störung mit strukturellem Wandel des Erlebens verstanden. Es gibt organische, körperlich begründbare Psychosen und nicht organische, körperlich nicht begründbare.[458]) Dass Klees Seelenleben aber während der Krankheit zeitweise sehr bewegt war, kommt zweifellos in seinem Schaffen zum Ausdruck. Die Krankheit verlief schubweise.

[454] Glaesemer 1976, S. 318, Anm. 17.
[455] Vgl. Gottwald u. Benos/ML 1974.
[456] Glaesemer 1976, S. 318, Anm. 17.
[457] Persönliche Mitteilung von Felix Klee an den Verf., Bern, 20.9.1983.
[458] Pschyrembel/ML 1998, S. 1315.

Abb. 98: Angstausbruch, 1939, 27

Nach Phasen der Besserung und der Hoffnung kamen immer wieder Rückschläge, die Sorgen, Bangigkeit, Missmut, Niedergeschlagenheit, Zweifel, Hoffnungslosigkeit, aber auch Angst mit sich brachten. Solche Zustände manifestieren sich in seinen Werken, vor allem in den Zeichnungen (zum Beispiel Abb. 98, 99, 101, 103, 104, 107, 108, 110 bis 113, 117, 118, 125, 126).

Paul Klee spürte wohl intuitiv, dass er an einer unheilbaren Krankheit litt. Er lehnte sich aber nicht gegen die Krankheit auf. Er versuchte das Unabänderliche als Schicksal anzunehmen. Als grundehrlicher Mensch verschweigt er uns seine Sorgen und Ängste aber nicht. Angst ist bekanntlich ein Ur-Instinkt, der uns in Alarmbereitschaft versetzt und uns auf eine drohende Notsituation aufmerksam macht. Eine aufgetretene schwere Krankheit bereitet uns Angst. Wird das Leiden beschwerlich und schmerzhaft werden? Könnte es sogar lebensbedrohlich sein? Dazu schreibt Edgar Heim: «Mit fortschreitendem körperlichem Zerfall pflegen auch die psychischen Funktionen sich zu verändern, wie umgekehrt die psychische Haltung des Patienten das Fortschreiten seiner Krankheit beeinflussen kann. In einer der wenigen bekannten Vergleichsuntersuchungen von hundert unheilbar Kranken gegenüber hundert heilbaren Schwerkranken[459] ergab sich unter anderem folgendes: Die Kranken mit einer zum Tode führenden Störung waren in ihrem Gefühlszustand viel mehr betroffen als die körperlich Schwerkranken, deren Leiden nicht unheilbar war: 70 Prozent hatten deutliche Angstzustände (gegenüber 50 Prozent der Heilbaren).»[460]

Parallel zu Klees Denken und Fühlen über seinen eigenen Zustand ging wohl auch stets die Sorge um die politische Entwicklung in Deutschland, hatte er doch die Arroganz, die rassistischen Tendenzen und die entwürdigenden Massnahmen der neuen Machthaber «am eigenen Leibe» erfahren. Er sprach zwar nicht darüber, wollte sich nicht zusätzlich damit belasten, konnte die Besorgnis als feinfühlender Mensch aber nicht einfach beiseite schieben. Die politische Entwicklung in Deutschland konnte ihm und seiner Frau schon deshalb nicht gleichgültig sein, weil ja ihr Sohn und gute Freunde in Deutschland lebten und dort engagiert beruflich tätig waren.

[459] Vgl. Hinton/ML 1963, zit. von Edgar Heim, in: Heim/ML 1980, S. 105.
[460] Ebenda.

Abb. 99: Angstausbruch III, 1939, 124

Ich bin überzeugt, dass Klee sehr bald die ganze Brutalität der Nationalsozialisten, das Elend, den sich anbahnenden Krieg und die Katastrophe in Europa voraussah. Dies deutet Jürgen Glaesemer an: «Klee sah in den Tagen nach Hitlers Machtergreifung voraus, was zu erwarten war.»[461] Er war eben nicht nur in seiner Kunst ein «Avantgardist», sondern im eigentlichen Sinne des Wortes auch ein «Vorausseher» des Weltgeschehens. Es könnte also durchaus sein, dass sich seine Zeichnungen und Gemälde der «Angst» vorausblickend auch auf die Angst, die Not und die Verzweiflung der Unterdrückten und Verfolgten in Deutschland ausrichteten. Klees Zeichnungen gemahnen in ihrer Eindringlichkeit an Angstdarstellungen in Zeichnungen von Käthe Kollwitz, in Radierungen von Gregor Rabinovitch und in Gemälden von Edvard Munch.

[461] Glaesemer 1984, S. 342.

Zu Abb. 98 und 99:

Paul Klee ist schwer krank. Da ist es nur natürlich, dass sich Angst einstellt. Wie in vielen andern Zeichnungen und einzelnen Gemälden aus den Jahren 1937 bis 1939 bricht der dargestellte menschliche Körper auseinander. Jürgen Glaesemer schreibt dazu: «Zu Beginn des Jahres 1939 führte er [Klee] eine Folge von Zeichnungen aus, die in extremer Form menschliches Leiden spiegeln. Es erscheinen darin Figuren, deren Körper sich qualvoll in verschiedene Bestandteile auflösen. Hände, Arme, Beine und unbestimmte Körperfragmente fallen auseinander und verteilen sich, in geschlossenen Formen zertrennt, wie Inseln über das Blatt. Einzig der Kopf hebt sich durch eine Innenzeichnung von den übrigen Teilen ab, wobei auch hier die grossen Augen, die Nase und der geöffnete Mund ihren Halt verlieren und beliebig durcheinanderfallen. Zumeist wirken die Gesichter leidend, verzweifelt, schmerzverzerrt oder resigniert.»[462]

Der Kopf mit den angsterfüllten grossen Augen und dem weit geöffneten Mund gemahnt an Edvard Munchs wohl berühmtestes Bild: «Der Schrei» aus dem Jahre 1893.[463] Es stammt ebenso aus eigenem Erleben. Da Paul Klee im Gegensatz zu Edvard Munch seelisch robust war, gelang ihm das Leben mit der Angst besser.

Jürgen Glaesemer stellt fest, dass Klee schon 1934, also nach der Entlassung durch die Nationalsozialisten, aber vor dem Ausbruch der Krankheit, ein Tafelbild mit dem Titel «Angst», 1934, 202 malte.[464] Er vergleicht es mit den beiden Federzeichnungen Angstausbruch, 1939, 27[465] (Abb. 98) und Angstausbruch II, 1939, 110[466] sowie mit dem Aquarell Angstausbruch III, 1939, 124 (Abb. 99) und schreibt über Letzteres, dass «[...] die Steigerung vom abstrakt verallgemeinernden zu einem persönlich empfundenen Ausdruck nicht zu übersehen [ist]. Menschliche Verzweiflung nimmt im späten Aquarell so unmittelbar Gestalt an, dass sich unweigerlich die Frage nach dem Zusammenhang zwischen dem Bildmotiv und Klees individuellem Schicksal aufdrängt. Sicher spiegeln sich in entspre-

---

[462] Glaesemer 1976, S. 334 f.
[463] Eggum, Arne (Dr. phil. I, Chefkonservator, Munch-Museum, Oslo), in: Eggum 1998, S. 225: «Dieses bedeutendste Kunstwerk Munchs ist zum Sinnbild für die Existenzangst des zivilisierten Menschen geworden.» Und: Chiappini, Rudy (Dr. phil., Kunsthistoriker, Direktor der Museen der Stadt Lugano), ebenda, S. 84: «[...] Ein unausweichliches irdisches Schicksal, das permanent auf dem Menschen lastet und zum zentralen Thema der Sektion ‹Angst zu leben› wird, welche den Schrei von 1893 enthält, das berühmteste Bild Munchs, das zum Emblem des modernen Menschen, seiner Entfremdung und seiner existentiellen Qual wurde.»
[464] Vgl. Glaesemer 1976, S. 335.
[465] Klee verzeichnet einen Untertitel «Angstgeschrei».
[466] Die Federzeichnung ist identisch mit der Vorhergehenden (Abb. 98), aber mehr als doppelt so gross.

chenden Figuren auch Empfindungen des persönlichen Leidens. Es wäre jedoch falsch, hinter einer Komposition wie dem ‹Angstausbruch› eine ganz spezifische biographische Situation zu vermuten».[467]

Paul Klee vermochte also vom Persönlichen zu abstrahieren, einen Gefühlszustand kreativ zu verarbeiten. Er stand geistig-seelisch über seiner Krankheit. Er distanzierte sich in einem gewissen Sinne von ihr und arbeitete seine seelischen Nöte in den Zeichnungen und Gemälden auf, deponierte die Sorgen gleichsam auf Papier und Leinwand. Dadurch vermochte er in seiner Krankheitszeit bis zuletzt immer wieder Werke zu schaffen, die vom psychischen Erleben völlig losgelöst sind.

Klee dürfte dem Tod ruhig und getrost entgegengesehen haben. Seine Aussage von 1930: «Der Tod ist nichts Schlimmes, damit habe ich mich längstens abgefunden»[468], deutet dies an. Edgar Heim schreibt, dass gläubige Patienten in der Lebensendphase weniger Angst verspüren als ungläubige: «Es ist unbestritten, dass tief religiöse Menschen im allgemeinen leichter sterben, da ihnen im Glauben an das Jenseits eine besondere Zuversicht offensteht.»[469] Zweifellos war Paul Klee religiös (Abb. 100). Er glaubte an ein Jenseits. Im Jahre 1915 schreibt er in sein Tagebuch: «Man verlässt die diesseitige Gegend und baut dafür hinüber in eine jenseitige, die ganz ja sein darf.»[470]

Kommen wir nochmals kurz auf die von Jürgen Glaesemer aufgeworfene Frage zurück, «[…] ob und in welcher Form spezifische Merkmale der Krankheit in Klees Psyche und damit auch in seinem Werk zum Ausdruck kommen […]» (Seite 129, Anm. 456). Die Frage dürfte nun wie folgt beantwortet werden: Eigentliche sklerodermiespezifische Merkmale sind in Klees Psyche nicht erkennbar. Eine Psychose kann bei ihm mit Sicherheit ausgeschlossen werden. Dagegen äusserte sich die Krankheit konkret in seinem Spätwerk (siehe Kapitel 5). Wenn Sklerodermiekranke aber – nach E. G. L. Bywaters – oft einen ausgeprägten Arbeitsdrang entwickeln (siehe Seite 97, Anm. 367), so trifft dieses Merkmal zweifellos auf Klee zu: Seine «Überaktivität» mündete gezielt in die enorme schöpferische Produktivität.

Eine Art von Stille leuchtet zum Grund.
Von ungefähr
scheint da ein Etwas,
nicht von hier,
nicht von mir,
sondern Gottes.
Gottes! Wenn auch nur Widerhall,
nur Gottes Spiegel,
so doch Gottes Nähe
Tropfen von tief,
Licht an sich.
Wer je schlief und der Atem stand:
der ......
Das Ende heim zum Anfang fand.

Abb. 100: Gedicht von Paul Klee aus dem Tagebuch von 1914, Nr. 948

---

[467] Glaesemer 1976, S. 335 f.
[468] Zit. nach Petitpierre 1957, S. 65. (s. auch Anm. 573), u. vgl. Grohmann 1965, S. 358. Das Zitat wird von Grohmann auf das Jahr 1930 datiert.
[469] Heim/ML 1980, S. 105 u. 106.
[470] Klee Tgb., Nr. 951.

Abb. 101: Tänze vor Angst, 1938, 90

In diesem Gemälde versuchen Personen ihre Angst durch körperliche Aktivität zu verdrängen oder zu meistern: Sie beginnen zu tanzen.

Jeder Mensch ist ein unverwechselbares, einmaliges Individuum. Deshalb reagiert er auch individuell auf ein Trauma, auf einen Schicksalsschlag, auf eine schlimme Nachricht. Die meisten Menschen sind schockiert, wenn sie unvorbereitet die Diagnose einer schweren Krankheit vernehmen.

Viele Patientinnen und Patienten spüren zwar nach meiner Erfahrung intuitiv, dass ihre Krankheit schlimm ist: auf Grund des ärztlichen Verhaltens und der angeordneten Untersuchungen. Erstaunlicherweise wollen sie dann aber oft nicht mit der genauen Diagnose und Prognose konfontiert werden; sie fragen nicht danach. Die Ärzte sind heute jedoch, im Gegensatz zu früher, der Meinung, man dürfe die Diagnose einer schweren Krankheit nicht verheimlichen, da Ehrlichkeit erwartet werde. Der/die Kranke könne sich dadurch besser auf die noch verbleibende Lebenszeit einstellen. Dies ist sicher richtig. Dazu bedarf es aber stets eines behutsamen, schrittweisen Vorgehens in einfühlsamen Gesprächen – und die ärztliche Unterstützung des Patienten in seiner Hoffnung auf eine Besserung, auch wenn nur noch ein Fünkchen Hoffnung besteht. Ich habe mehrere ältere Hautkrebskranke betreut, bei denen die Prognose statistisch hoffnungslos war, die aber überlebten! Ich kann weiter von einer Krebspatientin berichten, die im Sterben lag. Wunderbarerweise erholte sie sich, als ihre Schwester sie Tag und Nacht betreute, umsorgte und aufmunterte. Es geschehen immer wieder Wunder. Mit Prognosen sollte man zurückhaltend sein. Der Mensch lässt sich eben nicht mathematisch-elektronisch programmieren.

Paul Klee war konstitutionell robust, seelisch ausgeglichen, geistig überlegen. Er suchte die Stabilität und erreichte sie wohl auch dann, wenn Negatives auf seine Person einwirkte. Er strebte nach einem Gleichgewicht in allen Dingen, und er wurde ein wagemutiger, sicherer Seiltänzer auf hohem Seil. Ich glaube, dass er die Mitteilung der Diagnose und Prognose seiner tödlich verlaufenden Krankheit ebenso ertragen und verarbeitet hätte wie zuvor die Diffamierung und Amtsenthebung durch die Nationalsozialisten.

Das seelische Befinden von Paul Klee während seiner Krankheitszeit kommt verschlüsselt in tagebuchartigen Zeichnungen zum Ausdruck. Neben Darstellungen der Angst und der Niedergeschlagenheit finden sich auch solche der Hoffnung, des Sich-Aufraffens und der Zuversicht. Die folgenden Zeichnungen mögen dies illustrieren.

Zu Abb. 102:
Die Krankheit hat den Künstler erheblich mitgenommen. Zweifel an einer Besserung kommen auf. Auch in dieser Zeichnung haben sich Körperteile vom Körper losgelöst, der Mensch scheint zu zerfallen. Rechts unten finden wir einen niedergefallenen Menschen. Doch dann steht dieser Mensch auf, streckt sich, ergreift eine Trompete und schmettert seinen Namen aus dem Instrument heraus: «Klee». Er macht sich Mut und setzt seinem Schicksal ein trotziges «Und dennoch!» entgegen. Tatsächlich wird die künstlerische Produktivität in erstaunlichem Masse zunehmen.

Zu Abb. 103:
Wenn auch der Geist willig ist, so bleibt der kranke Körper doch schwach. Das Sich-Aufraffen, das Aufstehen gestaltet sich schwierig. Der Glaube an eine Besserung, die Hoffnung auf Genesung schwinden mehr und mehr.

Abb. 102: auferstehn!, 1938, 478

Abb. 103: schwierige Auferstehung, 1939, 221

In «O! über mir!» bezieht sich der Künstler im Bildtitel wohl wiederum auf sich selbst. Ein plumpes Gebilde hat sich über dem Kranken geformt. Es scheint sich auf ihn hinzubewegen. Klee stützt die rechte Hand an seinen Kopf. Sein hartes Schicksal belastet ihn schwer.

Abb. 104: O! über mir!, 1939, 201

Nur drei Zeichnungen nach dem «O! über mir!» erscheint in gleicher Anordnung ein nun fast frohgemutes Gesicht. Das zuvor schwer über dem Kopf lastende Gebilde hat sich in sich zusammengezogen. Es scheint sich zu entfernen: «besseres naht»! Die Krankheit von Paul Klee verlief schubweise. Es gab Zeiten der Besserung, in denen Hoffnung aufkam.

Abb. 105: besseres naht, 1939, 204

Abb. 106: Uebermut, 1939, 1251

Jürgen Glaesemer schreibt: «Im Tafelbild ‹Übermut› bestimmt die monumentale Zeichnung den Charakter der gesamten Komposition. Die verschiedenen Farben geben dem Liniengerippe Volumen und bringen mit verteilten Akzenten eine balancierende Spannung ins Bild. Im Ausdruck ordnen sie sich jedoch den linearen Elementen unter. [...] Der grossen Figur in ‹Übermut›, die halsbrecherisch auf einer schmalen Linie jongliert, ist das Motiv des Spiels mit dem Schicksal nicht fremd. Sie erinnert darin auch an die bekannte Ölfarbezeichnung vom ‹Seiltänzer›, 1923, 121 [Abb. 109]. Im Gegensatz zu der mechanisch wirkenden Puppe der frühen Komposition bringt der Seiltänzer in ‹Übermut› allerdings auch seine individuellen Empfindungen zum Ausdruck. Seine Freude über den geglückten Balanceakt wird durch ein Ausrufezeichen hervorgehoben. Ein guter Stern über seinem Kopf hat sein augenblickliches Schicksal gelenkt. Den schwarzen Linien und der gedrängten Form ist allerdings anzumerken, dass diese mit Galgenhumor durchsetzte Freude sich gegen einen dunklen Grund zu behaupten hat und auf persönlichem Erleben beruht, weit mehr, als es im heiteren Spiel des frühen Seiltänzers zum Ausdruck kam. Dem ‹Übermütigen› glückt ein Tanz über dem Abgrund des Lebens.»[471] Wolfgang Kersten fasst das Gemälde «als Allegorie seiner [Klees] künstlerischen Existenz und als Ausdruck seines zeitgeschichtlichen Bewusstseins» auf.[472] – Zu beachten sind weiter die folgenden Details: Der Seiltänzer streckt dem Schicksal übermütig die Zunge heraus, in der linken unteren Ecke schaut ein Hündchen gebannt der Akrobatik zu, während in der rechten unteren Ecke schon der Tod lauert.

In den Zeichnungen «stürze auch ich?» und «leider eher abwärts» gibt Klee seinem Zweifel an einem guten Ausgang des Balanceaktes zwischen Leben und Tod direkt Ausdruck. Die Stellung der Hände im Fallen lässt zwar eine letzte, geringe Hoffnung erkennen: die Hoffnung, doch noch irgend einen Halt zu finden.

Abb. 107: stürze auch ich?, 1940, 119

Abb. 108: leider eher abwärts, 1939, 846

[471] Glaesemer 1976, S. 343.
[472] Kersten 1990, S. 8 u. 49.

Abb. 109: Der Seiltänzer, 1923, 121

Im Gemälde «Der Seiltänzer» aus dem Jahre 1923 hat ein Artist über eine Strickleiter das hohe Seil erklommen. Vorsichtig, mit Bedacht setzt er nun Schritt vor Schritt. Eine lange Stange in den Händen erleichtert die Balance. Der Mann steht im Scheinwerferlicht. Ein am Seil schwebendes Liniengerüst stellt eine nicht eben sichere Schutzmassnahme für einen eventuellen Sturz dar. Unten ist ein Gesicht angedeutet (das Antlitz des Seiltänzers in Grossaufnahme wie in einer modernen Bildschirm-Projektion?), aus dem volle Konzentration spricht. Dank höchster Aufmerksamkeit wird der Seiltänzer sein Ziel erreichen. So wie wir im Zirkus gebannt auf den leicht schwankenden Artisten auf dem hohen Seil sehen, betrachten wir die sich oft in einem labilen Gleichgewicht befindenden, spannungsvollen Bilder von Paul Klee. In seinem theoretisch-didaktischen Werk, das fast 4000 Manuskriptseiten als Vorbereitung auf seinen Unterricht am Bauhaus in Weimar und Dessau von 1921 bis 1930 umfasst (und das unter der Bezeichnung «Pädagogischer Nachlass» im Zentrum Paul Klee in Bern aufbewahrt wird)[473], räumt er dem Gleichgewicht im bildnerischen Gestalten einen hohen Stellenwert ein.[474]

◁ Christine Hopfengart äussert sich zu diesem Werk wie folgt: «Eine besonders vielschichtige Darstellung des Themas ‹Gleichgewicht› ist ‹Der Seiltänzer›, in dem Kunsttheorie, Psychologie und Poesie gleichermassen vereint sind. Das Streben nach Gleichgewicht als ein ständiges Abwägen und Verschieben der ‹Gewichte›, als ein Ausbalancieren der Bildelemente und Farben ist in vielen Bildern von Paul Klee zu finden.»[475] Hans Christoph von Tavel sieht es auch so: «Es geht Klee in den seltensten Fällen um ein symmetrisches Gleichgewicht, es geht ihm immer auch um Kräfte und Bewegungen, deren gegenseitige Wirkung zu einem oft labilen, gefährdeten Gleichgewicht führen.»[476]

Abb. 110: labiler Wegweiser, 1937, 45

Zu Abb. 110:
An einer dünnen Wegweiserstange – es könnte auch ein Schilfrohr sein – hat Klee ein durchsichtiges Tuch als Fahne befestigt. Die Stange steht schief; deren Befestigung an einem grossen Stein hat sich gelockert. Der Wegweiser ist labil – wie der Gesundheitszustand des Schwerkranken. Die Stange könnte schon beim nächsten Windstoss umkippen, eine Böe vermöchte das Schilfrohr zu knicken – das Leben könnte bald zu Ende gehen. Die Sonne scheint düsterrot durch die transparente Fahne hindurch, der Pfeil zeigt nach rückwärts, der Himmel ist bewölkt.

---

[473] Vgl. Savelli, Rossella, in: Pfäffikon 2000, S. 9.

[474] Klee 1956, z.B. auf S. 172, 176–181, 196–216, 235, 309, 386–394.

[475] Hopfengart, Christine, im Begleittext der Ausstellung «Paul Klee im Kunstmuseum Bern» vom 15.2.2002–15.5.2003.

[476] von Tavel, Hans Christoph, in: Paul Klee. Vom Leben und Sterben in seinen Stillleben, Vortrag, Rom, 22.2.2001, u. Bologna, 27.2.2001. Ich danke für die Zustellung des Manuskripts (12 Seiten), dem ich das Zitat in der Besprechung von Klees Gemälde «Schwankendes Gleichgewicht», 1922, 159 entnommen habe (S. 3).

Abb. 111: niedergeschmettert, 1939, 1065

Die Krankheit hat den geschwächten Körper erneut «zu Boden geworfen». Des Malers neuartige Kunst wird in der Schweiz nicht verstanden. Ausstellungen finden eine geringe Beachtung. Nur einige wenige Freunde, Kunstsammler, Kunsthistoriker und Künstler stehen zu ihm. Paul Klee fühlt sich «niedergeschmettert», auch seelisch.

Zu Abb. 112:
Wie ein Periskop eines Unterseebootes taucht der senkrecht emporgestreckte Arm des am Boden Liegenden auf. Der «Niedergeschmetterte» hält Ausschau nach Rettung. Die abgewinkelte Hand signalisiert, schwach winkend, «SOS» als letztes Lebenszeichen. Sie bittet um Hilfe in grosser Not.

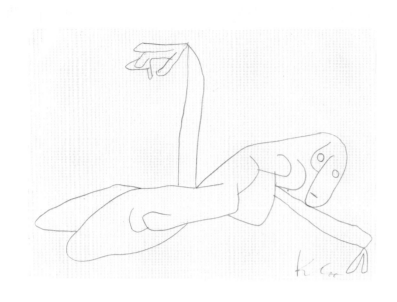

Abb. 113: Zwiegespräch Baum – Mensch, 1939, 403

Abb. 112: SOS, letztes Zeichen, 1939, 652

Zu Abb. 113:

1923 hält Paul Klee in einem Text «Wege des Naturstudiums» fest: «Die Zwiesprache mit der Natur bleibt für den Künstler conditio sine qua non [unentbehrliche Voraussetzung]. Der Künstler ist Mensch, selber Natur und ein Stück Natur im Raume der Natur.»[477] Die Zeichnung enthält eine vordergründig heitere, hintergründig aber ernste Note. Ein Baum neigt sich gefährlich nahe einem am Boden liegenden Menschen zu. Die für den Künstler so wichtige Zwiesprache mit der Natur wird plötzlich dramatisch. Der Himmel ist bewölkt, die massige Baumkrone wirkt bedrohlich. Sie schwankt als schwere Last über dem Menschen. Wie leicht kann der gebogene Baumstamm ob der Last brechen und den Menschen erdrücken. Dieser greift sich mit beiden Händen an die Stirn, seine Augen sind angsterfüllt. Er denkt nach, wie er sich wohl noch aus dieser prekären Lage befreien könnte. Reflexartig hebt er sein rechtes Bein, will es dem Baum entgegenstemmen – ein aussichtsloser Versuch!

[477] Klee 1923, S. 24, wieder abgedruckt in: Klee 1976, S. 124.

Abb. 114: fliehn auf Rädern, 1939, 653

Diese Zeichnung folgt unmittelbar auf diejenige mit dem Titel «SOS, letztes Zeichen» (Abb. 112). Klee fühlt sich durch die Krankheit bedrängt. Seine Situation erscheint aussichtslos. Wäre vielleicht eine Flucht noch möglich? Am besten auf Rädern, mit seiner Frau zusammen? Der Schicksalsklumpen verharrt aber bedrohlich-monströs und streckt seine Fänge nach den beiden Fliehenden aus. Das Fatum wird sie wieder einholen.

Abb. 115: Flucht, 1940, 121

Hier flieht ein Mensch in schnellem Lauf. Angstvoll blickt er zurück.

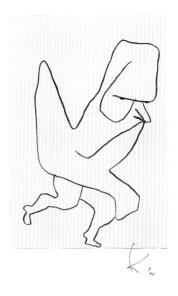

Abb. 116: er entrinnt nicht, 1940, 231

Zu Abb. 116:
Auch in der Zeichnung «er entrinnt nicht» versucht ein Mann vergeblich raschen Schrittes zu fliehen. Er hat sich in einen weiten Mantel gehüllt. Um nicht erkannt zu werden, hat er die Kapuze tief ins Gesicht heruntergezogen.

Zu Abb. 117:
«O mein Gott!», ruft Klee aus. Er ist sich seines Schicksals bewusst. Die Aussage steht ihm im wahrsten Sinn der Worte buchstäblich ins Gesicht geschrieben.

Abb. 117: mon dieu!, 1939, 551

Abb. 118: der Graue und die Küste, 1938, 125

Wir blicken auf eine stark gegliederte, fjordähnliche Küste hinunter. Zwischen zwei Landzungen deutet Klee ein Schiff an. Aus der oberen rechten Bildecke äugt ein Mensch skeptisch auf die Küstenlandschaft. Diese wandelt sich aus seiner Sicht dramatisch: Die Sonnen- und Mondsymbole am linken Bildrand werden zu Augen von Haifischen, die Landzungen zu weit geöffneten Raubfischmäulern. Der Mensch «ergraut» angesichts dieser unmittelbaren ernsten Bedrohung.

Abb. 119: Abfahrt des Abenteurers, 1939, 735

Paul Klee fühlt sein Ende nahen. Er wird sich im Bild mutig allein in einem einbaumartigen kleinen Segelschiff auf die hohe See begeben. Hinten im Boot hat er eine Flagge aufgezogen. Sie trägt den Buchstaben «K» (Klee). Die Seefahrt wird abenteuerlich werden. Der Seefahrer winkt zum Abschied, aufrecht stehend im schmalen, zerbrechlich wirkenden Boot. Die Zeichen stehen schlecht. Der Himmel ist grau, ein Sturm kündet sich an, die Wellen gehen hoch.

Abb. 120: Ruderer in der Enge, 1939, 728

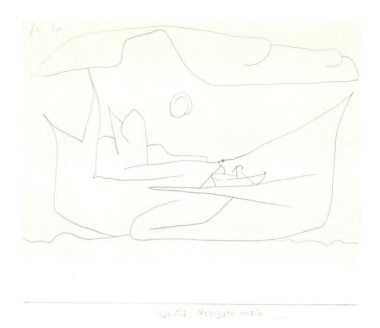

Abb. 121: Navigatio mala, 1939, 563

In dieser, der nebenstehenden und den nachfolgenden drei Abbildungen läuft vor unseren Augen ein visionäres Drama eines Ruderers ab. Ein Ruderer ist gestrandet. Er steigt aus dem Boot, will es wieder flott bringen. Der lateinische Titel der Zeichnung «Navigatio mala» (schlechte Schifffahrt) deutet es an: Vor dem Gestrandeten türmen sich Felsen auf.

Zu Abb. 120:
Der Ruderer ist in einen Engpass geraten, gleichsam in ein Labyrinth. Verzweifelt sucht er einen Ausweg. Hohe Hindernisse stellen sich ihm entgegen. Er sieht sich in die Enge getrieben.

Zu Abb. 122:
Plötzlich gelangt der Ruderer in eine Strom-Schlucht. Sogleich ist er sich der grossen Gefahr bewusst. Mit aller Kraft stemmt er ein Ruder gegen die Abgrundkante, versucht den Absturz zu verhindern. Das reissende Wasser stürzt tosend in die enge Schlucht hinunter. Sie hat eine Y-Form. Der Ruderer wird mitgerissen werden.

Abb. 122: Strom-Schlucht bei Y, 1939, 734 ▷

Abb. 123: wettrudern, 1940, 172

Der Ruderer befindet sich hier in einem Wettkampf (Überlebenskampf). Ein anderer Ruderer taucht kurz vor dem Ziel von hinten auf und rudert neben ihm um die Wette, um den Sieg. Es ist der Tod, und Klee muss einsehen, dass ihn dieser Konkurrent überholen wird: Im Ziel wird die Nummer 2 vor seiner Nummer 1 stehen. Er weiss nun, dass er den Wettkampf mit dem Tod verlieren wird.

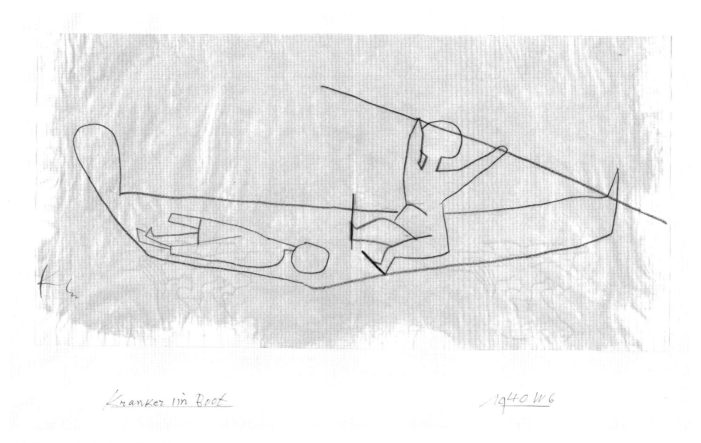

Abb. 124: Kranker im Boot, 1940, 66

Diese Zeichnung lässt an Charon, den Totenfährmann, denken, der die Seelen der Verstorbenen über den Acheron führt. Sie zeigt aber – gemäss dem Bildtitel – einen im Boot liegenden Kranken. Der Schwerkranke spürt, dass der Tod nahe ist. Der Bootsführer könnte also schon bald zum Charon werden. Interessant ist, dass Paul Klee eine kurz zuvor entstandene Zeichnung mit «Charon», 1940, 58 betitelt hat.

Abb. 125: der Unstern, 1939, 538

Abb. 126: dieser Stern lehrt beugen, 1940, 344

Zu Abb. 125:
Über einem in sich gekehrten Menschen schwebt bedenklich nahe ein mehrzackiger Stern, der Pein und Schmerz bereitet. Der «Unstern» kündet eine unheilvolle Entwicklung an. Der Betroffene versucht auszuweichen. Er beugt sich zurück, beschwört das sich abzeichnende Unheil.

Zu Abb. 126:
Der «Unstern» erscheint nun als Zahnrad, mit dem der weitere Lebensverlauf unaufhaltsam, Zahn um Zahn, vorangetrieben wird. Klee hat sich seinem Schicksal gebeugt, er hat es schweren Herzens angenommen. Der Stern hat ihn dies gelehrt. Der senkrecht auf den Rücken einwirkende dicke Balken mag den Druck symbolisieren, dem der Kranke durch sein Leiden ausgesetzt ist und der seinen Körper und seine Seele niederdrückt. Neben ihm schreitet aber ein ihn begleitendes Wesen (seine fürsorgliche Lebensgefährtin?).

Wie konnte es zur schweren Erkrankung kommen?

Der Lebensverlauf ist oft schicksalshaft. Häufig finden wir keine Erklärung für eine plötzlich auftretende schwere Erkrankung. Paul Klee erfreute sich bis ins Alter von 55 Jahren einer ausgezeichneten Gesundheit.[478] Er hatte eine robuste Konstitution (siehe Seite 39, Anm. 72). Dafür spricht auch die Tatsache, dass er kaum grippeanfällig war. Die wenigen Male, wo er an Grippe litt, trat sie nur leicht auf – sogar 1937 und 1939, als er schon schwer krank war.[479] In seinen Tagebüchern von 1898 bis 1918 finden sich drei Notizen über eine erlittene Grippe in den Jahren 1914[480], 1916[481] und 1918. Bekanntlich raffte die «Spanische Grippe», eine besonders schwer verlaufende Grippewelle, im Jahre 1918 viele Menschen dahin. Klee befand sich zu dieser Zeit noch im Kriegsdienst. Am 14. November 1918 schrieb er in sein Tagebuch: «Ich hatte einen deutlichen Grippeanfall, bekam vorgestern Fieber und Husten. Eine phantasievolle Nacht machte mich aber wieder gesund. Es war zu deutlich, daß es ausbrechen wollte und nicht konnte.»[482]

Es ist nun auffällig, dass Paul Klee im Sommer 1935 unvermittelt schwer an einer primär scheinbar banalen viralen Affektion der oberen Luftwege erkrankte, von der er sich nur mühsam erholte. Suchen wir nach einer möglichen Erklärung, so drängt sich die Tatsache der für ihn tragischen Lebenszäsur auf. Ich bin überzeugt, dass die Verfemung und die Amtsenthebung durch die Nationalsozialisten sowie die Emigration in das von ihm als ‹eigentlicher Heimatort›[483] bezeichnete Bern zur Krankheitsauslösung beigetragen haben. Die Auswanderung in die Schweiz, die den in Deutschland zuvor hoch angesehenen Maler und Pädagogen kaum wahrnahm und ihm sogar die kalte Schulter zeigte (siehe Seiten 28–30), konfrontierte Klee mit neuen Lebensbedingungen. Auch andere Autoren, wie F. J. Beer[484], Michael Reiner[485] und Gabriele Castenholz[486], halten einen Zusammenhang des Krankheitsausbruchs mit den Diffamierungen und der Amtsenthebung durch die Nationalsozialisten für möglich oder wahrscheinlich. Kränkung kann bekanntlich krank machen! Paul Klee selbst schreibt am 3. April 1933 an seine Frau Lily: «Ich gebe zu, dass die ganze Ungewissheit um Amt und Bezüge aufregend wirken kann. Doch das nützt ja nichts, im Gegenteil, es

[478] Vgl. Brief von Lily Klee an Rudolf Probst, Bern, 10.11.1935 (PBD), u. vgl. Brief von Lily Klee an Daniel-Henry Kahnweiler, Bern, 30.11.1935 (Standort unbekannt).

[479–482] Siehe Anhang: Angaben über Grippeerkrankungen von Paul Klee (S. 268).

[483] Vgl. Klee 1940, S. 14.

[484] Vgl. Beer/ML 1980, S. 247.

[485] Vgl. Reiner/ML 1990, [S. 35].

[486] Vgl. Castenholz/ML 2000, S. 143 u. 145.

macht krank, zehrt an den Nerven und am Gemüt, und dann geschieht wirklich ein Hauptunglück als wankende Gesundheit.»[487]

Edgar Heim misst psychischem Stress bei der Auslösung körperlicher Krankheiten eine bedeutende Rolle zu: «Eine Forschergruppe konnte bei einem Grossteil körperlicher und seelischer Krankheiten nachweisen, dass sie ausgelöst wurden, weil die Betroffenen in den vorangegangenen Wochen eine mehr oder weniger schwere Lebenskrise zu überwinden hatten.»[488] Die durch die Nationalsozialisten ausgelöste schwere Krise im Beruf und Alltag dauerte bei Paul Klee vor dem Krankheitsausbruch nicht nur einige Wochen, sondern mehr als ein Jahr an.

Die Verluste mehrerer ihm nahe stehenden Menschen bedrückten den Künstler ebenfalls sehr. Im Mai 1933 starb Karla Grosch, eine junge Gymnastiklehrerin am Bauhaus in Dessau.[489] Sie ertrank auf ihrer Verlobungsreise beim Baden in Tel Aviv.[490] Lily Klee schreibt: «Sie war […] uns innigst verbunden. Ein entzückendes, frohes Wesen, die strahlende Heiterkeit selbst […]»[491] und fügt hinzu: «Er [Paul Klee] war auch so umdüstert durch Karlas Tod. Nun sehe ich eine milde Heiterkeit in seinen Zügen wiederkehren durch d. Arbeit allein.»[492] Im August 1938 starb Hanni Bürgi-Bigler, Klees Mäzenin in Bern, die Lily wie folgt charakterisiert: «Außerdem bewahrte sie uns in Leid u. Freud jahrzehntelang eine treue Freundschaft. Solche Dinge sind auch selten, da man nur sehr wenig wahre Freunde besitzt. Also ist der Verlust für uns wahrhaft unersetzlich. […] Und so standen wir auch zusammen tieftrauernd an diesem Sarge. Es hat uns schwer getroffen u. wir stehen noch unter diesem Schatten.»[493]

Am 12. Januar 1940 starb Hans Klee, der Vater von Paul Klee, unerwartet im 91. Altersjahr, nachdem Paul und Lily noch Weihnachten mit ihm gefeiert hatten, «[…] besonders schön u. harmonisch mit d. alten Vater was ich gar nicht vergessen werde»[494], wie Lily Klee vermerkt.

---

[487] Brief von Paul Klee an Lily Klee, Dessau, 3.4.1933 (ZPKB/SFK), zitiert in: Medrisio 1990 [S. 63].

[488] Heim/ML 1980, S. 36.

[489] Karla Grosch, Schwester von Ju (Paula) Aichinger-Grosch. Sie war eine Schülerin von Gret Palucca, von 1928 bis 1832 Lehrerin für Damengymnastik am Bauhaus in Dessau. Karla Grosch wirkte ferner als Schauspielerin auf der Bauhausbühne. «Mit Klees verband sie [Karla Grosch] eine schöne tiefe Freundschaft» (Aichinger-Grosch 1959, S. 49).

[490] Zu den Todesumständen siehe Frey 2003, S. 286 (8. Mai 1933).

[491] Brief von Lily Klee an Gertrud Grohmann, Düsseldorf, 19.5.1933 (AWG), auszugsweise zit. in Frey 2003, S. 287.

[492] Brief von Lily Klee an Will Grohmann, Düsseldorf, 26.5.1933 (AWG).

[493] Brief von Lily Klee an Will Grohmann, St. Beatenberg, 26.8.1938 (AWG), zit. n. Bern/Hamburg 2000, S. 251.

[494] Brief von Lily Klee an Gertrud Grohmann, Bern, 20.1.1940 (AWG).

Ausserordentliche Tapferkeit

Paul Klee war in seinem Leiden ausserordentlich tapfer.[495] Seine Ehefrau **Lily** schreibt nach der ersten schweren Krankheitszeit ihres Mannes: «Aber wie er es getragen hat. Im̅er ruhig u. gelassen u. geistig für sich thätig durch Lektüre; und welch geduldiger Kranker. Nie ein Wort d. Klage.»[496] Rückblickend, nach dem Tode von Paul Klee, hält sie fest: «Sein schweres Leiden trug er klaglos. Es hat ihm unendliche Entbehrungen auferlegt.»[497]

Jürgen Glaesemer interpretiert Klees Verhältnis zum Leiden wie folgt: «Das persönliche Leid verwahrte Klee tief in sich selbst, in seinen Briefen versteckte er sich im allgemeinen hinter der Maske belangloser Konversation. [...] Er verbat es sich, Empfindungen der Trauer, Verzweiflung oder Angst ausserhalb der künstlerisch geläuterten Form zum Ausdruck zu bringen.»[498]

Carola Giedion-Welcker schildert die Haltung des Künstlers zu seiner Krankheit mit den Worten: «Er stand zu seiner Krankheit schicksalhaft-gelassen wie Joyce zu seinem Augenleiden. Nie wurde geklagt oder näher darauf eingegangen; man besiegte das Übel am besten, indem man es in stoischer Haltung dem Arbeitsprozeß unterordnete und in den Alltag eingliederte.»[499]

Ju Aichinger-Grosch charakterisiert den Kranken so: «Klee war ein ungeheuer geduldiger, kluger und einsichtiger Patient. Seinen Arzt, einen reizenden älteren Professor, liebte er sehr, da er ihm immer das verschrieb, wie er uns schmunzelnd erzählte, was er gern mochte, zum Beispiel getrocknete Schwarzbeeren.»[500]

Im April 1981 hatte ich Gelegenheit, mit einer Ingenbohl-Ordensschwester zu telefonieren, die den Maler in der Clinica Sant' Agnese in Locarno in seinen letzten Lebenstagen gepflegt hatte: **Schwester Liobina Werlen** erinnerte sich noch gut an den «höflichen, geduldigen und tapferen Künstler»[501]. Über seine Krankheit konnte sie indessen nichts aussagen.

[495] Persönliche Mitteilung von Felix Klee an den Verf. am 20. September 1983.
[496] Brief von Lily Klee an Emmy Scheyer, Bern, 28.6.1936 (NSMP).
[497] Brief von Lily Klee an Johannes Itten, Bern, 18.10.1940 (Fotokopie: ZPKB/SFK).
[498] Glaesemer 1976, S. 306.
[499] Giedion-Welcker 2000, S. 101.
[500] Aichinger-Grosch 1959, S. 52.
[501] Telefonat des Verf. mit Schwester Liobina Werlen, Kloster Ingenbohl, CH-6440 Brunnen (Schwyz), 29.4.1981.

Ich fand nur ein Zitat von Paul Klee, in dem er sich über die Pein äussert, die ihm seine Krankheit bereitete. 1938 schrieb er: «Wenn nicht das Rätsel Tod so vieldeutig wäre! Nicht weniger ist es das Rätsel Leben, wenn man sich frägt, wie von Schönheit Getragenes und Glänzendes mit den Qualen der letzten Zeit zu verbinden sein möchte.»[502]

Grosse Intuition, Ökonomie der Kräfte, Konzentration auf Wesentliches

Im Jahre 1901, mit 22 Jahren, notierte Klee die Gedichtzeile: «Nun aber muß ich leiden vor dem Vollbringen»[503]. Erahnte der Künstler sein hartes Schicksal schon damals? Er wurde sich dessen vielleicht gewiss, als er 1935/1936 schwer erkrankte. Nach dem Abklingen der ersten fünfmonatigen Krankheitsphase konnte er wieder kreativ tätig sein. Die Hoffnung auf eine Besserung, vielleicht sogar auf eine Heilung, die bei jeder schweren Krankheit so wichtig ist, dauerte vermutlich trotz immer wiederkehrenden Rückschlägen bis zu seinem 60. Geburtstag an. Danach wusste der Künstler, dass «der Würfel geworfen ist» – so der deutsche Titel des mehrfarbigen Blattes «Alea jacta», 1940, 271[504] aus dem Todesjahr. Klee spürte, dass sein Schicksal nun endgültig besiegelt sei: «Natürlich komme ich nicht von ungefähr ins tragische Geleis, viele meiner Blätter weisen darauf hin und sagen: es ist an der Zeit»[505], schrieb er seinem Freund Will Grohmann am 2. Januar 1940. Seiner Ehefrau und seinem Sohn aber teilte er die Todesahnung nicht mit. Lily glaubte bis einen Tag vor dem Tod ihres Mannes noch an ein Überstehen der Krise und an eine erneute Besserung.[506] Jürgen Glaesemer meint: «Fraglos wusste Klee [in den letzten Lebensjahren] sehr genau über seinen hoffnungslosen Gesundheitszustand Bescheid.»[507] Und Glaesemer ist überzeugt: «Das Zeichnen und Malen [im Jahre 1940] steigerte sich zum Ringen um Leben und Tod, Klee sah unbestechlich klar, dass er an seinem eigenen Requiem arbeitete.»[508] Dies bestätigte nicht nur Ju Aichinger-Grosch, die über ihre letzten Besuche in Bern schreibt, dass Klee «[...] frisch und angespannt [war], doch immer mit dem Wissen, daß ihm nicht mehr viel Zeit blieb»[509]. Auch der Künstler selbst äusserte sich in einem Brief an den New Yorker Kunsthändler J. B. Neumann vom 9. Januar 1939 dahin-

---

[502] Paul Klee, Auszug aus einem Brief, 17.8.1938, zit. n. Klee 1960/1, S. 163.

[503] Klee 1960/2, S. 30.

[504] Der Titel lehnt sich an den bekannten Ausspruch «alea iacta est» (der Würfel ist geworfen) an, den angeblich Caesar beim Überschreiten des Flusses Rubikon 49 v. Chr. gesprochen haben soll.

[505] Brief von Paul Klee an Will Grohmann, Bern, 2.1.1940 (AWG), zit. n. Gutbrod 1968, S. 84.

[506] Brief von Lily Klee an Will Grohmann, Bern, 7.7.1940 (AWG): «Noch 1 Tag vor dem Tode waren die Aerzte nicht hoffnungslos. [...] Was menschenmöglich, war geschehen (er hatte zuletzt viel gelitten) aber er dachte nicht an den Tod, ebensowenig wie ich, die ich noch hoffte.»

[507] Glaesemer 1979, S. 16.

[508] Glaesemer 1976, S. 344.

[509] Aichinger-Grosch 1959, S. 54.

gehend: «Dann bin ich ein Maler und einer der von Conceptionen befallen ist. Ich möchte nachdem ich nicht mehr der Jüngste bin, noch die letzten mir möglichen Dinge realisieren. Das braucht eine immerwährende Bereitschaft, den günstigen Moment zu nutzen. Kurz letzte Concentration. Ausserdem hatte ich nie soviel überschüssige Kräfte, und heute habe ich sie erst recht nicht.»[510]

Paul Klee ist ein Paradebeispiel dafür, wie ein Mensch in intuitiver Wahrnehmung einer unheilbaren Krankheit und trotz zunehmender körperlicher Schwächung seine Kräfte zur Vollendung seines Lebenswerks rationell einzusetzen vermag. Er schaltete seinen Organismus gleichsam auf «Sparflamme» und erreichte dadurch in konzentrierter und disziplinierter Arbeit eine unvergleichliche Effizienz! Klee hatte sich die Ökonomie der Kräfte als Grundprinzip seiner Lebensführung schon in der Jugend angeeignet.[511] Josef Helfenstein schreibt: «Nach dem Ausbruch seiner Krankheit wurde diese ökonomische Lebensweise erst recht eine Voraussetzung der Arbeit.»[512] Um sich zu schonen, verzichtete Paul Klee seit 1936 – der Empfehlung seines Arztes folgend – nicht nur auf das Rauchen, sondern auch auf das geliebte Geigenspiel.[513] Dass er aus demselben Grund die Erledigung der Korrespondenz weitgehend seiner Ehefrau überliess, ist schon erwähnt worden. Er schob ferner alles von sich, was ihn seelisch hätte belasten können. So lehnte er im Jahre 1938 die Anfrage einer ihm aus dem ehemaligen Kreis des Bauhauses bekannten Dame ab, die von ihm eine schriftliche Stellungnahme gegen das nationalsozialistische Deutschland erbat.[514] Es handelte sich um eine Aktion von Künstlern. Klee begründete seine Absage damit, dass er auf ihm nahe stehende Menschen Rücksicht nehmen müsse.[515] Zu Recht befürchtete er, dass der in Deutschland lebende Sohn Felix und dessen Frau Euphrosine sowie beispielsweise das befreundete Ehepaar Will und Gertrud Grohmann durch seine Mitunterzeichnung hätten kompromittiert werden können. Zudem wollte er sein geplantes Einbürgerungsgesuch nicht gefährden. Die Nationalsozialisten wussten, mit wem er und seine Frau in Deutschland korrespondierten, wurden doch viele ihrer Briefe zensuriert.[516] Deshalb schrieb Lily Klee in Briefen nach Deutschland von Mitte 1934 bis zum Kriegsende – ausser einem Brief vom

[510] Brief von Paul Klee an J. B. Neumann, Bern, 9.1.1939 (Fotokopie des Autographs: MoMAANY/NP), zit. n. Frey 1990, S. 115.
[511] Vgl. dazu Helfenstein 2000, S. 144, sowie Klee Tgb., Nrn. 605, 824 u. 958.
[512] Helfenstein 2000, S. 145.
[513] Vgl. Brief von Lily Klee an Emmy Scheyer, 16.12.1936 (NSMP), vgl. Aichinger-Grosch 1959, S. 48 u. 54, vgl. Klee 1989, S. 46 f., u. vgl. Klee 1960/1, S. 113.
[514] Vgl. Glaesemer 1979, S. 18.
[515] Vgl. Brief von Paul Klee an Frau Freundlich, 6.5.1938 (ZPKB/SFK), zit. n. Glaesemer 1979, S. 18. Die angesprochene Frau Freundlich ist nicht bekannt.
[516] Auf einer Postkarte von Lily Klee an Will Grohmann, 7.3.1941 (AWG) ist ein Zensurstempel des Deutschen Reichs aufgedruckt, und in einem Brief von Lily Klee an Gertrud Grohmann, 13.10.1943 (AWG) findet sich ein Stempel mit folgendem Hinweis: «Kurz und deutlich geschriebene Briefe ersparen Zeit und Verzögerungen bei der Zensur. Auslandprüfstelle.»

Verschlüsselte Darstellungen der Schreckensherrschaft der Nationalsozialisten in Zeichnungen und Gemälden von Paul Klee (Abb. 97, 127–139)

Abb. 127: Stam̄tischler, 1931, 280

Zwei Jahre bevor Adolf Hitler in Deutschland an die Macht gelangt, erfasst Paul Klee bereits dessen Charakter. Er zeichnet ihn – unverkennbar – als «Stam̄tischler».

Abb. 128: Anklage auf der Strasse, 1933, 85

Abb. 129: Gewalt, 1933, 138

Abb. 130: Huldigung, 1933, 299

5. September 1939, nach dem Kriegsausbruch[517] – keine politischen Kommentare. Vorher[518] und nachher[519] dagegen äusserte sie sich eindeutig und vehement gegen die Nationalsozialisten. Auch Paul Klee beurteilte die politische Lage am 30. Januar 1933, am Tage der Ernennung Adolf Hitlers zum Reichskanzler, weitsichtig, das Schlimmste befürchtend. Er schrieb an seine Frau: «Aber man macht sich doch seine Gedanken, und versucht Stellung zu nehmen, so jammerbar der ganze Schauplatz deutscher Innenpolitik ist und bleibt. Das Übrige wird sich dem Neugierigen bald zeigen, insofern es ihn persönlich betrifft. Daß dem Ganzen je zu helfen sei,

[517] Vgl. Brief von Lily Klee an Gertrud Grote, 5.9.1939 (ZPKB), zit. n. Frey 1990, S. 118: «Am Freitag [1.9.1939] war grosse Aufregung u. in trübster Stimmung fuhren wir hierher [nach Faoug]. Welch ein Irrtum dieser schnell vom Zaun gebrochene Krieg.»

[518–519] Siehe Anhang: Paul Klee und Lily Klee und die Nationalsozialisten (S. 268 f.).

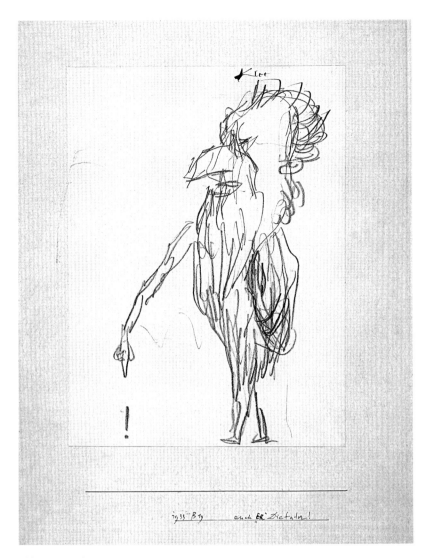

Abb. 131: auch «ER» Dictator!, 1933, 339

glaube ich nicht mehr. Das Volk ist zu ungeeignet für reale Dinge, dumm in dieser Hinsicht.»[520] – Schon bald sollten die neuen Machthaber an ihm ein Exempel statuieren. Nach der Hetzkampagne in nationalsozialistischen Zeitungen wurde Klee am 21. April 1933 auf Veranlassung des Preussischen Ministeriums für Wissenschaft, Kunst und Volksbildung in Berlin als einer der ersten lehrenden Künstler mit sofortiger Wirkung von seinem Amt beurlaubt; sein Anstellungsvertrag mit der Staatlichen Kunstakademie Düsseldorf wurde auf den 1. Januar 1934 gekündigt.[521]

[520] Brief von Paul Klee an Lily Klee, 30.1.1933, zit. n. Klee 1979, S. 1225.
[521] Vgl. Frey 1990, S. 112.

Abb. 132: vermeintliche Grössen, 1933, 151

Paul Klee wünschte mit Freunden und Bekannten nicht über Politik zu sprechen.[522] Dennoch hielt er ab 1933 seine Empörung über die neue Regierung in Deutschland und seine intuitive Voraussicht der politischen Entwicklung mit dem brutalen Vorgehen der Nationalsozialisten bis hin zur Katastrophe in zahlreichen Zeichnungen und Gemälden, zwar verschlüsselt, aber unmissverständlich fest – mit Titeln der Abbildungen 97, 127 bis 139 und anderen.[523] Jürgen Glaesemer schildert des Künstlers Haltung den Nazis gegenüber eingehend.[524] Weiteren Aufschluss darüber findet sich in einem Bericht des Schweizer Bildhauers Alexander Zschokke, worin dieser für

[522] Persönliche Mitteilung von Felix Klee an den Verf., Bern, 20.9.1983, u. vgl. Glaesemer 1979, S. 16, sowie vgl. Helfenstein 1990, S. 61.
[523] Siehe Anhang: Paul Klee und Lily Klee und die Nationalsozialisten (S. 269).
[524] Vgl. Glaesemer 1984, S. 337–349.

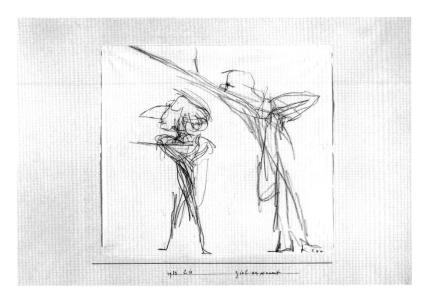

Abb. 133: Ziel erkannt, 1933, 350

eine Sendung des Schweizer Radios Beromünster am 15. Juli 1945 seine Erinnerungen an einen Abend bei Paul Klee im Sommer 1933 zusammenfasste.[525] Zschokke war damals wie Klee Professor an der Staatlichen Kunstakademie Düsseldorf. Paul Klee legte ihm und dem ebenfalls anwesenden Akademiedirektor, Walter Kaesbach, an die 200 Zeichnungen vor, welche die nationalsozialistische Revolution thematisieren. Lange Zeit galten die Zeichnungen als verschollen. Es ist das Verdienst von Jürgen Glaesemer, im Jahre 1984 die meisten Blätter im Bestand der Paul-Klee-Stiftung identifiziert zu haben.[526] Die amerikanische Kunsthistorikerin Pamela Kort arbeitete diesen Zyklus auf. Sie betont, dass sich Klee «[...] bei seiner Attacke auf die NS-Kulturpolitik des Witzes und der Parodie bediente [...]» und «[...] daß er erstmals seit 1928 zu einer inneren Haltung zurückgefunden hatte, die es ihm erlaubte, frei, selbstbewußt und souverän seine künstlerische Identität zu behaupten».[527] Sie bezeichnet «[...] die Gruppe der Zeichnungen, die Klee 1933 schuf, für eine der weitestreichenden, wiewohl verhüllten Anprangerungen der nationalsozialistischen Kulturpolitik, die jemals künstlerisch manifestiert wurde».[528]

[525] Vgl. Zschokke 1948, S. 27, 28, 74, 76, zuletzt wieder abgedruckt in München u.a.O. 2003/2004, S. 307–309.
[526] Vgl. Glaesemer 1984, S. 343–349.
[527] Kort 2003, S. 200 f.
[528] Ebenda, S. 216.

Abb. 134: einsames Ende, 1934, 183

Die Totendarstellung, entstanden ein Jahr nach Klees Emigration nach Bern und ein Jahr vor dem Beginn seiner Krankheit, fünf Jahre vor Kriegsausbruch und sechs Jahre vor seinem Tod, könnte Ausdruck seiner äusserst feinen Intuition sein.

Abb. 135: Ent-Seelung, 1934, 211

Dieses Aquarell malt Klee im gleichen Jahr wie die Zeichnung «einsames Ende». Es zeigt einen ähnlich gestalteten Leichnam, unten im Bild in einem Hohlraum liegend, umgeben von pflanzlichen Motiven. Am oberen Bildrand findet sich ein Kreuz direkt über dem Toten, daneben ein S-Rohr mit Blick aus der Grabkammer zu Sonne und Sichelmond. Rechts oben am Bildrand erkennt man eine Pyramide: eine Assoziation an das geliebte Ägypten, an einen Pharao in seiner letzten Ruhestätte? Unter «Entseelung» versteht man die Loslösung der Seele vom Körper im Tode. Durch die Trennung des Wortes im Bildtitel verstärkt der Künstler die Wortdeutung.

Eine Brücke stellt die Verbindung von zwei gegenüberliegenden Landpartien oder Ufern her. Lange Brücken weisen aus statischen Gründen mehrere aneinandergereihte Brückenbogen auf. Im nebenstehenden Gemälde haben sich die einzelnen Bogen aus dem Verband losgelöst. Die Pfeiler sind zu Beinen geworden. Die Brückenbogen sind «aus der Reihe getreten» (eine militärische Formulierung[529], die Paul Klee im Titel der aquarellierten Zeichnung «Brückenbogen treten aus der Reihe», 1937, 11 mit einer ähnlichen Darstellung verwendet). Die Assoziation zu brutal zertretenden Soldatenbeinen ist offensichtlich. Das Gemälde ist ein weiteres Beispiel für Klees verschlüsselt dargestellte politische Voraussicht. Gar manche Brücke wird im Krieg zerstört, Verbindungen werden abgerissen.

«Revolution des Viaductes» ist die zweite von fünf Variationen eines Themas, das Klee besonders interessiert haben muss.[530]

---

[529] Werckmeister 1987, S. 50.

[530] Ebenda, und Klee, Felix, «Aufzeichnungen zum Bild ‹Revolution des Viaductes› von Paul Klee», in: Jahrbuch der Hamburger Kunstsammlungen, 12. Jg., 1967, S. 111–120 (zit. von Werckmeister, Otto, Karl, in: Werckmeister 1987, S. 55, dortige Endnote 123).

Abb. 136: Revolution des Viaductes, 1937, 153

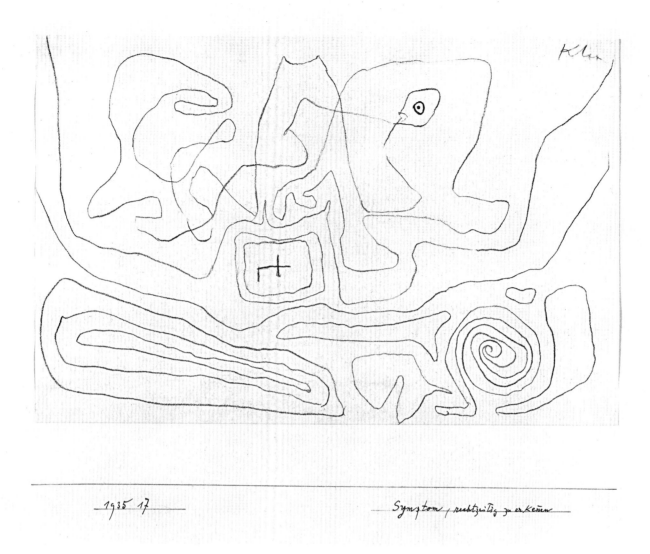

Abb. 137: Symptom, rechtzeitig zu erkennen, 1935, 17

Paul Klee liebt die Symbolsprache, die Aussage in Chiffren. Das «Symptom» liegt – von vielen im Jahre 1935 noch nicht erkannt – in doppelter Einfassung abgekapselt zentral in der Zeichnung: Das angedeutete Hakenkreuz verheisst Unheilvolles. Zugleich ist es wohl ein Todeskreuz – in Erahnung der vielen Toten des Zweiten Weltkriegs. Verstärkt wird die Aussage durch einen Finger einer Hand über dem Kreuz, der unmissverständlich auf das «Symptom» zeigt. Im unteren Drittel der Zeichnung, mit einer Linie klar von der bewegten oberen Szenerie abgegrenzt, herrscht Stille, Grabesstille, mit Andeutungen von Knochen. Intuitiv sieht Klee die schreckliche Entwicklung in Deutschland voraus. Er hat die Anzeichen dazu, wie er im Titel schreibt, «rechtzeitig erkannt».

Abb. 138: Schwarze Zeichen, 1938, 114

Dicke schwarze Balkenstriche weisen unmissverständlich in dieselbe Richtung wie «Symptom, rechtzeitig zu erkennen» (Abb. 137). Man hat den Eindruck, dass die Balken aus einem festen Gefüge losgebrochen worden sind und nun frei im Raum flottieren, durcheinander wirbeln. Ein Gleichgewicht ist gestört worden. Der Bezug zu Deutschland scheint auch hier wieder wahrscheinlich.

In Europa steht der Zweite Weltkrieg bevor. Paul Klee ist sich seiner bevorzugten Lage in der Schweiz bewusst. Dulcis (lateinisch) heisst süss, amarus, amara bitter. Er sieht voraus, dass er auf einer grünen Insel leben darf, um die herum der Krieg Schrecken, Not und Tod verbreiten wird. Diese Begünstigung empfindet der Maler als süss, den absehbaren Krieg und sein persönliches Schicksal als bitter. Der zentrale Totenkopf legt davon beredtes Zeugnis ab. Die Kunsthistorikerin Carola Giedion-Welcker deutet auf «[...] den verheissungsvollen Zusammenklang von pflanzlichen (Solanum Dulcamara) und maritimen Assoziationen, von süssem und bitterem Aroma [...]» hin.[531] Ihre Berufskollegin Anna Schafroth erwähnt die frühere Verwendung der an sich stark giftigen Pflanze als Heilmittel für rheumatische Krankheiten, zu denen ja die Sklerodermie gehört. Die Kunsthistorikerin weist ferner auf die im Bild verteilten scharlachroten Früchte hin, die den Früchten von Solanum dulcamara im Reifestadium entsprechen.[532] Der Künstler Bendicht Friedli nennt eine weitere Assoziation: Die Pflanze «Bittersüss» ist ein Nachtschattengewächs – die Nationalsozialisten werfen ihre Schatten voraus, und sie haben Paul Klee in ein «Nachtschattendasein» verbannt![533]

Paul Klee selbst äussert sich dazu in einem Brief, den er im gleichen Jahr, als er das Bild malte, an seine Schwiegertochter schrieb: «Dass nicht nur Leichtbekömmliches sich mit hinein flechten wird, darf nicht abschrecken, wir wollen nur immer hoffen, dass Schwereres zu den andern Kräften im Gleichgewicht bleibe. Auf diese Weise ist das Leben sicher fesselnder, als rein à la Biedermeier. Und Jeder möge sich aus den beiden Schalen Süsses und Salziges nach seinem Geschmack herausnehmen.»[534]

Das Gemälde ist das grösste von Klee vollendete Tafelbild. Jürgen Glaesemer zählt es zu den «Höhepunkten des Spätwerks»[535]: «Die Antithetik, die Klee in der ‹Insula dulcamara› mit diesem Gegensatzpaar [süss-bitter] charakterisierte, dient als Schlüssel zum Verständnis des gesamten Spätwerkes, sowohl im bildnerischen wie im inhaltlichen Bereich. Die Spannung ist Ausdruck seines zwischen distanzierter Gelassenheit und schmerzvoller Ergriffenheit schwankenden Lebensgefühls.»[536]

[531] Giedion-Welcker 2000, S. 149.
[532] Vgl. Schafroth, Anna, in: Zentrum Paul Klee 2005/2, S. 96.
[533] Mitteilung von Bendicht Friedli an den Verfasser, CH-3800 Unterseen, 14. 8. 2001.
[534] Brief von Paul Klee an seine Schwiegertochter Euphrosine Klee, Bern, 27. 1. 1938 (Zitat wiedergegeben in: Glaesemer 1976, S. 333).
[535] Glaesemer 1976, S. 133.
[536] Ebenda.

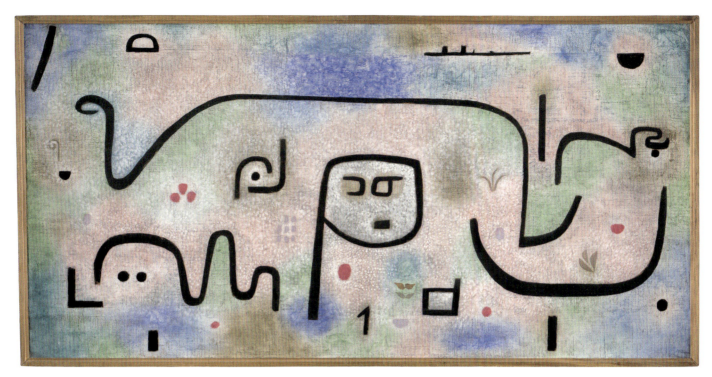
Abb. 139: Insula dulcamara, 1938, 381

Weiter teile ich die Meinung von Max Huggler, der Künstler habe am 10. Mai 1940 vor dem Antritt seines letzten Erholungsaufenthalts in Locarno intuitiv gewusst, dass er nicht mehr zurückkehren werde. Klee liess auf der Staffelei ein intensiv farbiges Stillleben auf schwarzem Grund (Abb. 179) stehen, vermutlich als Abschiedsbild, wie Huggler schreibt, denn «[...] bei seiner Ordnungsliebe ist [es] jedoch viel wahrscheinlicher, daß er das Bild vor seiner Abreise, die er wohl als die letzte ahnte, mit Absicht hinstellte [...]»[537].

Zur Intuition im künstlerischen Schaffen äussert sich Paul Klee selbst wie folgt: «wir konstruieren und konstruieren und doch ist intuition immer noch eine gute sache. man kann ohne sie beträchtliches, aber nicht alles. man kann lange tun, mancherlei und vielerlei tun, wesentliches tun, aber nicht alles.»[538]

Der Kunsthistoriker Hans-Jürgen Bruderer definiert die Intuition eines Künstlers oder einer Künstlerin so: «Intuition, das ist das Vermögen, im Umgang mit den einsichtig gemachten Kenntnissen der bildnerischen Gesetze die in ihnen verborgenen Möglichkeiten der Gestaltung zur lebendigen Entfaltung zu führen.»[539] Und eben dies gelang Klee meisterlich! Seine viel zitierte These «Kunst gibt nicht das Sichtbare wieder, sondern macht sichtbar»[540] zielt in die gleiche Richtung. Bruderer führt weiter aus: «Die Intuition ist als Bereich beschrieben worden, in dem der Künstler unabhängig von den Erscheinungsformen der Natur und ihren inneren Strukturen eine neue autonome Ordnung bildwirksamer Beziehungen erstellt. Er folgt dabei nicht den Zwängen einer dem Abbildhaften verpflichteten Darstellung, sondern Gesetzen des Bildnerischen. Diese Gesetze aber sind den bildnerischen Mitteln immanent und keineswegs freie Leistungen des Gestaltenden. In einer strengen Analyse hat Klee ihre Entwicklung und die Bedingungen ihres konstruktiven Zusammenwirkens in den ersten Unterrichtseinheiten erarbeitet. Sie soll, nach einer ersten schöpferischen Initialbewegung, durch eine Rezeptivbewegung überprüft werden. Stellt die Forderung nach der Freiheit des Schöpferischen, die von der Intuition geleitet wird, nicht letztlich doch die konstruktiven Momente in Frage, und erfährt damit der Künstler schließlich jene ro-

---

[537] Huggler 1969, S. 212, 214.
[538] Klee, Paul, exakte versuche im bereich der kunst, zit. n. Klee 1979, S. 130.
[539] Bruderer 1990, S. 21.
[540] Klee, Paul, Beitrag für den Sammelband «Schöpferische Konfession», zit. n. Klee 1979, S. 118.

mantische Überhöhung als Schöpfer, der die Gesetzmäßigkeiten und Zwänge der Welt überwindet?»[541]

Bekanntlich nimmt die Intuition eines Menschen zu, je erfahrener er im Leben wird. Die Auseinandersetzung mit Schicksalsschlägen, Krankheiten und Verlusten steigert die Lebenserfahrung erheblich. Intuitiv vermag ein Mensch mit grosser Lebenserfahrung Wesentliches oft besser zu erfassen. Er neigt auch vermehrt zu Spiritualität. Beides traf bei Paul Klee in besonderem Masse zu.

Hans Christoph von Tavel ist der Ansicht: «Sein [Klees] Werk, vielfach verschlüsselt, wird sich immer stärker als eine ungewöhnlich geistreiche, sensible und zugleich intuitive bildnerische Deutung der menschlichen Existenz erweisen.»[542] Rainer Maria Rilke nennt Paul Klee «einen ‹Wahr-Seher›, einen Weisen also, der die Zukunft erahnte und sie auf seine Weise zeichnend und malend beschwor.»[543]

Schliesslich sei eine Bemerkung von Felix Klee dem Schreibenden gegenüber zitiert, welche die intuitive Voraussicht des Künstlers zusätzlich belegt. Felix war selbst zeichnerisch und malerisch begabt, was sich schon in seiner Kindheit und Jugendzeit offenbarte. Nach Schulaustritt war er gewillt, wie sein Vater Maler zu werden. Dieser riet ihm jedoch entschieden davon ab. Paul Klee war überzeugt – meiner Meinung nach völlig zu Recht –, sein Sohn würde es schwer haben, im künstlerischen Schaffen eine Eigenständigkeit zu erlangen. Er würde wohl immer als «Sohn des Vaters» beurteilt werden und in dessen Schatten stehen. Felix verstand dieses Argument damals nicht, später war er aber dem Vater für seinen Rat dankbar.[544] Hans Christoph von Tavel beurteilt die Berufswahl von Felix Klee wie folgt: «Als der Vater ihm [Felix] von der Laufbahn des Malers abriet, war vielleicht nicht so sehr die Brotlosigkeit dieses Berufs das Hauptargument, sondern die Erkenntnis, dass die Begabung seines Sohnes in der Wirkung nach aussen bestand und nicht in der seiner Ansicht nach entscheidenden Fähigkeit des Malers zur Verinnerlichung. So ist Felix folgerichtig auf den Weg des Theaters geführt worden.»[545]

---

[541] Bruderer 1990, S. 19.
[542] Von Tavel 1969, S. 156.
[543] Zit. n. Pfeiffer-Belli 1978, S. 385.
[544] Persönliche Mitteilung von Felix Klee an den Verf., 20.9.1983.
[545] Von Tavel 1990, S. 18.

Abb. 140: frühes Leid, 1938, 318

Da in Klees Werken der letzten Jahre gar vieles aus persönlichem Erleben und Erfühlen entstand, könnte auch dieses Gemälde wie folgt interpretiert werden: Eine Träne tropft aus einem Auge einer trauernden Frau. Der Künstler spürt, dass er nicht mehr lange leben wird. «Frühes Leid» wird über seine Gattin kommen.

Abb. 141: Abschied nehmend, 1938, 352

Paul Klee ahnt vermutlich schon zwei Jahre vor seinem Tod, dass seine Krankheit unheilbar ist, dass er frühzeitig Abschied nehmen muss. Wie bewegend die schlichte Darstellung mit den ernsten, traurigen Augen und dem geneigten Haupt in einer schmalen Spalte. Die Spalte wird sich langsam endgültig schliessen.

Späte Ehrung

Am 18. Dezember 1939 wurde Paul Klee 60-jährig. Seine Frau berichtet: «Klee ist wirklich unglaublich gefeiert worden. 3 Tage dauerten die Festivitäten. Allerdings nur in kleinen Kreisen. Der 1. Tag am 16. Dez. wurde bei seinem 90jähr. Vater gefeiert. Der Nachmitt. u. Abend des 17. Dez. in kleinem Freundeskreis auf einem Schlößli bei Bern bei Bürgis, wo die 50 Klees der verstorbenen Frau Bürgi hängen. Dies war wirklich ein unvergeßliches Fest. Gerade so wie er es liebt, fein u. in aller Stille. Der 18. Dez. gehörte dann uns, mit [Besuchen und] Stößen von Post, Telegramen [sic], Geschenken, büchern, blumen, Platten. Auch aus D.[eutschland] kamen noch viel anhängliche briefe. Aber in u. von d. Schweiz ist er wirklich geehrt u. gefeiert worden. Alle Zeitungen brachten kleinere u. größere Notizen oder Aufsätze. [...] Es war eine große Genugtuung für ihn u. er war auch so fröhlich u. las alle Briefe, spielte tagelang die Platten. Lange habe ich ihn nicht mehr so strahlend gesehen. Nun ist dieser Tag vorbei, aber er wird uns unvergeßlich bleiben. Vor Allem, der Beweis von soviel Wärme u. Freundschaft zu spüren, that gut.»[546]

Die späte Ehrung, besonders auch durch die Schweizer Presse, freute den Jubilar also ganz besonders. Sie motivierte ihn zu weiterem Schaffen. Doch zuvor beantwortete er, wie schon erwähnt, die fast hundert Geburtstagsgratulationen aus dem In- und Ausland allesamt selbst – seine Frau war gesundheitlich nicht in der Lage, ihm dabei zu helfen.[547] Dies beanspruchte seine Kräfte sehr, wie auch die darauf folgenden Schlussvorbereitungen der Jubiläumsausstellung im Kunsthaus Zürich, die Klee für Mitte Februar 1940 mit über 200 Werken der letzten Schaffenszeit selbst konzipierte.[548] Sein Gesundheitszustand verschlechterte sich wieder.[549] Dazu dürften auch seelische Beeinträchtigungen beigetragen haben wie der Tod des Vaters am 12. Januar 1940 und das langwierige Verfahren zur Erteilung des Schweizer Bürgerrechts.[550]

---

[546] Brief von Lily Klee an Curt Valentin, 1.1.1940 (MoMAA-NY/VP), zit. n. Frey 1990, S. 120 f.

[547] Vgl. Brief von Lily Klee an Gertrud Grohmann, 6.1.1940, zit. n. Frey 1990, S. 121.

[548] «Paul Klee. Neue Werke», Kunsthaus Zürich, 16.2.–25.3.1940. Es war die erste umfassende und zu Klees Lebzeiten einzige von ihm selbst konzipierte Präsentation seines Spätwerks. Sie zählt[e] insgesamt 213 größtenteils verkäufliche Exponate – 76 Tafelbilder und 137 mehrfarbige Blätter – der Jahre 1935 bis 1940 [...] (Frey 1990, S. 122). Und Giedion-Welcker 2000, S. 101: Carola Giedion-Welcker erwähnt eine Bemerkung Klees ihr gegenüber anlässlich ihres Besuches beim Künstler in Bern, wenige Wochen vor seinem Tode: «Klee erzählte, er wolle sich nun im Süden ausruhen, denn die Ausstellung mit all ihren organisatorischen Problemen habe ihn ermüdet.»

[549] Vgl. Brief von Paul Klee an Waldemar Jollos, Bern, 18.2.1940 (Standort unbekannt, Fotokopie: ZPKB) u. vgl. Brief von Lily Klee an Josef und Hanni Albers, Bern, 27.2.1940 (Autograph Yale University Library, New Haven). Aus einem Brief von Wilhelm Wartmann, dem Direktor des Kunsthauses Zürich, an Emil Friedrich, Vorstandsmitglied der Zürcher Kunstgesellschaft, 7.2.1940 (Kunsthaus Zürich) geht zudem hervor, dass die zweite Besprechung der Jubiläumsausstellung von Wartmann mit dem Künstler in Bern aus gesundheitlichen Gründen erst am 6. Februar 1940 erfolgen konnte: «Telefonische Berichte vorher waren ungünstig, was den Zustand Klees betrifft»; vgl. dazu auch Frey 1990, S. 122. Am 29.11.1939 hatten sich die beiden zur ersten Ausstellungsbesprechung in Bern getroffen, vgl. Frey 1990, S. 120.

[550] Am 19.12.1939 erhielt Klee endlich die eidgenössische Bewilligung zur Einbürgerung. Nun musste er sich noch für das «Landrecht» des Kantons Bern und für das Gemeindebürgerrecht der Stadt Bern bewerben (s. S. 30–36); vgl. dazu auch Frey 1990, S. 121 f.

Das Schaffen im Todesjahr

Der geschilderten Umstände zum Trotz setzte der Künstler die gesteigerte Produktion von 1939, die im Durchschnitt 100 Werke pro Monat aufwies, auch im neuen Jahr fort: Im Januar 1940 entstand sogar die enorme Anzahl von 158 Werken, im Februar waren es 75, im März 76, im April 41 und in der ersten Maiwoche noch 16 Werke.[551] Bemerkenswerterweise änderte der Künstler in den letzten vier Schaffensmonaten die Gepflogenheit in der Nummerierung seiner Werke. Seit 1925 nummerierte er sie auf dem Untersatzkarton oder auf dem Rahmen nicht fortlaufend durch, sondern versah sie mit einer so genannten Schlüsselnummer, die aus einer Kombination eines Buchstabens mit einer Zahl bestand. Die Buchstaben stehen für Zehner und Hunderter, die Zahlen für die Einerstellen. Für jeweils 20 Werknummern – 20 Eintragungen entsprechen einer Seite im Œuvre-Katalog – benützte Klee einen Buchstaben, wobei er jeweils den Jahresanfang nicht mit «A» begann, sondern zum Beispiel 1937 mit «K», 1938 mit «D» und 1939 mit «G». Die Buchstabenabfolge richtete sich nach dem Alphabet; ab 1930 folgte jeweils auf «Z» «A», zum Teil mit Überspringungen von Buchstaben. Für seine Verschlüsselung hatte er eigens eine Schlüsseltabelle erstellt.[552] Im Januar 1940 bildete er jedoch eigenartigerweise die erste Schlüsselnummer mit dem Buchstaben «Z»; so trägt das erste Werk des Todesjahres, 1940, 1, die Schlüsselnummer «Z 1» (Abb. 142 [ŒK Seite 1940, 1–20]) und das letzte im Œuvre-Katalog registrierte Werk, 1940, 366, die Schlüsselnummer «E 6» (Abb. 143 [ŒK Seite 1940, 361–366]).[553] Josef Helfenstein interpretiert die Änderung so: «Diesem zahlenmäßigen Ansteigen [der Produktion] entspricht wie in diametral entgegengesetzter Symmetrie der ‹Countdown› des rückwärts abgespulten Alphabets, das beim Buchstaben ‹E› und der Nummer 366 abbricht. Es ist, als ob Klee mit dem von hinten in Angriff genommenen Alphabet hätte verdeutlichen wollen, daß er in einem immer dramatischeren Wettlauf mit der Zeit arbeitete.»[554]

Mir scheint diese Deutung sehr plausibel. Es ist durchaus denkbar, dass der Maler Anfang Januar 1940 dachte, sein Lebensende sei nun ganz nahe gerückt; möglicherweise könne er nur noch eine Seite im Werkkatalog füllen – seine aller-

Abb. 142: Œuvre-Katalog von Paul Klee, 1940, erste Seite

[551] Vgl. Frey 1990, S. 122.
[552] Zur Schlüsselnummer allgemein s. Wiederkehr Sladeczek 2000, S. 148 f.
[553] Vgl. Helfenstein 1990, S. 72.
[554] Ebenda.

letzte. Max Huggler sieht es auch so: «[...] des nahenden Endes bewußt, wollte er [Klee] die Ernte des Lebens einbringen.»[555] Marcel Franciscono charakterisiert diese Zeit wie folgt: «Immerhin kommt in einigen Bildern und Zeichnungen seines letzten Lebensjahres der Gedanke an den Tod sehr direkt zum Vorschein. So begann Klee 1940 im Œuvre-Katalog auch den Monat der Werkentstehung zu notieren, was er vorher nie gemacht hat.[556] Er scheint erkannt zu haben, daß er dieses Jahr nicht überleben würde, und behandelte jeden Monat, wie wenn er ein Jahr wäre, als einen Zeitabschnitt, dem jeweils eine Gruppe abgeschlossener Werke zugewiesen wurde.»[557] Und Will Grohmann schreibt über die letzte Schaffensphase: «Die letzten Bilder wird Klee für seine wahrsten und vollkommensten gehalten haben, denn sie haben etwas von der Unerbittlichkeit und Größe des ‹Stirb und werde›. Er verleugnete damit nichts von dem, was er je geschaffen hatte, auch die Anfänge nicht, er hatte Stein auf Stein gesetzt, und sie waren alle notwendig und richtig gewesen, das Werk war mit ihm gewachsen. Ob er 1940 fertig war, wer wagte das zu entscheiden; der Metamorphosen gab es bei ihm viele, aber vielleicht übersprang Klee nahe dem Ende eine Anzahl solcher Übergänge, um mit dem Tode ganz im Einklang zu sein.»[558]

Wir erleben ja oft bei Schwerkranken und Hochbetagten, dass sie – nach einer kürzeren oder längeren Zeit der Hoffnung und des ungebrochenen Lebenswillens – plötzlich intuitiv um ihr nahes Ende wissen, sich auch so äussern und ruhig, gefasst dem Tode entgegensehen. Dies vor allem, wenn sie zufrieden auf ihr Leben und Lebenswerk zurückblicken können. Oft tritt der Tod dann tatsächlich nach Tagen oder Wochen ein. Ich habe dies als Arzt bei Patienten wie auch im Verwandten-, Freundes- und Bekanntenkreis mehrfach eindrücklich erlebt. Paul Klee war aber wohl selbst erstaunt, dass er den ihn sehr belastenden Monat Januar 1940 so gut überstand und dass sich die Phase der bewussten Todesnähe auf ein halbes Jahr erstreckte. Dies spricht erneut für Klees robuste Grundkonstitution und für den Impetus, den ihm das Streben nach Vollendung seines Lebenswerks verlieh. Bei der Registrierung seiner Produktion der Monate Januar bis Mai 1940 im Werkkatalog füllte er Seite um Seite – total deren

---

[555] Huggler 1969, S. 157.
[556] Marcel Franciscono hat übersehen, dass Klee schon im Jahre 1939 den Monat der Werkentstehung aufzeichnete; Glaesemer 1979, S. 23: «Im September 1939 notierte Klee im Œuvre-Katalog zum erstenmal auch eine Monatsangabe. Die Eintragungen von 1940 sind sogar genau nach Monaten unterteilt. Offenbar begann es ihn zu diesem Zeitpunkt selber zu interessieren, wie viele Werke innerhalb eines Monats entstanden waren.»
[557] Franciscono 1990, S. 20.
[558] Grohmann 1965, S. 382.

19 – und schloss auf der letzten sein Schaffen mit der Arbeit «1940, 366» und der Schlüsselnummer «E 6» ab (Abb. 143).

Obgleich es völlig müssig ist, den folgenden Betrachtungen irgendwelche Bedeutung zuzumessen, mag es dennoch erlaubt sein, über den Buchstaben «E», mit dem Klee seine letzten Werke nummerierte, ein wenig zu sinnieren. Der Buchstabe könnte zum Beispiel eine terminale Bedeutung erhalten, wenn man ihn als Abkürzung für «Ende» nähme – für das Ende des künstlerischen Wirkens. Mit «E» wird geografisch die Richtung «Osten» abgekürzt; und Osten bedeutet auch «Orient». Will Grohmann sagt Paul Klee eine nahe Beziehung zum Orient nach: «Eine weitere Infiltration liegt in der Durchdringung seiner Malerei mit dem Geiste des nahen Orients. Nicht Tunis und Ägypten haben sie verursacht, die Reisen waren die Folge seines Hanges zu den nah-östlichen Ländern und dem Kulturkreis des Islam. Ob [mütterlicherseits] blutliche Bindungen vorliegen, wird sich niemals mit Bestimmtheit ausmachen lassen, eine Wahlverwandtschaft mit dem Orient aber ist evident.»[559] «e» ist zudem ein wichtiges mathematisches und physikalisches Symbol. Der Basler Mathematiker Leonhard Euler führte 1748 die Bezeichnung «e» als «Summe der unendlichen Reihe» ein. Später wurde dieser Begriff von französischen Mathematikern als «transzendente Zahl» bezeichnet und als Basis für die natürlichen Logarithmen eingeführt.[560] In der Physik bedeutet «e» die kleinste elektrische Ladung («Elementarladung») und die kleinste Energiemenge.[561] «Unendlichkeit», «Transzendenz» und «Energie» sind Begriffe, die gut zur Persönlichkeit und zur Kunst von Paul Klee passen wie auch in freier Assoziation erdachte weitere Wörter mit «E» wie «Ernte», «Engel» und «Ewigkeit».

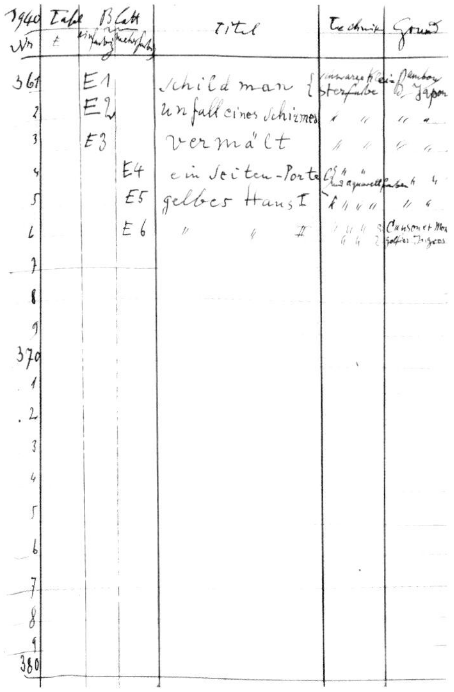

Abb. 143: Œuvre-Katalog von Paul Klee, 1940, letzte Seite

[559] Grohmann 1965, S. 380.
[560] Vgl. Zürich 1945–1948, Bd. 2, S. 1243, u. Bd. 3, S. 101.
[561] Vgl. Luzern 1991–1993, Bd. 2, S. 379, u. Bd. 5, S. 266 (Stichwort «Quant»).

Abb. 144: Augen in der Landschaft, 1940, 41

Traurige Augen blicken in eine Landschaft hinaus, aufs Meer. Wir können im Gemälde an Schiffe am Pier mit Bullaugen und Steuerruder denken. In der Ferne, rechts am Bildrand, fährt ein Schiff aufs weite Meer hinaus. Klee reiste früher gerne. Nun sind Reisen krankheitshalber nicht mehr möglich. Er unternimmt jetzt andere schöne Reisen: in die Farbenwelt, wobei ihm hier eine wundervoll harmonisch verdichtete Farbkombination gelingt.

Paul Klee musste in seinen fünf Krankheitsjahren auf manches verzichten, so auf sein geliebtes Geigenspiel und auf Museums-, Konzert- und Theaterbesuche. Er nahm diese Verzichte gelassen hin.

Abb. 145: endlicher Verzicht, 1938, 372

Abb. 146: tanzende Früchte, 1940, 312

An zwei Zweigen hängt je eine Frucht; es könnten Äpfel sein. Daneben malt Paul Klee mit breitem Pinsel angedeutete Blätter, von denen nur die Rippen sichtbar sind. Die linke Frucht hängt nicht senkrecht hinunter: Wie durch einen starken Windstoss in Schwung versetzt, beginnt sie am Zweig zu baumeln, zu tanzen. Desgleichen die andere. Ein Windstoss kann die baumelnden Früchte vielleicht schon bald zu Fall bringen. Die Zeichnung weckt ferner die Assoziation an ein Gesicht mit angsterfüllten, starr blickenden Augen. Die Blätter werden zu fächerförmigen Lanzen, die mit ihren Spitzen das Gesicht bedrängen. Der Mensch ist eingeengt, er kann sich nicht wehren. Klees Leben ist durch die schwere Krankheit eingeengt und bedroht.

Die Sklerodermiehaut wird verdickt, steif und starr. Die Geschmeidigkeit geht verloren. Klee kennzeichnet in der nebenstehenden Zeichnung seine eigene kranke Haut.

Abb. 147: plötzlich starr, 1940, 205

Das Schicksal hat hart zugeschlagen. Ein Mensch ist in seinem Innersten getroffen. Die Arbeit gehört zu einer Serie von acht Zeichnungen aus dem Todesjahr des Künstlers, der er den Obertitel «detaillierte Passion» gab. Mit Passion dürfte Klee sowohl persönliche Leidensgeschichte wie auch leidenschaftliche Hingabe meinen. Er trägt sein Leiden geduldig, gibt sich aber angesichts des nahen Todes umso leidenschaftlicher seiner Kunst hin. Im Gegensatz zu den meisten anderen späten Zeichnungen mit entschlossener, zusammenhängender Strichführung finden sich in dieser Serie kurze, unterbrochene und sich kreuzende Striche. Dadurch wirkt die Darstellung unruhig, verzerrt: Der Mensch ist «central betroffen», sein Gesicht ist schmerzverzerrt.

Abb. 148: detaillierte Passion: Central betroffen, 1940, 180

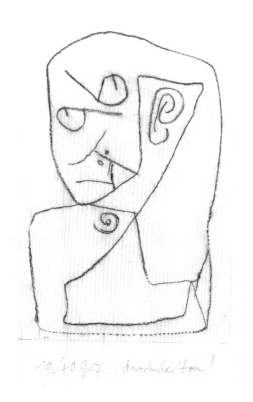

Paul Klee zeichnet aber auch einen nachdenklichen, trotzig drein blickenden, leidenden Menschen, der sich ein energisches «durchhalten!» vorsetzt. Tatsächlich ringt der Künstler dem nahen Tode in den letzten Lebensmonaten noch 366 vollendete und einige unvollendete Kunstwerke ab! Mit den 366 im Œuvre-Katalog registrierten Werken nimmt Klee im Schaltjahr 1940 – zweifellos bewusst – gleichsam die ganze Jahresproduktion voraus, gemäss einem Motto, das wir in seinem Œuvre-Katalog im Jahre 1938 unter der Nummer 365 eingetragen finden (Abb. 173).

Abb. 149: durchhalten!, 1940, 337

Klee spricht in dieser Zeichnung vom Januar 1940 die Bibelstelle an, worin der römische Statthalter Pilatus mit dem Ausspruch «ecce homo» (sehet, welch ein Mensch!) Jesus dem Volke vorführte (Johannes 19, 5). Rogier van der Weyden nahm im 15. Jahrhundert das Thema des dornengekrönten Heilands in die Kunst auf. Später finden sich unter dieser lateinischen Bezeichnung vor allem Darstellungen in Holzschnitten und Skulpturen, die Christus als Schmerzensmann mit den Wundmalen zeigen.[562] Klees Beziehung auf die Bibelstelle geht nicht nur aus der Dornenkrone hervor, sondern auch aus den vier dem «ecce» nachfolgenden Auslassungspunkten, die für die vier Buchstaben des «homo» stehen dürften. Zeichnet sich Klee hier selbst als nachdenklich Leidenden, dem wie Jesus Unrecht und Leid zugefügt worden sind?

Ich pflichte Hannelore Mittag bei, wenn sie im dargestellten Gesicht ein Selbstbildnis von Paul Klee mit sklerodermisch-straffer Haut, spitzer Nase und schmalem Mund erkennt.[563]

Abb. 150: ecce ...., 1940, 138

[562] Zürich 1945–1948, Bd. 2, S. 1251.
[563] Mittag/ML 2001, S. 203.

5. Das künstlerische Spätwerk im Spiegel der Persönlichkeit, des sozialen Umfeldes, der Krankheit und der Todesnähe

Einsame Verinnerlichung in der Isolation

Das Spätwerk von Paul Klee grenzt sich von seinem früheren Werk ab. Es ist neuartig in der Thematik und in der Gestaltung. Jürgen Glaesemer schreibt darüber: «Der Schritt in die Emigration markiert eine tragische Wende in seinem [Klees] persönlichen und künstlerischen Schicksal. In den Werken der letzten Jahre wird spürbar, dass die Bedrohungen der ‹Erscheinungswelt› ganz unmittelbar auch von seinem Leben Besitz ergriffen hatten. Die Mitleidlosigkeit gegen sich selbst, mit dem er dem Chaos im äusseren Lebensbereich, dem Einbrechen der unheilbaren Krankheit mit ihrem langdauernden, quälenden Leiden, den Ängsten und dem Tod offen entgegentrat, verleiht den späten Werken ihre besonders ergreifende Eindringlichkeit.»[564]

Die ungewollte Isolation zeitigte erstaunlicherweise köstlich reife Früchte. «Das Werk entstand in Isolation von der äusseren Umgebung als Ausdruck einsamer Verinnerlichung, in die selbst die Menschen in Klees nächster Umgebung kaum einzudringen vermochten»[565], hält Glaesemer weiter fest. Und Josef Helfenstein fügt bei: «Klee war in den Berner Jahren einerseits gezwungen, andererseits entschlossen, sich so radikal wie nie zuvor in seinen privaten Kosmos zurückzuziehen. Er war nicht nur geographisch und geistig-künstlerisch isoliert, sondern bei seiner asketischen, nur auf sein Schaffen ausgerichteten Lebensweise zusätzlich noch durch die Krank-

Abb. 151: woher? wo? wohin?, 1940, 60

[564] Glaesemer 1976, S. 306.
[565] Glaesemer 1979, S. 12.

heit. Daß sein Verhältnis zum eigenen Schaffen gerade im Jahr 1940 sich erneut wandelte, hängt möglicherweise nicht nur mit der immer offenbarer werdenden Nähe zum Tod zusammen, sondern auch mit der geschichtlichen Situation des isolierten Künstlers der Moderne in Europa, in der sich Klee befand.»[566] Auch Jürgen Glaesemer glaubt an eine Auswirkung der sich am politischen Himmel Europas dräuend zusammenballenden Gewitterwolken auf das Schaffen des Künstlers: «Neben der Krankheit war sicher auch der Druck der zeitgeschichtlichen Situation bestimmend für die Entwicklung und den Ausdruck der späten Werke.»[567]

«Der Tod ist nichts Schlimmes»

Schon der junge Künstler schaute dem Tod – mit dem Blick auf ein Jenseits[568] – gelassen entgegen. Bereits in seiner Münchener Studienzeit dachte der 21-jährige über den Tod nach: «Dann philosophiere ich über den Tod der gut macht, was im Leben nicht zum Abschluss gelangt. Die Sehnsucht nach dem Tod nicht als Vernichtung, sondern als Streben nach der Vollkommenheit.»[569] Im Bewusstsein über die Endlichkeit unseres (diesseitigen) Lebens erkennt der junge Klee im «Streben nach der Vollkommenheit» seinen Lebenssinn. Er möchte seine kreativen Fähigkeiten ausloten und optimal entfalten. In dieser Bemühung um Vervollkommnung dürfte der Schlüssel für die Erklärung liegen, weshalb Klee sein Lebenswerk trotz der späteren schweren Erkrankung und angesichts der voraussehbaren Lebensverkürzung gewissermassen in Zeitraffung vollenden konnte. So gesehen, waren die unfreiwillige Isolation und das frühzeitige intuitive Erfassen einer unheilbaren Krankheit dem Erreichen des gesteckten Lebenszieles vielleicht sogar förderlich.

1914 schreibt der Maler in sein Tagebuch: «Ich bin gewappnet, ich bin nicht hier, ich bin in der Tiefe, bin fern .. Ich glühe bei den Toten.»[570] Damit nimmt er zwei Werke seiner allerletzten Lebenszeit voraus: «Verglühendes», 1940, 19, und «Tod und Feuer», 1940, 332 (Abb. 152).

1918 positioniert sich Klee im berühmten Ausspruch: «Diesseitig bin ich gar nicht fassbar. Denn ich wohne grad so gut

[566] Helfenstein 1990, S. 68.
[567] Glaesemer 1979, S. 16.
[568] S. Anm. 468 u. 470.
[569] Klee Tgb., Nr. 143.
[570] Ebenda, Nr. 931.

bei den Toten, wie bei den Ungeborenen. Etwas näher dem Herzen der Schöpfung als üblich. Und noch lange nicht nahe genug.»[571] Dieser Ausspruch wurde 1941/1942 in seine Grabplatte eingemeisselt (Abb. 71).[572]

1930 äussert sich der Künstler erneut zum Tod: «Der Tod ist nichts Schlimmes, damit habe ich mich längstens abgefunden. Weiß man denn, was wichtiger ist, das Leben jetzt oder das, was kommt? [...] Ich sterbe gerne, wenn ich noch einige gute Arbeiten geschaffen haben werde.»[573] Paul Klee ist im Jahre 1930 auf dem Zenit seines Lebens angelangt. Er hat vieles erreicht, ist angesehen als Mensch, Lehrer und Künstler. Er hat sich seinem Lebensziel schon sehr genähert. Der Tod darf ruhig kommen. Der Künstler möchte vorher sein Lebenswerk noch «mit einigen guten Arbeiten» abrunden. Dem steht nichts im Wege, ist er doch (noch) gesund und bei voller Schaffenskraft.

Aber dann greift das Schicksal schonungslos ein – unerwartet, wie ein Blitz aus heiterem Himmel! Die Krankheit lähmt sein Wirken. Da rafft sich Paul Klee auf, «will noch einige gute Arbeiten schaffen». 1938, zwei Jahre vor seinem Ableben, nach drei Jahren beschwerlicher Krankheit, sinnt Klee im folgenden, bereits erwähnten Zitat über sein Schicksal nach: «Wenn nicht das Rätsel Tod so vieldeutig wäre! Nicht weniger ist es das Rätsel Leben, wenn man sich frägt, wie von Schönheit Getragenes und Glänzendes mit den Qualen der letzten Zeit zu verbinden sein möchte.»[574] Nun pocht der Tod plötzlich an die Türe und gibt Rätsel auf wie auch das Leben, das den vormals im Dasein verwöhnten Künstler hart angepackt und ihm Not und Pein gebracht hat. Paul Klee besinnt sich auf sein in jungen Jahren gesetztes Lebensziel – und strebt, seinem Charakter entsprechend, weiter geradlinig und konsequent nach Vollkommenheit. Er schreibt an Will Grohmann: «Wenn die Freude zu leben heute manches Hindernis erfährt so kann man sie vielleicht auf dem Umweg über die Arbeit reconstruieren? Mir kommt das so vor, und ich glaube, es glückt auch bis zu einem gewissen Grad. Da die Arbeit gute Zeiten haben kann, stellt sich manchmal eine Art Glück ein. Neue Wege – ein Gleichnis zur Schöpfung.»[575]

[571] Aus dem Tagebuch von Paul Klee, in: Zahn 1920, S. 5. Entgegen der Bildlegende in: Zahn 1920 fehlt der «Tagebuch»-Eintrag im Tagebuch. Klee schrieb den Ausspruch vermutlich eigens für Leopold Zahn (Mitteilung von Stefan Frey an den Verf., Bern, 14.7.2006).

[572] Vgl. Frey 1990, S. 128.

[573] Zit. n. Petitpierre 1957, S. 65. Grohmann 1965, S. 358, datiert das Zitat auf das Jahr 1930. S. auch Anm. 468.

[574] Paul Klee, Auszug aus einem Brief, 17.8.1938, zit. n. Klee 1960/1, S. 163.

[575] Brief von Paul Klee an Will Grohmann, November 1939, zit. n. Gutbrod 1968, S. 81, 84.

Der Kunsthistoriker Wieland Schmied glaubt Sterben und Tod in Klees Kunst verwoben zu sehen: «Seine [Klees] Bilder entstehen als Parallele zur Natur, der Maler erlebt ihren Realisierungsprozess als organisches Wachstum. Wachstum ist ein entscheidendes Wort zum Verständnis des Werkes von Paul Klee. Klee zeigt uns die Stadien, die Phasen einer sich beständig vollziehenden Verwandlung, der Metamorphose der Formen, der Transformation aller Gestalten von einer Erscheinungsweise in eine andere. Bewegung ist hier nichts äusserlich Dynamisches, sondern das innere Wesen der Bilder. Bewegung bedeutet Wachstum, Gestaltwandel und schliesslich auch Vergehen – eben das, was wir den Kreislauf des Seienden nennen können. Es war schon immer Tod in diesen Bildern, wie Tod überall dort ist, wo Leben ist. Nun tritt er hervor und gebietet Einhalt. Klee spürt das, lange ehe sein eigenes Leben erlischt. Er reflektiert das Faktum Tod in einer Weise, wie wir sie vorher im Bereich der bildenden Kunst nicht gekannt haben. Das macht die Grösse, die Bedeutung dieser – äusserlich oft so kleinen, so bescheidenen – Bilder aus.»[576]

Wie Wandlung zum Leben gehört, wandelte sich auch Klees Kunst stetig. Eben diese Wandlung ist meines Erachtens ein wesentliches Kriterium für ein bedeutendes künstlerisches Schaffen. Stehenbleiben, an Ort treten bedeutet Rückschritt; vorwärtsschauen, Neues konzipieren und verwirklichen heisst Fortschritt. Ich wiederhole Klees Zitat: «Neue Wege – ein Gleichnis zur Schöpfung.» Bei einem innovativen eigenständigen Künstler vollzieht sich der Wandlungsprozess folgerichtig, meist in kleinen Schritten.

Auch Marcel Franciscono sieht den Tod in Klees Kunst integriert: «Der Tod bleibt ein beherrschendes Thema in Klees Werk der letzten Monate, aber zum größten Teil äußert er sich in anderen Formen: Seine Präsenz manifestiert sich nun vorwiegend in den Reaktionen und Verhaltensweisen der dargestellten menschlichen Wesen. 1940 schuf Klee zwei Serien von Zeichnungen «Eidola» und «Detaillierte Passion» zum Thema des Todes. [...] Die Bilder dieses Zyklus' «Detaillierte Passion» negieren weder die Existenz des Todes noch seinen Schrecken; aber indem sie den Tod als einen ständi-

[576] Schmied 1986, S. 53.

gen, vertrauten Aspekt des Lebens darstellen, nimmt ihm Klee seine furchtbare Dimension.»[577]

Bemerkenswert ist, dass Vincent van Gogh, der so viel Gemeinsames in der Bewältigung seines Leidens mit Paul Klee aufweist, eine ähnlich positive Einstellung zum Tode einnahm. Herbert Frank zitiert den Maler von Arles wie folgt: «Sein Credo lautete: ‹Der Unterschied zwischen Glück und Unglück! Alle beide sind nützlich, der Tod oder das Entschwinden – das ist so relativ – wie auch das Leben. Sogar vor einer verwirrenden und beunruhigenden Krankheit bleibt dieser Glaube unerschüttert.› So zog er den Tod ins Leben, empfand ihn nicht als ein Ende.»[578] Zum Gemälde «Schnitter im Kornfeld» vom Juni 1889 äussert sich van Gogh dahingehend, «[…] dass er in dem ‹Schnitter› ein Bild des Todes sehe und in dem Getreide, das er niedermähe, Menschen. Aber dieser Tod hat nichts Trauriges, es geschieht im Tageslicht mit einer Sonne, die alles mit feinem Goldlicht umflutet»[579].

[577] Franciscono 1990, S. 21 f.
[578] Frank 1999, S. 113 f, Brief T 607.
[579] Ebenda, S. 112, Brief T 604.

Ein Mensch verlässt diese Welt. Grüssend erhebt er zum Abschied den rechten Arm. Auf der Handinnenfläche präsentiert er uns stolz eine goldene Kugel vor feurigem Rot. Der Kopf ist aschfahl. Mund, Nase und Augen werden zu signifikanten Buchstaben: «Tod». Das Haupt ist eine zeichnerische Wiederholung des im Gemälde «insula dulcamara» von 1938 enthaltenen Totenkopfes (Abb. 139). Der Körper des Menschen wird im Feuer verbrennen, nicht aber die emporgestreckte, breit schwarz eingefasste goldene Kugel. Darin könnte des Künstlers Lebenswerk vermutet werden, sein Vermächtnis an uns. Von rechts tritt eine schmale schwarze Gestalt schemenhaft mit zögernden Schritten zum Feuer hin. Der organische Körper wird diese Welt verlassen, mit ihm das blasse, vertraute Gesicht mit den grossen, dunklen Augen, die Gefasstheit, Ergebenheit und Hoffnung ausdrücken. Paul Klee hat sich mit dem Unabänderlichen abgefunden. Voller Erwartung grüsst er uns ein letztes Mal, im Bewusstsein seiner wertvollen Hinterlassenschaft, die er stolz in der goldenen Kugel emporhält. Zartes Himmelsblau, Coelinblau, franst sich am linken und unteren Bildrand ganz sachte aus dem sich auflösenden Körper aus. Ein trotz trauriger Botschaft tröstliches Bild!

Abb. 152: Tod und Feuer, 1940, 332

Abb. 153: Friedhof, 1939, 693

Der Friedhof ist hier gekennzeichnet mit sieben Grabkreuzen, zwei dunkelsepiafarbenen Zypressen und einem schwarzen Sarg, der auf die Beerdigung wartet. Ein Pfeil weist nach oben. Jürgen Glaesemer deutet diese Kennzeichnungen als «Symbole für den eigenen [Klees] Tod».[580] Der Kunsthistoriker weist auf Folgendes hin: Dreht man nämlich das Gemälde um 90 Grad nach rechts, erscheint der Leichnam: mit blassem Kopf, weit geöffneten blauen Augen und hellocker-weissem Leichenhemd (Abb. 154).

[580] Glaesemer 1976, S. 341.

Von Spiritualität geprägtes Schaffen

Paul Klee arbeitete in der Stille, in der Einsamkeit. In seinem kleinen Atelier in Bern war er mit seinen Gedanken und Träumen allein. Er war von seinem Wesen her ein stiller Denker mit einer blühenden Fantasie. Er liebte das Versunkensein in sich selbst und seine Arbeit, er liebte das Schweifen in eine irreale Welt, blieb aber dennoch stets auf dem Boden der Wirklichkeit. Er hatte die Wichtigkeit dieses Träumens für sein Schaffen erkannt. Ähnliches stellt Karl Jaspers fest: «Nur die Ruhe des Besinnens in der unbefangenen Bewegung der Phantasie lässt die Impulse zur Geltung kommen, ohne die jede Arbeit endlos, unwesentlich, leer wird. Mir scheint: Wer nicht täglich eine Weile träumt, dem verdunkelt sich der Stern, von dem alle Arbeit und jeder Alltag geführt sein kann.»[581]

Abb. 154: Friedhof, 1939, 693 [um 90° nach rechts gedreht]

Klee versetzte sich also beim Zeichnen und Malen in eine ganz persönliche Art einer Meditation. Mir scheint, dass eine solche Fähigkeit des vertieften Denkens während des künstlerischen Schaffens eine ausgezeichnete Möglichkeit zur Verarbeitung von Ängsten und Nöten darstellt. Paul Klee war ein zeichnender und malender Philosoph. Seine metaphysische Anschauung deckt sich in zentralen Dingen mit derjenigen von Immanuel Kant. Dazu Karl Jaspers: «Gegenüber den sich festfahrenden Positionen von Ontologien [Seinslehren] und Weltbildern gewinnt Kant die Schwebe befreiten Forschens in der Welt. Er vergewissert die Welt als unabsehbar ins Unendliche für die Erfahrung bereitliegendes Feld. Die Welt ist nicht geschlossen und nicht schliessbar. Kant öffnet diese Erfahrbarkeit, lässt aber keine reale Erkenntnis zu, die nicht in Erfahrung sich erfüllt.»[582] Jaspers weiter: «Solange der Mensch sich über sein Dasein zu erheben vermag, wird daher das Philosophieren zum Aufschwung in der Metaphysik drängen. Sie ist dem Existierenden die Erhellung, in der – aus der Welt in Kommunikation unter Existenzen – Transzendenz anspricht. Hier ist, worauf es dem Menschen eigentlich ankommt. Hier kann er sich am tiefsten betrügen, hier auch als Denkender die tiefste Gewissheit seiner selbst finden.»[583]

Zweifellos fand Klee diese «tiefste Gewissheit seiner selbst». Vermutlich fand er sie sogar eher durch die unbeabsichtigte

[581] Zit. n. Gottschalk 1966, S. 57.
[582] Jaspers 1957, S. 244.
[583] Jaspers 1973, S. 32 f.

Abdrängung in eine Isolation. Er wurde so vermehrt auf sich selbst zurückgeworfen. Dadurch, dass er sich über sein schicksals- und krankheitsbedingt erschwertes Dasein erhob, eröffnete sich ihm meditativ ein geistiges Feld, in dem er schwerelos «schweben» konnte, in dem er «als noch diesseitiger Engel seine Flügel ausbreitete» und Transzendenz erspürte. Er konzentrierte sich völlig auf seine Kreativität und schuf sich in seinem künstlerischen Schaffen Visionen, die ihm trotz körperlicher Schwächung Kraft, Energie, Durchhaltevermögen, Freude und Glück vermittelt haben dürften.

Paul Klees Schaffen der letzten Lebensjahre ist erfüllt von Spiritualität. Der Künstler wird oft in einem «Zwischenreich» angesiedelt[584], einer Welt zwischen dem Diesseits und dem Jenseits, zwischen dem Sein im Leben und dem Sein vor und nach dem Leben. Er trifft sich hier mit Novalis, der im Fragment 159 festhält: «Sollte es noch eine höhere Sphäre geben, so wäre es die zwischen Sein und Nichtsein, das Schweben zwischen beiden – ein Unaussprechliches; und hier haben wir den Begriff von Leben.»[585] Klee liebt den Grenzbereich, in dem kosmische Gesetze spürbar werden. Er masst sich nicht an, diese ergründen zu wollen. «Sollte alles denn gewusst sein? Ach, ich glaube nein!»[586] schrieb er mit Bleistift in eine Ecke einer Komposition[587], die 1940, als er nach Locarno reiste, unvollendet blieb. Er gibt sich den erspürten kosmischen Gesetzen einfach getrost hin.

Viele von Klees Bildern strömen diese Hingabe aus, regen zu gleicher Hingabe an und vermitteln dem sich in Ruhe und Stille hingebenden Betrachter ein ganz besonderes Glücksgefühl. Ich erinnere mich zum Beispiel lebhaft an einen Besuch der Ausstellung mit der Sammlung von Sir Edward und Lady Nika Hulton, London, im Kunsthaus Zürich 1967/1968.[588] Bei der langen Betrachtung des Gemäldes «Spiralblüten», 1926, 82, mit spiraligen Wunderblumen vor einer Art verschlossener Fenster am Ende von Treppenstufen und emporgezogenen gestaffelten «Theatervorhängen» öffneten sich die Fenster in meiner Fantasie plötzlich, und dahinter offenbarte sich eine paradiesische Farbenpracht in einem Blumengarten, die lange noch nachwirkte! Wir erleben ja auch, dass uns die

---

[584] Vgl. z.B. Haftmann 1961, S. 166, vgl. Rotzler, Willy, Engelbilder bei Paul Klee, in: du 1986, S. 52, u. «Im Zwischenreich», Klee 1957/2.
[585] Zit. n. Huggler 1969, S. 240 f.
[586] Zit. n. Glaesemer 1979, S. 50.
[587] Frey/Helfenstein 1991, Nr. 1940, N 7. Wann die Komposition begonnen wurde, ist nicht belegt (Stefan Frey).
[588] Ausstellung vom 3.12.1967–7.1.1968 (u.a. mit 48 Werken von Paul Klee).

Abb. 155: Dämmer-Blüten, 1940, 42

Ein Gemälde aus dem Todesjahr des Künstlers. Das Aquarell zeigt zinnoberrote und orangefarbige Blüten in Kelch-, Herz- und Scheibenform auf mausgrauer Jute. Braunrote Pflanzenstiele und dunkelgrünes Blattwerk ergänzen die ausgewogene geometrische Darstellung. Darüber leuchtet geheimnisvoll ein blau-violetter Himmel. Es ist Dämmerung, Abenddämmerung. Der Tag wird bald in Nacht übergehen, die Blütenkelche werden sich schliessen: eine Parallele zu Klees Lebensende in einer düsteren Zeit im zweiten Jahr des Zweiten Weltkrieges. Dennoch: Welch «verinnerlichtes» Blühen!

Abb. 156: im Vorzimer der Engelschaft, 1939, 845

Klee befasst sich mit dem Tode, mit der reinen Geistigkeit, mit den Engeln als oberste, überirdische Stufe der Schöpfung als Zwischen- und Bindeglieder zwischen dem Diesseits und dem Jenseits. Er sieht sich hier aber noch «im Vorzimmer der Engelschaft». Etwas ängstlich und unsicher birgt er den Kopf, schutzsuchend, in den Flügelspitzen. Eine unübliche Engeldarstellung mit Klee'schem Humor!

Natur nach dem Besuch einer beglückenden Ausstellung intensiver, schöner erscheint als sonst.

Wie köstlich hat Klee doch das erwähnte Zwischenreich in seinen noch halbweltlichen Engeln dargestellt! Engel sind ihrem Ursprung nach «angeli» (lateinisch), Boten Gottes. Sie sollen dem Menschen Botschaften aus dem Jenseits übermitteln oder ihm göttlichen Schutz verleihen. Willy Rotzler hält fest: «Bei keinem anderen Künstler des 20. Jahrhunderts erscheint der Engel so häufig, in so wechselvoller Gestalt und Sinngebung wie bei Paul Klee. Der Engel Klees, meint Christian Geelhaar, symbolisiere die Nähe zur Schöpfung, was ebensosehr Nähe zu Gott wie zum Tod bedeuten kann. In den Bildern und Zeichnungen mit Engeln ist nicht ein vollendetes, ideales und damit vom Menschen abgehobenes Wesen gemeint. Klees Engel haben menschliche Züge und sogar menschliche Schwächen. Sie sind Werdende auf dem Weg zur Engelhaftigkeit.»[589] Dies dürfte neu sein in Engeldarstellungen. Dazu bemerkt Jürgen Glaesemer: «Schon in frühen Jahren hatte Klee die Engel als Wesen einer überhöhten Menschlichkeit begriffen und zum Bereich der ‹irdischen Niederungen› in Kontrast gestellt. ‹Die Engel hocken auch nicht am Biertisch zusammen›[590] schrieb er 1915, zu einem Zeitpunkt, da auch seine ersten Engeldarstellungen entstanden. Allerdings sind sie in grosser Zahl erst 1939 in seinem Werk anzutreffen, der Œuvre-Katalog nennt für dieses Jahr allein 29 entsprechende Titel.»[591]

Bereits in jungen Jahren hat Paul Klee übrigens das Gedicht «Zurufe» mit den beiden Zeilen beendet:

---

[589] Zitiert von Rotzler 1986, S. 52, ohne Angabe, von wo die Aussage von Christian Geelhaar stammt.
[590] Brief von Paul Klee an Franz Marc, 3.2.1915 (Germanisches Nationalmuseum, Nürnberg, Archiv für Bildende Kunst, Nachlass Marc).
[591] Glaesemer 1976, S. 341.

«Einst werd ich liegen im Nirgend
bei einem Engel irgend.»⁵⁹²

Werner Haftmann äussert sich zu Klees Engeldarstellungen wie folgt (und nimmt dabei Bezug auf obiges Zitat): «Die Gefolgschaft dieser Engel steigt nun auf und gibt die letzte Weggenossenschaft. Immer war Klee in den Zwischenreichen zuhaus, er liebte die Verwandlungen von einem ins andere. Er sah die farbigen Formen geradezu als Medium zu Metamorphosen an und wandelte durch ihren Zauber das Irdisch-Gebundene ins Kosmisch-Bewegte, das Anorganische ins Organische, kam vom Gewachsenen zum Bewegten, von der Pflanze zum Tier und von da zum Menschen. Verwandlung lag allem Sein zugrunde, das Mögliche lag immer als Latenz im Wirklichen. Ins Religiöse gewendet, lag die weiteste Möglichkeit noch irdischer Metamorphose beim Engel. In der letzten Meditation will Klee nun auch in dieses Zwischenreich – zu seinem Engel Irgend.»⁵⁹³ Bezaubernd auch, wie sogar in diesen späten Engelzeichnungen Klees feiner Humor noch aufblitzt (zum Beispiel in Abb. 156, 158 und 159).

Jürgen Glaesemer schreibt dazu: «Nach Klees eigener Definition sind es [die Engel] Gestalten ‹im Vorzimmer der Engelschaft›, menschliche Wesen, die ‹den letzten Erdenschritt› ausführen, um als neue Engel ‹bald flügge› zu sein. Er schildert diesen Prozess der Verwandlung nicht mit Pathos, sondern mit Humor, indem er ihn ganz aus der Perspektive diesseitiger Erfahrungen begreifbar zu machen sucht.»⁵⁹⁴

Und Will Grohmann: «Auch Klees Engel leben in einer grossen Einheit, die Leben und Tod umfasst, und sehen im Unsichtbaren einen höheren Rang der Realität, aber das gilt bei ihm, zumindest gegen das Ende zu, in gleichem Masse für den Menschen; Diesseits und Jenseits durchdringen sich, und der Mensch hat teil an beiden. Klee wohnte ‹dem Herzen der Schöpfung etwas näher als üblich›».⁵⁹⁵

Paul Klee zeichnet uns unter anderem einen Schutzengel (Abb. 157), einen nachdenklichen Engel («sitzt und sint», 1939, 1018), einen traurigen Engel («es weint», 1939, 959), aber auch einen «Engel voller Hoffnung», 1939, 892.

Abb. 157: unter grossem Schutz, 1939, 1137

⁵⁹² Klee 1960/2, S. 9.
⁵⁹³ Haftmann 1961, S. 166.
⁵⁹⁴ Glaesemer 1979, S. 40.
⁵⁹⁵ Grohmann 1965, S. 349.

Abb. 158: Vergesslicher Engel, 1939, 880

Vergesslichkeit ist eine typisch menschliche Eigenschaft. Dieser sympathische Engel, der sich verzweifelt die Hände reibt und sich bemüht, Vergessenes in Erinnerung zurückzurufen, weilt gewissermassen noch «im Vorzimmer der Engelschaft» (Abb. 156).

Abb. 159: Schellen-Engel, 1939, 966

Im «Schellen-Engel» freut sich ein Engel unbändig an einem heiter bimmelnden Glöcklein, das am Saum seines Kleides hängt. Paul Klee hatte einen feinen Humor, den er trotz seinem schweren Leiden bis ans Lebensende bewahrte.

Abb. 160: Ohne Titel (Todesengel), 1940

Dieses von Klee nicht betitelte und im Werkverzeichnis nicht aufgeführte Gemälde erhielt seinen Titel erst postum. Dazu Inge Herold: «In der linken oberen Ecke ist der Kopf eines Engels mit roten Flügeln zu sehen, der über einer Landschaft mit Bäumen und Hügeln schwebt. Unter den bunten, aber gedämpften Farbformen fällt eine dunkle fünfeckige Fläche ins Auge, die sich wie ein Loch in die Tiefe zu öffnen scheint. Im Zusammenhang mit dem Engel, der mit seinen schwarzen leeren Augen und dem weissen Antlitz als Todesengel zu verstehen ist, lässt sich diese Fläche als ‹Tor zur Tiefe› (vgl. [das Gemälde mit diesem Titel 1936, 25]) interpretieren, das ins Jenseits führt.»[596]

[596] Herold, Inge, in: Klee 1996, S. 157.

«Kunst verhält sich zur Schöpfung gleichnisartig»

Im Jahre 1920 gab Kasimir Edschmid einen Sammelband mit dem Titel «Schöpferische Konfession» heraus; Paul Klee lieferte einen Beitrag dazu.[597] Darin postuliert er: «Auch das Kunstwerk ist in erster Linie Genesis, niemals wird es als Produkt erlebt.»[598] – der kreative Prozess ist also wesentlich, nicht das Kunstwerk als Handelsobjekt. Mit seinen Thesen «Kunst verhält sich zur Schöpfung gleichnisartig»[599] und «Kunst gibt nicht das Sichtbare wieder, sondern macht sichtbar»[600] formulierte Klee Kernsätze der Kunsttheorie des 20. Jahrhunderts. Es soll, so führt er weiter aus, «[...] ein formaler Kosmos geschaffen [werden], der mit der großen Schöpfung solche Ähnlichkeit aufweist, daß ein Hauch genügt, den Ausdruck des Religiösen, die Religion zur Tat werden zu lassen»[601].

Klee war Protestant, aber nicht religiös im Sinne einer dogmatischen Glaubenslehre. Er hatte eine überkonfessionelle Religiosität; man könnte vielleicht von einer «kosmischen Religiosität» sprechen.

Jedes Lebewesen ist ein Mikrokosmos, ein Teilchen des Weltalls und der Weltordnung und als solches auch ein eigenständiger Energieproduzent. Kunstschaffende übertragen Energie in ihre Werke. Diese werden somit in einem gewissen Sinn zu Energieträgern. Nun ist es aber völlig verschieden, was mit dieser Energie geschieht. Es gibt Werke, die bleiben stumpf, kühl, distanziert, und andere, die «springen» gleichsam auf den Betrachter über. Paul Klee verstand es vortrefflich, seine Kunstwerke mit einer «Elementarenergie» auszustatten, die sie in geheimnisvoller Intensität abstrahlen.

Paul Klee hinterliess ein Œuvre, das keiner Stilrichtung zugeordnet werden kann.[602] Er blieb in seinem Schaffen stets unverwechselbar sich selbst – ein Urgestein als Persönlichkeit und Künstler. Er schuf sich seinen ureigenen Kosmos im Universum. Durch seine Hingabe und Versenkung in seine Kunst wurde er zum Mystiker, durch seine «kosmische Religiosität» zum Metaphysiker. Der Kunsthistoriker Oskar Bätschmann schreibt dazu: «Klees allgemeine Forderung an den Künstler lautet ‹Beweglichkeit›. Er soll die Naturdinge mit Mikroskop

[567] Klee 1920.
[598] Ebenda, zit. n. Klee 1976, S. 120.
[599] Ebenda, S. 122.
[600] Ebenda, S. 118.
[601] Ebenda, S. 121.
[602] Vgl. Wedekind 2000, S. 230.

und Röntgenblick durchdringen und sich statt des fertigen Dinges das ‹allein wesentliche Bild der Schöpfung als Genesis› einprägen. Dies ist ‹Beweglichkeit auf den natürlichen Schöpfungswegen› als Formungsschule und weiter die Freiheit, ‹ebenso beweglich zu sein, wie die grosse Natur beweglich ist›. Bleibt der Künstler auf seinem Weg stecken, wird er anmassend. Vom berufenen Künstler sagt Klee, er dringe bis in ‹einige Nähe› zu jenem geheimen Grund, dem Schoss der Natur, dem Urgrund der Schöpfung, ‹wo das Urgesetz die Entwicklungen speist›. Hier, im Zentrum einer kosmischen Bewegung, wünscht sich Klee die Wohnung des Künstlers: ‹Da, wo das Zentralorgan aller zeitlich-räumlichen Bewegtheit, heisse es nun Hirn oder Herz der Schöpfung, alle Funktionen veranlasst, wer möchte da als Künstler nicht wohnen?› Von der mystischen Vorstellung des bewegten Urgrundes spannt sich der Bogen wieder zu den Bildmitteln, denn die Träume, Ideen oder Fantasien, die auf diesem Grund wachsen, werden erst dann zu ‹Realitäten der Kunst›, wenn sie sich mit den ‹passenden bildnerischen Mitteln restlos zur Gestaltung› verbinden.»[603]

---

[603] Bätschmann 2000, S. 123 f. Der Autor bezieht sich dabei auf den Vortrag, den Paul Klee aus Anlass einer Bilderausstellung im Kunstverein zu Jena am 26.1.1924 gehalten hat; vgl. Klee 1924.

Die Krankheit als ständige Begleiterin

Über die Auswirkung der Krankheit auf das künstlerische Schaffen Paul Klees äussert sich Jürgen Glaesemer wie folgt: «Wie eng das Schaffen der letzten Jahre auch mit der Entwicklung von Klees Krankheit zusammenhing, lässt sich unschwer aus den Werken selbst ablesen. Die Krankheit war zu einer ständigen Begleiterin geworden, die, auch wenn er [Klee] nicht von ihr sprach, sein Handeln und Denken wesentlich mitbestimmte.»[604]

Klee befasste sich malend und zeichnend intuitiv, fast spielerisch «leichthändig» mit seiner Krankheit, dem Sterben, dem Tod und dem Jenseits. Er verarbeitete kreativ aber auch viele Gedanken und Ideen, die – und dies sei nochmals betont – nichts mit der Krankheit zu tun haben. Wie früher liess er seiner Fantasie freien Lauf. Mitunter schimmert – wie erwähnt und aufgezeigt – sogar der angeborene Humor[605] noch durch, was für seine geistig-seelische Überlegenheit spricht. Er liess sich von seinem Leiden eben nicht zu Boden drücken. Wie ein roter Faden zieht sich die Farbenfreudigkeit, welche viele seiner Werke charakterisiert, selbst durch das von der Krankheit verdüsterte späte Schaffen.

Die künstlerische Tätigkeit während der Krankheit steht häufig im Zusammenhang mit Klees jeweiliger Verfassung, seinem Leiden, Bangen, Zweifeln, Sich-Aufbäumen, Hoffen und schliesslich seinem Verzagen, Resignieren. Wie ein Seismograf Tag für Tag die Bewegungen im Erdinnern aufzeichnet, geben viele Zeichnungen Klees momentane Stimmungslage wieder. Dieses «Aufzeichnen» der Gefühle wird ein wesentlicher Faktor für die Verarbeitung seiner Ängste und Nöte gewesen sein. Er versucht so, die Sorgen von sich zu weisen, sie gewissermassen abzulegen. Alles mündet schliesslich in die stille Akzeptanz seines Leidens. Klee muss einsehen, dass «der Ruderer den Wettkampf mit dem Tode verlieren wird»[606]. Am 2. Januar 1940 schreibt er an Will Grohmann: «Natürlich komme ich nicht von ungefähr ins tragische Geleis, viele meiner Blätter weisen darauf hin und sagen: es ist an der Zeit.»[607]

[604] Glaesemer 1979, S. 14.

[605] Den Humor dürfte Paul Klee von seinem Vater Hans Klee (siehe Anm. 34) geerbt haben.– Die Neigung zu Humor und Witzeleien ging von Hans und Paul Klee ebenfalls auf Felix Klee über. Unvergessen bleibt dessen Vorliebe für den berndeutschen Dialekt, den er zwar nicht sicher beherrschte – seine Muttersprache war Hochdeutsch –, den er aber immer wieder freud- und humorvoll und oft etwas überspitzt anwandte (der Verf.).

[606] Gebildet in Assoziation zu Klees Zeichnung «wettrudern», 1940, 172 (Abb. 123).

[607] Brief von Paul Klee an Will Grohmann, Bern, 2.1.1940 (AWG), zit. n. Gutbrod 1968, S. 84.

Abb. 161: chronometrischer Tanz, 1940, 133

Josef Helfenstein schreibt zu dieser Zeichnung: «Der metrisch abgestimmte Tanz, die Gleichschaltung von organischer Bewegung und mechanischem Takt des Uhrwerks erinnert an Klees Motiv der Puppe, des von aussen gesteuerten, an Drähten gezogenen ‹Mechanismus›. Im Motiv der beiden automatenhaft im Takt sich bewegenden Figuren ist Klees polare Konzeption von Leben und Tod, von Organischem und Mechanischem in drastischer Weise veranschaulicht. Der Titel der Zeichnung besagt, dass der vorgegebene Rhythmus der nur noch auf absehbare Zeit tickenden Uhr – die unten im Zifferblatt eingepasste Uhr in der Uhr zeigt die Stunde 12 – nun zum Massstab der künstlerischen Produktion (des ‹Tanzes›) geworden ist. Auf geradezu exemplarische Weise offenbart diese Zeichnung, wie Klee den künstlerischen Schaffensvorgang auf seine existentielle Situation und auf äussere, objektive Gegebenheiten bezieht und sie diesen scheinbar unterordnet. Die Zeichnung ‹Chronometrischer Tanz› ist wie ein illustrierender Kommentar zu Klees berühmter Briefstelle an Grohmann vom Jahresbeginn 1940. Klee schrieb dort, auf seinen prekären Gesundheitszustand anspielend, viele seiner Blätter sagten ihm, ‹es ist an der Zeit›[608].»[609] Die Uhr wird damit zu Klees Lebensuhr, die bald stillstehen wird.

Paul Klee war sehr belesen. Er zählte französische und griechische Klassiker in der Originalsprache zu seiner Lieblingslektüre und interessierte sich auch für die griechische Schauspielkunst[610], worin Masken eine grosse Rolle spielen; ein Thema, das er in seinem Schaffen vielfach aufgriff. Zum Beispiel in Zeichnungen: «Maske eines Zornigen», 1912, 62, «Maskenreihe», 1923, 254, «ruhender Maskenträger», 1933, 79, «Maskengruppe», 1933, 133, «Maskentreiben», 1933, 43 und in Gemälden: «Schauspieler=Maske», 1924, 252, «Frauenmaske», 1933, 482, «Masken im Zwielicht», 1938, 486 (Abb. 162). Teilweise sind es Masken, die Theaterspieler tragen. Ein Gesicht ist bekanntlich durch die Physiognomie und die Mimik geprägt. Der Schauspieler kann mit dem Mienenspiel seelisches Erleben ausdrücken, sei es das eigene oder dasjenige der verkörperten Person. Setzt er eine Maske auf,

[608] S. Anm. 607.
[609] Helfenstein, Joseph, in: Klee 1990/2, S. 71.
[610] Klee (Felix) 1948, S. 14: «Täglich legte er sich um zehn Uhr schlafen und las noch lange im Bett französische und griechische Klassiker in der Originalsprache (sie waren seine Lieblingslektüre).» Ergänzend dazu teilte Felix Klee dem Verf. mit: «Paul Klee interessierte sich besonders auch für die griechische Schauspielkunst.», Bern, 20.9.1983.

Abb. 162: Masken im Zwielicht, 1938, 486

verunmöglicht er ein Mienenspiel. Jede Maske ist starr. Der Schauspieler muss daher das Wesen der mit aufgesetzter Maske dargestellten Person durch die Stimme, durch die Sprache, durch Gebärden und durch sein Verhalten ausdrücken; in Analogie zur lateinischen Bezeichnung für Maske: «persona» – eigentlich wo «der Ton durchgeht» – von «personare» = hindurchtönen, laut verkünden (durch den Lippenspalt in der Maske hindurch verkünden).[611]

Carola Giedion-Welcker bemerkt, dass Paul Klee sich – besonders in seinen letzten Schaffensjahren – mit der Sphäre des Psychischen am tiefsten beschäftigt habe.[612] Bereits zu Beginn der Künstlerwerdung formuliert dieser folgende «Gedanken über Portraitkunst»: «Mancher wird nicht die Wahrheit meines Spiegels erkennen. Er sollte bedenken, dass ich nicht dazu da bin, die Oberfläche zu spiegeln (das kann die photogr. Platte)[,] sondern ins Innere dringen muss. Ich spiegle bis ins Herz hinein. Ich schreibe Worte auf die Stirn und um die Mundwinkel. Meine Menschengesichter sind wahrer als die wirklichen.»[613] Und 1905 ergänzt er: «Wenn ich ein ganz wahres Selbstportrait malen sollte, so sähe man eine merkwürdige Schale. Und drinnen, müsste man jedem klar machen, sitze ich, wie der Kern in einer Nuss. Allegorie der Überkrustung könnte man dieses Werk auch nennen.»[614] Ein «ganz wahres Selbstportrait» zeichnete Klee 1938, als sein Gesicht in Folge der Krankheit erstarrte und zu einer Maske wurde: «Maske Schmerz» (Abb. 48) nannte er die bewegende Zeichnung.[615] Das Gesicht zeigt die krankheitsbedingten körperlichen Veränderungen als «überkrustete Schale». Die Augen widerspiegeln die Psyche, den inneren, seelischen Zustand, den «Kern»; sie drücken einen seelischen Schmerz aus. Interessant ist, dass Klee schon 19 Jahre zuvor zwei Zeichnungen mit dem Titel «Maske» mit starrem Gesicht geschaffen hat.[616]

---

[611] Ich verdanke den Hinweis und die Wortdeutung dem Künstler Bendicht Friedli. Das Wort bezeichnete ursprünglich die Maske des Schauspielers, dann auch dessen Rolle.

[612] Vgl. Giedion-Welcker 2000, S. 138.

[613] Klee Tgb., Nr. 136.

[614] Ebenda, Nr. 675.

[615] Klee gestaltete einen ähnlichen Gesichtsausdruck in der Zeichnung «Maske nach dem Verlust», 1938, 212.

[616] «Maske (Maske mit Seemannsbart)», 1919, 76, u. «Maske», 1919, 77.

Humoristische Zeichnungen
Paul Klee war wie sein Vater ein humorvoller Mensch. Dies zeigt sich auch in vielen seiner Werke, vor allem in Zeichnungen, zum Beispiel in den Abbildungen 156, 158, 159 und 163 bis 166.

Abb. 164: Monolog des Kätzchens, 1938, 426

Abb. 163: EIDOLA: weiland Philosoph, 1940, 101

Die Zeichnung in Abbildung 163 gehört zu einem Zyklus von 26 Zeichnungen mit dem Obertitel «Eidola». Der Name ist griechisch und bedeutet «Abbild», «Spiegelbild», «Trugbild».[617] Nach Jürgen Glaesemer bezeichnet der Begriff einen aus dem Leben entrückten Bereich der Schattenwesen in einer Übergangszone zwischen Leben und Tod.[618] Mit dem Nachtitel der vorliegenden Zeichnung «wer ich war?» reflektiert der Künstler bereits in Gedanken aus dem Jenseits.

---

[617] Duden, Fremdwörterbuch, 3. Aufl., Bd. 5, Bibliographisches Institut, Dudenverlag, Mannheim/Wien/Zürich, 1974, S. 198.

[618] Glaesemer 1979, S. 39.

Klee ergänzt bei figürlichen Darstellungen der «Eidola»-Serie mit «weiland», ehemals. Damit weist er darauf hin, dass sich diese Menschen in einem Zwischenbereich zwischen dem Diesseits und dem Jenseits befinden – analog seinen Engeln. Jürgen Glaesemer meint, dass alle diese «Eidola»-Figuren «Wesen sind, wie Klee selbst, auf dem Wege sich zu verwandeln, wobei ihnen noch ein letzter Rest der Eigenschaften anhaftet, die ‹weiland› ihr Leben bestimmten.»[619] Man könnte vielleicht folgende Unterscheidung anführen: Die Eidola-Menschen befinden sich rückblickend noch diesseitig an der Schwelle zum Jenseits. Die Engel haben den Schritt über die Schwelle schon vollzogen. Ihre menschlichen Züge haben sie aber noch nicht abgestreift.

Paul Klee pflegte oft seriell zu arbeiten. Er variierte ein Sujet oder wandelte ein Thema fantasievoll ab. Innert kurzer Zeit konnte eine Folge von mehreren Blättern entstehen, wobei der Künstler eine Zeichnung nach deren Fertigstellung vom Tisch zu Boden fallen liess, um sogleich eine neue in Angriff zu nehmen.[620] Eine Briefstelle seiner Frau Lily von 1937 illustriert dies gut: «Er sitzt Abends bis 11 Uhr u. Blatt für Blatt fällt zu Boden wie einst.»[621]

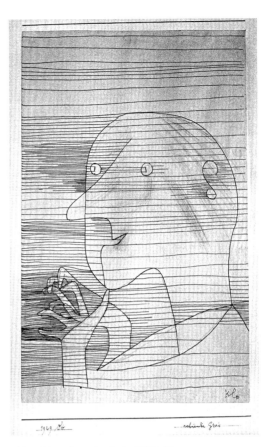

Abb. 165: rechnender Greis, 1929, 60

Abb. 166: trübes witternd, 1940, 112

[619] Glaesemer 1979, S. 39.
[620] Mündliche Mitteilung von Felix Klee an den Verf., Bern, 20.9.1983.
[621] Brief von Lily Klee an Will Grohmann, Bern, 8.7.1937.

Neuer Stil von aussergewöhnlicher Intensität und Spontaneität

Bekanntlich ändert sich der Stil bei vielen Kunstschaffenden im Alterswerk. Was in der Jugend und zur Zeit der Reife noch wichtig war, wird im Alter aus einer gewissen Distanz betrachtet. Einzelheiten verlieren an Bedeutung zugunsten eines Überblicks aus höherer Warte. Nicht selten stellt sich eine gestalterische Vereinfachung ein. Grosszügigkeit tritt an die Stelle von Filigranarbeit. Die Todesnähe bringt jene Weisheit und Abgeklärtheit mit sich, die dem Wissen um das eigentlich Wesentliche im Leben entspringt. Oft findet die Beschäftigung mit dem Metaphysischen und der Transzendenz einen Niederschlag in den Werken.

Auch bei Paul Klee zeigen sich stilistische Änderungen im Spätwerk, sie sind wohl noch ausgeprägter und eindrücklicher als bei den meisten anderen Künstlern. Seine Zeichnungen der letzten Jahre erscheinen «in einem neuen Stil von aussergewöhnlicher Intensität»[622], stellt Jürgen Glaesemer fest. Sie entströmen gewissermassen der Hand. Man könnte auch sagen, dass der Künstler seine Äusserungen direkt aus seiner Seele auf das Papier bannte. Solchen aus erschwerten Umständen erwachsenen Werken haftet immer etwas besonders Berührendes an, was auch Glaesemer so empfindet, wenn er schreibt: «Weniger denn je haben diese Zeichnungen die Funktion isolierter, möglichst sich selbst genügender Kunstwerke. Jedes einzelne Blatt ist Teil einer Folge, ein Satz in einer langen Niederschrift. Nie zuvor war in Klees Schaffen das Ergebnis der bildnerischen Gestaltung so vollständig Ausdruck seines persönlichen Befindens und seiner eigenen Bedürfnisse. Hinter den späten Zeichnungen steht nur noch die eine Absicht, den drängenden Bildern eine Form zu geben. Er ‹schrieb› die Bildzeichen nicht mehr für irgendjemanden – es schrieb aus ihm.»[623]

Im Alter von 19 bis 39 Jahren, das heisst von 1898 bis 1918, war Paul Klee ein eifriger und guter Tagebuchschreiber. Ab 1921 bereitete er als Lehrer am Bauhaus in Weimar und Dessau sowie später an der Kunstakademie in Düsseldorf seinen Unterricht gründlich vor und konzentrierte sich so viel als möglich auf sein künstlerisches Schaffen. Zur Fortführung

[622] Glaesemer 1984, S. 429.
[623] Glaesemer 1979, S. 26.

des Tagebuches dürfte ihm die Zeit gefehlt haben, wahrscheinlich drängte es ihn auch nicht mehr dazu. Interessanterweise weckte dann die Isolation in Bern während der letzten Lebensjahre bei ihm erneut das Bedürfnis nach tagebuchartigen Aufzeichnungen. Nun aber schrieb er seine täglichen Gedanken nicht mehr in ein Heft oder Buch, sondern brachte sie in knappster Form – konturierend – in Zeichnungen aufs Papier. Jürgen Glaesemer bemerkt dazu: «Bei den späten Zeichnungen ging es Klee nicht so sehr um die Gestaltung vollendeter Kunstwerke als vielmehr um einen ununterbrochenen Dialog mit sich selbst. Die Arbeit an den Zeichnungen kam dem Führen eines Tagebuches gleich.»[624] Man könnte die Umrisszeichnungen auch mit Ausschlägen einer Seismografenspitze vergleichen, die alle Bewegungen von Klees Innenleben fein und genau auf dem Papier festhalten.

Zum Spätstil von Paul Klee schreibt Glaesemer weiter: «Die neue spontane Gestik des Zeichnens hatte dazu geführt, dass Klee das lineare Kompositionsgerüst sogar bei grossformatigen Tafelbildern aus der freien Hand, das heisst ohne Verwendung einer Vorlage, mit Bleistift oder Kohle direkt auf den Bildträger skizzieren konnte. In den späten Tafelbildern und farbigen Blättern findet diese neue Gestaltungsweise ihren Niederschlag in den kräftigen linearen Formteilen, den Balkenstrichen und rahmenden Umrissen der Formen, die stets in einem ausgewogenen Verhältnis zur Gesamtfläche stehen.»[625] An anderer Stelle ergänzt er: «Den schweren Linien ist stets der Ausdruck einer tragischen irdischen Last eigen.»[626] Doris Wild vergleicht die Umrisslinien mit der Bleifassung von Glasfenstern.[627] Und Will Grohmann äussert sich zu Klees Spätstil wie folgt: «[...] das Alter zeigt sich bei ihm [Klee] in einer gewissen apodiktischen Formulierung, in einer Balkenschrift, die sich auf das Wesentliche beschränkt und alles Entbehrliche beiseite läßt.»[628] Die «Balkenstriche» könnten aber auch wie folgt fehlgedeutet werden: Klee hätte wegen einer krankheitsbedingten Handbehinderung nicht mehr fein zeichnen und malen können. Doch konnte er nachweislich seine Hände bis zuletzt uneingeschränkt bewegen.[629]

[624] Glaesemer 1979, S. 25.
[625] Ebenda, S. 27.
[626] Glaesemer 1976, S. 342.
[627] Vgl. Wild 1950, S. 219.
[628] Grohmann 1966, S. 38.
[629] Persönliche Mitteilungen von Felix Klee an Prof. Alfred Krebs und an den Verf., Bern, 9.11.1979, bzw. von Felix Klee an den Verf., Bern, 20.9.1983, sowie von Max Huggler an den Verf., CH-7554 Sent, 15.8.1981.

Bezeichnend für Klees Spätwerk ist auch die neuartige Körperdarstellung: Die Körper der Figuren zerfallen in Einzelteile, Kopf, Rumpf und Extremitäten sondern sich ab. Der Organismus ist im Begriff sich aufzulösen (zum Beispiel in den Abb. 98, 99 und 102; siehe dazu auch Seite 132). Das ist ja das Charakteristische des Organischen und das Grundprinzip der Schöpfung: geboren werden und sterben, blühen und welken, sich formen und sich auflösen.

Die Spontaneität und Impulsivität im zeichnerischen Schaffen der Krankheitsjahre stehen in einem Kontrast zum früheren wohl überlegten, bedächtigen, reflektierten Gestalten mit Stift und Feder. So wie Klee die Produktion im intuitiven Wissen um die nur noch kurze Lebenszeit vorantrieb, beschleunigte er – zur Erhöhung der Effizienz – auch sein Arbeitstempo. Mit der in seinen letzten Jahren erworbenen grossartigen gestalterischen Fähigkeit nähert er sich Pablo Picasso an, dessen spontanes und präzises lineares Gestalten er bewunderte.[630] Picasso war seinerseits von den Werken Paul Klees und seiner Persönlichkeit stark beeindruckt.[631] Er bemerkte, Klees Bilder seien «wie von einem inneren Licht durchstrahlt»[632], und er bezeichnete seinen Kollegen in Erinnerung an den Besuch bei ihm in Bern am 28. November 1937 als «Pascal-Napoléon»[633], was Will Grohmann dahingehend deutet, dass der Spanier dabei «offensichtlich an die Mischung von Weisheit und Energiegeladenheit, von leidenschaftlicher Askese und zielstrebiger Intensität gedacht hat, aber auch an die mediterrane äußere Gestalt»[634].

So verschieden die beiden Koryphäen der bildenden Kunst des 20. Jahrhunderts in ihrem Wesen waren, so bipolar anders sind sie auch in ihrem Œuvre: materiell, physisch, sinnlich, erdgebunden ist die Kunst Picassos, entmaterialisiert, metaphysisch, besinnlich, kosmisch jene Klees. Der Direktor des Museums of Modern Art in New York, Alfred H. Barr, charakterisierte das Schaffen der beiden Künstler 1941 wie folgt: «Picassos Bilder brüllen oder stampfen oder stoßen oftmals; Klees Bilder führen ein flüsterndes Selbstgespräch – lyrisch intim, von unberechenbarer Empfindsamkeit.»[635] Und Emil Nolde bezeichnete Paul Klee treffend als «einen Falter, schwebend im Sternenall»[636].

[630/631] Siehe Anhang: Über die gegenseitige Wertschätzung von Paul Klee und Pablo Picasso (S. 269).

[632] Pfeiffer-Belli 1978, S. 394.

[633] Grohmann 1965, S. 87: «Als Picasso 1951 von François Lachenal an den Besuch erinnert wurde, stand ihm plötzlich die Physiognomie des großen Einsamen deutlich vor Augen. ‹Pascal-Napoléon› sind die Worte, in denen er seinen damaligen Eindruck zusammenfasste [...].» Die ausführlichsten Schilderungen des Besuchs von Picasso bei Klee finden sich auf S. 214–216 sowie bei Geiser 1961 und Bhattacharia-Stettler 2001, S. 81–84.

[634] Grohmann 1965, S. 87.

[635] Barr 1941, S. 6, zit. in der Übersetzung von Doschka 2001, S. 20.

[636] Zit. n. Pfeiffer-Belli 1978, S. 394.

Abb. 167: gefangene Tiere, 1940, 263

Zwei Tiere, ein Fuchs und ein Vogel, sind in einem Gehege gefangen. Sie wissen um ihre ausweglose Situation. Traurig blicken sie uns an. Die Stimmung ist bedrückt. Klee dürfte sich mit den gefangenen Tieren identifizieren. Er fühlt sich in seinem «Hautpanzer» und in der Isolation in Bern gefangen. Brauntöne dominieren. Sie sind reich nuanciert, im Gegensatz zum schicksalsverbindenden monochromen Blau in den Augen des Fuchses und im Kopf, Hals und Schwanz des Vogels.

Wir erkennen in diesem prächtigen Gemälde zudem eine stilistische Eigenheit, die sich oft in Klees Spätwerk zeigt: die Umrandung von Flächen mit dicken schwarzen Strichen. Die «Balkenstriche» sind in einer typischen gestalterischen Vereinfachung mit einer Reduktion auf Wesentliches zu interpretieren. Analog ist die vereinfachende umrissartige Gestaltung der späten Zeichnungen zu verstehen.

Abb. 168: Pablo Picasso, 1963

Begegnung mit Pablo Picasso

Am 28. November 1937 besuchte Pablo Picasso den bereits schwer kranken Paul Klee in Bern.[637] Der Berner Kunsthistoriker Bernhard Geiser berichtet amüsant über die einzige Begegnung der beiden (freie und gekürzte Wiedergabe des Verf.).[638]

Picasso brachte seinen kranken siebzehneinhalbjährigen Sohn Paolo zu einem Arzt ins Berner Lindenhofspital. Der Kunsthändler Daniel-Henry Kahnweiler hatte Picasso nahe gelegt, in Bern Paul Klee und das Sammlerehepaar Hermann und Margrit Rupf aufzusuchen. Am 27. November 1937 wurden Vater und Sohn Picasso am Bahnhof Bern von Bernhard Geiser empfangen. (Dieser hatte 1933 Picassos grafisches Werk von 1899 bis 1931 veröffentlicht.) Paul Klee war vorinformiert und erwartete die beiden tags darauf abmachungsgemäss um vier Uhr nachmittags. Nachdem Picasso am Vormittag des 28. November noch seinen Sohn in der Klinik besucht hatte, lud Hermann Rupf zu einem währschaften Essen in einem Landgasthof ein. Nach der Rückkehr in Bern schlug Geiser einen Besuch im Historischen Museum vor, da es noch zu früh für die Visite bei Klees war. Das Museum liege am Weg zu ihnen. Picasso willigte ein und betrachtete die vielen historischen Kostbarkeiten mit Interesse. «Nun ist es aber Zeit, zu Klees zu gehen», mahnte Geiser. Picassos Neugier war jedoch geweckt, er schritt von Saal zu Saal und war nicht mehr rauszubringen. Geiser wusste, dass Paul Klee die Besucher pünktlich erwartete. Schlussendlich nahm er seinen Gast am Arm und führte ihn zum Ausgang. Da entdeckte Picasso eine Treppe zum Untergeschoss. «Un moment», sagte er – und entwischte nach unten. Dort ging es weiter wie oben. Erst als um fünf Uhr das Signal zum Ende der Besuchszeit ertönte, verliessen die beiden das Museum. Müde vom langen Betrachten wünschte Picasso ein Taxi zu nehmen. Doch solche gab es nur am Bahnhof. Geiser meinte, bis dorthin sei es ebensoweit wie bis zu Klees. Picasso bestand auf seinem Wunsch. So schritten sie also über die Kirchenfeldbrücke und gelangten durch die schönen Lauben zum Bahnhof. Kurz davor entwich der illustre Gast in eine Konfiserie. Geiser dachte, er wolle eine Süssigkeit für Klees kaufen. Tatsächlich

---

[637] Vgl. Geiser 1987, S. 77.
[638] Vgl. ebenda, S. 76–82, u. vgl. Stettler, Michael, Georges Bloch und Picasso, in: Lehrer und Freunde, 1997, S. 159–163; publiziert auch in: Bhattacharya-Stettler 2001, S. 81–83. Der persönliche Bericht von Bernhard Geiser wurde ebenfalls veröffentlicht in: Haldi/Schindler 1920, S. 41–46, u. du 1961, S. 53, 88, 90 und 92.

kam er mit einer Tüte «Marrons glacés» heraus; er hatte sie aber schon geöffnet. «C' est bon, je vous jure, c' est bon» – und schon hatte Geiser eine Marroni im Mund! Picasso hatte Durst und schlug vor, die «Marrons» im Bahnhof-Buffet zu essen und dazu etwas zu trinken. Geiser wurde es warm und wärmer. Er erinnerte den Maler eindringlich an den vereinbarten Besuch. «Aber wir nehmen doch ein Taxi!», antwortete er, und schon war er im Restaurant. Als die Serviertochter kam, bot ihr Picasso sogleich eine Marroni an. Die Dame empfahl einen kräftigen Rotwein aus dem Wallis, der passe ausgezeichnet zu den Kastanien. Flugs stand ein Halbliter Dôle vor ihnen. Im Gegensatz zu Picasso genoss Geiser aber Wein und Kastanien nur halb. Als die beiden endlich mit dem Taxi bei Klees vorfuhren, war es schon ziemlich dunkel. Klee öffnete ihnen in wollener Hausjacke und Filzpantoffeln. Er hatte die Besucher offensichtlich nicht mehr erwartet. Geiser versuchte die Verspätung zu erklären, was ihm aber nicht recht gelingen wollte. Klee führte seinen späten Gast ins Atelier. In einer Ecke lagen auf einem Tischchen Reste von einem bereitgestellten, schon halb verzehrten Kuchen. Klee bot etwas zu trinken an, was höflich abgelehnt wurde. Der Durst war ja zuvor im Bahnhof-Buffet gelöscht worden ... Unaufgefordert liess sich Picasso in einen Stuhl fallen, und als Klee ihn fragte, ob er einige seiner neuesten Arbeiten sehen möchte, antwortete er: «Avec plaisir!» Picasso betrachtete die dargereichten Aquarelle und Zeichnungen aufmerksam, ohne sich jedoch zu äussern. Bernhard Geiser: «Auf einmal schwenkte Picasso ein Blatt weit von sich und schaute es verkehrt an. Nach altem Malerbrauch wollte er es auf diese Art prüfen. Klee lächelte erst selbstsicher und sagte dann: ‹Man kann alles auf den Kopf stellen und wie vieles steht schon auf dem Kopf!› Das war deutlich auf das damalige Deutschland gemünzt.» Ein eigentliches Gespräch kam aber nicht auf. «Avec la plume?», fragte Picasso dazwischen. Und Klee: «Avec la plume.» Mappen um Mappen wurden fast wortlos durchgesehen, und beim letzten Blatt einer jeden bedankte sich Picasso sehr höflich. Man merkte, dass er Gefallen an den Arbeiten fand. Er bezeugte es jedoch nicht, als gezieme sich dies nicht. Da ertönte plötzlich die Hausglocke. Es war Hermann Rupf, der die Besucher mit seinem Auto um sieben Uhr, wie vereinbart, zu einem Abendessen bei ihm daheim

Abb. 169: Paul Klee, 1912

abholen kam. Der Abschied war herzlich. Klees anfänglich deutlich spürbarer Missmut war bereits wieder verflogen.

Diese einmalige, kurze historische Begegnung ist recht kennzeichnend für die grundverschiedenen Charaktere der beiden Künstler: des extrovertierten, quicklebendigen, spontanen, sich um keine Termine kümmernden, etwas chaotischen, aber charmant-jovialen, genialen Bonvivants und des introvertierten, in sich ruhenden, ordnungsliebenden, etwas perfektionistischen, liebenswürdigen, nicht nachtragenden, über allem stehenden, ebenso genialen Denkers.

Roland Penrose zitiert Pablo Picasso nach dessen Besuch bei Paul Klee: «Er [Klee] war grossartig, sehr würdevoll und verdient ob seiner Haltung und seiner Arbeit Respekt.»[639]

«Seine Schöpfung atmet Leichtigkeit und Anmut»

Doris Wild charakterisiert Paul Klee und sein Schaffen wie folgt: «Klees Wesen wirkt wie ein Triumph des Geistes über Zeit und Umwelt, unablenkbar durch persönliches Schicksal und äusseres chaotisches Geschehen. Er setzt die grausame Wirklichkeit um und entrückt den Beschauer in eine höhere Welt, überstrahlt selbst das Schmerzliche mit Licht und Heiterkeit. Als Schwerkranker arbeitete er selbst dann noch mit Leichtigkeit, als er um sein nahes Ende wusste, zeichnete in seinen Bildern oft Jahre vor ihrem äusseren Hervortreten die Kräfte auf, die seine Zeit bewegten und erregten.»[640] [...] «Was Kandinsky fehlen mochte, wurde Klee wie einem Götterliebling zuteil. Seine Schöpfung atmet Leichtigkeit und Anmut, unspekulative lineare Sicherheit, beschwingt von einer Phantasie, die Gnade ist.»[641] Ähnlich äussert sich Hans Christoph von Tavel: «Klees Spätwerk hat mit dem Gesamten der Generation nichts mehr zu tun. Als unfassliche Leistung eines Einzelnen ragt es, von der Grundlage seiner Zeit aus, ins Zeitlose.»[642]

Es fasziniert, dass in Klees Werk neben den spontanen, kargen, tagebuchartigen Zustandsaufzeichnungen trotz seinem harten Schicksal und seinem schweren Leiden bis zuletzt frische, farbenprächtige Gemälde vorkommen. Werner Haft-

---

[639] Penrose 1981, S. 361, angeführt von Therese Bhattacharya-Stettler in: Bhattacharya-Stettler 2001, S. 83.
[640] Wild 1950, S. 218.
[641] Ebenda, S. 217.
[642] Von Tavel 1969, S. 159.

mann spricht von einer formalen Vereinfachung im Spätwerk, von einer bildnerischen Askese und von einem «Leuchten von Innen»[643]: «In dieser Askese aber glüht die Farbe mystisch auf. Das ist das Formereignis dieser Jahre, daß die Farbe die höchste Kraft der Einfachheit gewinnt, die in die Dimension des Mystischen hinüberreicht und nun die lapidare schwarze Zeichenschrift als das zu Lesende auf sich trägt. Es ist das schwarze magische Schriftwerk, das wie die dunkle Verbleiung alter Kirchenfenster den Farben zur höchsten Leuchtkraft verhilft und ihnen den gleichen mystischen Charakter gibt, den Kirchenfenster haben.»[644] (Abb. 171)

Ein weiterer Aspekt sei hervorgehoben: Die wunderbaren Farbkombinationen in Klees Gemälden klingen bis zuletzt zusammen, wirken musikalisch – nicht erstaunlich, war der Künstler doch in früheren Jahren auch ein passionierter und guter Geigenspieler. Dazu schreibt Carola Giedion-Welcker, indem sie sich auf die Hinwendung Klees zur reinen Farbigkeit in kleinformatigen Ölbildern nach dem Ende des Ersten Weltkrieges bezieht: «Und nun beginnt die unendlich zarte, farbig vibrierende Kammermusik Klees. […] Diese kleinen Ölbilder […] scheinen wie tropische Blüten, die von einem inneren Lichte beseelt sind; sie haben etwas Festlich-Feierliches und tief Versöhnendes, wie die Musik von Bach und Mozart, die er liebte und selbst spielte.»[645] (Abb. 170)

[643] Haftmann 1961, S. 168.
[644] Ebenda.
[645] Giedion-Welcker 2000, S. 52 f.

Abb. 170: Villa R, 1919, 153

Abb. 171: Glas-Fassade, 1940, 288

Das prächtige Gemälde mit der Darstellung eines Glasfensters ist durchdrungen von fein aufeinander abgestimmten Rot-, Blau-, Grün- und Ockertönen. Es ist luzid, und von hinten (wie aus dem Jenseits) leuchtet geheimnis- und verheissungsvoll Licht zu uns ins Diesseits hinein (siehe Seite 217).

Zu Abb. 170:
Nach dem Ersten Weltkrieg schuf Paul Klee «kammermusikalische» kleinformatige Ölbilder (siehe auch Seite 217).

«Die Production nimmt ein gesteigertes Ausmaß in sehr gesteigertem Tempo an»

Der von Paul Klee handschriftlich und beispielhaft genau geführte Œuvre-Katalog gibt Aufschluss über die künstlerische Produktivität.[646] Während er 1935, im Jahre des Krankheitsbeginns, noch 148 Werke – ein Drittel weniger als im Vorjahr – verzeichnete, fiel die Jahresproduktion 1936 plötzlich auf 25 Werke ab. Dem Künstler war ein Arbeiten wegen der Krankheit, der Bettlägerigkeit und der völligen Erschöpfung nach der langen, schweren ersten Krankheitszeit beinahe verunmöglicht. Trotz Aufenthalten in Höhenkurorten (Tarasp im Unterengadin und Montana im Wallis) erholte sich Klee nur sehr langsam. Im nächsten Jahr ging es etwas besser: 1937 erreichte die Jahresproduktion mit 264 Werken wieder ungefähr das Niveau der Zeit vor der Erkrankung. 1938 entstanden 489 Werke. Im Jahre 1939 schuf Klee die schier unglaubliche Anzahl von 1253 Werken, mehrheitlich Zeichnungen![647] (Die «Umrisszeichnungen» der letzten Lebensjahre erforderten einen relativ geringen Arbeits- und Zeitaufwand.) Klee schreibt: «Die Production nimmt ein gesteigertes Ausmaß in sehr gesteigertem Tempo an, und ich komme diesen Kindern nicht mehr ganz nach. Sie entspringen.»[648] Bezeichnend ist die Apostrophierung seiner Werke als «Kinder», so wichtig waren sie für ihn. Zu Beginn des Jahres 1940 schreibt Klee rückblickend an Will Grohmann: «Das Jahr war bildnerisch reich. So viel habe ich nie gezeichnet, und nie intensiver.»[649] Vielsagend ist zudem die Feststellung seiner Frau: «In solchen Zeiten sitzt Klee wie Hieronymus im Gehäuse vor seinem Werk und vergisst die Welt».[650] Sie vergleicht ihren Mann mit dem dalmatischen Kirchengelehrten, der im 4. Jahrhundert das Alte Testament vom Hebräischen ins Lateinische und das Neue Testament vom Griechischen ins Lateinische übersetzt hat; Albrecht Dürer hat ihn als arbeitsamen Einsiedler «im Gehäus» dargestellt (Abb. 172).[651]

Der Künstler nützt die ihm im Todesjahr 1940 noch verbleibenden vier Schaffensmonate, um – wie erwähnt – trotz zunehmender körperlicher Abschwächung weitere 366 Werke zu gestalten und zu registrieren.[652] Das Jahr 1940 war ein Schaltjahr. Es ist Paul Klee durchaus zuzutrauen, dass er diese Anzahl Werke bewusst erreichen wollte,[653] notierte er doch

---

[646] Zu den genauen Eintragungen im Œuvre-Katalog bemerkt Jürgen Glaesemer: «Es besteht kein Zweifel, dass ihm [Klee] die Systematik seiner Buchführung selbst ein besonderes Vergnügen bereitete. An keiner Stelle des Œuvre-Kataloges ist in den letzten Jahren ein Nachlassen der Konzentration zu spüren, bis zur letzten Werknummer hat er alle Einzelheiten mit der gleichen Gründlichkeit verzeichnet.» (Glaesemer 1979, S. 23).

[647] Vgl. Glaesemer 1976, S. 319. S. auch Tab. 2, S. 222.

[648] Brief von Paul Klee an Felix und Euphrosine Klee, Bern, 29.12.1939, zit. n. Klee 1979, S. 1295.

[649] Brief von Paul Klee an Will Grohmann, Bern, 2.1.1940, zit. n. Gutbrod 1968, S. 84.

[650] Brief von Lily Klee an Curt Valentin, Bern, 1.1.1940 (MoMAANY/VP).

[651] Die Angaben über Hieronymus verdanke ich Prof. Dr. theol. Hans Bietenhard, CH-3612 Steffisburg.

[652] Vgl. Glaesemer 1976, S. 344.

[653] Persönliche Mitteilung von Felix Klee an den Verf., Bern, 20.9.1983. Und Helfenstein 1990, S. 72 u. 73: «Für den Symbolgehalt der 366 Werke im Jahr 1940 spricht auch, daß Klees Kuraufenthalt in Locarno schon in der ersten Hälfte April geplant war. Die Reise ins Tessin vollzog sich demzufolge keineswegs überstürzt. [...] Klees gesteigerter Rhythmus des künstlerischen Schaffens im Todesjahr kam einem symbolischen Sieg gegen die äußere Zeit gleich. Denn die deutungsschwere Zahl 366 besagt auch, daß die innere Zeit des todkranken, aber mit äußerster Intensität arbeitenden Künstlers von der realen, äußeren Zeit, gerade indem Klees Numerierung sich darauf bezieht, unabhängig sein soll. Die Anzahl der Œuvrenummern des Jahres 1940 läßt keinen Zweifel daran, daß Klee die Production im letzten Lebensjahr bewußt auf diese – in seinem persönlichen Zusammenhang – symbolische Gesamtzahl bezog.»

Abb. 172: Albrecht Dürer, «Der heilige Hieronymus im Gehäus», 1514, Kupferstich (aus: Bodmer, Heinrich, Dürer, Wilhelm Goldmann Verlag, Leipzig 1944, S. 83)

im Œuvre-Katalog des Jahres 1938 zwischen den Nummern 365 und 366 – wohl in Anspielung auf die Anzahl Tage eines Jahres – das Plinius-Zitat «nulla dies sine linea» (kein Tag ohne Linie, ohne Zeichnung; Abb. 173).[654] Als er im Schaltjahr 1940 schon nach wenigen Monaten die wohl angestrebten 366 Werke geschaffen hatte, wird er eine besondere Genugtuung verspürt haben. Zufrieden dürfte er vor seiner Abreise am 10. Mai 1940 in das Tessiner Sanatorium die letzten fertig gestellten Werke in den Œuvre-Katalog eingetragen haben. (In seinem Atelier verblieben eine Anzahl Werke[655], die er nicht in den Œuvre-Katalog aufnahm, entweder weil er sie noch nicht vollendet hatte, oder, was wahrscheinlicher ist, weil er eben bewusst den Œuvre-Katalog 1940 mit 366 Werken abschlies-

[654] Dazu Glaesemer 1979, S. 25: «Die Arbeit an den Zeichnungen kam dem Führen eines Tagebuches gleich. Das Motto ‹nulla dies sine linea› ist durchaus in diesem Sinne zu verstehen. [...] Bezeichnenderweise wählte er [Klee] in Anspielung auf seine unaufhaltsam sich steigernde Produktion an Zeichnungen ein Zitat, das bis anhin vor allem Schriftsteller für sich in Anspruch genommen hatten.» Das Zitat «nulla dies sine linea» findet sich – gemäss Glaesemer 1976, S. 25, Anm. 47 – im 35. Kapitel der «Historia naturalis» des römischen Schriftstellers Plinius des Älteren (Gaius Plinius Secundus).

[655] In: Klee 1998–2004, S. 233 f., sind 33 nicht im Œuvre-Katalog verzeichnete Werke aufgeführt.

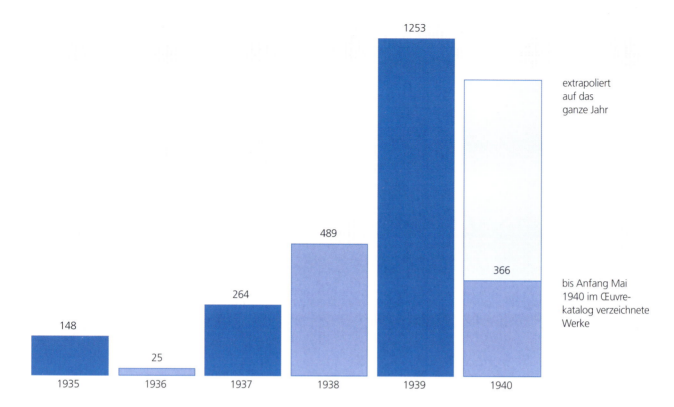

Tabelle 2: Das Schaffen von Paul Klee während seiner Krankheit

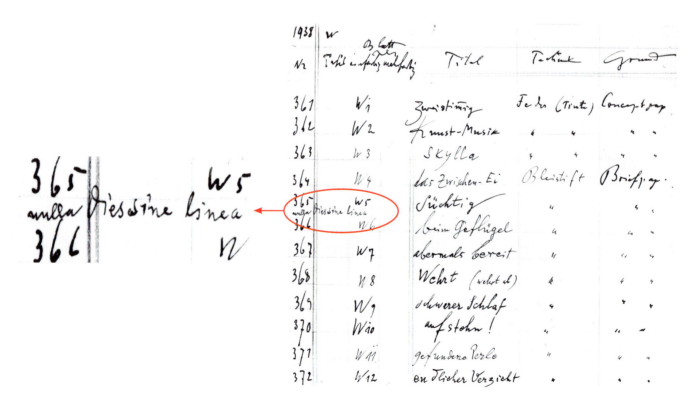

Abb. 173: Seite aus dem Œuvre-Katalog von Paul Klee aus dem Jahre 1938 (Nrn. 361–372) mit dem Vermerk «nulla dies sine linea» unter der Nummer 365

sen wollte.) Verblüffend ist wiederum eine Parallele zu Vincent van Gogh. Dieser schuf in den letzten 70 Tagen seines Lebens noch 70 Werke.[656] Van Gogh erlangte übrigens durch seine zwar völlig andersartige Krankheit eine ähnlich hohe Motivation zum kreativen Schaffen wie Klee.[657] Doris Wild schreibt: «In der kurzen, ihm [van Gogh] noch verbleibenden Zeit, von Februar 1888 bis Juni 1890, entstand sein eigentliches Lebenswerk in einem schöpferischen Ausbruch von euphorischer Gewalt. Wahrhaft besessen schuf er Bild um Bild, malte in der Stille seines ärmlichen Zimmers, in den Stürmen des Mistrals, in glühender Sonne, selbst ganze Nächte hindurch.»[658] Das Schicksal van Goghs erschütterte Klee, als er im Jahre 1908 zwei Ausstellungen mit dessen Arbeiten in München sah.[659] Er schrieb in sein Tagebuch: «Hier leidet ein Gehirn unter dem Brand eines Gestirns. Er befreit sich im Werk. Kurz vor seiner Katastrophe.»[660]

Paul Klee hat in seinen fünf Krankheitsjahren gegen 2500 Werke geschaffen! Auf sein etwa 9800 Werknummern umfassendes Œuvre[661] bezogen, heisst dies, dass er über einen Viertel seines Lebenswerks während der schweren Krankheit vollbracht hat!

Die Krankheit als Chance

«Das altgriechische Symbol für Krise ist zugleich das Zeichen für Chance. So nahe liegen Krise und Chance beieinander»[662], schreibt Edgar Heim und ergänzt: «Krankheit ist nie eine Krise allein, sondern immer eine Chance zugleich.»[663] Weiter hält er fest: «Wir wissen auch, dass Krankheit kreative Möglichkeiten anregen oder vertiefen kann. So hat Beethovens Taubheit ihn vermutlich erst recht zu seinem Monumentalwerk, der 9. Sinfonie, stimuliert. Eines der eindrücklichsten Bücher von Thomas Mann, ‹Der Zauberberg›, wäre ohne seine eigene Sanatoriumserfahrung nicht denkbar gewesen, und Van Goghs Bilder wurden in seinen Krankheitsphasen, deren Natur immer noch nicht ganz erklärt ist, besonders kräftig und eindrücklich.»[664]

Will Grohmann schreibt über den Hinschied von Paul Klee: «Er ist am Ziel, aber rätselhafterweise setzte der Verfall der

[656] Vgl. Frank 1999, S. 121.

[657] Dazu Gerson 1982, S. 113–116: «Die Zeit in Arles von Februar 1888 bis Mai 1889 ist für uns der Höhepunkt im künstlerischen Schaffen van Goghs, obwohl auch diese Zeit durch unproduktive Depressionen getrübt wurde. [...] Vincent arbeitete fieberhaft. [...] Am 3. Mai 1889 suchte er Schutz und Zuflucht in der Heilanstalt von Dr. Peyron in St.-Rémy. Auch hier unterbrachen heftige Anfälle gesunde Perioden. Künstlerisches Schaffen tröstete ihn. ‹Ich arbeite wie ein Besessener, ich habe eine verbissene Wut zu arbeiten mehr denn je. Und ich glaube, das trägt zu meiner Gesundung bei.› (Brief 604).»

[658] Wild 1950, S. 54.

[659] Vgl. Grohmann 1965, S. 49.

[660] Klee Tgb., Nr. 816; zitiert auch von Grohmann 1965, S. 49, dort allerdings irrtümlicherweise unter «Tgb. 822».

[661] Vgl. Helfenstein 1998, S. 12.

[662] Heim/ML 1980, S. 233.

[663] Ebenda, S. 187.

[664] Ebenda.

körperlichen Kräfte übermenschliche schöpferische Kräfte frei, als ob im Verlöschen ein neuer Anfang verborgen wäre».⁶⁶⁵ Der Künstler war äusserlich und innerlich gezeichnet von der schweren Krankheit. Wie er seinem harten Schicksal und seinem Leiden ein energisches «Und dennoch!» entgegensetzte, wie er seine schwere körperliche Krankheit geistig-seelisch und durch konzentriertes kreatives Arbeiten meisterte, verdient höchste Anerkennung und Bewunderung. Paul Klee hat die Krankheit wahrlich als Chance genutzt und so eine «höhere Gesundheit hinter der Krankheit» erlangt, um mit Friedrich Nietzsche zu sprechen.⁶⁶⁶ Die Genfer Philosophin Jeanne Hersch interpretiert diese «höhere Gesundheit» so: «Der Mensch bleibt ein Wesen, dem es obliegt, während der Krankheit und angesichts des Todes – durch die Art und Weise, wie er sie erträgt – den Sinn des Lebens, den Sinn seines Lebens aufrechtzuerhalten. Dieser Sinn ist nicht die Gesundheit, die Gesundheit steht im Dienste dieses Sinnes. Sie schöpft daraus ihren eigenen Sinn und ihre Rechte.»⁶⁶⁷

Ich möchte an dieser Stelle eine weitere interessante Parallele – neben derjenigen zu Vincent van Gogh – erwähnen. Der Philosoph Karl Jaspers erkrankte schon als Kind schwer an einem chronischen Leiden. Er litt an einer Erweiterung der Bronchien («Bronchiektasen»). Die Krankheit verursacht einen chronischen Husten mit Auswurf und Lungenblutungen, Fieber und Schwäche.⁶⁶⁸ Dadurch wurde auch das Herz von Jaspers geschwächt. Der berühmte Arzt Professor Rudolf Virchow hatte dem Jüngling Karl Jaspers in einer präzisen medizinischen Abhandlung kaum mehr als dreissig Jahre Lebenserwartung vorausgesagt.⁶⁶⁹ Jaspers stellte sich daraufhin in einer streng geordneten Lebensführung unter Vermeidung aller Strapazen gut auf sein Leiden ein – und wurde 86-jährig! Er schreibt: «Aber der Kampf zwischen Hoffnung des Überwindens und der Schwermut bei dem Gedanken, dass doch bald alles ein Ende haben werde, war bitter.»⁶⁷⁰ Wie Klee gelang es auch Jaspers, trotz seiner angeschlagenen Gesundheit Grosses zu vollbringen.

Es scheint ein Merkmal einer begabten, arbeitsamen Persönlichkeit zu sein, dass Krankheit, als Herausforderung be-

---

⁶⁶⁵ Grohmann 2003, S. 42.
⁶⁶⁶ Zit. n. Nager/ML 1998, S. 1591: «Ich bin immer wieder beeindruckenden Menschen begegnet, die trotz körperlicher Erkrankungen und seelischer Leiden, die trotz Altersgebresten, die sogar noch in der Krankheit zum Tode in einem vertieften Verständnis gesund waren. Sie haben die ‹Grosse Gesundheit› errungen. Friedrich Nietzsche, der Denker und Schmerzensmann, spricht bewegend von dieser ‹höheren Gesundheit hinter der Krankheit›.»
⁶⁶⁷ Zit. n. Heim/ML 1980, S. 187.
⁶⁶⁸ Vgl. Pschyrembel/ML 1998, S. 233.
⁶⁶⁹ Vgl. Gottschalk 1966, S. 13.
⁶⁷⁰ Zit. n. ebenda.

trachtet, sogar stimulierend für das weitere Schaffen sein kann. Dies gilt in besonderem Masse für Künstlerinnen und Künstler. Wenn sie von ihrem Können und Wirken überzeugt sind, lassen sie sich durch nichts von ihrer Arbeit abhalten. So kommen mitunter kaum erwartete, schier «übermenschliche» Leistungen zu Stande.

Für Paul Klee gilt ferner, was Karl Jaspers über die Grösse und die «Grossen» geschrieben hat – und dies trifft auch für Jaspers selbst zu: «Sie [die Grossen] stehen in der Zeit über der Zeit. Jeder, auch der Grösste, hat zwar seinen historischen Ort und trägt seine historischen Kleider. Das Kennzeichen der Grösse aber ist, dass er nicht an sie gebunden scheint, sondern übergeschichtlich wird. Das, was in seiner Greifbarkeit auch bedeutenden ihrer Zeitgenossen eigen ist, wird bei ihnen übersetzt in einen zeitlosen Sinn. Der Grosse ist nicht schon der, der seine Zeit in Gedanken fasst, sondern der dadurch die Ewigkeit berührt. Die Transzendenz in Werk und Leben lässt daher den grossen Mann zu einer Erscheinung werden, die grundsätzlich zu aller Zeit, zu jedem zu sprechen vermag. [...] Jeder echte Denker ist wie jeder Mensch ursprünglich, wenn er wahr und wesentlich ist. Aber der grosse Denker ist in seiner Ursprünglichkeit original. Das heisst, er bringt eine Mitteilbarkeit in die Welt, die vorher nicht da war. Die Originalität liegt im Werk, in der schöpferischen Leistung, die nicht identisch wiederholbar ist, aber den Späterkommenden zu seiner eigenen Ursprünglichkeit hinführen kann.»[671]

---

[671] Jaspers 1957, S. 39, zit. n. Hersch 1980, S. 126 f.

Abb. 174: Bäume am Wasser, 1933, 442

Die farbintensive Pastellzeichnung «Bäume am Wasser» stammt aus dem Jahr 1933, in dem Paul Klee viel Leid und Ungemach von den Nationalsozialisten erfahren musste. Wie er sein hartes Schicksal und dann seine schwere Krankheit meisterte, ist höchst bewunderungswürdig und zeugt von einer seltenen menschlichen Grösse. Für ihn blühen Blumen auch in der Nacht (Abb. 175).

Abb. 175: Nacht-Blüte, 1938, 118

Abb. 176: Unterwasser-Garten, 1939, 746

Das nebenstehende Gemälde ist ein weiteres Beispiel für die Tatsache, dass Paul Klee auch in der Krankheits- und Leidenszeit vitale, farbenfreudige Bilder schuf, die völlig losgelöst von seiner körperlichen Krankheit sind. Oft nahm er frühere Themen auf, zum Beispiel Fisch, Wasser, Garten.

Michael Baumgartner schreibt: «Während seiner Lehrtätigkeit am Bauhaus beschäftigte sich Paul Klee intensiv mit der Frage der Bewegung im statischen, durch die Schwerkraft gebundenen, und andererseits im dynamischen Bereich. Dabei interessierten ihn besonders die Bewegungsmöglichkeiten von Vögeln und Fischen sowie deren Elemente, die Luft und das Wasser. Das Wasser bezeichnet Klee als Zwischenreich, in dem Gesetze der Schwerkraft ausser Kraft gesetzt sind und freie Bewegungen möglich werden. In Klees Gesamtwerk gibt es über 60 Werke, die das Thema ‹Fisch› aufgreifen, und ungefähr ebenso viele, die den Begriff ‹Wasser› beinhalten.»[672]

Nun gibt es statisches Wasser in stehenden Gewässern und dynamisches Wasser in Bächen und Flüssen. Im «Unterwasser-Garten» hat man den Eindruck von stehendem Wasser in einem Aquarium, in das die üppige, farbenprächtige Unterwasserflora der Meere hineinverpflanzt worden ist. Mittendrin hält sich als roter Bildakzent ein Goldfischähnlicher Fisch auf.

Beim fliessenden Wasser denkt man an den dem griechischen Philosophen Heraklit[673] zugeschriebenen Grundsatz «panta rhei»: Alles fliesst; das ganze Universum ist in ständiger Bewegung, es gibt kein bleibendes Sein.[674]

---

[672] Michael Baumgartner in: Zentrum Paul Klee 2005/2, S. 80.
[673] Heraklit, um 540–480 v. Chr.
[674] Duden, Fremdwörterbuch, 3. Aufl., Bibliographisches Institut, Dudenverlag, Mannheim/Wien/Zürich 1974, Bd. 5, S. 528, u. Zürich 1945–1948, Bd. 3, S.1585.

Abb. 177: Symbiose, 1934, 131

Abb. 178: Flora am Felsen, 1940, 343 ▷

675 Vgl. Ernst-Gerhard Güse im Vorwort zu: Güse 1992, S. 7. Ferner: Klee, Felix, in: du 2000, S. 63: «Seine [Paul Klees] grossen naturwissenschaftlichen Kenntnisse kehrten oft in den Themen seiner Bilder wieder. Die Botanik wurde in gepressten Pflanzen studiert und die Tiere in ihrem Eigenleben beobachtet.» Und: Grohmann 1965, S. 67: «Ringsum [im grossen Bauhaus-Atelier von Paul Klee in Weimar] einige Möbel und Regale, überladen mit hundert Dingen, die er [Klee] im Laufe der Jahre gesammelt oder fabriziert hatte, Schmetterlinge, Muscheln, Wurzeln, gepresste Pflanzen, Masken, Schiffchen, gebastelte Modelle, bemalte Plastiken.»

Das letzte, Ende April 1940 im Œuvre-Katalog eingetragene Tafelbild «Flora am Felsen» von Paul Klee zeigt auf intensiv leuchtenden Rot- und Orangeflächen eine Pflanzenstruktur, wie wir sie von Flechten an Bäumen und Felsen kennen. Der Titel weist auf diese häufig anzutreffende Felsenflora hin. Flechten bestehen aus einem Pilz und einer Alge. Zusammen bilden sie eine Symbiose. Sie sind aufeinander angewiesen: Das Pilzgeflecht dient der Alge als Wasser- und Mineralsalzspeicher, die Alge versorgt den Pilz mit organischen Nährstoffen. Durch die Symbiose sind Flechten ausserordentlich lebenstüchtig und widerstandsfähig. Jede gute Partnerschaft ist mit einer Symbiose vergleichbar. Paul und Lily Klee lebten in einer harmonischen, symbiotischen Ehe in einer für beide schwierigen Berner Zeit. Lily erleichterte ihrem Ehemann das Leben in der Krankheit, wie sie nur konnte. Interessant ist, dass er im Jahre 1934 einer Zeichnung mit einer stilisierten Blume den Titel «Symbiose» gab (Abb. 177).

Pflanzen bedeuteten dem Künstler viel. Er sammelte, trocknete, presste sie und bewahrte sie in Glaskästen auf. Er hatte genaue botanische Kenntnisse.[675] Gärten und Parkanlagen sind wichtige Motive in seinem künstlerischen Schaffen. Die Beobachtung des Werdens, Wachsens und Vergehens in der Natur war ihm wesentlich. Er fühlte sich dabei eins mit Natur und Schöpfung. Die Zwiesprache mit der Natur vermittelte ihm nicht nur Anregungen für sein Schaffen, sondern auch Kraft in seinem Leiden. Dies deutet auch seine berühmte Aussage an: «Diesseitig bin ich gar nicht fassbar, denn ich wohne grad so gut bei den Toten wie bei den Ungeborenen, etwas näher dem Herzen der Schöpfung als üblich, und noch lange nicht nahe genug.» Das wenige Monate vor dem Tode gemalte Gemälde ist in seiner Frische und starken Farbigkeit eine eigentliche letzte Botschaft des Künstlers: Paul Klee sagt «ja» zum Leben wie auch zum Sterben und zum Tod. Er ist bereit zum Abschiednehmen – im Bewusstsein, die reichen Gaben in seinem nicht langen Leben gut eingesetzt und Schicksal und Krankheit durch Kreativität gemeistert zu haben. Das letztregistrierte Werk könnte eine Hommage an seine Frau Lily und zugleich eine Art Epilog sein.

Abb. 179: Ohne Titel (Letztes Stillleben), 1940

Das nebenstehende, von Paul Klee an sich vollendete, jedoch nicht signierte, nicht betitelte und wohl im Œuvre-Katalog bewusst nicht registrierte grosse Ölgemälde hinterliess der Künstler vor seiner letzten Reise (nach Locarno) auf der Staffelei im Atelier. Er hält darin gewissermassen Rückschau auf seine letzte, vom Schicksal und von der Krankheit geprägte Lebensphase.

Es ist Nacht. Die auf schwarzem Grund gemalten Farben sind, abgesehen vom Rot und Orange, gedämpft. Das Gemälde ist symbolträchtig. Auf einem Teller mit abgefallenen, verwelkten Blüten stehen eine Kanne und eine menschliche Plastik. Links im Bild erkennen wir andere Gegenstände, eine rote Schale und Vasen. Gefässe sind wesentliche symbolische Gegenstände in Klees Leben. Einerseits war sein Geist, wie eine Schale oder Vase, stets weit offen, andererseits füllte er «sein Kannengefäss» mit einem bedeutenden Lebenswerk. Darauf weist die menschliche Plastik mit stolz erhobenem Arm. Die kobaltblaue Vase enthält zwei zinnoberrote frische Blümchen. Es sind eigenartige Blumen. Es könnten auch zwei im Wasser der Vase gefangene, zappelnde Wesen – kurz vor dem Ertrinken – sein. Mit Haftfüsschen versuchen sie sich, Halt suchend, am Gefässrand anzuzapfen. Die Darstellung erinnert an die Zeichnung «fliehn auf Rädern» (Abb. 114) aus dem Jahre 1939, sind doch die zwei Blumen nahezu ein Abbild der «auf Rädern Fliehenden»; allerdings stehen diese nun auf dem Kopf, und aus den Rädern sind Blüten geworden: Absicht oder Zufall? Eine Flucht aus Schicksal und Krankheit war jedenfalls nicht möglich. Die Fliehenden sind vom Schicksal zurückgeholt und eingefangen worden. Doch links neben den ertrinkenden Blumen taucht in der ockergrauen Vase eine Margerite als «Stern- oder Wunderblume» auf, die, wenn auch diskret im Hintergrund stehend, dennoch zuversichtlich stimmt.

Rechts neben den Vasen ragt ein eigenartiges, an den unteren Teil einer Speiseröhre und an einen Magen gemahnendes Gebilde ins Gemälde. Die durch die Krankheit bedingte Verengung der Speiseröhre verursachte dem Künstler die grössten durch das Leiden hervorgerufen

Abb. 180: Engel, noch hässlich, 1940, 26

233

Beschwerden. «[...] [Darunter] muss mein Vater [...] unsäglich [...] gelitten haben», schreibt sein Sohn Felix.[676] Zudem traten ein Magengeschwür und eine Magenblutung auf. Diese «anatomische» Darstellung könnte vielleicht als Symbol für Klees Leiden stehen.

Unten im Bild hat der Maler die im gleichen Jahr angefertigte Zeichnung «Engel, noch hässlich» (Abb. 180) mit dem Pinsel ins Bild hineinkopiert. Darin fällt ein zwar diskreter, aber aussagekräftiger Unterschied auf: In der Zeichnung enthält die Rocktasche des Engels einen kurzen horizontalen Strich: ein Minuszeichen? Im Gemälde hat Klee das Negativzeichen nun in ein Pluszeichen (Positivzeichen) umgewandelt, als wollte er sagen: Es ist ausgelitten, das Lebenswerk ist vollbracht, und es ist gut so. Der Engel drückt Zufriedenheit und Glückseligkeit aus. Er schmunzelt. Bald wird er nicht mehr «irdisch-hässlich» sein. Diese Engelseinfügung erinnert zudem an eine im Mittelalter gebräuchliche Selbstdarstellung des Künstlers in einer Bildecke.

Von oben leuchtet der Vollmond in die dunkle Nacht hinein. Er giesst sein mildes, tröstliches Licht über das «stille Leben» und erfüllt es nochmals mit der für Klee so typischen mystisch-magischen Intensität. Das geheimnisvolle Gemälde strahlt Abgeklärtheit und Beschaulichkeit, Glanz und Stille aus. Es ist zugleich Retrospektive und Explicit.[677]

Christine Hopfengart glaubt zudem, dass sich Paul Klee mit diesem «klassischen Stillleben voller Farbkraft, in dem nur die welken Blumenblätter und der Engel auf das Sterben und den Tod hinweisen, nicht als Kranker und Leidender, sondern als Künstler verabschieden wollte.»[678]

---

[676] Klee 1960/1, S. 110, u. s. auch Anm. 203.

[677] Unter «Explicit» werden (gemäss Duden, Fremdwörterbuch, 3. Aufl., Bd. 5, Bibliographisches Institut, Dudenverlag, Mannheim/Wien/Zürich 1974, S. 228) die Schlussworte einer mittelalterlichen Handschrift oder eines Frühdrucks bezeichnet. Der lateinische Ausdruck bedeutet: «Es ist vollzogen, es ist zu Ende».

[678] Mündliche Mitteilung von Christine Hopfengart an den Verf., Bern, 23. 10. 2002 (s. auch Anm. 680).

Abb. 181: Paul Klee in seinem Wohnzimmer in Bern, Kistlerweg 6, vor dem Bild ohne Titel (Letztes Stillleben), Dezember 1939

Abb. 182: Ueberschach, 1937, 141

6. Zusammenfassung und Schlusswort

Im Jahre 1933 wurde die berufliche Karriere des 54-jährigen Paul Klee von den eben in Deutschland an die Macht gelangten Nationalsozialisten jäh abgebrochen. Er wurde von ihnen als «Kulturbolschewist» abgestempelt und als Professor der Kunstakademie Düsseldorf entlassen, worauf er im Dezember 1933 nach Bern in seine «eigentliche Heimat» emigrierte. 1935 erkrankte er schwer an einer rätselhaften Krankheit, an der er nach fünf Jahren starb. Paul Klee musste in seinen letzten sieben Lebensjahren eine ganze Reihe von Schicksalsschlägen und Enttäuschungen erdulden: Diffamierung durch die Nationalsozialisten und Amtsenthebung als Professor an der Kunstakademie Düsseldorf 1933, Verhöhnung seiner Bilder in der 1937 in München beginnenden Wanderausstellung «Entartete Kunst»[679], zunehmende sowohl krankheits- als auch zeitbedingte Isolation in Bern, Verschlechterung der persönlichen wirtschaftlichen Verhältnisse in Folge geringer Verkäufe an Ausstellungen, schleppende Behandlung des 1939 eingereichten Gesuchs um die schweizerische Staatsbürgerschaft. Es ist nun durchaus denkbar, dass eine Krankheit, wie sie Paul Klee erlitt, durch eine solche Verkettung mehrerer ungünstiger Faktoren ausgelöst und in ihrem Verlauf beeinflusst werden kann.

Heute lässt sich mit Bestimmtheit aussagen, dass keine Krankheitsaufzeichnungen der behandelnden Ärzte von Paul Klee mehr existieren. Die endgültige Diagnose seiner Krankheit muss daher hypothetisch bleiben. Doch bestätigen die vorliegenden Ergebnisse einer umfangreichen Recherche die bisherige Vermutungsdiagnose «Sklerodermie» mit an Sicherheit

Abb. 183: Gezeichneter, 1935, 146

[679] Klees Bilder wurden 1933 von den Nationalsozialisten in drei so genannten «Schandausstellungen» in Mannheim, Chemnitz und Dresden an den Pranger gestellt. (Angabe von Josef Helfenstein in: Klee 1998–2004, Bd. 6, 2002, S. 10.) Ferner war Paul Klee mit 17 Werken in der von den Nationalsozialisten veranstalteten Ausstellung «Entartete Kunst» vertreten. Sie fand vom 19. Juli bis 30. November 1937 in München statt. Anschliessend wurde die diffamierende Schau als Wanderausstellung bis 1941 in weiteren acht deutschen Städten und in Salzburg gezeigt. Zudem wurden 1937 102 Werke von Klee aus deutschen Museen beschlagnahmt. (zit. aus Frey, in: Bern 1990, S. 114.)

Abb. 184: plötzlich starr, 1940, 205

grenzender Wahrscheinlichkeit. Sie erlauben sogar eine diagnostische Präzisierung: Paul Klee litt höchstwahrscheinlich an der seltensten und zugleich schwerstverlaufenden Form dieser autoimmunen Bindegewebskrankheit, an der so genannten «diffusen Form der Systemsklerose». Entscheidende Anhaltspunkte dafür haben mir die zitierten Briefe des Malers und seiner Ehefrau geliefert, ferner wesentliche Aussagen des im Jahre 1990 verstorbenen einzigen Sohnes Felix Klee sowie mündliche und schriftliche Äusserungen von Personen, die mit dem Künstler befreundet waren oder ihn persönlich gekannt haben.

Ein typisches Merkmal dieser Krankheit ist eine Verdickung und Verhärtung der Haut. Wie um sich gegen aussen zu schützen, bildete der Kranke gleichsam einen «Panzer» um seinen Organismus. Doch verdickte und verhärtete die Krankheit nicht nur die Haut, sondern in einem unaufhaltsamen Prozess auch das Bindegewebe innerer Organe. Klee erstarrte gewissermassen körperlich, nicht aber geistig-seelisch.

Die diffuse Form der Systemsklerose führt auch heute noch nach wenigen Jahren zum Tode. Die häufigere und hinsichtlich Lebenserwartung günstigere limitierte Form hätte dem Künstler jedoch durch eine Immobilisierung der Finger das Zeichnen und Malen enorm erschwert oder sogar verunmöglicht. Der Nichtbefall der Hände erlaubte ihm glücklicherweise die unbehinderte Fortführung des künstlerischen Schaffens während seiner schweren Erkrankung.

Paul Klee war hochintelligent und seelisch empfindsam. Gegen aussen zeigte er diese Empfindsamkeit nicht, er blieb auch in schweren Zeiten gelassen, zuversichtlich und tolerant. Er war in sich ruhend, selbstdiszipliniert, bescheiden und liebenswürdig. Sein Schicksal und sein Leiden trug er still und tapfer.

Vom Schicksal geschlagen, vom Leiden gezeichnet – und dennoch! Dank einer bewundernswerten Leistung vermochte der Künstler seiner schweren Krankheit zum Trotz in wenigen Jahren ein umfangreiches, bedeutendes Spätwerk zu schaffen, das sich vom früheren Œuvre unterscheidet. Teilweise spiegeln seine Zeichnungen und Gemälde den Krankheitsprozess und das seelische Krankheitserleben in prägnant bildhafter Art. Das Spätwerk ist zudem erfüllt von einer gesteigerten Spiritualität. Paul Klee stand psychisch über seiner schweren körperlichen Krankheit. In einem gewissen Sinne distanzierte er sich von ihr, so gut es eben ging. Er erhob sich gleichsam über sie, indem er seine Sorgen und Nöte in den tagebuchartigen Zeichnungen aufarbeitete, sie «auf dem Papier deponierte», um dann, völlig losgelöst von seinem Leiden, heiter und frei die herrlichsten Gemälde voller Vitalität, Frische und Leuchtkraft zu malen! Der überwiegende Teil der letzten Schaffensjahre steht in keinem Zusammenhang mit der körperlichen Krankheit. Ab und zu blitzt in den Werken sogar noch Klees angeborener Humor auf!

Die Kunsthistorikerin Christine Hopfengart bemerkt, Paul Klee habe sich mit dem letzten, auf der Staffelei vorgefundenen Stillleben nicht als Kranker und Leidender verabschiedet, sondern als Künstler[680]: Es ist ein klassisches Stillleben voller Farbkraft und Leben; nur abgefallene, welke Blumenblätter und ein Engel weisen auf Sterben und Tod hin. Das Streben nach Ökonomie, Ausgeglichenheit und Gleichgewicht in seinem Leben und Schaffen war dem Maler ein wichtiges Anliegen. Paul Klee verstand es, die durch die Krankheit eingetretene Störung des organischen Gleichgewichts durch eine wunderbare Haltung aufzufangen und auszutarieren. Er war ein begnadeter Äquilibrist. Auch auf dem hohen Seil seiner avantgardistischen Kunst strahlte er Sicherheit und Souveränität aus. Das griechisch-lateinische Wort «harmonia» passt in seiner Mehrdeutigkeit zudem ausgezeichnet zum Künstler und zu seinem Werk, versteht man doch darunter sowohl Fügung wie Einklang, wohl tönender Zusammenklang, innere und äussere Übereinstimmung, Ausgewogenheit, Ebenmass und Eintracht.

Paul Klees Lebenswerk ist einzigartig und in sich geschlossen. Es berührt, ergreift und hat eine glanzvolle Ausstrahlung. Der Reichtum seines Œuvres ist zu einer unerschöpflichen Quelle geworden. Seine poetische Kunst ist, wie der charismatische Maler selbst, magisch und mystisch – und doch so menschlich nah.

Abb. 185: ecce ...., 1940, 138

[680] Mündliche Mitteilung von Christine Hopfengart an den Verf., Bern, 23. Oktober 2002.

Paul Klee und seine Krankheit

Eine Ausstellung der Medizinischen Fakultät
der Universität Bern
zu ihrem 200-Jahre-Jubiläum

mit Beiträgen des Medizinhistorischen Instituts
der Universität Zürich und des Zentrum Paul Klee

Zentrum Paul Klee, Bern
5. bis 27. November 2005

◁ Abb. 186: Plakat der Ausstellung der Medizinischen Fakultät Bern im Zentrum Paul Klee, Bern, 5. bis 27. November 2005

Vom 5. bis 27. November 2005 fand im Zentrum Paul Klee, Bern, eine Ausstellung mit dem Thema «Paul Klee und seine Krankheit» statt. Veranstaltet wurde diese Ausstellung von der Medizinischen Fakultät der Universität Bern zu ihrem 200-Jahre-Jubiläum. Das Medizinhistorische Institut der Universität Zürich lieferte einen Beitrag aus seiner Ausstellung «Paul Klee und die Medizin» im Medizinhistorischen Museum der Universität Zürich (31. März bis 9. Oktober 2005). Das Zentrum Paul Klee stellte Werke des Künstlers zum Ausstellungsthema zur Verfügung. Die Grundlage der Berner Ausstellung bildeten die in diesem Buch enthaltenen Forschungsergebnisse und der aktuelle Forschungs- und Wissensstand über die Krankheit Sklerodermie. Die Ausstellung stand unter dem Patronat des Dekans der Medizinischen Fakultät der Universität Bern, Professor Dr. med. Martin Täuber.

Mitwirkende waren:
Dr. med. Hans Suter, Kurator.[681]
Von der Medizinischen Fakultät der Universität Bern Prof. Dr. med. emerit. Emilio Bossi[682], Prof. Dr. med. Urs Boschung[683], Prof. Dr. med. Peter M. Villiger[684] mit seinen Mitarbeitern und Mitarbeiterinnen Prof. Dr. med. Michael Seitz[685], Dr. med. Hans-Rudolf Ziswiler[686], Dr. med. Stephan Gadola[687], Marlise Bühler[688] und Brigitte Rausch[689]; Prof. Dr. med. Lasse R. Braathen[690] mit seinem Mitarbeiter Fritz Schweizer[691]; Dr. med. Peter Frey[692] mit seinem Mitarbeiter Hans Holzherr[693]; vom Dekanat Marianne Thormann[694] und Petra Bühlmann[695].
Vom Medizinhistorischen Institut und Museum der Universität Zürich Prof. Dr. med. Beat Rüttimann[696], Prof. Dr. phil. Christoph Mörgeli[697] und lic. phil. Walther Fuchs[698].
Vom Zentrum Paul Klee Andreas Marti[699], Ursina Barandun[700], Franziska Aebersold[701], Prof. Dr. phil. Tilman Osterwold[702], Dr. phil. Michael Baumgartner[703], Osamu Okuda[704], Mark Isler[705], Heidi Frautschi[706], Fabienne Eggelhöfer[707], Hansruedi Pauli[708], Murielle Utinger[709], Martin Blatter[710], Erwin Schenk[711] und sein Team, Anita Gasser[712], Myriam Weber[713] und Patrizia Zeppetella[714].
Von der Klee-Nachlassverwaltung, Bern, Stefan Frey[715].

[681] Spezialarzt für Hautkrankheiten FMH, Fahrni bei Thun.
[682] Pro-Dekan der Medizinischen Fakultät Bern und Präsident des Organisationskomitees der Anlässe zur Feier des 200-Jahre-Jubiläums der Medizinischen Fakultät der Universität Bern im Jahre 2005.
[683] Direktor des Instituts für Medizingeschichte der Universität Bern.
[684] Direktor der Universitätsklinik und Polikliniken für Rheumatologie und Klinische Immunologie/Allergologie, Inselspital, Bern.
[685] Chefarzt-Stellvertreter der obgenannten Universitätsklinik/Polikliniken, Inselspital, Bern.
[686] Administrativer Leiter der obgenannten Universitätspolikliniken, Inselspital, Bern.
[687] Wissenschaftlicher Oberarzt der obgenannten Universitätsklinik/Polikliniken, Inselspital, Bern.
[688] Direktionsassistentin der obgenannten Universitätsklinik/Polikliniken, Inselspital, Bern.
[689] Ergotherapeutin der obgenannten Universitätsklinik/Polikliniken, Inselspital, Bern.
[690] Direktor der Universitätsklinik und Poliklinik für Dermatologie und Venerologie, Inselspital, Bern.
[691] Fotograf der Hautklinik, Inselspital, Bern.
[692] Leiter des Instituts für Medizinische Lehre und der Abteilung für Unterrichtsmedien am Inselspital Bern.
[693] Grafiker, Abt. für Unterrichtsmedien, Inselspital, Bern.
[694] Direktionssekretärin des Dekanats der Medizinischen Fakultät der Universität Bern.
[695] Sekretärin im Dekanat der Medizinischen Fakultät der Universität Bern.
[696] Direktor des Medizinhistorischen Instituts und Museums der Universität Zürich.
[697] Konservator des Medizinhistorischen Museums der Universität Zürich.
[698] Kurator der Ausstellung «Paul Klee und die Medizin» des Medizinhistorischen Museums der Universität Zürich.
[699] Direktor des Zentrum Paul Klee (ZPK), Bern.
[700] Vizedirektorin ZPK, Bern.
[701] Leiterin Events ZPK, Bern.
[702] Künstlerischer Leiter ZPK, Bern.
[703] Konservator und stellvertretender künstlerischer Leiter ZPK, Bern.
[704] Wissenschaftlicher Mitarbeiter ZPK, Bern.
[705] Leiter für Marketing und Sponsoring, ZPK, Bern.
[706] Sachbearbeiterin Fotoarchiv/Copyright ZPK, Bern.
[707] Sachbearbeiterin Fotoarchiv/Copyright ZPK, Bern.
[708] Museumstechniker ZPK, Bern
[709] Mitarbeiterin Museumstechnik ZPK, Bern
[710] Gebäudetechniker ZPK, Bern
[711] Leiter Events und Multimedia ZPK, Bern
[712] Buchbinderin ZPK, Bern
[713] Restauratorin ZPK, Bern
[714] Restauratorin ZPK, Bern
[715] Freischaffender Kunsthistoriker, Sekretär der Sammlung und des Nachlasses der Familie Klee, Bern.

Einige medizinische Sachbegriffe

Arzneimittelexanthem

Unerwünschte Wirkungen von Medikamenten an Haut und Schleimhäuten als Folge einer Überempfindlichkeit (Allergie) oder einer Unverträglichkeit. Hauterscheinungen fleckförmig mit rötlichen Flecken (wie bei Scharlach, Röteln oder Masern), mit Knötchen, Bläschen, Blasen oder Quaddeln (wie beim Nesselfieber). Häufig am ganzen Körper auftretend. Rückbildung nach Absetzen des betreffenden Medikaments, Wiederauftreten bei späterer Einnahme des gleichen oder eines chemisch verwandten Arzneimittels.

Autoimmunkrankheit

Krankheit, die durch Bildung von Antikörpern (Gegenstoffen) gegen körpereigene Substanzen (Zellen, Gewebe, Organe) hervorgerufen wird. Ursache vielfach unbekannt, familiäre Disposition kann vorkommen. Auslösung zum Teil denkbar durch das Zusammenwirken verschiedener Umstände, die das Immunsystem schwächen. Heute ist der Krankheitsnachweis im Blut durch «Autoantikörper» mit der «Immunfluoreszenzmikroskopie» möglich.

Bindegewebe

Dient der Umhüllung und Unterteilung der Organe, ihrer Einbettung in die Umgebung und der Zuleitung von Gefässen und Nerven. Setzt sich aus Bindegewebszellen (Fibroblasten, Fibrozyten) und den von ihnen gebildeten Grund- und Zwischenzellsubstanzen zusammen, die aus Kittsubstanz (Mucopolysachariden) und eingelagerten kollagenen und elastischen Fasern bestehen. Verbindet weiter äussere mit inneren Zellschichten (zum Beispiel in Blutgefässen und als Lederhaut die Oberhaut mit der Unterhaut). (Aus: Pschyrembel 1998, S. 197)

Dermatomyositis

Eine autoimmune Bindegewebskrankheit (Kollagenose) mit Beteiligung der Haut und der Muskulatur: fliederfarbene Hautrötung und Schwellung an den Lidern, um die Augen, an den Wangen und am Nasenrücken, am oberen Rumpf, über den Ellenbogen und Knien sowie an den Fingerrücken; Riesenkapillaren am Nagelfalz; weinerlicher Gesichtsausdruck. Schmerzhafte Muskelentzündung, Muskelschwäche, Muskelschwund. Raynaud-Syndrom und Arthritis.

Fibrose

Vermehrung des Bindegewebes mit Verdickung und Verhärtung in der Haut und an den Schleimhäuten, in den Blutgefässen, in der Speiseröhre und in inneren Organen, zum Beispiel in Lungen, Herz und Nieren.

Kollagen

Bindegewebe.

Kollagenosen (Synonym: Konnektivitiden)

Entzündliche Autoimmunkrankheiten des Bindegewebes (Kollagen) der Haut, der Schleimhäute, Blutgefässe und der inneren Organe mit chronischem Verlauf. Zu den rheumatischen Krankheiten gehörend. Hauptvertreter: Systemsklerose, Lupus erythematodes, Dermatomyositis/Polymyositis.

Lupus erythematodes

Chronisch verlaufende Autoimmunkrankheit mit Entzündung des Bindegewebes (Kollagenose). Wie bei der Sklerodermie gibt es neben einer Form, die nur die Haut betrifft und nur kosmetisch stört (Lupus erythematodes chronicus discoides mit typischen Veränderungen im Gesicht als «Schmetterlingsflechte», Lupus erythematodes disseminatus mit Befall der Haut auch an anderen Körperstellen), eine weitere Form mit Befall auch innerer Organe und oft schwerem Verlauf (Systemischer Lupus erythematodes).

Malabsorption

Störung in der Aufnahme von Nährstoffen vom Darm in die Blut- und Lymphgefässe. Folgen: Durchfalltendenz, Gewichtsabnahme, Schwäche, Blutarmut. Kann auch mit Haut- und Schleimhautveränderungen auftreten, zum Beispiel bei der diffusen Form der Systemsklerose.

Maskengesicht

Typisches Symptom der Systemsklerose: Straffe, gespannte Gesichtshaut, spitze Nase, radiäre Faltenbildung um den Mund («Tabaksbeutelmund»), Mundverschmälerung und -Verengung, Verlust der Mimik.

Mischkollagenose (MCTD = Mixed Connective Tissue Disease; frühere Bezeichnung: Sharp-Syndrom)

Kombination von Symptomen einer Systemsklerose mit einem Systemischen Lupus erythematodes und/oder einer Dermatomyositis/Polymyositis. Häufig auch mit Raynaud-Syndrom, Sklerodaktylie und Arthritis. Im Verlauf oft Übergang in eine klassische Kollagenose.

Morphaea (Synonym: Zirkumskripte, umschriebene Sklerodermie)

Kollagenose, die in der Regel nur das Bindegewebe der Haut betrifft und mit umschriebenen, bleibenden fleckigen Hautveränderungen nur kosmetisch stört. Beginn mit einem roten Flecken und Verdickung/Verhärtung der Lederhaut, allmählich Abblassung zentral und «Lila-Ring» am Rand, schliesslich nur noch weisslicher, verhärteter Fleck mit verdünnter Oberhaut.

Entzündung des Herzmuskels bei rheumatischen Krankheiten und während oder nach Infektionen auftretend. Symptome: Herzrhythmusstörungen, Herzinsuffizienz mit Kurzatmigkeit und rascher Ermüdbarkeit.	**Myokarditis**
Verengung der Speiseröhre mit schmerzhaften Schluckstörungen. Kann als Fehlbildung angeboren sein, durch Kompression von Tumoren entstehen oder wegen Verdickung und Verhärtung des Bindegewebes der Speiseröhre im unteren Drittel bei der Systemsklerose auftreten. Begleitet von Rückfluss von Magensäure (Reflux) und einer Speiseröhrenentzündung mit Sodbrennen oder brennenden Schmerzen hinter dem Brustbein.	**Ösophagusstenose**
Gleichzeitiges Bestehen von zwei oder mehr definierten Kollagenosen, zum Beispiel Systemsklerose und Systemischer Lupus erythematodes.	**Overlap-Syndrom**
Autoimmunkrankheit mit Manifestation an der Muskulatur: Muskelschwäche, Muskelschmerzen, meist im Schulter- und Beckenbereich sowie an den Oberarmen und Oberschenkeln. Wenn mit Hautbeteiligung auftretend = Dermatomyositis.	**Polymyositis**
Andere Bezeichnung für Systemsklerose.	**Progressive systemische Sklerodermie**
Krankheit, die Ähnlichkeiten mit der limitierten Form der Systemsklerose aufweist, ausgelöst durch langfristiges Einatmen von organischen Lösungsmitteln wie Benzol oder Benzin, Vinylchlorid bei der Herstellung des Kunststoffes Polyvinylchlorid (PVC), des industriellen Lösungsmittels Trichloräthylen oder von Quarzstaub im Bergbau. Symptome: Sklerodermie-artige Hautverdickungen, Raynaud-Syndrom, Fingerbeerendefekte mit Abstossungen von Kalkpartikelchen, Knochenzysten, Osteoporose und Verminderung der Blutplättchen.	**Pseudosklerodermie**
Spezielle Form des Bluthochdrucks mit schlechter Prognose. Bedingt durch eine krankhafte Ablagerung von Kollagen in feinen Arterien (Arteriolen) der Lungen, was zu einer Verdickung der Gefässwand und einer starken Verengung dieser Blutgefässe führt. Da der Blutdurchfluss dadurch erschwert ist, entsteht ein erhöhter Druck in den Blutgefässen. Sekundär kann eine pulmonal-arterielle Hypertonie durch eine bindegewebige Verdickung der Lungenbläschen und der Bronchien bei Lungenfibrose auftreten. Tritt somit bei der Systemsklerose auf.	**Pulmonal-arterielle Hypertonie**
Durchblutungsstörung der Finger mit typischen Symptomen, bedingt durch eine anfallsweise krampfartige, vorübergehende Verengung der Fingerarterien in der Kälte und bei Emotionen: zunächst weisse Finger («Totenfinger»), dann bläulich-violette Farbe wegen Anreicherung von Kohlensäure in den Blutgefässen. Wenn sich der Krampf löst, schiesst Sauerstoffhaltiges Blut in die kompensatorisch erweiterten Arterien, was eine schmerzhafte Rotverfärbung der Finger bewirkt. Schmerzen können in der Kälte auch schon beim Weisswerden der Finger entstehen. Kann vor allem bei jungen Frauen als nicht krankheitsbedingte Besonderheit vorkommen sowie bei verschiedenen Krankheiten, zum Beispiel bei der Systemsklerose und der Pseudosklerodermie.	**Raynaud-Syndrom**
Hautverhärtung mit dicken und steifen Fingern vor allem bei der limitierten Form der Systemsklerose. Fingerenden zugespitzt («Madonnenfinger»). Bei starkem Befall entstehen Beugekontrakturen mit Einschränkung der Fingerbeweglichkeit.	**Sklerodaktylie**
Der Krankheitsname stammt aus dem Griechischen: scleros = hart, derma = Haut. Chronisch verlaufende, sehr seltene Autoimmunkrankheit mit Verdickung und Verhärtung des Bindegewebes der Haut, der Schleimhäute, der Blutgefässe und innerer Organe. Gehört zu den Kollagenosen. Verschiedene Formen: Nur Hautbefall (Morphaea) oder Haut- und Schleimhautbeteiligung mit oder ohne Befall innerer Organe. Wenn diese betroffen sind, spricht man heute von «Systemsklerose». Auch Gelenke und Muskeln können verändert sein.	**Sklerodermie**
Siehe unter «Lupus erythematodes».	**Systemischer Lupus erythematodes**
Siehe auch unter «Sklerodermie». Man unterscheidet eine «limitierte» und eine «diffuse» Form. Bei der in 95% der Fälle auftretenden *limitierten Form* ist neben der Gesichtshaut als «Maskengesicht» meist auch die Haut der Hände (Sklerodaktylie) und der Vorderarme betroffen. Oft zudem Schleimhaubeteiligung. Das Raynaud-Syndrom kann der Krankheit lange vorausgehen. Befall innerer Organe selten und spät. Bei der nur in 5% der Fälle vorkommenden *diffusen Form* ist die Haut im Gesicht als «Maskengesicht», am Hals und am Rumpf betroffen, eventuell die ganze Haut («Panzerhaut»). Schleimhautbefall möglich. Eine Sklerodaktylie und ein Raynaud-Syndrom sind dagegen selten. Wegen des frühen Befalls innerer Organe schlechte Prognose mit Tod nach fünf bis zehn Jahren.	**Systemsklerose**

Sachwörter-Register

Abschied: Seiten 147, 172, 175, 190, 216, 230
Angst: 128, 129, 130, 131, 132, 133, 134, 136, 145, 155
Arzneimittelexanthem: 41, 42, 43, 58, 103
Ausstellung: 14, 28, 29, 30, 69, 91, 98, 142, 194, 196, 223, 237, 241
Autoimmunkrankheit: 50, 62, 80, 90, 91, 107
Balkenstriche: 56, 169, 211, 213
Bauhaus: 20, 59, 120, 121, 141, 154, 157, 210, 228
Behandlung: 12, 42, 53, 54, 67, 74, 80, 81, 82, 85
Blutarmut (Anämie): 45, 70, 79, 82, 102, 103, 105, 106, 118
Bronchitis: 39, 62, 79, 105
Catalogue raisonné: 8, 14, 221, 237, 256, 257
Chance: 14, 223, 224
Clinica Sant' Agnese: 12, 13, 14, 15, 31, 73, 74, 76, 92, 111, 155
CREST-Syndrom: 104, 106
Der Blaue Reiter: 20, 28, 119
Dermatomyositis: 50, 98, 103, 107
Detaillierte Passion: 182, 188
Diät: 65, 67, 68, 82, 83, 118
Die Blaue Vier: 20
Diesseits: 194, 196, 197, 209, 219
Diffamierung: 21, 124, 128, 135, 153, 237
Diffuse Form der Systemsklerose: 53, 79, 104, 106, 238
Ehe (-frau/-paar): 11, 13, 15, 24, 40, 41, 45, 71, 82, 83, 84, 85, 93, 94, 95, 100, 115, 118, 121, 122, 155, 156, 157, 230, 238
Eidola: 188, 208, 209
Einbürgerungsgesuch: 157
Engel: 179, 194, 196, 197, 198, 199, 200, 209, 234, 239
Erholungsaufenthalt: 46, 69, 71, 73, 94, 163
Freundschaft: 27, 96, 109, 128, 154, 176
Gleichgewicht: 56, 128, 135, 141, 169, 170, 239
Hoffnung: 11, 12, 48, 74, 130, 135, 136, 137, 139, 156, 178, 190, 197, 224
Höhere Gesundheit hinter der Krankheit: 224
Humor: 196, 199, 208, 239
Intensität: 201, 210, 212, 234
Intuition: 156, 164, 172, 173
Isolation: 21, 24, 27, 91, 107, 128, 185, 186, 194, 211, 213, 237
Jenseits: 133, 186, 194, 196, 197, 200, 203, 208, 209, 219
Kollagenosen: 48, 50, 51, 98, 99, 104, 107
Konzentration: 89, 91, 140, 156
Kosmisch: 93, 116, 194, 197, 201, 202, 212
Krankheit: 24, 47, 53, 57, 66, 85, 109, 119, 124, 127, 128, 129, 130, 132, 133, 136, 137, 142, 144, 164
Kreativ (Kreativität): 88, 101, 128, 133, 194, 230
Krise: 14, 127, 129, 154, 156, 223
Limitierte Form der Systemsklerose: 53, 58, 79, 106, 238
Lungenentzündung: 40, 43, 45, 46, 70, 71, 99
Lungenfibrose: 70, 71, 72, 78, 92
Magenblutung: 67, 70, 79, 234
Magengeschwür: 67, 79, 82, 105, 234
Malabsorption: 69, 85
Masken: 83, 204, 206
Maskengesicht: 53, 57, 103, 105, 106
Metamorphose: 178, 188, 197
Metaphysisch: 210
Mischkollagenose : 50, 98, 99, 104, 106
Morphaea: 50, 51, 53
Myokardfibrose: 72, 76, 79
Myokarditis: 72, 74, 76, 106
Mystisch/Mystiker: 201, 202, 217, 234, 239
Nationalsozialisten: 21, 24, 124, 131, 132, 135, 153, 154, 157, 158, 160, 162, 170, 226, 237
Natur: 143, 172, 188, 196, 201, 202, 223, 230
Niedergeschlagenheit: 130, 136
Nierenfibrose: 73, 79
Nulla dies sine linea: 221, 222
Ösophagusstenose: 63
Œuvre-Katalog: 177, 178, 179, 182, 222, 230, 233
Ökonomie: 156, 157, 239
Organische Lösungsmittel: 89
Originalität: 225
Overlap-Syndrom: 50, 104, 106
Partnerschaft: 94, 230
Polymyositis: 50, 98, 103, 107
Produktion: 16, 177, 178, 182, 204, 212, 220
Progressive (systemische) Sklerodermie (Sklerose): 52, 73, 97, 98
Pseudosklerodermie: 89, 90, 91, 107
Psyche: 15, 94, 115, 127, 129, 133, 206
Pulmonal-arterielle Hypertonie: 70, 72
Raynaud-Syndrom: 60, 61, 62, 85, 86, 90, 92, 98, 99, 102, 104, 106
Ruderer: 148, 150, 203
Salzsäure (-produktion/-mangel): 67, 79, 105
Sanatorium Viktoria: 15, 58, 65, 73, 84
Schaltjahr: 182, 220, 221
Schicksal (-sschlag): 11, 27, 88, 93, 107, 115, 124, 127, 130, 133, 135, 136, 137, 139, 144, 145, 152, 156, 170, 173, 182, 185, 187, 216, 223, 224, 226, 230, 233, 237, 238
Schluckschwierigkeiten: 65, 106
Schöpfung: 17, 187, 188, 196, 197, 201, 202, 212, 216, 230
Seiltänzer: 135, 139, 140, 141
Sicca-Syndrom: 59, 105
Sklerodaktylie: 53, 58, 59, 63, 78, 99, 102, 104, 106
Sklerodermie: 12, 15, 48, 50, 51, 53, 59, 61, 62, 81, 83, 86, 87, 88, 89, 90, 91, 92, 93, 97, 98, 99, 106, 107, 129, 133, 170, 181, 237, 241
Spätwerk: 15, 92, 129, 133, 185, 210, 212, 213, 216, 217, 238, 239
Speiseröhrenverengung: 64
Spiritualität: 173, 193, 194, 239
Stafne-Zeichen: 60
Systemischer Lupus erythematodes: 50, 102, 104
Systemsklerose: 52, 53, 54, 58, 59, 60, 62, 63, 64, 69, 70, 71, 72, 73, 76, 78, 79, 80, 85, 86, 87, 90, 91, 98, 103, 104, 106, 238
Tagebuch: 20, 61, 78, 91, 107, 133, 153, 186, 210, 211, 223
Tagebuchartige Zeichnungen: 136, 211, 216, 239
Tanz: 139, 204
Tapferkeit: 57, 85, 88, 95, 155, 238
Tod: 14, 31, 53, 64, 73, 74, 76, 80, 86, 97, 105, 106, 109, 110, 114, 118, 133, 139, 150, 151, 154, 156, 164, 170, 175, 176, 178, 185, 186, 187, 188, 189, 190, 191, 192, 196, 197, 203, 204, 208, 230, 234, 239
Transzendenz: 179, 193, 194, 210, 225
Vasomotorisch-trophische Neurose: 61, 78, 107
Verinnerlichung: 173, 185
Zwischenreich: 194, 196, 197, 228

Personenregister

Bemerkungen:
– Es sind die im Text erwähnten Personen vermerkt, zum Teil auch Personen aus den Anmerkungen
– Kursiv gedruckte *Namen* zeigen Personen mit biografischen Angaben an (S. 246–252)

Aebersold Franziska: Seite 241
Aebi Christoph: 270
Aichinger-Grosch Ju (Juliane Paula): 41, 76, 94, 117, 155, 156, 246
Arp Jean: 29
Bach Johann Sebastian: 217
Bachmann Victoria: 12, 13
Barandun Ursina: 241
Barr Alfred H.: 212
Bätschmann Oskar: 201, 246
Baumgartner Michael: 13, 67, 229, 241, 246, 254, 270
Beer F.-J.: 86, 153, 253
Beethoven Ludwig, van: 223
Benos J.: 129
Berdan Monika: 270
Bergmann Gustav, von: 119, 246
Beuys Joseph: 121
Blatter Maritn: 241
Bloesch Hans: 27, 28, 76, 246, 255
Bodmer Diana: 13, 270
Bodmer Heinrich: 221
Bodmer Hermann: 13, 74, 76, 108, 111, 113, 246
Boschung Urs: 241, 246, 270
Bossi Emilio: 241
Braathen Lasse R.: 241, 270
Bruderer Hans-Jürgen: 172, 255
Bühler Marlise: 241
Bühlmann Petra: 241
Bürgi-Bigler Hanni: 27, 154, 176, 246
Bürgi Rolf: 27, 246, 255
Bywaters E. G. L.: 97, 133, 253
Campendonk Heinrich: 20
Castenholz Gabriele: 61, 80, 91, 98, 99, 100, 102, 152, 246, 270
Charlet Jean: 54, 60, 78, 88, 246
Chiquet Simone: 270
Christus: 183
Curzio Carlo: 51
Dällenbach Heinz: 247, 270
Danuser Brigitta: 88, 89, 91, 247, 253, 270
Dufy Raoul: 87
Dürer Albrecht: 220, 221
Edschmid Kasimir: 201, 255
Eggelhöfer Fabienne: 241, 270
Erni Emil: 270
Euler Leonhard: 179
Feininger Lyonel: 20, 120, 247
Feitknecht Thomas: 270
Franciscono Marcel: 178, 188, 255
Frank Herbert: 189, 255
Frautschi Heidi: 241, 270
Frehner Matthias: 270
Frei Martina: 270
Frey-Surbek Marguerite: 87, 247
Frey Peter: 241, 270
Frey Stefan: 13, 14, 54, 241, 247, 255, 270
Frey Walter: 110
Frick-Riedtmann Anna Catharina Rosina: 93

Friedli Bendicht: 87, 170, 247, 270
Friedli Susanne: 270
Fuchs Walther J.: 241, 247, 270
Fueter Max: 27
Gadola Stephan: 241, 253, 270
Gasser Anita: 241
Geelhaar Christian: 196, 255
Geiser Bernhard: 27, 214, 215, 247, 255
Gerber Urs: 270
Giedion-Welcker Carola: 14, 64, 67, 121, 155, 170, 206, 217, 247, 255
Gintrac Elie: 51
Glaesemer Jürgen: 13, 14, 15, 95, 101, 129, 131, 132, 133, 139, 155, 156, 162, 163, 170, 185, 186, 192, 196, 197, 203, 208, 209, 210, 211, 247, 255, 256
Gogh Vincent, van: 189, 223, 224, 247, 255
Gottwald W.: 129
Götz-Gee Eugen: 270
Grandini Sergio: 14
Grohmann Gertrud: 13, 14, 100, 157
Grohmann Will: 11, 13, 14, 16, 21, 40, 42, 46, 69, 74, 93, 95, 96, 107, 116, 119, 127, 156, 157, 178, 179, 187, 197, 203, 204, 211, 213, 221, 223, 247, 255
Gropius Walter: 120, 248
Grosch Karla: 154
Grote Gertrud: 39, 61, 69, 81, 84, 160
Grote Ludwig: 14, 248, 255
Groth Hans: 270
Haemmerli Theodor: 74, 108, 113, 248
Haftmann Werner: 197, 216, 217, 256
Haller Hermann: 19, 248
Hartmann Sabine: 270
Heim Edgar: 14, 110, 127, 128, 130, 133, 154, 223, 248, 253, 270
Helfenstein Josef: 13, 157, 177, 185, 204, 248, 256, 270
Heraklit: 228, 248
Herold Inge: 200
Hersch Jeanne: 224, 248, 256
Hieronymus: 220, 221
Hippokrates: 51
Hitler Adolf: 131, 158, 160
Hodler Ferdinand: 28
Holzherr Hans: 241, 270
Honegger Regula: 270
Hopfengart Christine: 13, 141, 234, 239, 248, 256, 270
Huber Othmar: 122
Huggler Max: 12, 13, 14, 27, 28, 31, 54, 59, 78, 79, 102, 163, 172, 178, 248, 256, 270
Hulton Edward u. Nika: 194
Hunziker Thomas: 270
Iseli Karl Friedrich: 248, 265
Isler Mark: 241, 270
Jackowski Jochen: 253, 267, 270
Jaspers Karl: 193, 224, 225, 248, 256
Jawlensky Alexej, von: 20
Jung Ernst G.: 253
Kaesbach Walter: 163
Kahnweiler Daniel-Henry: 11, 214
Kállai Ernst: 121
Kandinsky Nina: 40, 48, 80, 83, 94, 117, 118, 256 268
Kandinsky Wassily: 20, 28, 40, 48, 69, 83, 87, 95, 118, 249, 256, 268
Kant Immanuel: 193, 249
Kaposi Moritz: 51
Kayser Hans: 27

Kehrli Jakob Otto: 266
Kersten Wolfgang: 139, 249, 256, 270
Klee-Coll Aljoscha (Alexander): 7, 249, 270
Klee-Coll Anne-Marie: 263
Klee Euphrosine: 157, 170, 220, 249
Klee Felix: 12, 13, 14, 20, 27, 40, 53, 59, 61, 63, 67, 78, 79, 87, 95, 100, 101, 102, 114, 115, 127, 157, 173, 234, 238, 249, 256, 270
Klee Hans: 19, 20, 27, 154, 176, 208, 249, 256, 265
Klee-Frick Ida: 19, 21, 249
Klee Lily: 11, 12, 13, 20, 21, 24, 27, 36, 39, 40, 41, 42, 43, 45, 46, 47, 54, 58, 61, 65, 67, 68, 69, 71, 72, 73, 74, 76, 80, 82, 83, 84, 94, 95, 96, 100, 101, 102, 107, 109, 115, 117, 118, 119, 122, 153, 154, 155, 156, 157, 209, 230, 249
Klee Mathilde: 19, 27, 94, 119
Kocher Theodor: 110
Kollwitz Käthe: 131, 249
Kort Pamela: 163
Krebs Alfred: 12, 13, 41, 42, 249, 254, 270
Kröll Christina: 67
Künzi Theodor: 270
Le Corbusier (Jeanneret Charles-Edouard): 29
LeRoy E. Carwile: 96, 97, 253
Lotmar Fritz: 12, 27, 39, 48, 108, 109, 113, 249
Lotmar Gerold: 270
Lorez-Hager Marco und Brigitte: 270
Lüthi Antonia: 270
Lütken Ilona: 270
Macke August: 20, 249
Maier Olivier: 270
Mandach Conrad, von: 31
Mann Thomas: 223
Marc Franz: 20
Marti Andreas: 241, 270
Meyer-Benteli Hans und Erika: 27
Mittag Hannelore: 183, 254
Moilliet Louis: 20, 27, 250
Mörgeli Christoph: 241, 270
Morscher Christoph: 93, 96, 254
Mozart Wolfgang Amadeus: 76, 217
Munch Edvard: 132, 250
Münter Gabriele: 20, 119, 250
Naegeli Oscar: 12, 40, 48, 61, 81, 108, 112, 250
Naegeli Otto: 112
Nager Frank: 224, 250, 254
Nebel Hildegard: 27
Nebel Otto: 27, 39, 40, 43
Neumann J. B.: 100, 156
Nietzsche Friedrich: 224, 250
Nolde Emil: 212, 250
Novalis Georg Philipp Friedrich: 194, 250
Okuda Osamu: 13, 14, 241, 250, 257, 270
Osterwold Tilman: 241, 250, 257
Pauli Hansruedi: 241
Pedersen Lisbet Milling: 87, 254
Penrose Roland: 216, 257
Permin Henrik: 87, 254
Petitpierre Petra: 70, 133, 187
Picasso Pablo: 212, 214, 215, 216, 250, 257, 269
Plinius (Gaius Plinius Secundus): 221, 251
Porzig Hartmut: 270
Probst Rudolf: 39, 72, 153
Rabinovitch Gregor: 132, 251
Rausch Brigitte: 241
Rausser Fernand: 270
Reiner Michael: 91, 92, 93, 153, 251, 254

Renoir Auguste: 87
Rewald Sabine: 40, 257
Rilke Rainer Maria: 173, 251
Rohrer Heinrich: 270
Rotzler Willy: 196, 251, 258
Rubens Peter Paul: 87
Rupf-Wirz Hermann: 27, 41, 45, 46, 48, 64, 69, 71, 94, 100, 118, 119, 214, 215, 251
Rupf-Wirz Margrit: 27, 42, 44, 45, 46, 71, 214
Rupp-Brosi Hannes und Ruth: 270
Rüttimann Beat: 241, 270
Ryser Markus: 270
Sahli Hermann: 109, 110
Sandblom Philip: 88, 254
Schädelin Albert: 76
Schafroth Anna M.: 170, 251, 270
Schatzmann Max: 12, 251
Schenk Erwin: 241
Scheyer Emmy (Galka): 20, 40, 47, 251
Schlemmer Oskar: 120, 251
Schmalenbach Werner: 124, 257
Schmidt Georg: 27, 76, 117, 251, 257
Schmidt-Rottluff Karl: 87
Schmied Wieland: 188, 258
Schorer Gerhard: 12, 13, 39, 40, 42, 46, 61, 71, 72, 75, 80, 82, 83, 84, 108, 109, 110, 119, 252
Schuppli Madeleine: 122, 252
Schweizer Fritz: 241, 270
Sechehaye Henriette: 252, 264, 257
Seitz Michael: 241, 254, 270
Silver Richard M.: 96, 97, 253
Sinner Marie, von: 27
Stämpfli Rudolf: 270
Steiner Rudolf: 121
Stössel-Schorer Marie-Louise: 270
Streiff Bruno: 59
Strich Fritz: 27
Surbek-Frey Marguerite: 27, 87
Surbek Victor: 27
Suter Gerhard: 6, 263
Suter Hans: 252, 254
Suter-Trächsel Marlis: 6
Täuber Martin: 241, 270
Tavel Hans Christoph, von: 8, 9, 13, 67, 141, 173, 216, 252, 258, 270
Thormann Marianne: 241, 270
Trachsel-Zeidler Susann: 270
Trüssel Fritz: 30, 31
Uehlinger Enrico: 14
Utinger Murielle: 241
Villiger Peter M.: 14, 241, 252, 254, 270
Virchow Rudolf: 224, 252
Vock Peter: 270
Wada Sadao: 14, 15, 258
Wassmer-Suter Maja: 6
Weber Myriam: 241
Welti Jakob: 30
Werlen Liobina: 155
Weyden Rogier, van der: 183, 252
Wild Doris: 211, 216, 223, 258
Zappetella Patrizia: 241
Zbinden Regula: 270
Ziswiler Hans-Rudolf: 241
Zollinger-Streiff Käthi: 59, 270
Zschokke Alexander: 162, 163, 252
Zürcher Kaspar: 42, 254

Einige biografische Angaben zu erwähnten Personen

Aichinger-Grosch Ju (Juliane Paula)
Deutsche Schauspielerin. Befreundet mit Paul und Lily Klee seit Klees Lehrtätigkeit am Bauhaus in Weimar, wohnte in der Nähe des Bauhauses. Ihr Mann, Franz (Bobby) Aichinger, war unter Mies van der Rohe Bauhausschüler und wurde Architekt. (Aus: Grote 1959, S. 48–49)

Bätschmann Oskar (geb. 1943)
Prof. Dr. phil. I. Kunstgeschichtestudium in Florenz und Zürich, 1978–1984 Konservator am Kunstgewerbemuseum Zürich, 1979–1983 Privatdozent für Kunstgeschichte an der Universität Zürich, 1984–1988 Professor für Kunstgeschichte an der Universität Freiburg (D), 1988–1991 Ordinarius für Kunstgeschichte an der Universität Giessen (D), seit 1991 Ordinarius für Kunstgeschichte der Neuzeit und der Moderne und Direktor des Instituts für Kunstgeschichte der Universität Bern. Forschungsgebiete: Leon Battista Alberti, Hans Holbein d.J., Nicolas Poussin, Geschichte des modernen Künstlers, Methodologische Probleme der Kunstgeschichte.

Baumgartner Michael (geb. 1952)
Dr. phil. I, Berner Kunsthistoriker. 1996–2004 wissenschaftlicher Mitarbeiter in der Paul-Klee-Stiftung im Kunstmuseum Bern, ab 2005 Konservator und stellvertretender künstlerischer Leiter im Zentrum Paul Klee, Bern.

Bergmann Gustav, von (1878–1955)
Prof. Dr. med. 1927–1945 Ordinarius für Innere Medizin an der II. Medizinischen Universitätsklinik der Charité in Berlin, 1945–1953 Ordinarius an der II. Medizinischen Universitätsklinik München. Zählte damals zu den namhaftesten Internisten Deutschlands. (Aus: Lexikon der hervorragenden Ärzte der letzten fünfzig Jahre, München-Berlin 1962, S. 101 f., u. Nachtragsband III, Hildesheim-Zürich-New York 2002, S. 109. Angaben von Prof. Dr. med. Urs Boschung, Direktor des Instituts für Medizingeschichte der Universität Bern, an den Verf.)

Bloesch Hans Jörg (1878–1945)
Dr. phil. I, Berner Schriftsteller und Historiker. Ehemaliger Oberbibliothekar der Stadt- und Hochschulbibliothek Bern. 1911 Mitherausgeber der grossen Jeremias-Gotthelf-Ausgabe. Er war seit der Jugendzeit ein Freund von Paul Klee. (Aus: Grote, 1959, S. 117, und Sorg/Okuda 2005, S. 11)

Bodmer Hermann Oskar (1876–1948)
Dr. med., Spezialarzt für Innere Medizin FMH, CH-6600 Locarno. Siehe Seite 111.

Boschung Urs (geb. 1946)
Prof. Dr. med. Medizinstudium in Freiburg (CH) und Bern. 1973–1974 wissenschaftlicher Mitarbeiter an der Burgerbibliothek Bern, 1974–1976 Assistent am Medizinhistorischen Institut der Universität Zürich, 1976–1977 Assistent am Medizinhistorischen Institut der Universität Bonn, 1978–1985 Konservator der Medizinhistorischen Sammlung der Universität Zürich und ständiger wissenschaftlicher Mitarbeiter des Medizinhistorischen Instituts der Universität Zürich, seit 1985 Professor für Medizingeschichte und Direktor des Instituts für Medizingeschichte der Universität Bern. Hauptforschungsgebiete: Albrecht von Haller, Medizin: 18. bis 20. Jahrhundert.

Bürgi-Bigler Hanni (1880–1936)
Freundin des Ehepaars Paul und Lily Klee und Mäzenin von Paul Klee in seinen letzten Lebensjahren. (Aus: Bern/Hamburg 2000, S. 8)

Bürgi Rolf (1906–1967)
Jurist in Bern. Sohn von Hanni und Alfred Bürgi-Bigler. Erwarb noch als Schüler sein erstes Werk von Paul Klee, setzte später die Sammlertätigkeit seiner Eltern mit Klee-Werken fort. Erwirkte 1933 die Ausreisebewilligung für Paul und Lily Klee aus Deutschland. Ab 1933 unterstützte er das Ehepaar Klee als Freund und Berater in allen materiellen Dingen. Nach dem Tode von Paul Klee übernahm er im Auftrag der Witwe und des Sohnes Felix Klee die Verwaltung des Nachlasses. In dieser Funktion veranlasste er 1946, kurz vor dem Ableben von Lily Klee, den Verkauf des gesamten künstlerischen Nachlasses an die engagierten Berner Sammler Hermann Rupf und Hans Meyer-Benteli, um damit die Liquidierung des Kunstgutes zugunsten der Alliierten gemäss dem Washingtoner Abkommen abzuwenden. Auf die Initiative von Rolf Bürgi hin gründeten die beiden Käufer zusammen mit dem Berner Architekten Werner Allenbach und dem Initianten 1947 die Paul-Klee-Stiftung, seit 1952 mit Sitz im Kunstmuseum Bern, seit 2005 im Zentrum Paul Klee, Bern. (Aus: Bern/Hamburg 2000, S. 8–9)

Castenholz-von Elsner Gabriele (geb. 1973)
Dr. med. Dissertation 2000 in Marburg über «Die progressive systemische Sklerose. Analyse und Geschichte unter besonderer Berücksichtigung der Krankheit des Malers Paul Klee (1879–1940)». Seit 2000 als Ärztin am Institut für Anästhesiologie, Intensiv- und Notfallmedizin der Städtischen Kliniken Frankfurt-Höchst tätig.

Charlet Jean (1906–1990)
Dr. med. dent. Letztbehandelnder Zahnarzt von Paul Klee in Bern.

Dällenbach Heinz (geb. 1931)
Dr. phil. I, Historiker und Germanist, CH-2564 Bellmund (Bern), pensionierter Gymnasiallehrer.

Danuser-Nideröst Brigitta (geb. 1955)
Prof. Dr. med. Medizinstudium in Zürich, Weiterbildung zur Spezialistin FMH für Arbeitsmedizin und FMH für Prävention und Gesundheitswesen am Institut für Hygiene und Arbeitsphysiologie der Eidgenössischen Technischen Hochschule (ETH) Zürich und am National Heart and Lung Institut, Brompton Hospital, London. 1996–2003 wissenschaftliche Oberassistentin am Institut für Hygiene und Arbeitsphysiologie der ETH Zürich. 2003 Ordinarius für Arbeitsmedizin am Institut universitaire romand de Santé au Travail, Lausanne. Seit 2005 Direktorin dieses Instituts. 2006 Präsidentin der Schweizerischen Gesellschaft für Arbeitsmedizin, medizinische Expertin in ihrem Fachbereich in nationalen und internationalen Gremien. Hauptforschungsgebiete: Umwelthygiene, Lungenfunktion, Bioaerosole, organischer Staub, Passivrauchen, Stressprävention.

Feininger Lyonel (1871–1956)
Deutsch-amerikanischer Maler. Kam 1887 nach Deutschland, wo er Malerei in Hamburg und Berlin studierte, Fortsetzung des Studiums in Paris, 1919–1933 Lehrer am Bauhaus, mit Paul Klee Mitglied der Künstlergruppe «Der Blaue Reiter» und «Die Blaue Vier». 1936 Rückkehr in die USA (New York). (Aus: Darmstaedter 1979, S. 223)

Frey-Surbek Marguerite (1886–1981)
Malerin, Zeichnerin und Grafikerin in Bern. Ehefrau des Malers Victor Surbek. Sie war von 1904 bis 1906 Privatschülerin von Paul Klee in Bern.

Frey Stefan (geb. 1957)
Berner Kunsthistoriker. Von 1981 bis 1986 und von 1988 bis 1996 freier wissenschaftlicher Mitarbeiter in der Paul-Klee-Stiftung, Kunstmuseum Bern, seit 1996 freiberuflich tätig und Kurator/Sekretär der Sammlung und des Nachlasses der Familie Klee, Bern. Gute biografische Kenntnisse über Paul Klee.

Friedli Bendicht (geb. 1930)
Dr. med., Arzt für allgemeine Medizin FMH in CH-3800 Unterseen (Bern) von 1959–1988. Seither freischaffender Zeichner und Maler in Unterseen.

Fuchs Walther Johann (geb. 1963)
Lic. phil. I, Berner Kunsthistoriker. Wissenschaftlicher Mitarbeiter im Medizinhistorischen Institut und Museum der Universität Zürich, Kurator der Ausstellung «Paul Klee und die Medizin» im Medizinhistorischen Museum der Universität Zürich, 31. März–9. Oktober 2005; Beitrag aus dieser Ausstellung in der Ausstellung «Paul Klee und seine Krankheit» im Zentrum Paul Klee, Bern, 5.–27. November 2005.

Geiser Bernhard (1895–1967)
Dr. phil. I, Berner Kunsthistoriker. Kannte Pablo Picasso persönlich, gab «Picasso, peintre-graveur: Catalogue illustré de l'oeuvre gravé et lithographié, 1899–1931», Bern 1933, heraus.

Giedion-Welcker Carola (1983–1979)
Deutsche Kunsthistorikerin. Nahe Kontakte zu zeitgenössischen bildenden Künstlern und Dichtern, so zu Paul Klee, László Moholy-Nagy, Hans Arp und James Joyce. Geistige Partnerschaft mit dem Ehemann, dem Schweizer Kunsthistoriker Siegfried Giedion. Verfasserin von 17 Büchern und über 280 in Zeitschriften veröffentlichten Artikeln zu moderner Malerei, Plastik und Dichtung. (Aus: Giedion-Welcker 2000, S. 173)

Glaesemer Jürgen (1939–1988)
Dr. phil. I. Ab 1971 als Klee-Bearbeiter im Kunstmuseum Bern, 1972 Kustos der Paul-Klee-Stiftung, 1977–1988 Konservator der Grafischen Sammlung im Kunstmuseum Bern. (Aus: Nachruf von Hans Christoph von Tavel, in: Kunstmuseum Bern 1988, S. 10–11). Bearbeitete eingehend die Werke von Paul Klee in der Paul-Klee-Stiftung, dokumentiert und publiziert in Glaesemer 1973, 1976, 1979, 1984.

Gogh Vincent, van (1853–1890)
Holländischer Maler mit ergreifendem Schicksal. Seelisch leidend mit Anfällen von Wahnsinn, möglicherweise zudem Epilepsie. Stand in enger Verbindung mit seinem Bruder Theo, der ihn hingebungsvoll umsorgte. In Paris begegnete Vincent van Gogh den Impressionisten. 1888 Übersiedlung nach Arles in der Provence. In der kurzen ihm noch verbleibenden Zeit – von Februar 1888 bis Juni 1890 – schuf er in einer eigentlichen Besessenheit sein Hauptlebenswerk. Er malte Interieurs, Einheimische aus der Stadt, sich selbst, Iris und Sonnenblumen und die provenzalischen Landschaften. 1888 in der Irrenanstalt von St.-Rémy. 1890 in Auvers-sur-Oise bei Paris, wo er von Dr. med. Gachet betreut wurde. Dieser förderte ihn, konnte aber nicht verhindern, dass er 1890 an den Folgen eines Selbstmordversuchs starb. (Aus: Wild 1950, S. 53–56)

Grohmann Will (1887–1968)
Prof. Dr. phil. I, deutscher Kunsthistoriker und Kunstkritiker in Dresden und Berlin. War mit vielen Künstlern verbunden, so mit Paul Klee, Wassily Kandinsky und Ernst Ludwig Kirchner. Mit seiner Frau Gertrud zusammen schöne Freundschaft mit dem Ehepaar Paul und Lily Klee. Grosser Förderer der modernen Kunst. Autor zahlreicher Bücher über zeitgenössische Kunst. Verfasste die erste, umfassende Monografie über Paul Klee, die 1954 erschien.

Gropius Walter (1883–1969) Deutsch-amerikanischer Architekt. Gründer und erster Direktor des «Staatlichen Bauhauses» in Weimar 1919, ab 1926 in Dessau bis 1928. Die Idee des Bauhauses lag in der Verbindung von freiem und angewandtem Kunstschaffen. Gropius berief berühmte Künstler als Lehrer ans Bauhaus, so Paul Klee, Wassily Kandinsky, Lyonel Feininger, Oskar Schlemmer und den Schweizer Johannes Itten. 1934 Auswanderung nach England, 1937 nach USA, wo er als fortschrittlicher Architekt tätig war. (Aus: Darmstaedter 1979, S. 291, und Di San Lazzaro 1958, S. 113)

Grote Ludwig (1893–1974) Dr. phil. I. Gab die Publikation «Erinnerungen an Paul Klee», Prestel Verlag, München 1959, heraus. Er und seine Frau Gertrud Grote waren mit Paul und Lily Klee befreundet.

Haemmerli-Schindler Theodor (1883–1944) Dr. med., Spezialarzt für Innere Medizin FMH, Zürich. Siehe Seite 113.

Haller Hermann (1880–1950) Dr. h.c., Schweizer Plastiker. 1899 mit Paul Klee zusammen Studium der Malerei an der Privatschule von Heinrich Knirr in München, 1901 wiederum mit Klee an der Kunstakademie München bei Franz von Stuck, 1902 Meisterschüler von Leopold von Kalckreuth an der Akademie der bildenden Künste in Stuttgart, 1904 mit Paul Klee in Rom, dort Hinwendung zur Bildhauerei, 1909–1914 in Paris, ab 1914 in Zürich. 1933 Ehrendoktor der Universität Zürich. (Aus: NZZ 1998, S. 458–459)

Heim Edgar (geb. 1930) Prof. Dr. med. Medizinstudium in Bern, Wien und Paris, 1957–1963 Weiterbildung zum Spezialarzt für Psychiatrie und Psychotherapie FMH in Bern, 1963–1965 Forschungs- und Lehrtätigkeit in Psychiatrie an der Universität Boston (USA), 1966–1968 Oberarzt an der Psychiatrischen Poliklinik der Universität Bern, 1968–1977 Direktor der Psychiatrischen Klinik Schlössli, CH-8618 Oetwil a.S. (Zürich), 1977–1994 Professor für Psychiatrie und Psychotherapie und Direktor der Psychiatrischen Poliklinik der Universität Bern. Forschungsgebiete: Psychosomatische Medizin, Psychotherapie, Sozialpsychiatrie. Autor und Herausgeber mehrerer Bücher, u.a. «Krankheit als Krise und Chance», Bd. 7 der «Stufen des Lebens», Kreuz-Verlag, Stuttgart-Berlin 1980.

Helfenstein Josef (geb. 1957) Prof. Dr. phil. I, Berner Kunsthistoriker. 1988–2000 Konservator der Paul-Klee-Stiftung und der Grafischen Sammlung im Kunstmuseum Bern, 2000–2003 Direktor des Krannert Art Museum and Kinkhead Pavilion, Urbana-Champaign, und Professor an der University of Illinois, USA, ab 2004 Direktor der Menil Collection, Houston, USA.

Heraklit (um 549–480 v. Chr.) Griechischer Philosoph. Lehrte, dass das ganze Universum in beständiger Bewegung begriffen sei: «panta rhei», alles fliesst. (Aus: Zürich 1945–1948, Bd. 3, S. 1585)

Hersch Jeanne (1910–2000) Prof. Dr. phil. I, Schweizer Philosophin. Schülerin von Karl Jaspers. Studium der Literatur und Philosophie in Genf, Heidelberg und Freiburg (D), 1956–1958, 1960 und 1962–1977 Professorin für Philosophie an der Universität Genf, 1959 Gastprofessur an der Pennsylvania State University, USA, und 1961 an der New York State University. 1966–1968 Direktorin der Abteilung Philosophie der UNESCO, vertrat später die Schweiz als Mitglied des Exekutivrats in der gleichen Organisation. (Aus: Luzern 1991–1993, Bd. 3, S. 404)

Hopfengart Christine (geb. 1955) Dr. phil. I, deutsche Kunsthistorikerin. 1974–1987 Studium der Kunstgeschichte, Germanistik und Klassischen Archäologie in München, Heidelberg, Berlin und Köln. 1988–1991 Volontärin an der Nationalgalerie Berlin, 1989 Dissertation: «Klee – Vom Sonderfall zum Publikumsliebling». 1991–1995 wissenschaftliche Mitarbeiterin und stellvertretende Direktorin an der Kunsthalle Nürnberg, 1995–2001 Kustos an der Kunsthalle Bremen, 2001–2004 Konservatorin der Paul-Klee-Stiftung, Kunstmuseum Bern, seit 2005 Leiterin der Abteilung Forschung und des Archivs im Zentrum Paul Klee, Bern.

Huggler Max (1903–1994) Prof. Dr. phil. I, Berner Kunsthistoriker. 1931–1946 Direktor der Kunsthalle Bern, 1944–1965 Direktor des Kunstmuseums Bern. War gut bekannt mit Paul und Lily Klee, organisierte 1934 eine Willkommensausstellung mit 273 Werken von Paul Klee in der Kunsthalle Bern. Publikationen: u.a. «Paul Klee, Die Malerei als Blick in den Kosmos», Verlag Huber & Co. AG, Frauenfeld 1969.

Iseli Karl Friedrich (1907–1991) Lehrer und Politiker in CH-3612 Steffisburg (Bern). War Schüler von Hans Klee im Bernischen Staatsseminar Hofwil.

Jaspers Karl (1883–1969) Prof. Dr. med., Dr. h.c. Philosoph deutscher Herkunft. Seit 1967 Bürger von Basel, begann ein Studium der Rechtswissenschaft, wechselte dann zum Studium der Medizin in Berlin, Göttingen und Heidelberg, 1916 Professor für Psychologie in Heidelberg, 1921 Professor für Philosophie in Heidelberg, 1937 Zwangspensionierung durch die Nationalsozialisten, 1948 Berufung als Philosophieprofessor an die Universität Basel. 1958 Friedenspreis des Deutschen Buchhandels. Existenzphilosophisch ausgerichtet. Hauptwerk: «Von der Wahrheit» (1947). (Aus: Luzern 1991–1993, Bd. 3, S. 646)

Kandinsky Wassily (1866–1944)

Prof. Geboren in Moskau. Studium der Jurisprudenz und der Nationalökonomie, 1893 Lehrauftrag an der juristischen Fakultät in Moskau, 1896 Berufsaufgabe, Umzug nach München, Schüler von Franz von Stuck an der Münchner Kunstakademie, 1910 erstes abstraktes Bild, 1911 Mitbegründer der Künstlervereinigung «Der Blaue Reiter» mit Franz Marc, August Macke, Paul Klee, Heinrich Campendonk, 1915–1921 in Moskau, 1918–1921 Professor an der Kunstakademie Moskau, 1920 Honorarprofessur an der Universität Moskau, 1922–1933 Lehrer am Bauhaus (in Weimar, ab 1926 in Dessau, ab 1932 in Berlin).1933 Schliessung des Bauhauses durch die Nationalsozialisten, Umzug nach Neuilly-sur-Seine bei Paris, 1939 französischer Staatsbürger. Das Ehepaar Wassily und Nina Kandinsky war eng mit Paul und Lily Klee befreundet. (Aus: Kandinsky 1972, S. 81 f.)

Kant Immanuel (1724–1804)

Prof., deutscher Philosoph. Professor für Logik und Metaphysik in Königsberg. Hauptwerk: «Kritik der reinen Vernunft». Im «katogorischen Imperativ» stellte er ein Prinzip zur moralischen (ethischen) Begründung des Handelns auf: «Handle so, dass die Maxime deines Willens jederzeit zugleich als Prinzip einer allgemeinen Gesetzgebung gelten könnte!» (Aus: Luzern 1991–1993, Bd. 3, S. 739 f. u. 780)

Kersten Wolfgang (geb. 1954)

PD Dr. phil. I, deutscher Kunsthistoriker. 1985–1990 wissenschaftliche Tätigkeit in Museen und Lehrauftrag am Kunstgeschichtlichen Institut der Universität Bern, seit 1991 Dozent am Kunsthistorischen Institut der Universität Zürich. Publizierte u.a. mehrfach über Paul Klee. (Aus: Kersten 1990, Umschlagtext)

Klee Aljoscha
(Alexander, geb. 6. Oktober 1940 in Sofia)

Einziger Sohn von Felix und Euphrosine Klee, Enkel von Paul und Lily Klee. Als Künstler unter dem Pseudonym Aljoscha Ségard. Maler, Zeichner, Grafiker, Objektkünstler, Bilder in Wachstechnik. (Aus: NZZ 1998, S. 962)

Klee Felix
(München 30. November 1907–13. August 1990 Bern)

Dr. h.c. Der einzige Sohn von Paul und Lily Klee bildete sich am Staatlichen Bauhaus in Weimar aus. Darauf folgte ein Musik- und Kunstgeschichtsstudium. Bis 1944 wirkte er als Opernregisseur an deutschen Bühnen. Nach Militärdienst und Kriegsgefangenschaft ab 1948 Regisseur beim Schweizer Radio in Bern. Er war auch als Schauspieler tätig. 1960 Schweizer Bürgerschaft. Herausgeber der Tagebücher und der Briefe seines Vaters. Erster Präsident der Paul-Klee-Stiftung in Bern. 1987 wurde Felix Klee Ehrendoktor der Universität Bern. (Aus: Luzern 1991–1993, Bd. 4, S. 5)

Klee Hans (1849–1940)

Vater von Paul Klee. Stammte aus Thüringen (D). Wollte Sänger werden, entschloss sich aber aus äusseren Gründen zu einer Lehrtätigkeit. Unterrichtete während über fünfzig Jahren als Musiklehrer am Kantonalen Lehrerseminar Hofwyl bei Bern. (Aus: Grohmann 1965, S. 26) Mit seiner offenen, vitalen Art und seinem Humor war er als Pädagoge sehr beliebt. War auch literarisch tätig: Hans Klee, Jugend Verse, Lyrisches, Lenz und Liebe (Eigenverlag, undatiert).

Klee-Frick Ida Maria (1855–1921)

Mutter von Paul Klee. Baslerin mit verwandtschaftlichen Beziehungen zu Südfrankreich, eventuell sogar zu Nordafrika. War musikalisch ausgebildet, weckte in Paul Klee die Liebe zur Musik und förderte ihn im Violinspiel. (Aus: Grohmann 1965, S. 26)

Klee-Stumpf Lily Karoline Sophie Elisabeth
(München 10. Oktober 1876–22. September 1946 Bern)

Ehefrau von Paul Klee. Tochter des Münchner Arztes Dr. Ludwig Karl August Stumpf. Pianistin und Klavierlehrerin. Lernte Paul Klee 1899 in München kennen und heiratete ihn am 15. September 1906. Reger Briefwechsel mit Freunden, so mit Will und Gertrud Grohmann, Wassily und Nina Kandinsky, Hermann und Margrit Rupf.

Kollwitz Käthe (1867–1945)

Prof., deutsche Malerin und Grafikerin. In Berlin lebend, 1919 zur Professorin ernannt. In der Thematik Bevorzugung von sozialen Motiven, eigener eindrücklicher expressiver Stil. (Aus: Darmstaedter 1979, S. 376)

Krebs Alfred (geb. 1923)

Prof. Dr. med., Spezialarzt für Haut- und Geschlechtskrankheiten FMH und für Innere Medizin FMH. 1970–1989 Direktor der Dermatologischen Universitätsklinik Bern. Hauptforschungsgebiete: Arzneimittelexantheme, Psoriasis (Schuppenflechte). Verfasser eines Handbuches über Hautnebenwirkungen interner Arzneimittel (mit Dr. med. Kaspar Zürcher zusammen).

Lotmar Fritz (1878–1964)

PD Dr. med. Spezialarzt für Neurologie FMH in Bern. Siehe Seite 109.

Macke August (1887–1914)

Deutscher Maler, Mitglied der Künstlervereinigung «Der blaue Reiter». Studium an der Kunstakademie Düsseldorf, 1907 bei Lovis Corinth in Berlin, 1907–1908 in Paris, wo er mit den Impressionisten, den Fauves und den Kubisten in Berührung kam, ab 1909 in Bonn, München und Oberbayern, 1912 Reise mit Franz Marc nach Paris, 1914 Reise mit Paul Klee und Louis Moilliet nach Kairouan in Tunesien. 1914 fiel er 27-jährig im Krieg. (Aus: Darmstaedter 1979, S. 433)

Moilliet Louis (1880–1962) Berner Maler. Lernte am Gymnasium in Bern Paul Klee kennen. 1900 an der Gewerbeschule Bern, 1901 bei Fritz Mackensen in der Künstlerkolonie Worpswede, 1902 Studium an der Kunstakademie Düsseldorf, dann an der Kunstakademie Weimar, 1903 wieder in Bern, 1904 zurück in Worpswede, Meisterschüler von Leopold von Kalckreuth an der Kunstakademie Stuttgart, 1905 bei Adolf Hölzel in Stuttgart, 1909 wieder in Bern und mit August Macke in Paris, 1913 am Thunersee, 1914 Reise mit Paul Klee und August Macke nach Tunesien, 1920 mit Hermann Hesse im Tessin, 1936 im Schwarzwald, 1938 in Lugano, 1939 in Corsier-sur-Vevey. Bekannt v.a. durch seine fein abgestimmten Aquarelle und Glasfenster. (Aus: NZZ 1998, S. 733 f.)

Munch Edvard (1863–1944) Bedeutendster norwegischer Maler der Neuzeit. Lernte in Paris u.a. van Gogh und Gaugin kennen. Steht mit seinem Schaffen den «Fauves» nahe, wurde zum Vater des deutschen Expressionismus. Litt unter nervösen Störungen. Wohnsitze am Oslofjord und in der Umgebung von Oslo. Gewaltiges, ausdrucksstarkes Werk, Bildnisse und Landschaften. Themen: u.a. Geburt, Liebe, Eifersucht, seelische Not, Tod. (Aus: Wild 1950, S. 77–90)

Münter Gabriele (1877–1962) Deutsche Malerin. Nachhaltig vom Frühwerk ihres langjährigen Lebensgefährten Wassily Kandinsky beeinflusst, Mitglied der Künstlergemeinschaft «Der Blaue Reiter». (Aus: Darmstaedter 1979, S. 498, und Luzern 1991–1993, Bd. 4, S. 689)

Naegeli Oscar Emanuel Viktor (1885–1959) Prof. Dr. med., Spezialarzt für Haut- und Geschlechtskrankheiten FMH. Siehe Seite 112.

Nager Frank (geb. 1929) Prof. Dr. med., Spezialarzt für Innere Medizin FMH, speziell Kardiologie, CH-6402 Merlischachen (Luzern). 1971–1994 Chefarzt der Medizinischen Klinik des Kantonsspitals Luzern. 1976 Professor an der Universität Zürich. Zahlreiche medizinisch-wissenschaftliche und medizinisch-geisteswissenschaftliche Arbeiten, u.a. «Der heilkundige Dichter – Goethe und die Medizin», «Das Herz als Symbol», «Gesundheit, Krankheit, Heilung, Tod – Betrachtungen eines Arztes». (Aus: Heusser 2000, S. 523)

Nietzsche Friedrich (1844–1900) Prof. Dr. phil. I, deutscher Philosoph. Studium der Theologie und der Altphilologie. 1870 Professor für Philologie in Basel, 1879 Rücktritt aus gesundheitlichen Gründen, Umzug nach Sils-Maria im Engadin (Kanton Graubünden). Lebte zeitweise auch in Norditalien und an der Riviera. 1889 psychischer Zusammenbruch, gefolgt von geistiger Umnachtung, 1900 Tod in Weimar. Nietzsche wurde v.a. bekannt als Wortführer des Nihilismus. Hauptwerk: «Also sprach Zarathustra». Seine Schriften übten einen nachhaltigen Einfluss auf die Existenz- und die Lebensphilosophie sowie auf die Psychoanalyse aus. (Aus: Luzern 1991–1993, Bd. 4, S. 812 f.)

Nolde Emil (eigentlich Hansen Emil) (1867–1956) Deutscher Maler und Grafiker. Einer der Hauptvertreter des deutschen Expressionismus. (Aus: Darmstaedter 1979, S. 516)

Novalis Georg Philipp Friedrich (1772–1801) Deutscher Dichter. Bedeutendster Lyriker und Prosadichter der Frühromantik. (Aus: Luzern 1991–1993, Bd. 4, S. 834 f.)

Okuda Osamu (geb. 1951) Japanischer Kunsthistoriker. Seit 1983 in Bern, Studium am Kunsthistorischen Seminar der Universität Bern. 1996–2004 wissenschaftlicher Assistent an der Paul-Klee-Stiftung im Kunstmuseum Bern, seit 2005 wissenschaftlicher Mitarbeiter im Zentrum Paul Klee, Bern. Vermass die letzte Wohnung von Paul und Lily Klee am Kistlerweg 6 in Bern, rekonstruierte mit Walther Fuchs zusammen Klees letztes Atelier und konzipierte mit Walther Fuchs 2005 die Ausstellung «Paul Klee und die Medizin» im Medizinhistorischen Museum der Universität Zürich (31. März–9. Oktober). (Aus: Sorg/Okuda 2005, S. 284)

Osterwold Tilman (geb. 1943) Prof. Dr. phil. I. Studium der Kunstgeschichte, Archäologie, Philosophie und Psychologie in Innsbruck und Hamburg, 1971–1973 Kustos und stellvertretender Direktor des Wilhelm-Lehmbruck-Museums der Stadt Duisburg, 1973–1993 Direktor des Württembergischen Kunstvereins Stuttgart, 1993 Honorarprofessor der Universität Stuttgart, 1995–1997 Künstlerischer Direktor der Kunsthalle Museum Fridericianum, Kassel, 2003–2004 Künstlerischer Kurator in Vorbereitung des Zentrum Paul Klee, Bern, seit 2005 Künstlerischer Leiter am Zentrum Paul Klee, Bern. Zahlreiche Ausstellungen und Publikationen zu Paul Klee und Themen der zeitgenössischen Kunst.

Picasso Pablo (1881–1973) Spanischer Maler, Grafiker und Bildhauer. Ab 1904 in Frankreich. Mitschöpfer des Kubismus, ab 1901 «blaue Periode», ab 1905 «rosa Periode», um 1909 «analytischer Kubismus», um 1917 klassizistischer Stil von zarter Linienschönheit, ab den 20-er Jahren gesteigerte Expressivität mit Verzerrungen und grellen Farben. Umfangreiches, vielseitiges, einflussreiches und sehr bedeutendes Werk. (Aus: Darmstaedter 1979, S. 552)

Plinius der Ältere (Gaius Plinius Secundus) (23–79 n. Chr.)
Römischer Schriftsteller und Historiker. Kam beim Vesuvausbruch 79 n. Chr. ums Leben. Erhalten ist nur die 37 Bücher umfassende «Naturalis historia». (Aus: Luzern 1991–1993, Bd. 5, S.190)

Rabinovitch Gregor (1884–1958)
Dr. iur. Sohn jüdischer Eltern, in Russland geboren und aufgewachsen, Ausbildung zum Künstler in München und zum Architekten in St. Petersburg, Studium der Rechtswissenschaft in Moskau, 1905 Teilnahme an der Russischen Revolution, 1914 in Paris und Österreich, 1915 in Zürich, 1916 in Genf, ab 1917 definitiv in Zürich. Arbeitete u.a. mit Max Gubler, Otto Morach und Karl Geiser zusammen. 1929 Schweizer Bürgerrecht. Soziale Thematik, expressionistischer Stil, v.a. virtuose, feine Radierungen, die u.a. den Schrecken des Krieges zeigen. (Aus: NZZ 1998, S. 844)

Reiner Michael (geb. 1934)
Dr. med. Medizinstudium in Lausanne und Basel, Weiterbildung zum Spezialarzt für Innere Medizin FMH, speziell für Endokrinologie und Diabetologie in Lausanne, Bern und Genf. 1967–1968 Oberarzt an der Medizinischen Universitätspoliklinik Genf, 1968–1970 Endokrinologie-Forschungsaufenthalt am Hammersmith Hospital in London, 1970–1974 Oberarzt an der Medizinischen Universitätsklinik, Inselspital, Bern, 1974–1999 Chefarzt Innere Medizin am Regionalspital CH-6850 Mendrisio (Tessin), seit 2000 in Privatpraxis als Konsiliararzt für Endokrinologie und Knochendensitometrie tätig. Organisierte 1990 die Ausstellung «Paul Klee. Ultimo decennio – Letztes Jahrzehnt 1930–1940» im Museo d´arte, Mendrisio 7. April – 8. Juli 1940.

Rilke Rainer Maria (1875–1926)
Österreichischer Dichter. Einflussreichster deutschsprachiger Lyriker der ersten Hälfte des 20. Jahrhunderts. Kam 1919 in die Schweiz. (Aus: Luzern 1993, Bd. 5, S. 371) Rilke lernte Paul Klee 1921 in München kennen (gemäss Pfeiffer-Belli 1978, S. 385).

Rotzler Willy (1917–1994)
Dr. phil., Basler Kunsthistoriker. 1948–1961 Konservator am Kunstgewerbemuseum Zürich, 1962 bis 1968 Redaktor der Schweizer Zeitschrift für Kunst und Kultur «du», 1969 Kunstpublizist und Dozent an der Universität Zürich, 1982–1983 an der Graduate School, City University, New York. (Aus: Luzern 1991–1993, Bd. 5, S. 427)

Rupf Hermann (1880–1962)
Dr. h.c., Berner Kaufmann. Handelsschule in Bern, 1901 Bankkorrespondent in Frankfurt, 1903/04 Weiterbildung in Paris, 1905 Rückkehr nach Bern, Teilhaber im Mercerie-Geschäft seines Schwagers Rudolf Hossmann, 1907 erster Kunde des Kunsthändlers Daniel-Henry Kahnweiler in Paris bei dessen Galerieeröffnung, 1908 Besuch von Pablo Picasso mit Daniel-Henry Kahnweiler zusammen, 1909–1932 Kunstkritiker bei der «Berner Tagwacht», 1909 Heirat mit Margrit Rupf-Wirz (1887–1961). Mit seiner Frau zusammen Aufbau einer bedeutenden Kunstsammlung. 1913 erste Begegnung mit Paul Klee. 1954 Errichtung der Hermann- und-Margrit-Rupf-Stiftung, die im Kunstmuseum Bern deponiert ist. Hermann Rupf förderte auch die Musik in der Stadt Bern, 1957 Ehrendoktor der Universität Bern. Das Ehepaar war befreundet mit Paul und Lily Klee, Wassily und Nina Kandinsky und Daniel-Henry Kahnweiler. (Aus: Kunstmuseum Bern 1998, S. 22)

Schafroth Anna Magdalena (geb. 1961)
Lic. phil. I, Berner Kunsthistorikerin. Kunstgeschichtsstudium in Bern. Eine rege Vortragstätigkeit mit Schwerpunkt Paul Klee im In- und Ausland und Forschungsarbeiten begleiten ihre Tätigkeit als Ausstellungskuratorin für das Kunstmuseum Bern, das Coninx Museum Zürich und das Museum Oskar Reinhart am Stadtgarten Winterthur. 2005–2006 am Zentrum Paul Klee, Bern, tätig. Publikationen u.a. über Paul Klee, Werner Neuhaus, Albert Schnyder.

Schatzmann Max (1886–1953)
Dr. med., Spezialarzt für Innere Medizin FMH in Bern. Vertrat Dr. med. Gerhard Schorer in dessen Abwesenheit. Es finden sich keine Hinweise, dass er auch Paul Klee einmal behandelt hat.

Scheyer Emmy Esther (Galka) (1889–1945)
Deutsch-amerikanische Kunsthändlerin und Sammlerin. Gründete 1924 in Weimar die Künstlergruppe «Die Blaue Vier» mit Lyonel Feininger, Alexander Jawlensky, Wassily Kandinsky und Paul Klee. Im gleichen Jahr Emigration nach Hollywood, USA, machte die vier Künstler in den USA bekannt, setzte sich während 20 Jahren engagiert für sie ein und ebnete ihnen den Weg in den USA. (Aus: Bern/Düsseldorf 1997/1998, S. 8–12)

Schlemmer Oscar (1888–1943)
Prof., deutscher Maler und Bildhauer. 1920–1928 Lehrer am Bauhaus in Weimar und Dessau, 1929–1932 Professor an der Kunstakademie Breslau und 1933 an der Kunstakademie Berlin. 1933 Amtsenthebung durch die Nationalsozialisten. (Aus: Darmstaedter 1979, S. 638)

Schmidt Georg (1896–1965)
Prof. Dr. phil., Dr. h.c., Basler Kunsthistoriker. 1939–1961 Direktor der Öffentlichen Kunstsammlung und des Kunstmuseums Basel, umsichtiger Aufbau einer bedeutenden Sammlung im Kunstmuseum Basel. 1958 Professor für Kunstgeschichte an der Akademie der bildenden Künste München. 1946 Ehrendoktor der Eidgenössischen Technischen Hochschule Zürich. (Aus: Luzern 1991–1993, Bd. 5, S. 593, u. aus: Olten 1966, S. 328)

Schorer Gerhard (1878–1959) — Dr. med., Spezialarzt für Innere Medizin FMH in Bern. Siehe Seite 110.

Schuppli Madeleine (geb. 1965) — Zürcher Kunsthistorikerin. Kunstgeschichtestudium in Genf, Hamburg und Zürich. Wissenschaftliche Mitarbeit in verschiedenen Museen, 1996–1999 Kuratorin an der Kunsthalle Basel, seit 2000 Direktorin des Kunstmuseums Thun. Vorstandsmitglied im Schweizerischen Kunstverein und Mitglied des Stiftungsrates der Schweizer Kulturstiftung Pro Helvetia.

Sechehaye Henriette (1907–1999) — Kunstmalerin. Letzte Privatschülerin von Paul Klee in Bern. Sie war mit der Familie Klee befreundet. Monografie: Vatter-Jensen 2005.

Suter Hans (geb. 1930) — Dr. med., Spezialarzt für Dermatologie und Venerologie FMH. Medizinstudium in Genf, Bern und Wien. Weiterbildung zum Facharzt für Haut- und Geschlechtskrankheiten in Bern, Thun und Zürich, 1965–2004 hautärztliche Praxis in Thun, von 1972 bis 2005 im Unterricht für Studierende an der Berner Dermatologischen Universitätsklinik engagiert als externer Oberarzt (1975–1990), als Lektor (ab 1988) und als Examinator am Staatsexamen (1978–2002). Langjährig in Kunstvereinen aktiv, z.T. als Präsident. Mitautor und Mitherausgeber von Kunstbüchern. Mit seiner Frau Marlis zusammen Aufbau einer umfangreichen Sammlung von Schweizer Kunst des 20. Jahrhunderts, die das Ehepaar seit 2004 in Wechselausstellungen im Wichterheerhaus in CH-3653 Oberhofen am Thunersee der Öffentlichkeit zugänglich macht. Förderung der regionalen Kunst. 2003 Ehrung des Ehepaars mit dem Kulturpreis der Stadt Thun.

Tavel Hans Christoph, von (geb. 1935) — Dr. phil. I, Berner Kunsthistoriker. Studium in Bern und München, 1961–1965 Redaktor «Künstler-Lexikon der Schweiz XX. Jahrhundert» (Frauenfeld 1958–1967), 1965–1968 Kustos am Kunstmuseum Bern, 1968–1980 Redaktor und Leiter der Bibliothek am Schweiz. Institut für Kunstwissenschaft, Zürich, 1972–1974 Lehrauftrag an der Universität Zürich, 1980–1995 Direktor des Kunstmuseums Bern, von 1996–2000 in Rom, 2004–2005 Direktor des Istituto Svizzero di Roma.

Villiger Peter Matthias (geb. 1955) — Prof. Dr. med. Medizinstudium in Bern, Weiterbildung in der Schweiz und in den USA, seit 1999 Direktor und Chefarzt der Klinik und der Polikliniken für Rheumatologie und Klinische Immunologie/Allergologie am Inselspital Bern, Ordinarius für Rheumatologie und Klinische Immunologie der Universität Bern, 2006 Präsident der Schweizerischen Gesellschaft für Rheumatologie. Wissenschaftliches Hauptinteresse: Pathogenetische Mechanismen bei systemischen Autoimmunerkrankungen.

Virchow Rudolf (1821–1902) — Prof. Dr. med., deutscher Mediziner und Politiker. Ab 1856 Professor an der Medizinischen Fakultät der Universität Berlin. Grundlegende Untersuchungen zur pathologischen Anatomie, Begründer der Zellularpathologie, Vorkämpfer der Hygiene (Desinfektion usw.). (Aus: Luzern 1991–1993, Bd. 6, S. 486)

Weyden Rogier, van der (um 1400–1464) — Niederlandischer Maler. Hauptmeister der altniederlandischen Schule. (Aus: Darmstaedter 1979, S. 762)

Zschokke Alexander (1894–1981) — Prof., Basler Bildhauer. 1913 Beginn eines Architekturstudiums in München, Ausbildung als Maler in Basel, wandte sich ab 1919 in Berlin der Bildhauerei zu, Anschluss an die «Brücke»-Maler, 1931–1937 Professor an der Kunstakademie Düsseldorf und damit von 1931 bis 1933 Kollege von Paul Klee an dieser Akademie, kehrte 1937 nach Basel zurück. (Aus: NZZ 1998, S. 1168–1169)

Literaturverzeichnis

Bemerkung: In den Anmerkungen sind die Literaturangaben abgekürzt mit den Seitenangaben vermerkt. Die abgekürzten Angaben über die medizinische Literatur sind mit der Bemerkung «ML» gekennzeichnet.

Medizinische Literatur (ML)

Beer/ML 1980
Beer, F.-J., Le centenaire de Paul Klee, in: Médecine et Hygiène, 38. Jg., Nr. 1362, 23.1.1980, S. 247 f.

Bernoulli/ML 1955
Bernoulli, E., u. Lehmann, H., Übersicht der gebräuchlichen und neueren Arzneimittel, 8. Aufl., Benno Schwabe & Co. -Verlag, Basel 1955

Bovenzi/ML 1995
Bovenzi, M., et al., Scleroderma and occupational exposure, Scand. J. Work Environ Health 1995, 21, S. 289–292

Brasington u. Thorpe-Swenson/ML 1991
Brasington, R. D., Jr., u. Thorpe-Swenson, A. J., Systemic Sclerosis associated with cutaneous exposure to solvent; case report and review of the literature, in: Arthritis and Rheumatism, Bd. 34, Nr. 5, Mai 1991, S. 631–633

Braun-Falco, Plewig, Wolff/ML 1996
Braun-Falco, O.; Plewig, G.; Wolff, H. H., Dermatologie und Venerologie, Kapitel 18: Erkrankungen des Bindegewebes, Springer-Verlag, Berlin/Heidelberg/New York 1996, S. 697–765

Büchi/ML 2000
Büchi, S., Villiger, P. M., Kauer, Y., Klaghofer, R., Sensky, T., Stoll, T., PRISM (Pictorial Representation of Illness and Self Measure) – a novel visual method to assess the global burden of illness in patients with systemic Lupus erythematosus, Lupus 2000,9, S. 368–373

Burckhardt/ML 1961/1
Burckhardt, W., Die beruflichen Hautkrankheiten, in: Handbuch der Haut- und Geschlechtskrankheiten, J. Jadassohn, Erg.werk, hrsg. v. A. Marchionini, Bd. 2, Teil 1, Springer-Verlag, Berlin/Göttingen/Heidelberg 1961, S. 269–474

Burckhardt/ML 1961/2
Burckhardt, W., Arzneimittelexantheme, in: Handbuch der Haut- und Geschlechtskrankheiten, J. Jadassohn, Erg.werk, hrsg. v. A. Marchionini, Bd. 2, Teil 1, Springer-Verlag, Berlin/Göttingen/Heidelberg 1961, S. 545–596

Bywaters/ML 1987
Bywaters, E. G. L. Paul Klee: The effect of scleroderma on his painting, in: Appelbloom, T. (Hrsg.), Art, History and Antiquity of Rheumatic Diseases, Brussels 1987, S. 49 f.

Castenholz/ML 2000
Castenholz, G., Die progressive systemische Sklerose. Analyse und Geschichte unter besonderer Berücksichtigung der Krankheit des Malers Paul Klee (1879–1940), Dissertation, Marburg 2000

Conrad/ML 1994
Conrad, K., et al., Nichtorganspezifische Autoantikörper in Seren von Uranerzbergarbeitern mit und ohne Sklerodermie, in: Stuttgart 1994, S. 18–23

Cronin/ML 1980
Cronin, E., Contact Dermatitis, Churchill Livingstone, Edinburgh/London/New York 1980

Danuser/ML 2000
Danuser, B., Von den Gefahren des Künstlerberufs: Paul Klee und die Sklerodermie, Arbeitsmedizinische Betrachtungen, in: Newsletter, Institut für Hygiene und Arbeitsphysiologie ETH Zürich, November 2000, S. 17–20

Degens u. Baur/ML 1994
Degens, P., Baur, X., Zur Epidemiologie und Statistik der Sklerodermie als mögliche Berufskrankheit, in: Stuttgart 1994, S. 27–33

Dirschka/ML 1994
Dirschka, Th., et al., Systemische Sklerodermie im Uranerzbergbau. Klinisch-dermatologische Befunde, in: Stuttgart 1994, S. 12 f.

Gadola u. Villiger/ML 2006
Gadola, S. D., u. Villiger, P. M., Konnektivitiden («Kollagenosen»), in: Villiger u. Seitz/ML 2006, S. 74–94

Gottwald u. Benos/ML 1974
Gottwald, W., u. Benos, J., Die neurologischen und psychiatrischen Syndrome der Sklerodermie, in: Fortschritte der Neurologie, Psychiatrie, Jg. 42, Heft 5, Stuttgart 1974, S. 225–263

Haustein/ML 1990
Haustein, U.-F., et al., Silicea-induced scleroderma, J. Am. Acad. Dermatol. 1990, 22

Haustein/ML 1996
Haustein, U.-F., Raynaud-Phänomen und Sklerodermie, in: «Der Hautarzt», Berlin/Heidelberg/New York, Nr. 47, 1996, S. 336–340

Heim/ML 1980
Heim, E., Krankheit als Krise und Chance, Stufen des Lebens, Bd. 7, hrsg. v. Hans Jürgen Schultz, Kreuz-Verlag, Stuttgart/Berlin 1980

Hinton/ML 1963
Hinton, J. M., The physical and mental distress of the dying, in: Quart. J. Med., Neue Folge 32, Nr. 125, 1963, S. 1–20

Jackowski/ML 2002
Jackowski, J., Zusammenstellung von klinischen und radiologischen Symptomen der systemischen Sklerodermie im Mund-, Kiefer- und Gesichtsbereich für einen Vortrag vom 22. März 2002 an der Jahrestagung der Schweizerischen Gesellschaft für dento-maxillofaziale Radiologie in Lausanne mit dem Thema «Die radiologischen Zeichen der systemischen Sklerodermie im Mund-, Kiefer- und Gesichtsbereich»

Jadassohn/ML 1961
Jadassohn, J., Handbuch der Haut- und Geschlechtskrankheiten, Ergänzungswerk, hrsg. v. A. Marchionini, Bd. 2, Teil 1, Springer-Verlag, Berlin-Göttingen-Heidelberg 1961

Jung/ML 1991
Autoimmunkrankheiten, in: Jung, E.G. (Hrsg.), Dermatologie, 2. Aufl., Hippokrates Verlag, Stuttgart 1991, S. 84–101

Jung/ML 2005
Jung, E. G., Sklerodermien in Sage und Gegenwart. Aktuelle Dermatologie 2005; 31, Georg Thieme Verlag KG, Stuttgart 2005, S. 573–575

Krieg/ML 1996
Krieg, T., Erkrankungen des Bindegewebes, in: Braun-Falco, Plewig u. Wolff/ML 1996, S. 697–735

Kumer/ML 1944
Kumer, L., Sclerodermia (Darrsucht), in: Bindegewebshypertrophien (Bindegewebswucherungen), in: ders., Dermatologie, 6.–10. Aufl., Verlag Wilhelm Maudrich, Wien 1944, S. 313–315

LeRoy/Silver/ML 1996
LeRoy, E. C., u. Silver, R. M., Paul Klee and Scleroderma, in: Bulletin on the Rheumatic Diseases, Bd. 45, Nr. 6, 1996, S. 4–6

Lesser/ML 1900
Lesser, E., Scleroderma, 4. Kapitel, in: Lehrbuch der Haut- und Geschlechtskrankheiten, 10. Aufl., Verlag von F. C. W. Vogel, Berlin 1900, S. 105–111

Maddison/ML 2000
Maddison, P. J., Mixed connective tissue disease: overlap syndromes, Baillière's Clinical Rheumatology; 14 (1), S. 111–24

Masi/ML 1980
Masi, A. T.; Rodnan, G. P.; Medsger, T. A. Jr., et al., Subcommittee for Scleroderma Criteria of the American Rheumatism Association Diagnostic and Therapeutic Criteria Committee: Preliminary criteria for the classification of systemic sclerosis (scleroderma), Arthritis and Rheumatism 1980; 23, S. 581–590

Maurer u. Mühlemann/ML 1999
Maurer, A.-M., u. Mühlemann, K., Masernausbruch in Rekrutenschulen, in: Bulletin des Schweizerischen Bundesamtes für Gesundheit, Abt. Epidemiologie und Infektionskrankheiten, Nr. 4, 25.1.1999, Bern 1999

Mayr/ML 1935
Mayr, J. K., Sklerodermie, in: ders., Kurzgefasstes Lehrbuch der Haut- und Geschlechtskrankheiten, 3. Aufl., Verlag von Rudolph Müller & Steinicke, München 1935, S. 72–74

Mehlhorn/ML 1994
Mehlhorn, J., «Quarzinduzierte» Progressive Systemische Sklerodermie, in: Stuttgart 1994, S. 8–11

Meurer/ML 1996
Meurer, M., Lupus erythematodes, Dermatomyositis, Mixed Connective Tissue Desease (MCTD, Sharp-Syndrom), in: Braun-Falco, Plewig, Wolff/ML 1996, S. 736–756

Mittag u. Haustein/ML 1998
Mittag, M., u. Haustein, U. -F., Die progressive systemische Sklerodermie – prognosebestimmender Befall innerer Organsysteme, in: «Der Hautarzt», Springer-Verlag. Berlin/Heidelberg/New York, Nr. 49, 1998, S. 545–551

Mittag/ML 2001
Die Haut im medizinischen und kulturgeschichtlichen Kontext, hrsg. v. Hannelore Mittag, 2. Aufl., Schrift Nr. 103 der Universitätsbibliothek Marburg, Marburg 2001

Moll/ML 1991/1
Moll, I., Progressive systemische Sklerodermie (PSS), in: Dermatologie, hrsg. v. E. J., 2. Aufl., Hippokrates Verlag, Stuttgart 1991, S. 92–98

Moll/ML 1991/2
Moll, I., Dermatomyositis, in: Dermatologie, hrsg. v. E. G. Jung, 2. Aufl., Hippokrates Verlag, Stuttgart 1991, S. 99–101

Morscher/ML 1994
Morscher, C., Paul Klee und die Hypothese der morphischen Resonanz, Psychotherapie, Psychosomatik, Medizinische Psychologie, Georg Thieme Verlag, Stuttgart/New York 1994, S. 200–206

Nager/ML 1998
Nager, F., Das Geheimnis Gesundheit, in: Schweiz. Ärztezeitung, Schweiz. Ärzteverlag AG, Basel 1998: 79: 34, S. 1591

Œstensen u. Villiger/ML 2001
Œstensen M., Villiger, P. M., Nonsteroid anti-inflammatory drugs in Systemic Lupus erythematosus, Lupus 2001 10 (3), S. 135–139, Review

Pedersen u. Permin/ML 1988
Pedersen, Milling, L., u. Permin, H., Rheumatic Disease, Heavy-Metal Pigments, and the Great Masters, in: The Lancet, 4.6.1988, S. 1267–1269

Peter/ML 1996
Peter, H.-H., Overlap-Syndrome, in: Klinische Immunologie hrsg. v. Peter, H.-H., u. Pichler, W. J., 2. Aufl., Verlag Urban & Schwarzenberg, München/Wien/Baltimore 1996, S. 373–380

Pongratz/ML 1996
Pongratz, D., Overlap-Syndrom, in: Klinische Immunologie, hrsg. v. Peter, H.-H., u. Pichler, W. J., Verlag Urban & Schwarzenberg, München/Wien/Baltimore 1996, S. 393–396

Pschyrembel/ML 1998
Pschyrembel, Klinisches Wörterbuch, Verlag Walter de Gruyter, Berlin/New York 1998

Reiner/ML 1990
Reiner, M., Dämmerblüten. Versuch einer Pathographie Paul Klees, in: Mendrisio 1990, o. S. [S. 35–38]

Rihs/ML 1994
Rihs, H.-P., et al., Unterschiedliche HLA-D-Phänotypfrequenzen bei anti-Scl-70- und ACA-positiven Patienten mit progressiver systemischer Sklerodermie mit und ohne Tätigkeit im Uranerzbergbau, in: Stuttgart 1994, S. 23–25

Röther u. Peter/ML 1996
Röther, E., u. Peter, H.-H., Progressive Systemsklerose, in: Klinische Immunologie, hrsg. v. Peter, H.-H., u. Pichler, W. J., 2. Aufl., Verlag Urban & Schwarzenberg, München/Wien/Baltimore 1996, S. 381–390

Ruzicka/ML 1996
Ruzicka, T., Calcinosis dystrophica/Thibierge-Weissenbach-Syndrom/CREST-Syndrom, in: Braun-Falco, Plewig, Wolff/ML 1996, S. 1200 f.

Sandblom/ML 1990
Sandblom, P., Kreativität und Krankheit, Springer-Verlag, Berlin/Heidelberg 1990, S. 155–158

Seemann u. Hillenbach/ML 1994
Seemann, U., Hillenbach, C., Auswertung von Autopsiefällen aus dem Uranerzbergbau, in: Stuttgart 1994, S. 14

Sharp/ML 1972
Sharp, G. C., Irving, W., Tan, E., Gould, R. G., Holman, H. R., Mixed connective tissue disease: an apparently distinct rheumatic disease syndrome associated with a specific antibody to an extractable nuclear antigen (ENA), American Journal of Medicine 1972; 52, S. 148–159

Stoll/ML 2001
Stoll, T., Kauer, Y., Büchi, S., Klaghofer, R., Sensky, T., Villiger, P. M., Prediction of depression in systemic Lupus erythematosus patients using SF-36 Mental Health scores, Rheumatology (Oxford), 2001 Jun.; 40 (6), S. 695–698

Suter/ML 1998
Suter, H., Vom Leiden gezeichnet – und dennoch! Zur Krankheit von Paul Klee, Med. Report, Organ für ärztl. Fortb. kongresse, 22. Jg., Nr. 31, Blackwell Wissenschafts-Verlag GmbH, Berlin 1998, S. 20 f.

Suter/ML 2003
Suter, H., Die Hände waren nicht befallen. Zur Krankheit von Paul Klee, Der Bund, 20.12.2003, Verlag Der Bund, Bern 2003, S. 16

Stuttgart/ML 1994
Arbeitsmedizin, Sozialmedizin, Umweltmedizin, Sonderheft 22, Gentner Verlag, Stuttgart 1994

Tan/ML 1982
Tan, E. M., Cohen, A. S., Fries, J. F. et al., The 1982 revised criteria for the classification of systemic lupus erythematodes, Arthritis and Rheumatism 1982; 25, S. 1271–1277

Villiger u. Stucki/ML 1996
Villiger, P. M., Stucki, G., Therapy of rheumatoid arthritis (chronic polyarthritis), Schweiz. Rundschau Med. Praxis, 10. Sept. 1996; 85 (37), S. 1102–1107

Villiger/ML 1997
Villiger, P. M., Rheumatoid arthritis: one disease – two view points, Schweiz. Med. Wochenschrift, 22. Dez. 1997; 127 (51–52), S. 2117–2118

Villiger u. Seitz/ML 2006
Villiger, P. M., Seitz, M., Rheumatologie in Kürze, 2. Aufl., Thieme, Stuttgart/New York 2006

Wais/ML 2003
Wais, T., Fierz, W., Stoll, T., Villiger, P. M., Subclinical disease activity in systemic Lupus erythematosus: immunoinflammatory markers do not normalize in clinical remission, J. Rheumatol. 2003 oct.; 30 (10), S. 2133–2139

Welcker/ML 2001
Welcker, M., Klinisches Bild des systemischen Lupus erythematodes, in: Elias. Journal der Pharmacia Diagnostics GmbH & Co. KG, D-Freiburg, Nr. 2, Aug. 2001, S. 3 f.

Wiebe/ML 1994
Wiebe, V., Systemische Sklerodermie im Uranerzbergbau. Radiologische Lungenbefunde, in: Stuttgart 1994, S. 15–17

Zürcher u. Krebs/ML 1992
Zürcher, K., u. Krebs, A., Cutaneous Drug Reactions, 2. Aufl., Verlag Karger AG, Basel/Freiburg/Paris/London/New York/New Delhi/Bangkok/Singapore/Tokyo/Sydney 1992 (1. Aufl. 1980 Hautnebenwirkungen interner Arzneimittel/Cutaneous Side effects of Systemic Drugs)

Kunstgeschichtliche / philosophische Literatur / Lexika

Aichinger-Grosch 1959
Aichinger-Grosch, Ju, in: Grote 1959, S. 48–55

Bätschmann 2000
Bätschmann, Oskar, Grammatik der Bewegung. Paul Klees Lehre am Bauhaus, in: Bätschmann/Helfenstein 2000, S. 107–124

Bätschmann/Helfenstein 2000
Paul Klee. Kunst und Karriere. Beiträge des Internationalen Symposiums in Bern, hrsg. v. Oskar Bätschmann u. Josef Helfenstein (Schriften und Forschungen zu Paul Klee, Bd. 1, hrsg. v. d. Paul-Klee-Stiftung, Kunstmuseum Bern, Stämpfli Verlag AG, Bern 2000)

Barr 1941
Barr Jr., Alfred H., Introduction, in: Paul Klee, Kat. der vom Museum of Modern Art, New York, organisierten Wanderausstellung, New York 1941, S. 4–6

Baumgartner 1984
Baumgartner, Marcel, L'Art pour l'Aare, Bernische Kunst im 20. Jahrhundert, Kantonalbank von Bern, Bern 1984

Baumgartner 1999
Baumgartner, Michael, Josef Albers u. Paul Klee – zwei Lehrerpersönlichkeiten am Bauhaus, in: Josef u. Anni Albers, Europa u. Amerika, Kunstmuseum Bern, 6. Nov. 1998–31. Jan. 1999, DuMont Buchverlag, Köln 1998, S. 165–186

Basel 1965
Paul Klee, Spätwerke, Galerie Beyeler, Basel 1965

Basel/Hannover 2003/2004
Paul Klee, Die Erfüllung im Spätwerk, Ausst. kat. Fondation Beyeler, Riehen/Basel 10.8.–9.11.2003, Sprengel Museum Hannover 22.11.2003–15.2.2004, Benteli Verlags AG, CH-3084 Wabern/Bern

Berggruen 1999
Berggruen, Heinz, Hauptweg und Nebenwege, Erinnerungen eines Kunstsammlers, Nicolaische Verlagsbuchhandlung Beuermann GmbH, Berlin 1999

Berlin 1998
Klee aus New York, Hauptwerke der Sammlung Berggruen, Nicolaische Verlagsbuchhandlung Beuermann GmbH, Berlin, und Staatliche Museen zu Berlin, Berlin 1998

Bern 1990
Paul Klee. Das Schaffen im Todesjahr, Kunstmuseum, Bern, 17.8.–4.11.1990

Bern/Düsseldorf 1997
Die Blaue Vier, Katalog zur gleichnamigen Ausstellung im Kunstmuseum Bern und in der Kunstsammlung Nordrhein–Westfalen, Düsseldorf 1997/1998, DuMont Buchverlag, Köln 1997

Bern/Hamburg 2000
Paul Klee. Die Sammlung Bürgi, Ausst. kat. Kunstmuseum Bern, 4.2.–16.4.2000; Hamburger Kunsthalle, Hamburg, 5.5.–23.7.2000

Bern 2001/2002
Picasso und die Schweiz, hrsg. v. Marc Fehlmann u. Toni Stooss, Kunstmuseum Bern, 5.10.2001–6.1.2002, Stämpfli Verlag AG, Bern 2001

Bhattacharya–Stettler 2001
Bhattacharya-Stettler, Therese, «…C´est comme un Corot!» – Picasso und Bern, in: Picasso und die Schweiz, Ausst. kat. Kunstmuseum, Bern, 5.10.2001–6.1.2002, S. 75–89

Bloesch/Schmidt 1950
Paul Klee, 1879–1940, Reden zu seinem Todestag am 29. Juni 1940 von Dr. Hans Bloesch und Dr. Georg Schmidt, Verlag Benteli AG, Bern 1950, wieder abgedruckt in: Mendrisio 1990, o. S. [S. 174–179]

Bodmer 1944
Bodmer, Heinrich, Dürer, Wilhelm Goldmann Verlag, Leipzig 1944

Brockhaus 1894–1897
Brockhaus´ Konversations-Lexikon in 17 Bänden, F. B. Brockhaus, Leipzig/Berlin/Wien 1894–1897

Bruderer 1990
Bruderer, Hans-Jürgen, Konstruktion – Intuition, in: Paul Klee, Konstruktion – Intuition, Ausst. kat. Städtische Kunsthalle, Mannheim, 9.12.1990–3.3.1991, Verlag Gerd Hatje, Stuttgart 1990, S. 9–24

Bürgi 1948
Bürgi, Rolf, 1922–1933–1939, in: Du 1948, S. 25 f.

Bürgi 2002
Paul Klee, Das «Skizzenbuch Bürgi», 1924/25, mit einem Kommentar zum Faksimile von Wolfgang Kersten, hrsg. v. Stefan Frey, Wolfgang Kersten u. Alexander Klee, Klee-Studien, Bd. 1, ZIP (Zurich InterPublishers), Zürich 2002

Bütikofer/Frey/Nyffenegger 1992
Bütikofer, Katharina; Frey, Stefan; Nyffenegger, Katharina, zum Beispiel: Paul Klee, Verlag aare, Solothurn 1992

Darmstaedter 1979
Darmstaedter, Robert, Reclams Künstlerlexikon, Verlag Philipp Reclam jun., Stuttgart 1979

Di San Lazzaro 1958
Di San Lazzaro, G., Paul Klee, Leben und Werk, Sonderausgabe für den Buchclub Ex Libris, Droemersche Verlagsanstalt Th. Knaur Nachf., München-Zürich 1958

Doschka 2001
Doschka, Roland, Der Lyriker im Paradiesgärtlein und der Dramatiker in Arkadien. Gedanken zum schöpferischen Prozess im Werk von Paul Klee und Pablo Picasso, in: Paul Klee. Jahre der Meisterschaft 1917–1933, Ausst. kat. Stadthalle, Balingen, München, 28.7.–30.9.2001, S. 15–20

Du 1948
Du, Schweizerische Monatsschrift, Zürich, 8. Jg., Nr. 10, Okt. 1948, Verlag Conzett & Huber, Zürich 1948

du 1961
du, Kulturelle Monatsschrift, 21. Jg., Nr. 248, Okt. 1961, Verlag Conzett & Huber, Zürich 1961

du 1986
du, Die Zeitschrift für Kunst und Kultur 12/1986, Dez. 1986, Verlag Conzett & Huber AG, Zürich 1986

du 2000
du, Die Zeitschrift der Kultur, Nr. 703, Febr. 2000, Verlag TA–Media AG, Zürich 2000

Düsseldorf 1964
Paul Klee, Kunstsammlung Nordrhein-Westfalen, 2. Auflage, hrsg. v. d. Kunstsammlung Nordrhein-Westfalen, Düsseldorf 1964

Edschmid 1920
Edschmid, Kasimir (Hrsg.), Tribüne der Kunst und Zeit, Erich Reiss Verlag, Berlin 1920

Eggum 1998
Eggum, Arne, in: Edvard Munch, Ausst. Kat. des Museo d´Arte Moderna, Città di Lugano, 19. Sept.–13. Dez. 1998, hrsg. v. Rudy Chiappini, Skira-Verlag, Genf-Mailand 1998

Feininger 1959
Feininger, Lyonel, in: Grote 1959, S. 71–75

Franciscono 1990
Franciscono, Marcel, Klees Krankheit und seine Bilder des Todes, in: Bern 1990, S. 13–25

Frank 1999
Van Gogh, Vincent, mit Selbstzeugnissen und Bilddokumenten, dargestellt von Herbert Frank, Rowohlt Taschenbuch Verlag GmbH, Reinbek bei Hamburg, 1976, 13. Aufl.1999

Frauenfeld 1958–1967
Künstlerlexikon der Schweiz XX. Jahrhundert in zwei Bänden, Verlag Huber & Co. AG, Frauenfeld 1958–1967

Frey-Surbek 1976
Frey-Surbek, Marguerite, Im Hause Klee. Bern 1904, in: Literarische Skizzen von Marguerite Frey-Surbek, hrsg. von Heinrich Rohrer, Direktor der Berner Volksbücherei, Privatdruck, Bern 1976, S. 13–15

Frey 1990
Frey, Stefan, Paul Klee. Chronologische Biographie (1933–1941), in: Bern 1990, S. 111–132

Frey 2003
Frey, Stefan, u. Hüneke, Andreas, Paul Klee, Kunst und Politik in Deutschland 1933. Eine Chronologie, in: Paul Klee 1933, Ausst. kat. Städtisches Museum im Lenbachhaus, München, 8.2.–4.5.2003/verl. bis 18.5.2003; Kunstmuseum Bern, Bern, 4.6.–17.8.2003; Schirn Kunsthalle, Frankfurt a. M., 18.9.–30.11.2003; Hamburger Kunsthalle, Hamburg, 11.12.2003–7.3.2004, S. 268–306

Frey Zitate
Frey, Stefan, Zitate zur Krankengeschichte, 35 Seiten, Zentrum Paul Klee Bern, Nachlass Familie Klee

Frey/Helfenstein 1991
Paul Klee. Verzeichnis der Werke des Jahres 1940, hrsg. v. d. Paul-Klee-Stiftung, Kunstmuseum Bern, bearb. v. Stefan Frey u. Josef Helfenstein unter Mithilfe von Irene Rehmann, Stuttgart 1991

Geelhaar 1979
Geelhaar, Christian, «Diesseitig gar nicht fassbar? Zur Wirkungsgeschichte Paul Klees», Basler Magazin, Nr. 50, Basel, 15. Dezember 1979

Geiser 1961
Geiser, Bernhard, Picasso besucht Paul Klee in Bern 1937, in: du 1961, S. 53, 88 u. 90

Geiser 1987
Geiser, Bernhard, Besuch bei Paul Klee in Bern, in: Das Genie lässt bitten, Erinnerungen an Picasso, Verlag Philipp Reclam jun., Leipzig 1987, S. 76–82

Gerson 1982
Gerson, Horst, Gogh Vincent Willem van, in: Kindlers Malerei Lexikon, Bd. 5, Deutscher Taschenbuch Verlag GmbH & Co. KG, München 1982, S. 106–117

Giedion–Welcker 2000
Paul Klee. In Selbstzeugnissen und Bilddokumenten, dargestellt v. Carola Giedion-Welcker, 19. Aufl., Rowohlt Taschenbuch Verlag GmbH, Reinbek bei Hamburg 2000 (Rowohlts Monographien 52)

Glaesemer 1973
Glaesemer, Jürgen, Paul Klee, Handzeichnungen I. Kindheit bis 1920, Kunstmuseum Bern, Bern 1973

Glaesemer 1976
Glaesemer, Jürgen, Paul Klee. Die farbigen Werke im Kunstmuseum Bern. Gemälde, farbige Blätter, Hinterglasbilder und Plastiken, Kunstmuseum Bern, hrsg. v. d. Schweiz. Mobiliar Versicherungsgesellschaft in Zusammenarb. m. d. Verlag Kornfeld u. Cie, Bern, Bern 1976

Glaesemer 1979
Glaesemer, Jürgen, Paul Klee. Handzeichnungen III. 1937–1940, Kunstmuseum Bern, Bern 1979

Glaesemer 1984
Glaesemer, Jürgen, Paul Klee. Handzeichnungen II. 1921–1936, Kunstmuseum Bern, Bern 1984

Glarus 1995
Die Sammlung Othmar Huber, Glarner Kunstverein, Glarus 1995

Gottschalk 1966
Gottschalk, Herbert, Karl Jaspers, Colloquium Verlag Otto H. Hess, Berlin 1966 (Köpfe des XX. Jahrhunderts, Bd. 43)

Grohmann 1965
Grohmann, Will, Paul Klee, Editions des Trois Collines, Genève, u. Kohlhammer, Stuttgart 1954, 4. Aufl. 1965, Sonderausgabe der Büchergilde Gutenberg, Zürich 1965

Grohmann 1966
Grohmann, Will, Der Maler Paul Klee, Verlag M. DuMont Schauberg, Köln 1966

Grohmann 2003
Grohmann, Will, Der Maler Paul Klee, veränderte Ausg., Verlag M. DuMont Schauberg, Köln 2003

Grote 1959
Erinnerungen an Paul Klee, hrsg. v. Ludwig Grote, Prestel Verlag, München 1959

Güse 1992
Paul Klee, Wachstum regt sich. Klees Zwiesprache mit der Natur, hrsg v. Ernst-Gerhard Güse, 2. Ausg., Prestel-Verlag, München 1992

Gutbrod 1968
Lieber Freund. Künstler schreiben an Will Grohmann, hrsg. v. Karl Gutbrod, Verlag M. DuMont Schauberg, Köln 1968

Haftmann et al. 1957
Haftmann, Werner, Giedion-Welcker, Carola, Grohmann, Will, Schmalenbach, Werner, Schmidt, Georg, Im Zwischenreich. Aquarelle und Zeichnungen von Paul Klee, Verlag DuMont Schauberg, Köln 1957, 2. Aufl. 1959

Haftmann 1961
Haftmann, Werner, Paul Klee. Wege bildnerischen Denkens, Prestel Verlag, München 1950, Ausgabe der Fischer Bücherei KG, Frankfurt am Main u. Hamburg 1961

Haldi/Schindler 1920
Berner Album, hrsg. v. Chr. Haldi und Peter Schindler, Büchler-Verlag, Bern 1920

Hamburg 1967
Jahrbuch der Hamburger Kunstsammlungen, 12. Jg., Hamburg 1967

Helfenstein 1990
Helfenstein, Josef, Das Spätwerk als «Vermächtnis». Klees Schaffen im Todesjahr, in: Paul Klee. Das Schaffen im Todesjahr, Ausst. kat. Kunstmuseum, Bern, 17.8.–4.11.1990, S. 59–75

Helfenstein 1998
Helfenstein, Josef, Vorwort, in: Catalogue raisonné Paul Klee, Bd. 1: 1883–1912, hrsg. v. d. Paul-Klee-Stiftung, Kunstmuseum Bern, Benteli Verlags AG, Bern 1998, S. 11–17

Helfenstein 2000
Helfenstein, Josef, «Ein kleines Publikum aus feinen Köpfen». Klees Bildertausch mit befreundeten Künstlern, in: Bätschmann/Helfenstein 2000, S. 125–145

Hersch 1980
Hersch, Jeanne, Karl Jaspers, R. Piper & Co. Verlag, München 1980

Hertel 1959
Hertel, Christof, in: Grote 1959, S. 97–100

Heusser 2000
Heusser, Peter (Hrsg.), Goethes Beitrag zur Erneuerung der Naturwissenschaften, Verlag Paul Haupt, Bern/Stuttgart/Wien 2000

Hopfengart 1989
Hopfengart, Christine, Klee. Vom Sonderfall zum Publikumsliebling. Stationen seiner öffentlichen Resonanz in Deutschland 1905–1960, Verlag Philipp von Zabern, Mainz 1989

Huggler 1969
Huggler, Max, Paul Klee. Die Malerei als Blick in den Kosmos, Verlag Huber & Co. AG, Frauenfeld/Stuttgart 1969

Insel 294
Paul Klee, Handzeichnungen, Insel-Bücherei Nr. 294, Insel-Verlag, Frankfurt am Main, Zweigstelle Wiesbaden (ohne Datum)

Insel 800
Paul Klee, Traumlandschaft mit Mond, Insel-Bücherei Nr. 800, Insel-Verlag, Frankfurt am Main 1964

Jaspers 1957
Jaspers, Karl, Drei Gründer des Philosophierens: Plato, Augustin, Kant, R. Piper & Co. Verlag, München 1957, Lizenzausgabe des Deutschen Bücherbundes, Stuttgart-Hamburg o. J. [1957], ungekürzte Sonderausgabe des Abschnitts «Die fortzeugenden Gründer des Philosophierens – Plato, Augustin, Kant» aus dem Werk «Die grossen Philosophen», Bd. I

Jaspers 1973
Jaspers, Karl, Philosophie, Bd I (von 3), Berlin 1932, 4. unv. Aufl. Berlin/Heidelberg/New York 1973 (zitiert von Hersch, Jeanne, in: Karl Jaspers, Eine Einführung in sein Werk, R. Piper & Co. Verlag, München 1980)

Kahnweiler 1950
Klee, Collection: Palettes, Texte de Daniel-Henry Kahnweiler, Les Editions Braun & Cie, Rue Louis Le Grand, Paris 1950

Kandinsky 1972
Kandinsky, Aquarelle und Zeichnungen, Galerie Beyeler, Basel 1972

Kandinsky 1976
Kandinsky, Nina, Kandinsky und ich, Kindler Verlag GmbH, München 1976

Kerkovius 1959
Kerkovius, Ida, in: Grote 1959, S. 56 f.

Kersten 1990
Kersten, Wolfgang, Paul Klee, Übermut, Fischer Taschenbuch Verlag GmbH, Frankfurt am Main 1990

Kindler 1982
Kindlers Malerei Lexikon, Bd. 5, Deutscher Taschenbuch Verlag GmbH & Co. KG, München 1982, Lizenzausgabe mit Genehmigung der Kindler Verlag AG, Zürich 1982

Klee Hans
Klee, Hans, Jugend Verse, hrsg. auf Anregung ehemaliger Schüler des Verfassers als Musiklehrer am Bernischen Staatsseminar, Eigenverlag, undatiert

Klee 1920
Klee, Paul, Beitrag, in: Schöpferische Konfession, Erich Reiss Verlag, Berlin 1920, (= Tribüne der Kunst und Zeit. Eine Schriftensammlung, hrsg. v. Kasimir Edschmid, XIII), S. 28–40, wieder abgedruckt in Klee 1976, S. 118–122

Klee 1923
Klee, Paul, Wege des Naturstudiums, in: Staatliches Bauhaus in Weimar, 1919–1923, Bauhaus-Verlag, Weimar-München 1923, S. 24–25

Klee 1924
Klee, Paul, Vortrag Jena [Faksimile und Transkription], in: Paul Klee in Jena 1924. Der Vortrag, Jena 1999, (= Minerva. Jenaer Schriften zur Kunstgeschichte, Bd. 10), S. 11–69, erstmals erschienen unter dem Titel «Paul Klee, über die moderne Kunst», Benteli Verlag, Bern 1945 (2. Aufl. 1979). «On modern art», translated by Douglas Cooper, Benteli, Bern 1945

Klee 1927/2002
Paul Klee, Das Jahr 1927/Das Jahr 2002, Galenica AG, CH-3027 Bern 2002

Klee 1948
Klee, Felix, Erinnerungen an meinen Vater, in: Du 1948, S. 14; wieder abgedruckt in: du 2000, S. 62 f.

Klee 1956
Klee, Paul, Das bildnerische Denken, hrsg. u. bearb. v. Jürg Spiller, Benno Schwabe & Co. Verlag, Basel–Stuttgart 1956

Klee 1957/1
Paul Klee, Engel bringt das Gewünschte, 2. Aufl., Woldemar Klein Verlag, Baden-Baden 1957

Klee 1957/2
«Im Zwischenreich», Aquarelle und Zeichnungen von Paul Klee, Verlag M. DuMont Schauberg, Köln 1957

Klee 1960/1
Klee, Felix, Paul Klee, Leben und Werk in Dokumenten, ausgewählt aus den nachgelassenen Aufzeichnungen und den unveröffentlichten Briefen, Diogenes Verlag, Zürich 1960

Klee 1960/2
Klee, Paul, Gedichte, hrsg. v. Felix Klee, Peter Schifferli Verlags AG «Die Arche» Zürich, Zürich 1960

Klee 1965
Paul Klee, Pädagogisches Skizzenbuch, hrsg. v. Hans M. Wingler, Florian Kupferberg Verlag, Mainz/Berlin 1965

Klee 1976
Klee, Paul, Schriften. Rezensionen und Aufsätze, hrsg. v. Christian Geelhaar, Verlag M. DuMont Schauberg, Köln 1976

Klee 1979
Klee, Paul, Briefe an die Familie 1893–1940. Band 2: 1907–1940, hrsg. v. Felix Klee, Verlag M. DuMont Schauberg, Köln 1979

Klee 1987
Paul Klee, Leben und Werk, hrsg. von der Paul-Klee-Stiftung, Kunstmuseum Bern, und dem Museum of Modern Art, New York 1987

Klee 1989
Klee, Felix, in: Rewald, Sabine, Paul Klee. Die Sammlung Berggruen im Metropolitan Museum of Art, New York und im Musée National d'Art Moderne, Paris, Verlag Gerd Hatje, Stuttgart 1989, S. 19–48

Klee 1990/1
Klee, Felix, Das späte Werk von Paul Klee (1930–1940), in: Mendrisio 1990, Seiten nicht nummeriert [S. 20–30]

Klee 1990/2
Paul Klee, Das Schaffen im Todesjahr, Kunstmuseum Bern 1990, Verlag Gerd Hatje, Stuttgart 1990

Klee 1996
Paul Klee, Die Zeit der Reife, hrsg. v. Manfred Fath, Prestel-Verlag, München-New York 1996

Klee 1998–2004
Paul Klee, Catalogue raisonné in 9 Bänden, hrsg. v. der Paul-Klee-Stiftung, Kunstmuseum Bern, Benteli Verlags AG, Bern 1998–2004

Klee Tgb.
Paul Klee, Tagebücher 1898–1918. Textkritische Neuedition, hrsg. v. d. Paul-Klee-Stiftung, Kunstmuseum Bern, bearb. v. Wolfgang Kersten, Stuttgart/Teufen 1988

Kornfeld 1962
Kornfeld, Eberhard W., Bern und Umgebung, Aquarelle und Zeichnungen von Paul Klee, 1897–1915, Verlag Stämpfli & Cie AG, Bern 1962

Kornfeld 1973
Kornfeld, Eberhard W., Paul Klee in Bern, Verlag Stämpfli & Cie AG, 2. Auflage, Bern 1973 (1. Aufl. 1962, 3. Aufl. 2006)

Kort 2003
Kort, Pamela, Paul Klee und die Zeichnungen zur «nationalsozialistischen Revolution», in: München u.a.O. 2003/2004, Verlag der Buchhandlung Walther König, Köln 2003, S. 183–216

Kröll 1968
Kröll, Christina, Die Bildtitel Paul Klees. Eine Studie zur Beziehung von Bild und Sprache in der Kunst des zwanzigsten Jahrhunderts, Dissertation, Rheinische Friedrich-Willhelms-Universität, Bonn 1968

Kuhr 1959
Kuhr, Fritz, in: Grote 1959, S. 94–96

Kunstmuseum Bern 1984
Berner Kunstmitteilungen Nrn. 227, Jan. 1984, Feb. 1984, Kunstmuseum Bern 1984

Kunstmuseum Bern 1984/1985
Berner Kunstmitteilungen Nrn. 234–236, Dez. 1984, Jan. 1985, Febr. 1985, Kunstmuseum Bern 1985

Kunstmuseum Bern 1988
Berner Kunstmitteilungen Nrn. 262/263, Mai 1988, Juni 1988, Kunstmuseum Bern 1988

Kunstmuseum Bern 1990/1
Berner Kunstmitteilungen Nr. 276, Sept./Okt. 1990, Kunstmuseum Bern 1990

Kunstmuseum Bern 1990/2
Berner Kunstmitteilungen Nr. 277, Nov./Dez. 1990, Kunstmuseum Bern 1990

Kunstmuseum Bern 1997
Berner Kunstmitteilungen Nr. 312, Nov. 1997, Dez.1997, Kunstmuseum Bern 1997

Kunstmuseum Bern 1998
Berner Kunstmitteilungen Nr. 316, Sept. 1998, Okt.1998, Kunstmuseum Bern 1998

Kunstmuseum Bern 2001
Berner Kunstmitteilungen Nr. 332, Okt. 2001, Nov. 2001, Dez. 2001, Kunstmuseum Bern 2001

Kuthy 1984
Kandinsky und Klee: Aus dem Briefwechsel der beiden Künstler und ihrer Frauen – 1912–1940, hrsg. u. eingel. v. Sandor Kuthy, kommentiert v. Stefan Frey, in: Kunstmuseum Bern 1984/1985 S. 1–24

Lang 1987
Das Genie lässt bitten, Erinnerungen an Picasso, hrsg. v. Lothar Lang, Verlag Philipp Reclam jun., Leipzig 1987

Luzern 1991–1993
Schweizer Lexikon in sechs Bänden, Verlag Schweizer Lexikon Mengis + Ziehr, Luzern 1991–1993

Mendrisio 1990
Paul Klee. Ultimo decennio – Letztes Jahrzehnt 1930–1940, Ausst. kat. Museo d'arte, Mendrisio, 7.4.–8.7.1990

München 1970/1971
Paul Klee, Ausst. kat., Haus der Kunst, München, 10.10.1970 –3.1.1971

München 1979/1980
Paul Klee. Das Frühwerk 1883–1922, Ausstellungskatalog der Städtischen Galerie im Lenbachhaus, München 1979/1980

München 1986
Deutsche Kunst im 20. Jahrhundert, Prestel-Verlag, München 1986

München u.a.O. 2003/2004
Paul Klee 1933, Ausst. kat. Städtische Galerie im Lenbachhaus, München, 8.2.–4.5.2003; Kunstmuseum, Bern, 4.6.–17.8.2003; Schirn Kunsthalle, Frankfurt a.M., 18.9.–30.11.2003; Hamburger Kunsthalle, Hamburg, 11.12.2003–7.3.2004

Münter 1959
Münter, Gabriele, in: Grote 1959, S. 40–42

Muth 1959
Muth, Hermann, in: Grote 1959, S. 47

NZZ 1998
Biografisches Lexikon der Schweizer Kunst in zwei Bänden, hrsg. v. Schweizerischen Institut für Kunstwissenschaft, Zürich und Lausanne, Verlag Neue Zürcher Zeitung, Zürich 1998

Okuda 2000
Okuda, Osamu, «Exzentrisches Zentrum». Paul Klee als Lehrer, in: Pfäffikon 2000, S. 233–257

Osterwold 1979
Osterwold, Tilman, Paul Klee, Ein Kind träumt sich, Verlag Gerd Hatje, Stuttgart 1979

Osterwold 1990
Osterwold, Tilman, Paul Klee, Spätwerk, Verlag Gerd Hatje, Stuttgart 1990

Osterwold 2005
Paul Klee, Kein Tag ohne Linie, hrsg. vom Zentrum Paul Klee, Bern, mit Tilman Osterwold, Verlag Hatje Cantz, Stuttgart 2005

Penrose 1981
Penrose, Roland, Pablo Picasso. Sein Leben – sein Werk, München 1981 (Penrose, Roland, Picasso: His Life and Work, Verlag University of California Press 1981; 1. Ausg. 1958)

Petitpierre 1957
Petitpierre, Petra, Aus der Malklasse von Paul Klee, Benteli-Verlag, Bern 1957

Pfäffikon 2000
Paul Klee. Die Kunst des Sichtbarmachens. Materialien zu Klees Unterricht am Bauhaus, Ausst. kat. Seedamm Kulturzentrum Pfäffikon, CH-8808 Pfäffikon (Schwyz), 14.5.–30.7.2000, Bentelivlerlag, Bern 2000

Pfeiffer–Belli 1978
Pfeiffer-Belli, Erich, Paul Klee, in: Zürich 1978, S. 384–397

Ponente 1960
Ponente, Nello, Klee, Biographisch-kritische Studie, Editions d' Art Albert Skira, Genève 1960

Rewald 1989
Rewald, Sabine, Paul Klee. Die Sammlung Berggruen im Metropolitan Museum of Art, New York und im Musée National d'Art Moderne, Paris, Verlag Tate Gallery, New York 1989

Roethel 1971
Roethel, Hans Konrad, Paul Klee in München, Verlag Stämpfli & Cie AG, Bern 1971

Rotzler 1986
Rotzler, Willy, Engelbilder bei Paul Klee, in: du 1986, S. 52

Schawinsky 1959
Schawinsky, Alexander (Xanti), in: Grote 1959, S. 67–70

Schmalenbach 1986
Schmalenbach, Werner, Paul Klee. Die Düsseldorfer Sammlung, Prestel-Verlag, München 1986

Schmied 1986
Schmied, Wieland, in: Deutsche Kunst im 20. Jahrhundert, Malerei und Plastik, 1905–1985, hrsg. von Christos M. Joachimides, Norman Rosenthal, Wieland Schmied, Prestel-Verlag, München 1986

Schmidt 1966
Schmidt, Georg, Umgang mit Kunst, Walter-Verlag AG, CH-Olten 1966

Sorg/Okuda 2005
Sorg, Reto, Okuda, Osamu, Die satirische Muse. Paul Klee, Hans Bloesch und das Editionsprojekt «Der Musterbürger», hrsg. V. Stefan Frey, Wolfgang Kersten u. Alexander Klee, Klee-Studien, Bd. 2, ZIP (Zurich InterPublishers), Zürich 2005

Spiller 1962
Spiller, Jürg, Paul Klee, Gebrüder Weiss Verlag Lebendiges Wissen, Berlin-München 1962

Stettler 1997
Stettler, Michael, Lehrer und Freunde, Essays, Stämpfli Verlag AG, Bern 1997

Vatter-Jensen 2005
Vatter-Jensen, Inga, Henriette Sechehaye, Die letzte Schülerin von Paul Klee, ArchivArte Verlag, Bern 2005

von Tavel 1969
Von Tavel, Hans Christoph, Ein Jahrhundert Schweizer Kunst, Schweizerische Volksbank, Bern, hrsg. v. Editions d' art Albert Skira, Genf 1969

von Tavel 1983
Von Tavel, Hans Christoph, Wege zur Kunst im Kunstmuseum Bern, Taschenbücher Bd. 3, Verlag Der Bund, Bern 1983

von Tavel 1988
Von Tavel, Hans Christoph, Der sanfte Trug des Berner Milieus. Berner Künstler 1910–1920, zur Ausstellung im Kunstmuseum Bern, 26.2.–15.5.1988, in: Der sanfte Trug des Berner Milieus, Kunstmuseum Bern, Bern 1988, S. 9–23

von Tavel 1990
Von Tavel, Hans Christoph, Felix Klee zum Gedenken, in: Kunstmuseum Bern 1990/2

von Tavel 2001
Von Tavel, Hans Christoph, Paul Klee. Vom Leben und Sterben in seinen Stilleben, Manuskript eines Vortrages in Rom am 22. Februar 2001 und in Bologna am 27. Februar 2001 (12 Seiten)

Wada 1975
Wada, Sadao, The Last Moments of Paul Klee, in: «Mizue» (a monthly review of the fine arts), 7, July 1975, No. 844, Tokyo

Walter-Ris 2003
Walter-Ris, Anja, Kunstleidenschaft im Dienst der Moderne. Die Geschichte der Galerie Nierendorf, Berlin/New York 1920–1995, hrsg. v. Stefan Frey, Wolfgang Kersten u. Alexander Klee, Klee-Studien, Bd. 3, ZIP (Zurich InterPublishers), Zürich 2003.

Wedekind 2000
Wedekind, Gregor, Kosmische Konfession. Kunst und Religion bei Paul Klee, in: Bätschmann/Helfenstein 2000, S. 226–238

Werckmeister 1987
Werckmeister, Otto Karl, Von der Revolution zum Exil, in: Klee 1987, S. 31–55

Wiederkehr Sladeczek 2000
Wiederkehr Sladeczek, Eva, Der handschriftliche Œuvre-Katalog von Paul Klee, in: Bätschmann/Helfenstein 2000, S. 146–158

Wild 1950
Wild, Doris, Moderne Malerei, Büchergilde Gutenberg, Zürich 1950

Wingler 2002
Wingler, Hans M., Das Bauhaus, Verlag Gebr. Rasch & Co. und M. DuMont Schauberg, 4. Auflage, Köln 2002

Zahn 1920
Zahn, Leopold, Paul Klee. Leben/Werk/Geist, Gustave Kiepenheuer Verlag, Potsdam 1920

Zentrum Paul Klee 2005/1
Eröffnungspublikation, Zentrum Paul Klee, Bern (Hrsg.), Ursina Barandun, Michael Baumgartner (Red.), Hatje Cantz Verlag, D-Ostfildern-Ruit 2005

Zentrum Paul Klee 2005/2
Kurzführer, Zentrum Paul Klee, Bern (Hrsg.), Ursina Barandun, Michael Baumgartner (Red.), Hatje Cantz Verlag, D-Ostfildern-Ruit 2005

Zschokke 1948
Zschokke, Alexander, Begegnung mit Paul Klee, in: Du 1948, S. 27f., 74, 76

Zürich 1945–1948
Schweizer Lexikon in sieben Bänden, Encyclios-Verlag AG, Zürich 1945–1948

Zürich 1967/1968
Sammlung Sir Edward und Lady Hulton, London, Ausst. v. 3.12.1967–7.1.1968 im Kunsthaus Zürich

Zürich 1978
Die Grossen der Weltgeschichte, hrsg. v. Kurt Fassmann, Kindler-Verlag AG, Zürich 1978

Verzeichnis der abgekürzt zitierten Dokumente

Klee 1935/1936
Lily Klee, Fiebertabelle / Aufzeichnungen der Körpertemperaturen von Paul Klee vom 18.10.1935 bis 18.4.1936, Notizheft, 17 Seiten (NFKB)

Klee 1940
Klee Paul, Lebenslauf, 7.1.1940, faksimiliert in: Grohmann 1965, S. 11–14

Klee [ab 1942]
Klee, Lily, Lebenserinnerungen, ab 1942, 186-seitiges Manuskript (Kopie: NFKB)

Abbildungs-verzeichnis

Frontispiz: Paul Klee, Juli 1939

1	Symbiose, 1934, 131	Seite 6
2	Aljoscha Klee	7
3	Dr. phil. Hans Christoph von Tavel	8
4	dieser Stern lehrt beugen, 1940, 344	10
5	Lily Klee-Stumpf, 1906	12
6	Paul u. Lily Klee m. Katze Bimbo, 1935	12
7	Felix Klee, 1940	13
8	Dr. phil. Will u. Gertrud Grohmann	14
9	Dr. phil. Max Huggler	14
10	Dr. phil. Jürgen Glaesemer	15
11	Gezeichneter, 1935, 146	16
12	ecce …., 1940, 138	17
13	Bern mit Bundeshaus und Berner Alpen	18
14	Paul Klee, 1882	19
15	Hans Klee, 1880	20
16	Gedicht von Hans Klee auf seine Kinder	20
17	Ida Klee-Frick, 1879	21
18	von der Liste gestrichen, 1933, 424	22
19	Gelehrter, 1933, 286	23
20	Starre, 1933, 187	25
21	auswandern, 1933, 181	26
22	Paul und Lily Klee, 1930	27
23	Letzte Wohnung von P. u. L. Klee in Bern	27
24	Plakat der Ausst., Kunsthalle Bern 1935	29
25	Protokollauszug der Berner Stadtrats-sitzung, 5.7.1940	31
26	Lebenslauf von Paul Klee, 7.1.1940	32–35
27	Schweizer Landschaft, 1919, 46	36
28	Altstadt von Bern mit Rathaus	37
29	ein Kranker macht Pläne, 1939, 611	38
30	Masern: «Koplik-Flecken»	40
31	Masern: Ausschlag mit roten Flecken	40
32	Feine Abschuppung nach Masern/Arzneimittelexanthem	41
33	Fleckförmiges Arzneimittelexanthem	41
34	Handbuch «Cutaneous Drug Reactions»	42
35	Fiebertabelle von P. Klee v.1.–11.11.1935	43
36	nach Regeln zu pflanzen, 1935, 91	44
37	Aus einem Brief v. L. Klee an E. Scheyer	47
38	P. Klee, F. Klee, H. u. M. Rupf-Wirz, 1937	47
39	Brief v. Dr. G. Schorer an P. Klee, 1936	49
40	Universitätshautklinik, Bern, um 1930	49
41	Morphaea, entzündliches Stadium	50
42	Morphaea naht mit lila Randbegrenzung	50
43	Morphaea, Endzustand	51
44	Systemsklerose: Maskengesicht	53
45	Paul Klee, 1925	54
46	Paul Klee, 1939	55
47	das Auge, 1938, 315	56
48	Maske Schmerz, 1938, 235	57
49	Systemsklerose: Sklerodaktylie	58
50	Systemsklerose: limitierte Form mit Fingerbeugekontrakturen	58
51	Systemsklerose: Sklerodaktylie mit «Rattenbissnekrosen»	58
52	Systemsklerose: Sklerodaktylie, Nagelhäutchen-Blutungen	59
53	Systemsklerose: trockene, rissige Zunge	60
54	Raynaud-Syndrom: «Totenfinger»	61
55	Nagelfalz-Kapillarmikroskopie	62
56	Systemsklerose: Blutgefäss mit Wandverdickung	63
57	Normale Speiseröhre im Röntgenbild	64
58	Systemsklerose: Starre Speiseröhre im Röntgenbild	64
59	Postkarte von P. Klee an L. Klee, 1940	65
60	mir Hering?!, 1939, 658	Seite 66
61	nie mehr jene Speise!, 1939, 659	66
62	Seite eines Diätplans, vermutlich von Lily Klee für Paul Klee	68
63	Systemsklerose: Lungenfibrose im Röntgenbild	71
64	Systemsklerose: Nierenfilter im feingeweblichen Schnitt	73
65	Kurhaus Viktoria, Locarno-Orselina	74
66	Clinica Sant' Agnese, Locarno-Muralto	74
67	Todesbescheinigung von Paul Klee	75
68	Kremationsbescheinigung von Paul Klee	75
69	Todesanzeige von Paul Klee, 29.6.1940	76
70	Das letzte Atelier von Paul Klee in Bern	77
71	Grabplatte von Paul u. Lily Klee in Bern	77
72	Paul Klee, Dezember 1939	78
73	Paul Klee beim Zeichnen, 1931	78
74	Paul Klee beim Malen, 1939	79
75	Rezept von Dr. G. Schorer für Paul Klee	83
76	Gefäss für Salbe, 1940, 169	84
77	Anna C. R. Frick-Riedtmann, 1880	93
78	Lily und Paul Klee, 1930	94
79	Paul Klee und Will Grohmann, 1935	95
80	Wassily Kandinsky und Paul Klee, 1929	96
81	Paul Klee, Juli 1939	99
82	Die Hände von Paul Klee, Juli 1939	100
83	Brief von Paul Klee an seinen Sohn Felix, 29.11.1938	101
84	Systemischer Lupus erythematodes	102
85	Dermatomyositis	103
86	Paul Klee, Juli 1939	105
87	Paul Klee und Will Grohmann, 1938	107
88	PD Dr. med. Fritz Lotmar	109
89	Dr. med. Gerhard Schorer	110
90	Dr. med. Hermann Bodmer	111
91	Prof. Dr. med. Oscar Naegeli	112
92	Dr. med. Theodor Haemmerli	113
93	Handpuppen von Paul Klee von 1925/1916/1923	114
94	Ernst Kállai, Karikatur auf Paul Klee	121
95	trauernd, 1934, 8	123
96	Gezeichneter, 1935, 146	125
97	Menschenjagd, 1933, 115	126
98	Angstausbruch, 1939, 27	130
99	Angstausbruch III, 1939, 124	131
100	Gedicht von Paul Klee von 1914	133
101	Tänze vor Angst, 1938, 90	134
102	auferstehn!, 1938, 478	136
103	schwierige Auferstehung, 1939, 221	136
104	O! über mir!, 1939, 201	137
105	besseres nent, 1939, 204	137
106	Uebermut, 1939, 1251	138
107	stürze auch ich?, 1940, 119	139
108	leider eher abwärts, 1939, 846	139
109	Der Seiltänzer, 1923, 121	140
110	labiler Wegweiser, 1937, 45	141
111	niedergeschmettert, 1939, 1065	142
112	SOS, letztes Zeichen, 1939, 652	143
113	Zwiegespräch Baum – Mensch, 1939, 403	143
114	fliehn auf Rädern, 1939, 653	144
115	Flucht, 1940, 121	145
116	er entrinnt nicht, 1940, 231	145
117	mon dieu!, 1939, 551	145
118	der Graue und die Küste, 1938, 125	146
119	Abfahrt des Abenteurers, 1939, 735	147
120	Ruderer in der Enge, 1939, 728	148
121	Navigatio mala, 1939, 563	148
122	Strom-Schlucht bei Y, 1939, 734	149
123	Wettrudern, 1940, 172	150
124	Kranker im Boot, 1940, 66	151
125	der Unstern, 1939, 538	152
126	dieser Stern lehrt beugen, 1940, 344	152
127	Stammtischler, 1931, 280	Seite 158
128	Anklage auf der Strasse, 1933, 85	159
129	Gewalt, 1933, 138	159
130	Huldigung, 1933, 299	160
131	auch «ER» Dictator!, 1933, 339	161
132	vermeintliche Grössen, 1933, 151	162
133	Ziel erkannt, 1933, 350	163
134	einsames Ende, 1934, 183	164
135	Ent-Seelung, 1934, 211	165
136	Revolution des Viaductes, 1937, 153	167
137	Symptom, rechtzeitig zu erkennen, 1935, 17	168
138	Schwarze Zeichen, 1938, 114	169
139	Insula dulcamara, 1938, 381	171
140	frühes Leid, 1938, 318	174
141	Abschied nehmend, 1938, 352	175
142	Œuvre-Katalog von Paul Klee, 1940, erste Seite	177
143	Œuvre-Katalog von Paul Klee, 1940, letzte Seite	179
144	Augen in der Landschaft, 1940, 41	180
145	endlicher Verzicht, 1938, 372	180
146	tanzende Früchte, 1940, 312	181
147	plötzlich starr, 1940, 205	181
148	detaillierte Passion: Central betroffen, 1940, 180	182
149	durchhalten!, 1940, 337	182
150	ecce …., 1940, 138	183
151	woher? wo? wohin?, 1940, 60	184
152	Tod und Feuer, 1940, 332	191
153	Friedhof, 1939, 693	192
154	Friedhof, 1939, 693 [um 90° gedreht]	193
155	Dämmer-Blüten, 1940, 42	195
156	im Vorzimmer der Engelschaft, 1939, 845	196
157	unter grossem Schutz, 1939, 1137	197
158	vergesslicher Engel, 1939, 880	198
159	Schellen-Engel, 1939, 966	199
160	Ohne Titel (Todesengel), um 1940	200
161	chronometrischer Tanz, 1940, 133	205
162	Masken im Zwielicht, 1938, 486	207
163	EIDOLA: weiland Philosoph, 1940, 101	208
164	Monolog des Kätzchens, 1938, 426	208
165	rechnender Greis, 1929, 60	209
166	trübes witternd, 1940, 112	209
167	Gefangene Tiere, 1940, 263	213
168	Pablo Picasso, 1963	214
169	Paul Klee, 1912	215
170	Villa R, 1919, 153	218
171	Glas-Fassade, 1940, 288	219
172	Albrecht Dürer, «Der heilige Hieronymus im Gehäus», 1514	221
173	Œuvre-Katalog von Paul Klee, 1938, Nrn. 361-372	222
174	Bäume am Wasser, 1933, 442	226
175	Nacht-Blüte, 1938, 118	227
176	Unterwasser-Garten, 1939, 746	229
177	Symbiose, 1934, 131	230
178	Flora am Felsen, 1940, 343	231
179	Ohne Titel (Letztes Stillleben), 1940	232
180	Engel, noch hässlich, 1940, 26	233
181	Paul Klee, Dezember 1939	235
182	Ueberschach, 1937, 141	236
183	Gezeichneter, 1935, 146	237
184	plötzlich starr, 1940, 205	238
185	ecce …., 1940, 138	239
186	Plakat der Ausstellung der Medizinischen Fakultät Bern v. 5.–27.11.2005	240

Tabellen

1	Übersicht über die Sklerodermieformen	53
2	Das Schaffen von Paul Klee während seiner Krankheit	222

Alphabetisches Verzeichnis der abgebildeten Werke von Paul Klee

Abfahrt des Abenteurers, 1939, 735
Aquarell und Bleistift auf Papier auf Karton
21,5×27 cm
Privatbesitz, Deutschland   Seite 147

Abschied nehmend, 1938, 352
Kleisterfarbe auf Papier auf Karton
50,7×7,3/9,3 cm
Zentrum Paul Klee, Bern   Seite 175

Angstausbruch, 1939, 27
Feder auf Papier auf Karton
27×21,5 cm
Zentrum Paul Klee, Bern   Seite 130

Angstausbruch III, 1939, 124
Aquarell auf Grundierung auf Papier auf Karton
63,5×,48,1 cm
Zentrum Paul Klee, Bern   Seite 131

Anklage auf der Strasse, 1933, 85
Kreide auf Papier auf Karton
16,9×25 cm
Zentrum Paul Klee, Bern   Seite 159

auch «ER» Dictator!, 1933, 339
Bleistift auf Papier auf Karton
29,5×21,5 cm
Zentrum Paul Klee, Bern,
Schenkung Livia Klee   Seite 161

auferstehn!, 1938, 478
Feder auf Papier auf Karton
29,8×20,9 cm
Zentrum Paul Klee, Bern   Seite 136

Augen in der Landschaft, 1940, 41
Wachsfarbe auf Grundierung auf Jute
32×85 cm
Kunstmuseum Winterthur,
Legat Clara und Emil Friedrich-Jezler   Seite 180

auswandern, 1933, 181
Kreide auf Papier auf Karton
32,9×21 cm
Zentrum Paul Klee, Bern   Seite 26

Bäume am Wasser, 1933, 442
Pastell auf Grundierung auf Leinwand auf Karton
45×55 cm
Privatbesitz, Italien   Seite 226

besseres naht, 1939, 204
Bleistift auf Papier auf Karton
29,7×20,9 cm
Zentrum Paul Klee, Bern   Seite 137

chronometrischer Tanz, 1940, 133
Kreide auf Papier auf Karton
29,7×20,2 cm
Zentrum Paul Klee, Bern   Seite 205

Dämmer-Blüten, 1940, 42
Wachsfarbe auf Jute
35×80 cm
Zentrum Paul Klee, Bern,
Schenkung Livia Klee   Seite 195

das Auge, 1938, 315
Pastell auf Jute
45/46×64,5/66,5 cm
Zentrum Paul Klee, Bern,
Leihgabe aus Privatbesitz   Seite 56

der Graue und die Küste, 1938, 125
Kleisterfarbe auf Jute
105×71 cm
Zentrum Paul Klee, Bern,
Schenkung Livia Klee   Seite 146

Der Seiltänzer, 1923, 121
Ölpause, Bleistift und Aquarell auf Papier auf Karton
48,7×32,2 cm
Zentrum Paul Klee, Bern   Seite 140

der Unstern, 1939, 538
Bleistift auf Papier auf Karton
29,7×20,9 cm
Zentrum Paul Klee, Bern   Seite 152

detaillierte Passion: Central betroffen, 1940, 180
Kreide auf Papier auf Karton
29,5×21 cm
Zentrum Paul Klee, Bern   Seite 182

dieser Stern lehrt beugen, 1940, 344
Kleisterfarbe auf Papier auf Karton
37,8×41,3 cm
Zentrum Paul Klee, Bern,
Schenkung Livia Klee   Seiten 10, 152

durchhalten!, 1940, 337
Pastell auf Papier auf Karton
29,6×20,9 cm
Zentrum Paul Klee, Bern   Seite 182

ecce ...., 1940, 138
Kreide auf Papier auf Karton
29,7×21,1 cm
Zentrum Paul Klee, Bern,
Schenkung Livia Klee   Seiten 17, 183, 239

EIDOLA: weiland Philosoph, 1940, 101
Kreide auf Papier auf Karton
29,7×21 cm
Zentrum Paul Klee, Bern   Seite 208

ein Kranker macht Pläne, 1939, 611
Bleistift auf Papier auf Karton
20,9×29,7 cm
Zentrum Paul Klee, Bern,
Leihgabe aus Privatbesitz   Seite 38

einsames Ende, 1934, 183
Bleistift auf Papier auf Karton
20,6/21,2×46,8/45,3 cm
Zentrum Paul Klee, Bern   Seite 164

endlicher Verzicht, 1938, 372
Bleistift auf Papier auf Karton
29,9×20,9 cm
Zentrum Paul Klee, Bern,
Leihgabe aus Privatbesitz   Seite 180

Engel, noch hässlich, 1940, 26
Bleistift auf Papier auf Karton
29,6×20,9 cm
Zentrum Paul Klee, Bern   Seite 233

Ent-Seelung, 1934, 211
Aquarell auf Grundierung auf Karton;
originaler Rahmen
30,5×49,3 cm
Zentrum Paul Klee, Bern   Seite 165

er entrinnt nicht, 1940, 231
Kreide auf Papier auf Karton
29,6×21 cm
Zentrum Paul Klee, Bern,
Leihgabe aus Privatbesitz   Seite 145

fliehn auf Rädern, 1939, 653
Bleistift auf Papier auf Karton
20,9×29,7 cm
Zentrum Paul Klee, Bern   Seite 144

Flora am Felsen, 1940, 343
Ölfarbe und Tempera auf Jute;
originaler Rahmen
90,7×70,5 cm
Kunstmuseum Bern   Seite 231

Flucht, 1940, 121
Feder auf Papier auf Karton
21,4×27 cm
Zentrum Paul Klee, Bern   Seite 145

Friedhof, 1939, 693
Kleisterfarbe auf Papier auf Karton
37,1×49,5 cm
Zentrum Paul Klee, Bern   Seiten 192, 193

frühes Leid, 1938, 318
Ölfarbe, Aquarell und Ritzzeichnung
auf Grundierung auf Jute auf Karton
34,4×45 cm
Zentrum Paul Klee, Bern   Seite 174

Gefangene Tiere, 1940, 263
Kleisterfarbe auf Papier auf Karton
31,2×48,3 cm
Privatbesitz, Schweiz   Seite 213

Gefäss für Salbe, 1940, 169
Wachsfarbe auf Jute auf Karton
28,2×12/13,8 cm
Zentrum Paul Klee, Bern,
Schenkung Livia Klee   Seite 84

Gelehrter, 1933, 286
Aquarell und Pinsel auf Grundierung
auf Gaze auf Holz; originaler Rahmen
35×26,5 cm
Privatbesitz, Schweiz   Seite 23

Gewalt, 1933, 138
Kreide auf Papier auf Karton
17,1×20,9 cm
Zentrum Paul Klee, Bern   Seite 159

Gezeichneter, 1935, 146
Ölfarbe und Aquarell auf Grundierung
auf Gaze auf Karton
32×29 cm
Kunstsammlung Nordrhein-Westfalen,
Düsseldorf　　　　　　　Seiten 16, 125, 237

Glas-Fassade, 1940, 288
Wachsfarbe auf Jute auf Leinwand
71,3×95,7 cm
Zentrum Paul Klee, Bern　　　Seite 219

Handpuppen (v.l.n.r.): Zündholzschachtelgeist,
1925, 57 cm; Herr Tod, 1916, 35 cm; Bandit,
1923, 58 cm

alle Zentrum Paul Klee, Bern,
Schenkung Livia Klee　　　　Seite 114

Huldigung, 1933, 299
Kreide auf Papier auf Karton
27,3×27 cm
Zentrum Paul Klee, Bern　　　Seite 160

im Vorzimmer der Engelschaft, 1939, 845
Bleistift auf Papier auf Karton
29,5×21 cm
Zentrum Paul Klee, Bern　　　Seite 196

Insula dulcamara, 1938, 481
Öl- und Kleisterfarbe auf Papier auf Jute;
originaler Rahmen
88×176 cm
Zentrum Paul Klee, Bern　　　Seite 171

Kranker im Boot, 1940, 66
Kreide auf Papier auf Karton
20,5×41,6 cm
Zentrum Paul Klee, Bern　　　Seite 151

labiler Wegweiser, 1937, 45
Aquarell auf Papier auf Karton
43,8×20,9/19,8 cm
Zentrum Paul Klee, Bern,
Leihgabe aus Privatbesitz　　　Seite 141

leider eher abwärts, 1939, 846
Bleistift auf Papier auf Karton
29,5×21 cm
Zentrum Paul Klee, Bern　　　Seite 139

Maske Schmerz, 1938, 235
Kreide auf Papier auf Karton
21×27,1 cm
Zentrum Paul Klee, Bern　　　Seite 57

Masken im Zwielicht, 1938, 486
Kleisterfarbe auf Karton
48,3×34,7 cm
Privatbesitz, Schweiz　　　Seite 207

Menschenjagd, 1933, 115
Bleistift auf Papier auf Karton
23/23,2×32,3 cm
Zentrum Paul Klee, Bern　　　Seite 126

mir Hering?!, 1939, 658
Bleistift auf Papier auf Karton
29,5×21 cm
Standort unbekannt　　　Seite 66

mon dieu!, 1939, 551
Bleistift auf Papier auf Karton
29,7×20,9 cm
Zentrum Paul Klee, Bern　　　Seite 145

Monolog des Kätzchens, 1938, 426
Bleistift auf Papier auf Karton
29,9×20,9 cm
Zentrum Paul Klee, Bern,
Schenkung Livia Klee　　　Seite 208

nach Regeln zu pflanzen, 1935, 91
Aquarell auf Papier auf Karton
25,8×36,9 cm
Kunstmuseum Bern,
Hermann und Margrit Rupf-Stiftung　　Seite 44

Nacht-Blüte, 1938, 118
Kleisterfarbe auf Grundierung
auf Leinwand auf Karton
32×29 cm
Sprengel Museum, Hannover　　Seite 227

Navigatio mala, 1939, 563
Bleistift auf Papier auf Karton
20,9×29,7 cm
Zentrum Paul Klee, Bern　　　Seite 148

nie mehr jene Speise!, 1939, 659
Bleistift auf Papier auf Karton
36×19 cm
Privatbesitz, Schweiz　　　Seite 66

niedergeschmettert, 1939, 1065
Kreide auf Papier auf Karton
29,6×42 cm
Zentrum Paul Klee, Bern　　　Seite 142

O! über mir!, 1939, 201
Bleistift auf Papier auf Karton
29,7×20,9 cm
Zentrum Paul Klee, Bern　　　Seite 137

Ohne Titel (Letztes Stillleben), 1940
Ölfarbe auf Leinwand
100×80,5 cm
Zentrum Paul Klee, Bern,
Schenkung Livia Klee　　　Seite 232

Ohne Titel (Todesengel), um 1940
Ölfarbe auf Leinwand
51×66,4 cm
Kunstsammlung Nordrhein-Westfalen,
Düsseldorf,
Dauerleihgabe aus Privatbesitz　　Seite 200

plötzlich starr, 1940, 205
Kreide auf Papier auf Karton
29,6×21 cm
Zentrum Paul Klee, Bern　　　Seiten 181, 238

rechnender Greis, 1929, 60
Feder und Bleistift auf Papier auf Karton
Standort unbekannt　　　Seite 209

Revolution des Viaductes, 1937, 153
Ölfarbe auf Grundierung auf Baumwolle
60×50 cm
Hamburger Kunsthalle　　　Seite 167

Ruderer in der Enge, 1939, 728
Bleistift auf Papier auf Karton
27×21,5 cm
Zentrum Paul Klee, Bern　　　Seite 148

Schellen-Engel, 1939, 966
Bleistift auf Papier auf Karton
29,5×21 cm
Zentrum Paul Klee, Bern　　　Seite 199

Schwarze Zeichen, 1938, 114
Ölfarbe auf Baumwolle auf Karton
15×24 cm
Zentrum Paul Klee
Leihgabe aus Privatbesitz　　　Seite 169

Schweizer Landschaft, 1919, 46
Aquarell auf Grundierung auf Leinen
auf Papier auf Karton
Standort unbekannt　　　Seite 36

Schwierige Auferstehung, 1939, 221
Bleistift auf Papier auf Karton
21,5×27 cm
Zentrum Paul Klee, Bern　　　Seite 136

SOS, letztes Zeichen, 1939, 652
Bleistift auf Papier auf Karton
20,9×29,7 cm
Zentrum Paul Klee, Bern　　　Seite 143

Stammtischler, 1931, 280
Kreide auf Papier auf Karton
32,9×20,9 cm
Zentrum Paul Klee, Bern　　　Seite 158

Starre, 1933, 187
Bleistift auf Papier auf Karton
32,9×20,9 cm
Zentrum Paul Klee, Bern　　　Seite 25

Strom-Schlucht bei Y, 1939, 734
Aquarell und Bleistift auf Papier auf Karton
27×21,3 cm
Zentrum Paul Klee, Bern,
Leihgabe aus Privatbesitz　　　Seite 149

stürze auch ich?, 1940, 119
Feder auf Papier auf Karton
21,4×27 cm
Zentrum Paul Klee, Bern　　　Seite 139

Symbiose, 1934, 131
Bleistift auf Papier auf Karton
48,2×32 cm
Standort unbekannt　　　Seiten 6, 230

Symptom, rechtzeitig zu erkennen, 1935, 17
Bleistift auf Papier auf Karton
17,9×27,9 cm
Zentrum Paul Klee, Bern　　　Seite 168

Tänze vor Angst, 1938, 90
Aquarell auf Papier auf Karton
48×31 cm
Zentrum Paul Klee, Bern　　　Seite 134

tanzende Früchte, 1940, 312
Kleisterfarbe auf Papier auf Karton
29,5×41,8 cm
Kunstmuseum Bern,
Hermann und Margrit Rupf-Stiftung　　Seite 181

Tod und Feuer, 1940, 332
Öl- und Kleisterfarbe auf Jute; originaler Rahmen
46,7×44,6 cm
Zentrum Paul Klee, Bern　　　　　　Seite 191

trauernd, 1934, 8
Aquarell und Gouache auf Papier auf Karton
48,7×32,1 cm
Zentrum Paul Klee, Bern　　　　　　Seite 123

trübes witternd, 1940, 112
Kreide auf Papier auf Karton
21,7×29,5 cm
Zentrum Paul Klee, Bern　　　　　　Seite 209

Uebermut, 1939, 1251
Ölfarbe und Kleisterfarbe auf Papier auf Jute;
originaler Rahmen
101×130 cm
Zentrum Paul Klee, Bern　　　　　　Seite 138

Ueberschach, 1937, 141
Ölfarbe auf Jute; originale Rahmenleisten
121×110 cm
Kunsthaus Zürich　　　　　　Seite 236

unter grossem Schutz, 1939, 1137
Kreide auf Papier auf Karton
29,5×20,8 cm
Zentrum Paul Klee, Bern　　　　　　Seite 197

Unterwasser-Garten, 1939, 746
Ölfarbe auf Leinwand; originaler Rahmen
100×80 cm
Privatbesitz, Schweiz　　　　　　Seite 229

vergesslicher Engel, 1939, 880
Bleistift auf Papier auf Karton
29,5×21 cm
Zentrum Paul Klee, Bern　　　　　　Seite 198

vermeintliche Grössen, 1933, 151
Bleistift auf Papier auf Karton
24,1×20,8 cm
Zentrum Paul Klee, Bern,
Leihgabe aus Privatbesitz　　　　　　Seite 162

von der Liste gestrichen, 1933, 424
Ölfarbe auf Papier auf Karton
31,5×24 cm
Zentrum Paul Klee, Bern,
Schenkung Livia Klee　　　　　　Seite 22

Villa R, 1919, 153
Ölfarbe auf Karton
26,5×22 cm
Kunstmuseum Basel　　　　　　Seite 218

Wettrudern, 1940, 172
Kreide auf Papier auf Karton
21×29,5 cm
Zentrum Paul Klee, Bern　　　　　　Seite 150

woher? wo? wohin?, 1940, 60
Aquarell, Rötel und Kreide auf Papier auf Karton
29,7×20,8 cm
Privatbesitz, Schweiz　　　　　　Seite 184

Ziel erkannt, 1933, 350
Bleistift auf Papier auf Karton
24,4×27,5 cm
Zentrum Paul Klee, Bern　　　　　　Seite 163

Zwiegespräch Baum-Mensch, 1939, 403
Bleistift auf Papier auf Karton
20,9×29,7 cm
Zentrum Paul Klee, Bern,
Schenkung Livia Klee　　　　　　Seite 143

Abkürzungen der Standorte von Dokumenten:

AWG	Archiv Will Grohmann, Staatsgalerie, Stuttgart
BK/CGPP	Bibliothèque Kandinsky/Centre Georges Pompidou, Paris
HMRS	Hermann-und-Margrit-Rupf-Stiftung, Kunstmuseum Bern
MoMAANY/VP	Museum of Modern Art Archives, New York/Valentin Papers
MoMAANY/NP	Museum of Modern Art Archives, New York/Neumann Papers
NFKB	Nachlass Familie Klee, Bern
NSMP	Norton Simon Museum, Pasadena – The Blue Four Galka Scheyer Collection
PBD	Privatbesitz, Deutschland (Nachlass Rudolf Probst)
SFB	Stefan Frey, Bern
SLB/SLA	Schweizerische Landesbibliothek, Bern/Schweizerisches Literaturarchiv, Bern
ZPKB/SFK	Zentrum Paul Klee, Bern/Schenkung Familie Klee

Fotonachweis

Frontispiz: Charlotte Weidler, New York

Abb.		Seite
2:	Anne-Marie Klee-Coll	7
3:	Peter Friedli, Bern	8
5:	Fotograf unbekannt	12
6:	Fee Meisel	12
7:	Hofphotograph Blankhorn, Göttingen	13
8:	Felix Klee	14
9:	Emil Vollenweider, Bern	14
10:	Kunstmuseum Bern, Fotograf unbekannt	15
11:	Kunstsammlung Nordrhein-Westfalen, Walter Klein, Düsseldorf	16
13:	Fernand Rausser, Bolligen (Bern), aus: Liebesbriefe an Bern, Verlag Stämpfli + Cie AG Bern, Bern 1995, S. 91	18
14:	M. Vollenweider & Sohn, Bern	19
15:	M. Vollenweider, Bern	20
17:	M. Vollenweider, Bern	21
22:	Fotograf unbekannt	27
23:	Felix Klee	27
28:	Fernand Rausser, Bolligen (Bern), aus: Liebesbriefe an Bern, Verlag Stämpfli + Cie AG Bern, Bern 1995, S. 90	37
30:	Universitäts-Kinderklinik, Bern	40
31:	Aus: Pediatric Dermatology, 3rd edition (Hrsg: Schachner, Lawrence, A., u. Hansen, Ronald, C.), Mosby-Verlag (Elsevier Company) 2003, S. 1060	40
32:	Dermatologische Universitätsklinik, Bern	41
33:	Dermatologische Universitätsklinik, Bern	41
38:	Lily Klee	47
40:	Fotograf unbekannt	49
41:	Dermatologische Universitätsklinik, Bern	50
42:	Dermatologische Universitätsklinik, Bern	50
43:	Dermatologische Universitätsklinik, Bern	51
44:	Dermatologische Universitätsklinik, Bern	53
45:	Felix Klee	54
46:	Walter Henggeler, © Keystone, Zürich	55
49:	Dermatologische Universitätsklinik, Bern	58
50:	Dermatologische Universitätsklinik, Bern	58
51:	Rheumatologische Universitätsklinik, Bern	58
52:	Dermatologische Universitätsklinik, Bern	59
53:	Rheumatologische Universitätsklinik, Bern	60
54:	Rheumatologische Universitätsklinik, Bern	61
55:	Rheumatologische Universitätsklinik, Bern	62
56:	Rheumatologische Universitätsklinik, Bern	63
57:	Rheumatologische Universitätsklinik, Bern	64
58:	Rheumatologische Universitätsklinik, Bern	64
63:	Rheumatologische Universitätsklinik, Bern	71
64:	Rheumatologische Universitätsklinik, Bern	73
65:	Fotograf unbekannt	74
66:	Fotograf unbekannt	74
70:	Jürg Spiller	77
71:	Sadao Wada	77

Abb.		Seite
72:	Walter Henggeler, © Keystone, Zürich	78
73:	Felix Klee	78
74:	Felix Klee	79
77:	Fotograf unbekannt	93
78:	Fotograf unbekannt	94
79:	Lily Klee	95
80:	Lily Klee	96
81:	Charlotte Weidler, New York	99
82:	Charlotte Weidler, New York	100
84:	Dermatologische Universitätsklinik, Bern	102
85:	Dermatologische Universitätsklinik, Bern	103
86:	Charlotte Weidler, New York	105
87:	Felix Klee	107
88:	Fotograf unbekannt	109
89:	Fotograf unbekannt	110
90:	E. Steinemann, Locarno	111
91:	Dermatologische Universitätsklinik, Bern	112
92:	Fotograf unbekannt	113
94:	Fotograf unbekannt	121
96:	Kunstsammlung Nordrhein-Westfalen, Walter Klein, Düsseldorf	125
136:	Hamburger Kunsthalle, Elke Walford	167
144:	Kunstmuseum Winterthur, Hans Humm, Zürich	180
168:	Aus: Klaus Gallwitz, Piccasso laureatus, Seite 214, Nr. 375, Verlag C. J. Bucher AG, Luzern 1971 (Fotograf unbekannt)	214
169:	Postkarte «Der Sturm»	215
170:	Kunstmuseum Basel, Martin Bühler	218
175:	Sprengel Museum Hannover, Michael Herling, Aline Gwose	227
181:	Walter Henggeler, © Keystone, Zürich	235
182:	Kunsthaus Zürich	236
183:	Kunstsammlung Nordrhein-Westfalen, Walter Klein, Düsseldorf	237

Alle abgebildeten Werke von Paul Klee, wenn nicht anders vermerkt: Peter Lauri, Bern, und Abteilung für Bild- und Medientechnologien, Universität Basel

Umschlagklappe: Gerhard Suter

Anhang

Nachforschungen über die Krankheit von Paul Klee

[8] Gespräche von Prof. Dr. med. Alfred Krebs und dem Verf. mit Felix Klee, Bern, 9.11.1979 und 23.7.1981.

[9] Telefon. Mitteilung von Dr. med. Dietrich Schorer, Zollikofen bei Bern, Sohn von Dr. med. Gerhard Schorer, an Prof. Alfred Krebs, Bern, im Jahre 1979: Es sei keine Krankengeschichte von Paul Klee in den Dokumenten seines Vaters mehr vorhanden.

Telefon. Mitteilung von Dr. med. Dietrich Schorer, Zollikofen bei Bern, an den Verf., 8.9.1998: Sein Vater habe in der Familie nicht über die Behandlung und die Krankheit von Paul Klee gesprochen.

Brief von Dr. phil. Hans Christoph von Tavel, CH-1169 Yens (Waadt), an den Verf., 16.2.2000: Sein Onkel, Dr. med. Gerhard Schorer, habe keine Krankheitsaufzeichnungen von Paul Klee hinterlassen.

Mündl. Mitteilung von Marie Stössel-Schorer, Bern, an den Verf., 20.9.2005: Auch sie wisse als Tochter von Dr. Gerhard Schorer nichts Genaues über die Krankheit von Paul Klee auszusagen.

[10] Telefon. Mitteilung von Prof. Dr. med. Hans Jürg Schatzmann, Bern, Sohn von Dr. med. Max Schatzmann, im Jahre 1979 an Prof. Alfred Krebs: Er verfüge über keine schriftlichen Angaben seines Vaters zur Behandlung von Paul Klee.

Telefon. Mitteilung von Prof. Dr. med. Hans Jürg Schatzmann, Bern, an den Verf., 28.4.2001: Sein Vater sei mit Dr. med. Gerhard Schorer befreundet gewesen. Er könne sich denken, dass sein Vater Paul Klee stellvertretend für Dr. Schorer ärztlich besucht habe. Er erinnere sich an die Aussage seines Vaters, dass Dr. Schorer sich mit ihm über die Krankheit von Paul Klee besprochen hätte. Sein Vater habe aber keine Diagnose und auch keine Vermutungsdiagnose erwähnt. Anmerkung des Verf.: F.-J. Beer erwähnt in seinem Artikel «Le centenaire de Paul Klee» (Beer/ML 1980, S. 247), dass Paul Klee zwei Ärzte gehabt habe (ohne Quellenangabe): Dr. Gerhard Schorer und Dr. Max Schatzmann. Möglicherweise erhielt der Autor die Information von Felix Klee. Dieser konnte dem Verf. am 9.11.1979 jedoch nicht aussagen, ob Dr. Schatzmann seinen Vater einmal stellvertretend für Dr. Schorer behandelt habe. In den Briefen von Paul Klee und Lily Klee finden sich auch keine entsprechenden Hinweise.

[11] Telefon. Mitteilung von Gerold Lotmar, Zürich, Enkel von PD Dr. med. Fritz Lotmar, an den Verf., 17.4.2001: Er besitze keine Dokumente seines Grossvaters über die Krankheit von Paul Klee. Dieser habe neben seiner Privatpraxis auch einen Lehrauftrag an der Universität Bern ausgeübt. Vgl. die Festschrift der Schweiz. Zeitschrift für Neurologie und Psychiatrie, Bd. 18, Zürich 1949: «Herrn Privatdozenten Dr. Fritz Lotmar zum 70. Geburtstag am 26. Oktober 1948 gewidmet.» In der Klee-Literatur kommt die Lehrtätigkeit Dr. Lotmars als Privatdozent der Universität Bern bisher nicht vor.

Telefonat von Paula Lotmar, CH-8802 Kilchberg (Zürich), Tochter von PD Dr. med. Fritz Lotmar, mit dem Verf., 3.5.2001: Bestätigung der Aussage von Gerold Lotmar. Ihr Vater habe Paul Klee nicht behandelt, sich aber wiederholt mit ihm über seine Krankheit besprochen.

[12] Prof. Dr. med. Oscar Naegeli war kinderlos. Es konnten keine mit ihm näher verwandten Personen mehr ausfindig gemacht werden.

[13] Telefon. Mitteilung von Schwester Virginia Bachmann (Oberin der Clinica Sant' Agnese in Locarno-Muralto von 1967 bis 1983) an Prof. Alfred Krebs, Bern, im Jahre 1979: Es sei keine Krankengeschichte von Paul Klee in der Klinik auffindbar. Einzig ein Urinbefund aus den letzten Tagen des Künstlers sei noch vorhanden. Schwester Virginia schickte diesen Laborbefund anschliessend an Professor Krebs nach Bern. Ich danke Schwester Virginia Bachmann für ihre Bemühungen und Schwester Andrea Holbein, Archivarin im Kloster Ingenbohl (Schwyz), für die Mitteilung der Amtszeit von Schwester Virgina Bachmann als Oberin der Clinica Sant' Agnese am 24. November 2001.

Telefon. Mitteilung von Schwester Virginia Bachmann an den Verf., 29.4.1981: Auch in der Zwischenzeit (seit 1979) seien in erneuter Suche keine weiteren Dokumente über Paul Klee aus der Zeit seiner Hospitalisierung in der Clinica Sant' Agnese zum Vorschein gekommen. Die Klinik sei 1940 ein Belegarztspital ohne Chefarztstellen gewesen. Die Ärzte aus der Gegend hätten die Aufzeichnungen über ihre hospitalisierten Patienten mit in ihre Praxis genommen und dort deponiert.

[14] Gespräch in Bern am 20. September 1983. Die Aussagen von Felix Klee werden im Text fortlaufend separat erwähnt.

[15] Telefon. Mitteilung von Max Huggler, CH-7554 Sent (Graubünden), an den Verf., 15.8.1981. Auch diese Aussagen werden im Text einzeln zitiert.

[16] Telefonat von Maja Allenbach, Bern, mit dem Verf., 15.8.1981: Sie habe keine Kenntnis über die Krankheit von Paul Klee. Auf Wunsch des Künstlers habe man nicht darüber gesprochen.

Mündliche Mitteilung von Henriette Sechehaye, CH-3653 Oberhofen bei Thun, an den Verf. im Jahre 1981: Sie sei die letzte Privatschülerin von Paul Klee in Bern gewesen (1940). Er habe ihr einen tiefen Eindruck hinterlassen. Über seine Krankheit wisse sie nichts zu berichten. Es finden sich auch keine diesbezüglichen Angaben in einem Artikel von Stefan Haenni, Oberhofen am Thunersee, und Heidi Zingg-Messerli, Thun, zum 90. Geburtstag der Künstlerin im Thuner Tagblatt vom 3.4.1997 und in der 2005 im ArchivArte Verlag Bern erschienenen Monografie «Henriette Sechehaye (1907–1999). Die letzte Schülerin von Paul Klee» von Inga Vatter-Jensen.

Telefonat von Agnes Inderbitzin, CH-6440 Brunnen (Schwyz), mit dem Verf., 29.4.1981: Sie sei im Jahre 1940 Gouvernante im Sanatorium Viktoria in Locarno-Orselina gewesen. Sie habe Paul Klee als «liebenswürdigen, sehr unterhaltsamen Kurgast» in Erinnerung. Über seine Krankheit wisse sie aber nichts.

Telefon. Angaben von Gertrud Wyss-Trachsel, Bern, an den Verf., 24.7.1981, mit schriftlicher Bestätigung am 31. Juli 1981: Ihr verstorbener Ehemann, Paul Wyss-Trachsel, war Zeichenlehrer am Städtischen Gymnasium Bern. Das Ehepaar wohnte in der Nachbarschaft von Paul und Lily Klee am Kistlerweg 36. Sie kannten Paul Klee von Begegnungen. Es seien ihr keine Krankheitserscheinungen aufgefallen. Eine ihrer Freundinnen, Elsa Ammann, sei hin und wieder als Schneiderin bei Klees «auf der Stör gewesen». Sie habe sie über Paul Klee befragt: Auch sie wisse nichts Näheres über die Krankheit des Künstlers zu berichten, ausser dass er oft kleine Mahlzeiten eingenommen habe. An den Händen seien ihr keine Veränderungen aufgefallen.

[17] Schriftliche Mitteilung von Elisabetta Uehlinger, Witwe von Dr. med. Enrico Uehlinger, Locarno-Minusio, an den Verf., 20.11.1980: «Leider muss ich Sie enttäuschen. Wie Sie aus dem beigelegten Artikel [Grandini, Sergio, Il soggiorno di Paul Klee nel Ticino, in einer (unbekannten) Tessiner Zeitung, 9. Februar 1980] ersehen, existieren keine Dokumente mehr in der Klinik Sant' Agnese.» - Im erwähnten Artikel zitiert Grandini die unter der Anm. 28 vermerkte Antwort von Dr. med. Enrico Uehlinger an ihn, nachdem er diesen angefragt hatte, ob er ihm Angaben über die Krankheit von Paul Klee und dessen Aufenthalt in der Clinica Sant' Agnese vermitteln könne. Dr. Uehlinger war 1978 Chefarzt Innere Medizin an der Clinica Sant' Agnese in Locarno-Muralto. Ich danke Frau Elisabetta Uehlinger für ihre Mitteilung und den Artikel von Sergio Grandini.

Telefon. Angabe von Dr. med. Fritz Speck, CH-6945 Origlio (Tessin), an den Verf., 4.6.1981: Er sei zwei Jahre nach dem Tod von Paul Klee als Arzt an der Clinica Sant' Agnese tätig gewesen. Er könne nichts über die Krankheit von Paul Klee berichten. Doch könne er mitteilen, dass im Jahre 1981 keine Belegärzte mehr lebten, die 1940 an der Clinica Sant' Agnese Patienten betreuten, und dass die Belegärzte – so auch Dr. med. Hermann Bodmer – die Krankengeschichten ihrer Klinik-Patienten nicht dort aufbewahrten, sondern in ihren Privatpraxen.

Telefonat von Giovanna Sciaroni, Witwe von Dr. med. Roberto Sciaroni, Locarno-Muralto, mit dem Verf., 23.7.1981: Ihr Mann sei Chefarzt Chirurgie an der Clinica Sant' Agnese gewesen. Sie wisse nicht Bescheid über das Leiden von Paul Klee.

Telefonat von Prof. Dr. med. Walter Hadorn, Bern, emerit. Ordinarius an der Medizinischen Klinik des Inselspitals Bern, mit dem Verf., 15.8.1981: Er habe Paul Klee persönlich nicht gekannt und wisse nichts Näheres über seine Krankheit.

Telefonat von Hanny Charlet-Zurbrügg, Bern, Witwe von Dr. med. dent. Jean Charlet (1906-1990), des letztbehandelnden Zahnarztes von Paul Klee in Bern, mit dem Verf., 14.9.1998: Es seien keine Behandlungsaufzeichnungen über Paul Klee im Nachlass ihres Mannes mehr vorhanden.

Telefonat von Esther Hirt-Charlet, Lausanne, Tochter von Dr. med. dent. Jean Charlet, mit dem Verf., 3.5.2001: Bestätigung der Aussage ihrer Mutter. Ihr Vater habe mit Paul Klee eine schöne Freundschaft gehabt. Er habe ihn stets sehr schonend behandelt, vor allem an Samstagen und ab und zu auch bei Klees zuhause. Der Künstler sei ihrem Vater für die sorgfältige Behandlung dankbar gewesen. Paul Klee sei ein feiner Mensch gewesen. Ich danke Frau Hanny Charlet und Frau Esther Hirt für ihre Nachforschungen und ihre Angaben.

Telefonate von Schwester Paula Maria Rohner, Kloster Ingenbohl (Schwyz), mit dem Verf., 24.3.2001 und 28.3.2001: Im Jahresbericht des Jahres 1940 der Clinica Sant' Agnese sei nichts über Paul Klee vermerkt. Die Klinik sei zirka 1985 in ein privates Kurhaus mit der Bezeichnung «Casa per convalescenza Sant' Agnese» umgewandelt worden. Das ehemalige Sanatorium Viktoria in Locarno-Orselina sei zirka 1998 an eine Ärztegruppe verkauft worden. Es heisse jetzt «Clinica Santa Croce» und werde von Menzinger Schwestern geführt. Ich danke Schwester Paula Maria Rohner für ihre Nachforschung und ihre Angaben.

[18] Telefonat von Prof. Alfred Krebs mit der Direktion des Kurhauses Tarasp (Graubünden) 1979: Es seien keine medizinischen Angaben über Paul Klee von seinem Kuraufenthalt im Jahre 1936 (mehr) vorhanden.

[19] Als amtierender Chefarzt der Dermatologischen Universitätsklinik Bern hatte Prof. Alfred Krebs im Jahre 1979 Zugang zum Archiv dieser Klinik: Es fanden sich keine Krankengeschichte oder anderweitige Dokumente mehr über die konsiliarische Untersuchung von Paul Klee durch Professor Dr. med. Oscar Naegeli im Jahre 1936.

[20] Dieselbe Auskunft erhielt Prof. Krebs 1979 vom Institut für Diagnostische Radiologie des Inselspitals Bern.

Brief von Professor Dr. med. Peter Vock, Direktor des Instituts für Diagnostische Radiologie der Universität Bern DRNN, Inselspital Bern, an den Verf., 20.6.2001: «Seit ca. 1990 sehen wir uns aus Platzgründen gezwungen, alle mehr als 20 Jahre nicht mehr aktiven Patientendossiers zu vernichten. Es war deshalb a priori wenig wahrscheinlich, dass wir noch Untersuchungen von Paul Klee finden könnten. Trotzdem haben wir unseren Chefarchivar beauftragt, Ihrem Anliegen nachzugehen. Er hat uns nun mitgeteilt, dass er keine Dokumente des Künstlers mehr finden konnte. Dies sagt nun nichts darüber aus, ob Paul Klee je im Röntgeninstitut des Inselspitals zur Untersuchung war, da auch die entsprechenden administrativen Dokumente nach mehr als zwanzig Jahren aus Platzgründen vernichtet werden mussten.» – Ich danke Herrn Prof. Vock und dem Chefarchivar seines Instituts für die Bemühungen. – Ich danke ferner Herrn Dr. med. Anton J. Seiler, Kantonsarzt, Bern, für seine Abklärungen im Staatsarchiv Bern betreffend Bestimmungen zur Aufbewahrung von Medizinischen Akten im Jahre 1940: Damals bestand keine gesetzlich geregelte Aufbewahrungspflicht; vgl. Brief von Dr. Seiler an den Verf., 6.2.2002.)

[21] Telefonat von Monika Giger und Elisabeth Voland vom «Centre Valaisan de Pneumologie» in Montana (Wallis) mit dem Verf., 13.12.2001: Die «Clinique Cécil» exisitiere nicht mehr. Sie sei früher eine «Dépendance» des damaligen «Sanatorium Valaisan de Pneumologie» (jetzt «Centre Valaisan de Pneumologie») gewesen. Aus dieser Zeit seien keine Patientendossiers mehr vorhanden.

Telefonat von Drs. med. Gabriel und Gilberte Barras, CH-3963 Montana (Wallis) – Dr. Gabriel Barras war von 1954 bis 1986 Chefarzt des vorerwähnten Sanatoriums – mit dem Verf., 13.12.2001: Sie bestätigten die Angaben von Frau Giger und Frau Voland. Erster Chefarzt des Sanatoriums sei Dr. Mauderli gewesen, der vor zirka 20 Jahren gestorben sei. Auch der damalige Sanatoriumsverwalter, Herr Duc, lebe nicht mehr. Die ehemalige «Clinique Cécil» sei vor 25 Jahren an die Gemeinde Montana verkauft worden. Jetzt befinde sich die Gemeindeverwaltung dort.

Telefonat von Daniel Barras, secrétaire de la commune de Montana (Gemeindeschreiber) mit dem Verf., 13.12.2001: Beim Kauf des Gebäudes vor 25 Jahren seien keine Patientendossiers an die Gemeinde übergeben worden.

Telefonate von Hans Robert Ammann, Staatsarchivar in CH-1950 Sion (Wallis) mit dem Verf., 13. u. 19.12.2001: Die «Pension Cécil» sei ursprünglich ein privat geführtes Hotel gewesen. 1946 habe es der Kanton Wallis angekauft. Bis 1965 sei es dann aber (wie oben bereits erwähnt) als «Clinique Cécil» eine Dépendance des «Sanatorium valaisan de Pneumologie» für nicht infektiöse Tuberkulose-Patienten und -Patientinnen gewesen. 1965 sei die «Clinique Cécil» geschlossen worden [Herr Ammann stellte mir dazu ferner freundlicherweise Fotokopien von Archivauszügen, Aktenzeichen 5710-2, S. 12 und 13, zu]. Patientendossiers seien im «Sanatorium valaisan de Pneumologie» deponiert worden. Im Staatsarchiv seien nur die Namen von Patienten, die damals in der «Clinique Cécil» zur Kur weilten, registriert. Paul Klee figuriere nicht darunter [er war ja 1936 in Montana, und die «Clinique Cécil» existierte als «Klinik» erst seit 1946]. Ich danke den genannten Personen für ihre Hilfsbereitschaft, ihre Nachforschungen und Auskünfte.

[22] Schriftliche Mitteilung von Diana Bodmer, Tochter von Dr. Hermann Bodmer, Zürich, an den Verf., 8.6.2001: Sie besitze keine Krankheitsaufzeichnungen ihres Vaters über Paul Klee und habe keine Kenntnis über dessen Krankheit. Im Jahre 1940 sei sie noch ein Kind gewesen. Im von Diana Bodmer freundlicherweise vermittelten Nachruf von Dr. med. Otto Hug auf ihren Vater in der Schweiz. Medizin. Wochenschrift 1948; 21: 523 ist zudem kein Hinweis auf Paul Klee enthalten.

[23] Siehe Anm. 13. Der Befund ist auf Seite 73 erwähnt.

Persönlichkeitsstruktur von Hans Klee

[34] Einer seiner Schüler am Bernischen Staatsseminar in Hofwil bei Bern, Karl Friedrich Iseli, charakterisiert Hans Klee wie folgt: «Humorvoll, mitunter etwas sarkastisch, ein ausgezeichneter Pädagoge, ein ‹Original›»; persönliche Mitteilung von Karl Friedrich Iseli an den Verf., CH-3617 Fahrni, 6.7.1988. – Ähnlich äussert sich die Künstlerin Marguerite Frey-Surbek, die sich in ihren Malanfängen regelmässig von Paul Klee die Arbeiten korrigieren liess: «Vater Klee's unbändiger Humor konnte die giftigsten Formen annehmen, wenn irgendwoher der Geist der Masslosigkeit oder Hohlheit einen Einbruch in seine kristallinische Bewertungsart versuchte, und besonders wachsam war er der Vergötzung gegenüber, die damals in deutschen Künstlerkreisen das Urteil zu trüben begann. [...] Wer Paul Klees Jugend zu erforschen versucht, müsste sich unbedingt in die grandiose Erscheinung seines Vaters vertiefen und nicht nur die Erinnerungen der Freunde, sondern vor allem das Andenken wieder aufleben lassen, das seine 53-jährige Tätigkeit im Lehrerseminar zurückliess. ‹Hans Imbart› nennt sich ein vergnügliches, ihm vom Berner Dichter Simon Gfeller gewidmetes Kapitel, dem sich noch vieles über diese unbarmherzige Urteilskraft, diesen immer aufs neue verblüffenden Humor angliedern liesse.» (Frey-Surbek 1976, S. 13 f.) Siehe auch Anm. 605.

Bemühungen von Paul Klee zur Erwerbung des Schweizer Bürgerrechts

65 Kehrli, Jakob Otto, Weshalb Paul Klees Wunsch, als Schweizer Bürger zu sterben, nicht erfüllt werden konnte, in: «Der Bund», Nr. 6, Bern, 5.1.1962.

66 Ebenda. Dr. iur. Jakob Kehrli schreibt in seinem Zeitungsbericht vom 5.1.1962: «[…] Paul Klee ist am 11. Juli 1939 zu Protokoll einvernommen worden [von der Sicherheits- und Kriminalpolizei Bern]. […] Bereits am nächsten Tag ist von der Sicherheits- und Kriminalpolizei ein Bericht verfasst worden, der sich zur Frage der Assimilation wörtlich äussert: ‹Der Bewerber ist in Bern geboren und aufgewachsen und hat seine Studien hier mit der Maturität abgeschlossen. Dann studierte er in München und wurde im Jahre 1920 als Professor an das staatliche Bauhaus in Weimar berufen. Bis zu seiner Rückkehr im Jahre 1933 war er Professor der Kunstakademie in Düsseldorf. Diese Stelle hat er aufgegeben, da er vorübergehend in seinem Amte eingestellt wurde und es bestimmt auch zu einer Entlassung gekommen wäre, da seine Malerei vom derzeitigen Regime in Deutschland als ‹entartete Kunst› taxiert wird›. Nachdem die oben wiedergegebenen Gründe wiederholt werden, die zur Rückkehr nach Bern führten, wird weiter ausgeführt: ‹Prof. Conrad von Mandach, Konservator des Berner Kunstmuseums, bezeichnet ihn (Klee) als hervorragenden Künstler. Dass er in Deutschland nicht mehr anerkannt sei, habe seinen Grund darin, weil seine Malerei ‹jenseits des Fassbaren› liege, er etwas links eingestellt sei und deswegen seine Kunst als ‹entartet› taxiert werde. Beim Nachrichtendienst der Sicherheits- und Kriminalpolizei der Stadt Bern liegt gegen den Genannten [Paul Klee] nichts Nachteiliges vor. […]›» –

Brief von Dr. Max Huggler an das Kantonale Polizeikommando Bern, z.H. v. Herrn Fürsprech Krebs, Bern, 3.11.1939 (Schweizerisches Bundesarchiv): «Veranlasst durch eine telephonische Unterhaltung mit Herrn Wachtmeister Hofstetter gestatte ich mir, Ihnen nachfolgend meine Ansicht über den Kunstmaler Prof. Paul Klee mitzuteilen.

Klee vertritt eine künstlerische Richtung, die von den Sachverständigen als eine mögliche und berechtigte künstlerische Gestaltungsweise durchaus anerkannt und verstanden wird. Mit Kandinsky und Picasso gehört Klee zu den ganz wenigen wirklich produktiven Künstlern dieser Richtung, die auch nachdem eine z.T. künstlich hervorgerufene Konjunktur aufgehört hat weiter arbeiten, sich gesetzmässig entwickeln und unvermindert internationale Geltung besitzen.

Zu den mir mitgeteilten Befürchtungen gestatte ich mir Folgendes zu bemerken. Eine Schädigung irgend welcher Art der hiesigen und der schweizerischen Künstlerschaft überhaupt dürfte kaum ernsthaft in Betracht fallen. Die Wertschätzung von Klees Kunst, der bis jetzt schon vielfach in der Schweiz und im Ausland als Schweizer galt, ist auf eine sehr kleine Zahl von Freunden und Sammlern beschränkt, die jedoch davon so vollkommen überzeugt sind, dass sie sich durch keinen Wechsel seiner Nationalität oder seines Aufenthaltes in ihrem Interesse oder in ihren Ankäufen beeinflussen liessen. Eine grösser werdende Wirksamkeit dieser oder einer verwandten künstlerischen Richtung ist für die nächsten Jahre bestimmt nicht und auch für später als wenig wahrscheinlich anzunehmen, da sich deren wirkliches Verständnis und wahre Pflege immer nur auf einen kleinen Kreis dazu besonders veranlagter Liebhaber beschränken wird.

Künstlern von ganz verschiedener Arbeitsweise hat Klee durch seine Bilder wie durch seine überlegene und in künstlerischen Dingen aussergewöhnlich gebildete Persönlichkeit direkt und indirekt mancherlei Anregung und Förderung gebracht.

So nimmt Klee innerhalb des Kunstgeschehens der letzten Jahrzehnte eine bereits heute genau bestimmbare Stellung ein und hat ein bedeutendes Verdienst um die Entwicklung der Künste, das anerkannt zu werden das Recht hat.

Für weitere Auskünfte stehe ich Ihnen jederzeit zur Verfügung.

Mit vorzüglicher Hochachtung! Dr. M. Huggler. Leiter der Kunsthalle Bern.»

67 Ein im Einbürgerungsfall Paul Klee ermittelnder Polizeiwachtmeister schrieb am 31.10.1939 in einem Bericht zuhanden des Eidgenössischen Justiz- und Polizeidepartements: «Des peintres bien connus de chez nous estiment que cette ‹Neue Richtung› fantaisiste de Klee leur serait funeste si, bénéficiant de la protection de certaines personnes compétentes, ce genre de peinture devait prendre pied dans notre pays. Ce serait une insulte à l'adresse du vrai art de la peinture, un avilissement du bon goût et des idées saines de la population en général», zit. n. Frey 1990, S. 119. – In weiteren Rapporten vom 4. und 9.11.1939 schreibt derselbe Polizeiwachtmeister, die Anhänger von Klee gehörten vornehmlich der «jüdischen Rasse» an. Dem Bericht vom 9.11.1939 legte er eine Kopie des Aquarells von Paul Klee «Schweizer Landschaft», 1919, 46 (Abb. 27) bei. Das Bild zeigt weidende Kühe, Tannen und eine Schweizerfahne. Der rapportierende Polizeibeamte bemerkt, wie dumm diese Tiere doch aussähen: «Ce tableau ne parlerait-il pas tout simplement, sans ambages, de ce que certains se plaisent à représenter sous la désignation de ‹Kuhschweizer›?», zit. n. Frey 1990, S. 120. Eine analoge Mitteilung findet sich von Otto Karl Werckmeister, in: Werckmeister 1987, S. 52, unter Bezugnahme auf einen Artikel von Meta La Roche, in: «Die Schweiz, Jean Arp, Paul Klee und ein geheimer Polizeirapport», St. Galler Tagblatt, 13. Juli 1957.

68 Klee 1940, S. 14.

69 Die Zürcher Kunsthistorikerin Carola Giedion-Welcker besuchte Klee unmittbar nach Erscheinen des diffamierenden Artikels: «Er [Klee] erschien mir damals sehr verärgert und bedrückt durch die kritischen Entgleisungen der Presse, die einen gefährlichen Einfluß auf sein Leben in der Schweiz – wie er meinte – gewinnen konnten, weil sie sein Ansuchen um das Schweizer Bürgerrecht bei den Berner Behörden empfindlich zu stören, wenn nicht gar zu vereiteln drohten. Ich erfuhr dies erst, als ich ihm eher naiv entgegengehalten hatte, daß solche publikumsgefälligen Anspielungen auf geistige Anomalität seine inneren Kreise doch gar nicht irritieren könnten. Darauf ging er gar nicht näher ein, denn er stand wirklich darüber, sondern er meinte nur trocken, daß Verdächtigungen wie die der Schizophrenie (Joyce und Arp gingen durch ein ähnliches Wertungs-Fegefeuer) für Niederlassungspläne die Stimmung der Ämter nicht gerade aufmunterten», Giedion-Welcker 2000, S. 100 f.

70 Dr. iur. Jakob Kehrli schreibt in seinem Zeitunsgbericht vom 5.1.1962 (s. Anm. 65): «Am 15. Januar 1940 bewarb sich der Anwalt Paul Klees beim Gemeinderat um die Zusicherung des Bürgerrechts der Einwohnergemeinde Bern (Polizeiinspektorat der Stadt Bern, Bürgerrechtsdienst). Nachdem Paul Klee noch am 12. März 1940 ein fehlendes Schriftstück eingereicht hatte, beantragte die Polizeidirektion bereits am 15. März 1940 dem Gemeinderat, dem Gesuchsteller das stadtbernische Bürgerrecht zuzusichern. Dieser Antrag wurde am 28. März zustimmend an die stadträtliche Einbürgerungskommission weitergeleitet. Diese setzt sich aus Stadträten zusammen und hat die Gesuche zuhanden des Stadtrates zu begutachten. In dieser Kommission ist vorsorglich angeregt worden, den Gesuchsteller zu fragen, weshalb er sich erst jetzt, im Alter von 61 Jahren, um das Schweizer Bürgerrecht bewerbe. Diese Frage war im Hinblick auf die allgemeine Stimmung, mit den Einbürgerungen während des Krieges zurückzuhalten, berechtigt und lag im Interesse des Gesuchstellers. Da dieser wegen Abwesenheit von Bern nicht persönlich von der Einbürgerungskommission selbst einvernommen werden konnte, wurde er schriftlich angefragt. Paul Klee antwortete am 19. Juni 1940 aus der Clinica Sant' Agnese in Muralto Locarno: ‹Nach Abschluss meiner Fachstudien im Jahre 1902 habe ich mich einige Jahre in Bern aufgehalten. Dabei war mir klar, dass eine weitere Ausbildung und Auswirkung im Ausland erfolgen müsse.

Wie viele Künstler in der damaligen Zeit war ich mehr auf die Wanderschaft eingestellt.

Durch meine Heirat im Jahre 1906 in Bern bot sich nun die Gelegenheit, nach München zu übersiedeln. Allmählich stellte sich der berufliche Erfolg ein. Durch die später an mich ergangenen Berufungen nach Weimar, Dessau und Düsseldorf wirkte ich 15 Jahre als Lehrer an den betreffenden Kunstschulen und der Akademie der Künste. Erst die Lösung meines Dienstverhältnisses befreite mich von jeder Beziehung zum deutschen Staat. Ich kehrte nach Bern zurück und habe sobald als möglich die ersten Schritte zu meiner Einbürgerung getan.

Mit dem Ausdruck meiner vorzüglichen Hochachtung (gez.) Paul Klee.›

Diese von Paul Klee diktierte und von seiner Frau geschriebene Antwort war ebenso klar wie aufschlussreich. Der Künstler hatte, dienstvertraglich an das Deutsche Reich gebunden, keinen Grund, sich vor 1933 um das Schweizer Bürgerrecht zu bewerben.

Um seine Haltung zu bekräftigen, liess Paul Klee am 28. Juni 1940, also einen Tag vor seinem Hinschied, noch folgenden Brief an die stadträtliche Einbürgerungskommission schreiben: ‹In Beantwortung Ihres geschätzten Schreibens teile ich Ihnen mit, dass ich nach meiner Rückkehr in die Schweiz die verschiedensten Versuche gemacht habe, mein Einbürgerungsgesuch in die Wege zu leiten. Es wurde aber zurückgewiesen. Die Niederlassung erhielt ich im Mai 1939. Von diesem Zeitpunkt an beauftragte ich Herrn Fürsprech Dr. Fritz Trüssel mit der Einreichung meines Einbürgerungsgesuches.

Mit vorzüglicher Hochachtung (gez.) Paul Klee.› […] »

[71] Auszug aus dem Protokoll der Sitzung des Stadtrates von Bern vom 5. Juli 1940: «[…] Traktandum 1. Einbürgerungsgesuche. Antrag Nr. 44. Der Präsident der Einbürgerungskommission, Herr Dr. La Nicca (fr. [freisinnig, Mitglied der Freisinnig-Demokratischen-Partei]) zieht die Gesuche Nrn. 1, […], und 11, Klee Ernst Paul, bis auf weiteres zurück. Das Gesuch Nr. 1 zu nochmaliger Überprüfung, und das Gesuch Nr. 11, weil der Bewerber kürzlich gestorben ist und nun noch zu untersuchen ist, ob das Gesuch auf dessen Witwe übertragen werden kann.» (Stadtarchiv Bern)

Frühzeichen der Systemsklerose an der Zahnschleimhaut

[178] Darüber informieren Mitteilungen von Dr. med. dent. Franziska Früh-von Arx, CH-3800 Interlaken (Bern), und Dr. med. dent. Karl Dula, Leiter der Station für Zahnärztliche Radiologie an der Klinik für Oralchirurgie und Stomatologie der Universität Bern, an den Verf., Interlaken, 18.4.2002 bzw. Bern, 29.4.2002 sowie eine Zusammenfassung von klinischen und röntgenologischen Symptomen der Systemischen Sklerodermie im Mund-, Kiefer- und Gesichtsbereich von PD Dr. med. dent. Jochen Jackowski, Leiter der Abteilung für Zahnärztliche Chirurgie an der Freien Universität D-Witten/Herdecke GmbH, an den Verf., Witten, 28.6.2002. Jackowski erwähnt darin: «Stafne und Austin (1944) berichteten erstmalig über radiologisch erkennbare Verbreiterungen des Parodontalspaltes, das sogenannte Stafne-Zeichen, bei Patienten mit systemischer Sklerodermie. Dieses Symptom soll zu den ersten Frühsymptomen der Erkrankung gehören und pathognomonisch richtungsweisend sein. Die gleichmässige Erweiterung des Parodontalspaltes ist das differentialdiagnostische radiologische Kriterium, das eine Abgrenzung gegen die durch parodontale Erkrankungen verursachten Veränderungen im Bereich des Alveolarfaches und der Zahnwurzel erlaubt. Okklusale Fehlbelastungen, die ebenfalls eine gleichmässige Erweiterung des Parodontalspaltes verursachen können, müssen durch eine dezidierte Okklusionsanalyse ausgeschlossen werden. Die betroffenen Zähne zeigten keine oder nur eine geringe Mobilität (Stafne und Austin 1944, Fuchsbrunner 1963) und wiesen keine sondierbaren Taschentiefen auf (Fuchsbrunner 1963). [...] Die Ergebnisse [von Hornstein und Gerdes 1971] bestätigten die Angaben aus anderen Untersuchungen, wonach die Prämolaren und Molaren häufiger betroffen waren als die Frontregion (Stafne und Austin 1944, Gores 1957, Green 1962, White et al. 1977).» Diese Mitteilungen und die Zustellung seien bestens verdankt!

Zusammensetzung und Indikationen des Medikaments «Theominal»

[103] Apotheker Markus Ryser, CH-3652 Hilterfingen (Bern), verdanke ich die Angaben über die Zusammensetzung von Theominal und die Herstellerfirma von Theominal (Bayer, Leverkusen) sowie Angaben über Theobromin (Hagers Handbuch der Pharmazeutischen Praxis, 5. Auflage, Springer 1991, S. 847 f.) und Phenobarbital (Luminal; Arzneistoff-Profile, Gobi, Frankfurt, Erg.-lieferung November 1983, S. 1 f.), schriftl. Mitteilung an den Verf., Hilterfingen, 23.12.2003. Weitere schriftliche Angaben über Theominal verdanke ich Prof. Dr. med. Hartmut Porzig, Stellvertr. Direktor des Pharmakologischen Instituts der Universität Bern, Bern, den 30.12.2003 (aus: Meyer/Gottlieb, Experimentelle Pharmakologie als Grundlage der Arzneibehandlung, 8. Aufl. 1933): «Dabei handelt es sich um eine Mischung von Theobromin und Luminal (10:1) zur Behandlung des ‹allgemeinen Hochdrucks und örtlicher Gefässkrämpfe›. Nach den weiteren Ausführungen dieses Textes soll Theobromin durch einen direkten Angriff an der Gefässwand die Gefässe gegen vasomotorische Impulse unempfindlich machen, während dem Luminal eine beruhigende und zentral wie peripher gefässerweiternde Wirkung zugeschrieben wurde.»

Zusammensetzung und Indikationen des Medikaments «Arsen-Triferrol»

[292] Arsen-Triferrol (Gehe u. Co., Dresden) enthält eine phosphorhaltige Arseneisenverbindung der Paranucleinsäure. Eisengehalt 0,3%, Arsengehalt 0,002%. In Flaschen zu 300 g. Anwendung: Als blutbildendes Mittel und Stomachicum (Mittel gegen Magenbeschwerden). In: Hagers Handbuch der Pharmazeutischen Praxis, Band II, S. 1374, Springer 1930. Ich verdanke die Angabe Apotheker Markus Ryser, CH-3652 Hilterfingen (Bern), Hilterfingen, 23.12.2003. Eine weitere Stellungnahme dazu verdanke ich Prof. Dr. med. Hartmut Porzig, Stellvertr. Direktor des Pharmakolog. Instituts der Universität Bern, Bern, 30.12.2003: «Arsen war damals in kleinen Dosen auch als Roborantium (Stärkungsmittel) beliebt. Als Antianämikum (Mittel gegen Blutarmut) wurde Arsen in Form der arsenigen Säure As_2O_3 (Arsenik) verwendet. (…) Die positive Wirkung von Arsenverbindungen auf die Blutbildung war aber schon 1933 umstritten.»

Zusammensetzung und Indikationen des Medikaments «Campolon»

[294] Ich verdanke die Mitteilung der Zusammensetzung und der Herstellerfirma des Medikamentes «Campolon» (Bayer, Leverkusen) sowie der Indikationen zur Behandlung Apotheker Markus Ryser, CH-3652 Hilterfingen, Hilterfingen, 13.12. 2004: «Campolon Ampullen» à 5 ml mit einem Gesamtwirkstoffgehalt von Leberextrakt zu 5 ml, «Campolon forte Ampullen» à 2 ml mit einem Gesamtwirkstoffgehalt von Leberextrakt mit zusätzlich 30 mcg Vitamin B 12/ml, total 60 mcg Vit. B12 / Amp., «Campolon forte Ampullen» à 10 ml mit einem Gesamt-Wirkstoffgehalt von Leberextrakt mit zusätzlich 30 mcg Vitamin B 12/ml, total 300 mcg Vit. B 12/Amp. Indikationen: «Perniziöse und andere schwere Anämien, Makrozytäre Anämie, Colitis ulcerosa, Lebererkrankungen, Agranulocytose» (direkte Angaben der Firma Bayer an Markus Ryser). Eine weitere Mitteilung zu «Campolon» verdanke ich Prof. Dr. med. Hartmut Porzig, Stellvertr. Direktor des Pharmakologischen Institus der Universität Bern, Bern, 30.12.2003: «Campolon war ein nicht standartisierter, konzentrierter Leberextrakt, wobei gewöhnlich ein ml Extrakt aus 10–20 g Leber gewonnen wurde. Als Indikation wird vor allem die Perniziöse Anämie angegeben (Möller, Pharmakologie als theoretische Grundlage einer rationellen Pharmakotherapie, 3. Auflage, 1947)».

Bemühungen von Wassily und Nina Kandinsky für eine Behandlung von Paul Klee durch einen Akupunkturpraktiker in Paris

[423] Kandinsky 1976, S. 199-201: «Als Kandinsky von Klees Krankheit erfuhr, einer unheilbaren Sklerodermie, setzte er alles daran, ihm zu helfen. [Berichtigung: Da die Diagnose Sklerodermie nachgewiesenermassen erst nach dem Tod von Paul Klee erstmals erwähnt wurde, kann Kandinsky noch keine Kenntnis davon gehabt haben.] Hermann Rupf schrieb uns nach Paris, dass Klee zusehends abmagere und wohl nicht mehr lange zu leben habe. Kandinsky versuchte seinen Freund zu bewegen, nach Paris zu kommen, um sich von einem berühmten Akupunkturpraktiker behandeln zu lassen. Rupf sollte als Mittelsmann dienen und zunächst Frau Klee von dem ausserordentlichen Können dieses Arztes überzeugen.» Beim Akupunkturpraktiker handelte es sich um Soulié-de-Morant, der 25 Jahre in China gelebt und dort die Akupunktur-Methode studiert hatte. Weil er kein ärztliches Diplom besass, durfte er in Paris nicht offiziell praktizieren. Er behandelte seine Patienten, so u.a. Wassily und Nina Kandinsky, Jean Arp und Jean Cocteau, in der Praxis einer befreundeten Ärztin. Lily Klee stellte sich offenbar positiv auf diese Empfehlung ein. Nina Kandinsky fährt fort: «Nachdem wir Rupf um Vermittlung gebeten hatten, teilte er uns kurz darauf mit, Klee sei für eine Reise nach Paris bereits zu geschwächt, und sein Zustand verschlimmere sich immer mehr. Da Soulié-de-Morants Ruf auch in der Schweiz bekannt war, drängte Kandinsky Rupf: ‹So könnten Sie vielleicht, dachte ich mir, mit dem Arzt von Klee sprechen und ihn um seine Meinung fragen.› Dieser Arzt könnte seinerseits an Soulié-de-Morant schreiben und ihm den Fall schildern. Wenn er denkt, dass ein Versuch notwendig wäre, könnte man ihn vielleicht nach Bern bitten.› Alle Bemühungen waren umsonst. Im Dezember [1936] erhielten wir sehr, sehr ernsthafte Nachrichten aus Bern. Kandinsky war erschüttert. ‹Wir denken an beide unsre Freunde, und wissen nicht, für wen von ihnen das unvermeidliche Ende schrecklicher ist – für ihn oder seine Frau›, schrieb er Rupf. Kandinsky unternahm einen letzten Versuch. Er rief bei Soulié-de-Morant an und versuchte ihn noch einmal zu bewegen, Klee zu helfen, aber musste schliesslich einsehen, dass es zu spät war. ‹Diese Hoffnung hat er mir genommen. Er sagte kurz ‹aucune chance›. Ich fragte ihn, ob er eventuell nach Bern fahren würde, um doch noch einen Versuch zu machen. Darauf sagte er mir, er wäre in diesem Falle vollkommen machtlos, und alle Mittel würden ohne Erfolg bleiben.›»

Angaben über Grippeerkrankungen von Paul Klee

[479] Brief von Lily Klee an Gertrud Grohmann, Bern, 24.1.1937 (AWG): «Leider hat er [Paul Klee] vor 10 Tagen ein. Grippeanfall gehabt u. ist heute erst zum 1. Mal aufgestanden. Leider hat ihn diese Attaque wieder zurückgeworfen u. mir wieder genug Sorgen verursacht» u. Brief von Lily Klee an Will Grohmann, Bern, 29.3.1939 (AWG): «M. Mann hat einen relativ guten Winter gehabt. Die Grippe streifte ihn nur.»

[480] Klee Tgb., Nr. 923: «Kurz nach Neujahr [1914] erkrankte Felix an Influenza. Bald folgte ich nach, aus einem teuflischen Schnupfen entwickelt sich eine hochinteressante Stirnhöhleneiterung. Prof. Lindt, ein vorzüglicher Spezialist[,] wird beigezogen. Erst Ende Januar konnte ich zurückreisen. In München noch ein Nachspiel in den Bronchien. Endlich Schluss und vollständige Erholung.» Vgl. auch Castenholz/ML 2000, S. 83, dortige Anm. 113.

[481] Im Kriegsdienst in Landshut notiert Paul Klee am 23. März 1916: «Ein heftiger Katarrh vom letzten Montg. heilte rasch, im Kehlkopf sitzt noch etwas. Nachts etwas Temperatur» (Klee Tgb., Nr. 978). Am 24. März ergänzt er: «Ich habe leider Fieber, eine Mundinfektion. Aber zum Arzt melde ich mich nicht, sonst bekomm ich Bettruhe statt Urlaub. Folge: Ich mache jetzt mit Fieber Dienst» (ebenda, Nr. 979). Am 27. März hält er fest: «Der Arzt hat gemerkt dass ich Fieber habe und nun darf ich auf meinem schönen Zimmer, Gabelsbergerst 12 II, bleiben. Nur zum Essen trete ich an, das versteht ein jeder. Am Donnerstag aber wird die Sache wieder ernst. Dann möchte ich wieder ganz gesund sein. [...] Etwas Temperatur ‹38› bewogen den Arzt mir drei Tage Bettruhe zu diktieren» (ebenda, Nrn. 980 f.). Am 28. März rapportiert er: «Die Nacht schlief ich ruhiger. Genesung?» (ebenda, Nr. 982). Und am 30. März schliesst er: «Der erste fieberfreie Abend. Tapfer musiciert. Keine technische Einbusse. Morgen schlägt die Bettruhe jäh ins Gegenteil um. Aber gesund sein ist auch hier doch noch besser» (ebenda, Nr. 983). Vgl. weiter Castenholz/ML 2000, S. 83, dortige Anm. 114.

[482] Klee Tgb., Nr. 1132. Ich verdanke den Hinweis darauf Erasmus Weddigen, ehem. Chefrestaurator im Kunstmuseum Bern, Bern, 4.9.1998.

Paul Klee und Lily Klee und die Nationalsozialisten

[40] Vgl. Grohmann 1965, S. 77. – Klee wird ferner als «eines der deutlichsten Exempel des völligen geistigen Verfalls der individualistischen Kulturepoche» hingestellt (Scholz, Robert, Kunstgötzen stürzen, in: Deutsche Kultur-Wacht, H. 10, 1933, S. 5, zit. n. Frey 1990, S. 111). – «Der Schweizerische Beobachter», Glattbrugg, 18/1990, S. 52, berichtet weiter: «‹Er [Klee] ist typischer galizischer Jude [...] malt immer toller, blufft und verblüfft. Seine Schüler reissen Augen und Mund auf.› Diese unzimperliche Charakterisierung findet sich in der ‹Deutschen Volksparole› vom 1. März 1933. Angesprochen ist Paul Klee – Maler und Professor an der Kunstakademie in Düsseldorf. [...] Schon bald nach der Machtergreifung der Nazis wurde dem Künstler ‹mangelndes Deutschtum› vorgeworfen. Man sprach vom ‹läppischen Krickelkrakel von Klee›. Als Repräsentant ‹deutscher Verfallskunst› wurde er als Lehrer fristlos beurlaubt.»

[41] Vgl. Frey 2003, S. 282. Siehe weiter Klee 1990/1, o. S. [S. 22]: «Nach dieser Reise [Paul Klees Reise nach Venedig] ging es weiter im Wechsel zwischen Dessau und Düsseldorf hin und her. Lily kam einige Male mit nach Düsseldorf, um eine Wohnung am Rhein auszusuchen, doch gefiel ihr keine, verglichen mit dem schönen Meisterhaus an der Elbe. Während ihrer Abwesenheit von Dessau beliebte es der stark gewordenen Nazipartei in Anhalt, eine Durchsuchung im Hause Klee durchzuführen: Beschlagnahmung der Post und Diebstahl etlicher Wertgegenstände.

[518] Briefe von Lily Klee an Will Grohmann, 2.2.1932 (AWG): «In Anhalt ist nationalsoz. Mehrheit nun i. neugewählten Landtag. Es sieht bös aus. Auch Preussen hat sich stark nach rechts verändert» und 5.5.1932 (AWG): «Traurig steht die Sache mit dem Bauhaus. Es giebt da wol wenig Hoffnung. Böswilligkeit, Borniertheit, Dummheit u. der Fanatismus des Wahlkampfes haben sich zu einem Bund vereinigt, der Alles Geistige u. Kulturelle kurz und klein schlagen wird», 22.8.1932 (AWG): «So hat man dieses noch immer hoffnungsreiche, blühende Institut [das Bauhaus] aus Parteihass geschlossen (gemordet vielmehr). Die Schüler auf die Strasse geworfen u. die Lehrer 5 Wochen vor dem 1. Oktober, wie untauglichen Dienstboten gekündigt. Wirklich rüpelhafter u. gemeiner konnte nicht vorgegangen werden. Aber man sieht was man sich von einer nationalsocial. Regierung zu erwarten hat. Die Leute sehen nur ihre Parteiinteressen. Alles Kulturelle, alles Geistige u. aller Aufbau ist ihnen fremd u. feindlich», und 26.5.1933 (AWG): «Ich höre allerhand Meinungen u. Stimmen. Aber den Optimismus kann ich nicht teilen. Es fehlt der Sinn für Realität u. Wirklichkeit. – Tief besorgt bin ich um das Schicksal

meiner Heimat unter solch dilettantischen Händen. – Ich sprach 2 christliche Kaufleute: Der Judenboykott wirkt sich wirtschaftlicher immer katastrophaler aus. Soll uns schon Milliarden gekostet haben u. überhaupt eine böse Angelegenheit. Hat uns völlig vom Ausland isoliert u. uns den Rest jeder Sympathie genommen. ... Die geistigen Menschen müssen nun gegen den teuflischen Ungeist solidarisch zusammenhalten. Es ist dies wie eine Kette, die man in höchster Gefahr bilden muss.» – Ich verweise in diesem Zusammenhang auch auf den Brief von Paul Klee an Lily Klee, 6.4.1933.

[519] Brief von Lily Klee an Will Grohmann, 26.4.1946 (AWG): «Sie wissen, wie er [Felix] unter dem Regime als Sohn von Paul Klee zu leiden hatte u. dass er so wenig verdiente dass ich ihn immer unterstützen musste. Er hasste dieses fürchterliche Hitlerregime, welches seinen Vater verfolgt hat.»

[523] Vgl. beispielsweise folgende weitere Zeichnungen: «Erneuerung der Mañszucht», 1933, 71, närrisches Fest», 1933, 134, «Kindermord,» 1933, 113, «weñ die Soldaten degenerieren», 1933, 72, «welch ein Befehl!», 1933, 132, «am Grabhügel», 1933, 152, «Fluch ihnen!,» 1933, 157, «schon steif!», 1933, 139, «Gefangener hat Besuch», 1933, 336, «Doppel mord,» 1933, 211, «Schiesserei», 1933, 131, «Irrung über Irrung», 1933, 352, «Katastrophen», 1933, 368, «sieht es kommen» 1933, 387, «gehemmte Abwehr», 1934, 184; «sie frass unsere Kinder», 1934, 173, «Brückenbogen treten aus der Reihe», 1937, 111, sowie folgende weitere Gemälde: «Barbaren-Feldherr», 1932, 1, «von der Liste gestrichen», 1933, 424, «Geheim Richter», 1933, 463, «Europa», 1933, 7, «Tragodia», 1933, 31, «Doppel gesicht», 1933, 383, «Angst», 1934, 202, «alles läuft nach!», 1940, 325. Zum Thema Klee im Jahr der Machtergreifung durch die Nationalsozialisten siehe die grundlegende Darstellung in: München u.a.O. 2003/2004.

Über die gegenseitige Wertschätzung von Paul Klee und Pablo Picasso

[630] Ju Aichinger-Grosch äusserte sich zum Besuch Picassos bei Paul und Lily Klee in Bern am 28. November 1937 wie folgt: «Er [Picasso] hatte scheinbar einige sehr wichtige und schöne Dinge über Klees Bilder gesagt, denn Klee strahlte und sagte: ‹Sie haben ihm sehr gefallen, aber für mich ist wichtig aufzupassen, daß sich seine Art bei mir nicht unwillkürlich einschleicht, denn er ist eine große und sehr starke Persönlichkeit, und es kommt leicht vor, daß man Dinge, die man bejaht, unbewußt übernimmt, aber jeder muß seinen eigenen Weg gehen.›» (Aichinger-Grosch 1959, S. 54) – Grohmann schreibt über Klees Verhältnis zu Picasso: «Seine [Picassos] Bewunderung ist spontan und ehrlich, und Klee ist glücklich darüber, denn er schätzt Picasso als den größten lebenden Maler. Er hatte zeit seines Lebens eine leise Hemmung, in seine Ausstellungen zu gehen, so gewaltig wirkte diese Kunst auf ihn.» (Grohmann 1965, S. 86) – Glaesemer schildert Klees Affinität zu Picassos Schaffen wie folgt: «In der Impulsivität des zeichnerischen Ausdrucks erinnern die Blätter [von Klee ab 1933] jetzt gelegentlich an Werke Picassos, den Klee zeitlebens als geradezu bedrohliches Vorbild bewundert hatte. War es bei Picasso nicht vor allem auch die spontane Unmittelbarkeit der gestalterischen Gestik, nach der Klee sich selbst immer gesehnt hatte? Erst im Spätwerk war der unmittelbar strömende Impuls spontaner linearer Gestaltung auch für ihn zu einem selbstverständlichen Ausdrucksmittel geworden.» (Glaesemer 1979, S. 31) – Klee selbst berichtet seiner Frau Lily über den Besuch der Picasso-Ausstellung im Kunsthaus Zürich vom 6.10.1932: «[…] die Picasso-Ausstellung war eine neue Bestätigung und die letzten stark farbigen Bilder eine große Überraschung. Er hat auch noch Matisse mit einbezogen. Die Formate sind meist größer als man denkt. Viele der Badewitze gewinnen durch zarte Malerei. Alles in Allem: der Maler von heute.» (Klee 1979, S. 1189).

[631] Grohmann 1965, S. 87: «Picasso war seinerseits von Klees ‹Miniaturen› stark beeindruckt, so oft er ihnen begegnete.»

Dank

Der Verfasser dankt

für das Geleitwort
   Aljoscha Klee-Coll

für das Vorwort
   Dr. Hans Christoph von Tavel

für die Hilfe in den Nachforschungen vor allem
   Aljoscha Klee-Coll
   Dr. Felix Klee
   Stefan Frey
   Prof. Alfred Krebs
   Schwester Virginia Bachmann
   Dr. Michael Baumgartner
   Diana Bodmer
   Prof. Urs Boschung
   Dr. Gabriele Castenholz
   Prof. Brigitta Danuser
   Dr. Matthias Frehner
   Heidi Frautschi
   Dr. Bendicht Friedli
   Susanne Friedli
   lic. phil. I Walther J. Fuchs
   Dr. Jürgen Glaesemer
   Prof. Josef Helfenstein
   Dr. Christine Hopfengart
   Prof. Max Huggler
   PD Jochen Jackowski
   Gerold Lotmar
   Osamu Okuda
   Prof. Hartmut Porzig
   Heinrich Rohrer
   Prof. Beat Rüttimann
   Markus Ryser
   lic. phil. I Anna M. Schafroth
   Marie-Louise Stössel-Schorer
   Dr. Hans Christoph von Tavel
   Prof. Peter Vock
   Käthi Zollinger-Streiff

für die wertvolle medizinische Beratung
   Prof. Edgar Heim
   Prof. Alfred Krebs
   Prof. Peter M. Villiger

für das Lektorat
   Dr. Heinz Dällenbach
   Stefan Frey
   Dr. Bendicht Friedli

für das Korrektorat
   Stämpfli Publikationen AG, Bern
   Antonia Lüthi
   Monika Berdan
   Regula Honegger

für buchgestalterische Tipps
   Eugen Götz-Gee, Bern

für verlegerische Vorarbeiten
   ZIP Verlag (Zurich InterPublishers), Zürich
   Stefan Frey
   PD Wolfgang Kersten
   Aljoscha Klee-Coll

für die Buchverlegung
   Stämpfli Verlag AG
   Dr. Rudolf Stämpfli
   Susann Trachsel-Zeidler
   Martina Frei

für die Koordination der Publikation
   Gerber Druck AG, Steffisburg/BE
   Urs Gerber

für das Layout, den Satz und die Bildbearbeitung
   Gerber Druck AG, Steffisburg/BE
   Olivier Maier

für den Druck
   Stämpfli Publikationen AG, Bern

für den Einband
   Buchbinderei Schumacher AG, Schmitten/FR

für die Leihgabe von Dokumenten und Fotos sowie für Literaturangaben
   Nachlassverwaltung der Familie Klee, Bern
   Aljoscha Klee-Coll
   Stefan Frey
   Zentrum Paul Klee, Bern, Schenkung Familie Klee
   Zentrum Paul Klee, Bern
   Andreas Marti
   Dr. Michael Baumgartner
   Heidi Frautschi
   Fabienne Eggelhöfer
   Dermatologische Universitätsklinik Bern
   Prof. Lasse R. Braathen
   Prof. Thomas Hunziker
   Fritz Schweizer
   Universitäts-Kinderklinik Bern, Abt. Kinderinfektiologie
   Prof. Christoph Aebi
   Rheumatologische Universitätsklinik Bern
   Prof. Peter M. Villiger
   Prof. Michael Seitz
   Dr. Stephan Gadola
   Institut für Medizingeschichte der Universität Bern
   Prof. Urs Boschung
   Medizinhistorisches Institut und Museum der Universität Zürich
   Prof. Beat Rüttimann
   Prof. Christoph Mörgeli
   lic. phil. I Walther J. Fuchs

   Kunstmuseum Bern
   Dr. Matthias Frehner
   Regula Zbinden
   Kunstmuseum Bern, Hermann und Margrit Rupf-Stiftung
   Dr. Matthias Frehner
   Susanne Friedli
   Schweizerisches Bundesarchiv
   lic. phil. I Simone Chiquet
   Schweizerisches Literaturarchiv
   Dr. Thomas Feitknecht
   Stadtarchiv Bern
   Emil Erni
   Polizeiinspektorat Bern, Bürgerrechtsdienst
   Bauhaus-Archiv, Berlin
   Sabine Hartmann
   Archiv Will Grohmann, Stuttgart
   Ilona Lütken
   Diana Bodmer, Zürich
   Theodor Künzi
   Gerold Lotmar, Zürich
   Fernand Rausser, Bolligen/BE
   Marie-Louise Stössel-Schorer, Bern
   Käthi Zollinger-Streiff, Gockhausen/ZH

für anderweitige freundliche Unterstützung
   Aljoscha Klee-Coll
   Stefan Frey, Bern
   Schweizerische Akademie der Medizinischen Wissenschaften
   Dekanat der Medizinischen Fakultät der Universität Bern
   Prof. Martin Täuber
   Marianne Thormann
   Petra Bühlmann
   Institut für Medizinische Lehre und Abteilung für Unterrichtsmedien, Inselspital, Bern
   Dr. Peter Frey
   Hans Holzherr
   Einwohnergemeinde Fahrni/BE
   Zentrum Paul Klee, Bern
   e-mediat AG, Schönbühl/BE
   GlaxoSmithKline AG, Münchenbuchsee/BE
   Permamed AG, Therwil/BL
   BEKB/BCBE, Thun
   Spar+Leihkasse Münsingen/BE
   Gerber Druck AG, Steffisburg/BE
   Stämpfli Verlag AG
   Dr. med. Hans Groth
   Dr. iur. Marco und Brigitte Lorez-Hager
   Pfarrer Hannes und Ruth Rupp-Brosi

sowie für eventuelle weitere Unterstützungen, die nach der Drucklegung erfolgen

Paul Klee

Impressum

© 2006
für Text bei Dr. med. Hans Suter, Fahrni bei Thun/BE
für Abbildungen von Kunstwerken bei ProLitteris, Zürich
für Abbildungen von Dokumenten und Fotos (wenn nichts anderes
vermerkt ist) bei der Klee-Nachlassverwaltung, Bern. Andernfalls liegt das
Copyright bei der entsprechenden Person/Institution bzw. dem
angegebenen Standort/Besitzstand.

Der Herausgeber konnte trotz intensiven Recherchen nicht alle Inhaber
von Urheberrechten ausfindig machen. Er ist aber bei entsprechender
Benachrichtigung gerne bereit, Rechtsansprüche im üblichen Rahmen
abzugelten. Zum Teil existieren Verlage, in denen Publikationen
erschienen sind, nicht mehr.

Herausgeber, Konzept, Bildauswahl, Buchgestaltung, Redaktion
und Realisierung
Dr. med. Hans Suter, Fahrni bei Thun/BE

Verlag
Stämpfli Verlag AG

Lektorat
Dr. phil. Heinz Dällenbach, Bellmund/BE
Stefan Frey, Bern
Dr. med. Bendicht Friedli, Unterseen/BE

Korrektorat und Druck
Stämpfli Publikationen AG, Bern

Layout, Satz, Bildbearbeitung, Koordination
Gerber Druck AG, Steffisburg/BE

Schrift
FF DIN (Titel), Frutiger Light/Frutiger Bold (Text, Anmerkungen)

Einband
Buchbinderei Schumacher AG, Schmitten/FR

Frontispiz
Paul Klee, 1939, Aufnahme von Charlotte Weidler, New York

Prägung
Paul Klee, «ecce ....», 1940, 138

Bibliographische Information der Deutschen Bibliothek:
Die Deutsche Bibliothek verzeichnet diese Publikation in der Deutschen
Nationalbibliographie; detaillierte bibliographische Daten sind im Internet
über *http://dnb.ddb.de* abrufbar.

ISBN-10 3-7272-1106-7
ISBN-13 978-3-7272-1106-5

Printed in Switzerland